MANUEL

DE

LÉGISLATION ET D'ADMINISTRATION

DE L'INSTRUCTION PRIMAIRE

OU

RECUEIL DES LOIS, DÉCRETS,
ARRÊTÉS, RÈGLEMENTS, CIRCULAIRES ET INSTRUCTIONS
CONCERNANT L'INSTRUCTION PRIMAIRE,

MIS EN ORDRE ET ANNOTÉS

PAR

J.-J. RAPET,

Inspecteur général de l'Instruction publique
pour l'enseignement primaire.

PARIS,

LIBRAIRIE ADMINISTRATIVE ET CLASSIQUE

DE PAUL DUPONT,

Rue de Grenelle-Saint-Honoré, 45.

—

1862.

MANUEL

DE

LÉGISLATION ET D'ADMINISTRATION

DE L'INSTRUCTION PRIMAIRE.

EN VENTE A LA MÊME LIBRAIRIE.

Paris. — Imprimerie Paul Dupont, rue de Grenelle-Saint-Honoré, 45.

MANUEL

DE

LÉGISLATION ET D'ADMINISTRATION

DE L'INSTRUCTION PRIMAIRE

OU

RECUEIL DES LOIS, DÉCRETS,
ARRÊTÉS, RÈGLEMENTS, CIRCULAIRES ET INSTRUCTIONS
CONCERNANT L'INSTRUCTION PRIMAIRE,

MIS EN ORDRE ET ANNOTÉS

PAR

J.-J. RAPET,

Inspecteur de l'instruction primaire à Paris.

PARIS

LIBRAIRIE ADMINISTRATIVE ET CLASSIQUE
DE PAUL DUPONT,
ÉDITEUR DE LA BIBLIOTHÈQUE DES CAMPAGNES,
Rue Grenelle-Saint-Honoré, 45.

1861
1862

PRÉFACE.

Pour la composition de ce *Manuel*, nous avions à choisir principalement entre deux modes. L'un consistait à adopter l'ordre chronologique, en classant à leur date les lois, décrets, règlements, circulaires et arrêtés ministériels, en se bornant à renvoyer de l'un à l'autre, et le deuxième à grouper ces documents par ordre de matières, en prenant de chaque loi ou règlement ce qui se rapporte à un même sujet.

Le premier est le plus facile, mais il n'est avantageux que lorsqu'on connaît précisément ce que l'on cherche ; il a d'ailleurs l'inconvénient de séparer toutes les décisions ayant rapport à un même sujet. Le second permet de trouver plus aisément ce que l'on a besoin de connaître, mais il a le défaut de morceler les lois, décrets et règlements, de manière à empêcher d'en saisir le caractère et l'esprit général.

Afin d'éviter ce double inconvénient, nous avons adopté un arrangement qui réunit à la fois les deux avantages. Nous avons donné d'abord les lois et décrets organiques et toutes les dispositions réglementaires fondamentales qui embrassent l'ensemble de l'instruction publique ; puis nous réunissons sous les chefs auxquels elles se rapportent les dispositions qui ont trait aux questions spéciales.

Ainsi, dans une première partie, nous donnons d'abord les lois et décrets qui ont organisé l'instruction publique en général et l'instruction primaire en particulier, et qu'on a besoin de consulter sans cesse, afin d'embrasser l'ensemble des dispositions législatives et administratives. Pour faciliter les recherches dans cette partie, nous donnons d'une manière suivie le texte des lois et des décrets. Mais la loi du 15 mars 1850, qui est le point de départ de la législation de l'instruction publique, ayant été profondément modifiée par le décret-loi du 9 mars 1852, et par la loi du 14 juin 1854 qui a transféré aux préfets l'administration de l'instruction primaire, nous avons, tout en conservant le texte de la loi que nous devions respecter, fait connaître dans des notes ce qui a été abrogé ou modifié, et nous indiquons sommairement les règlements qui sont venus compléter les dispositions organiques.

Dans la deuxième partie, qui est naturellement beaucoup plus étendue, nous avons rassemblé tout ce qui se rapporte aux questions spéciales, groupant ensemble ou rapprochant les dispositions législatives ou réglementaires, les décisions et arrêtés ministériels, ainsi que les passages des instructions et circulaires relatifs à une même matière. On trouvera ainsi dans cette partie tout ce qui a rapport à l'inspection et aux diverses autorités préposées à la surveillance de l'enseignement, aux écoles des divers degrés, publiques ou libres, écoles de garçons, écoles de filles et salles d'asile ; aux instituteurs et institutrices, publics ou libres, communaux, suppléants et adjoints, et à leur traitement ; aux écoles normales ; aux examens des instituteurs, institutrices et directrices des salles d'asile ; à la direction et à la tenue des écoles ; à la construction des locaux scolaires, au mobilier des classes, au logement des instituteurs, etc.

Nous donnons dans une troisième partie les instructions et circulaires qui embrassent l'instruction primaire en général, et qui, abordant presque toutes les questions qui s'y rapportent, doivent être lues en entier et avec suite, afin de saisir l'esprit qui en a dicté les dispositions. On y trouvera également les instructions réglementaires concernant la comptabilité des écoles primaires de garçons et de filles, l'admission des élèves, la tenue du registre matricule et le recouvrement de la rétribution scolaire. A cette partie se trouvent joints les modèles prescrits pour la comptabilité des écoles publiques.

Dans un *Appendice*, qui termine l'ouvrage, se trouve réuni ce qui a rapport à l'exemption du service militaire pour les instituteurs publics et à leur engagement décennal, aux pensions de retraite et aux différentes retenues à exercer sur les traitements ; enfin, à la caisse des retraites pour la vieillesse, à laquelle ils sont appelés à verser leurs fonds provenant des caisses d'épargne.

Les circonstances qui ont provoqué la publication de ce *Manuel* ayant entraîné un retard dans l'impression des dernières feuilles, on en a profité pour le compléter, **en** insérant dans un *supplément* les dispositions législatives ou réglementaires qui sont venues modifier la législation précédente. On trouvera dans ce supplément la nouvelle organisation de l'inspection primaire et le complément des dispositions relatives aux frais de tournées contenues dans la deuxième partie, le décret de 1858 relatif aux suppléants, et les nouvelles décisions concernant les récompenses à accorder aux instituteurs. Ce retard a permis en outre d'insérer, dans le *Manuel*, la nouvelle loi relative à la rétribution scolaire dans les écoles de filles, et les règlements que cette loi a nécessités pour la comptabilité de ces écoles. On a pu grouper ainsi sous le titre d'*Instruction des filles* tout ce qui a rapport à ces écoles.

Au reste, une *Table alphabétique* détaillée permet à chacun de trouver à l'instant dans l'ouvrage les différentes dispositions législatives ou réglementaires dont il peut avoir besoin à un moment donné.

Par la forme adoptée pour ce *Manuel*, par la nature et le nombre des documents qu'il renferme, nous espérons en avoir fait un livre qui sera également utile aux instituteurs et à toutes les personnes qui s'occupent d'une manière quelconque de l'instruction primaire. Afin d'en rendre l'usage plus commode, on a adopté le format in-16 qui le rend plus portatif et laisse en même temps sur le devant une marge suffisante pour y inscrire au besoin des annotations et pour y mentionner les règlements ou arrêtés qui viendront modifier ou compléter les dispositions antérieures. De cette manière, chacun pourra tenir son *Manuel* au courant, malgré les changements qui surviendraient dans la législation. Pour faciliter ces annotations, on a adopté un papier collé qui permet d'y écrire à la plume. Les personnes qui ne voudraient pas profiter de cette facilité, pourront, si elles le jugent à propos, réduire la marge de l'ouvrage, en le faisant relier, afin de le rendre encore plus portatif et plus facile à consulter.

ADDITIONS ET CORRECTIONS.

Page 10, note 4, ligne 33 ; après les mots : *article 16*, ajouter : *du décret.*

Page 18, note 1 ; ajouter à la fin le renvoi : *page 104.*

Page 37 ; supprimer la note 1.

Page 90, note, ligne 8 ; au lieu de : *la loi du 14 juin 1854*, lisez : *l'article 24 du décret du 22 août 1854.*

Page 101, note 2, ligne 1 ; au lieu de : *primaire*, lisez : *secondaire.*

Page 118, note 3, ligne 4 ; au lieu de : *30 janvier*, lisez : *31.*

Page 127, ligne 3 ; au lieu du mot : *après*, lisez : *avant.*

Page 133, ligne 19 ; au lieu de : *1853*, lisez : *1850.*

Page 139, note 2, ligne 4 ; après le mot : *langue*, ajoutez · *arabe.*

Page 151, article 4, ligne 6 ; au lieu de : *article 9*, lisez : *article 8.*

Page 187, note 2, ligne 7 ; au lieu de : *trois quarts*, lisez : *deux tiers.*

Page 221, note 1, ligne 8 ; au lieu de : 20 *novembre*, lisez : 13.

———

Le règlement du 24 décembre 1855 pour l'approbation des livres, mentionné à la page 9, comme devant se trouver plus loin, n'a pas été inséré dans l'ouvrage, parce qu'il a été abrogé par un arrêté du 26 décembre 1858, qui a institué une commission pour l'examen des livres classiques. D'après cet arrêté et d'après une circulaire du 15 février 1859, « tout auteur ou éditeur qui voudra obtenir qu'un ouvrage puisse être introduit dans les écoles publiques, devra en déposer trois exemplaires au ministère de l'instruction publique et des cultes, avec une demande signée par lui. Le Ministre ne fait examiner que les *ouvrages imprimés.* »

PREMIÈRE PARTIE.

ORGANISATION GÉNÉRALE

DE

L'INSTRUCTION PRIMAIRE.

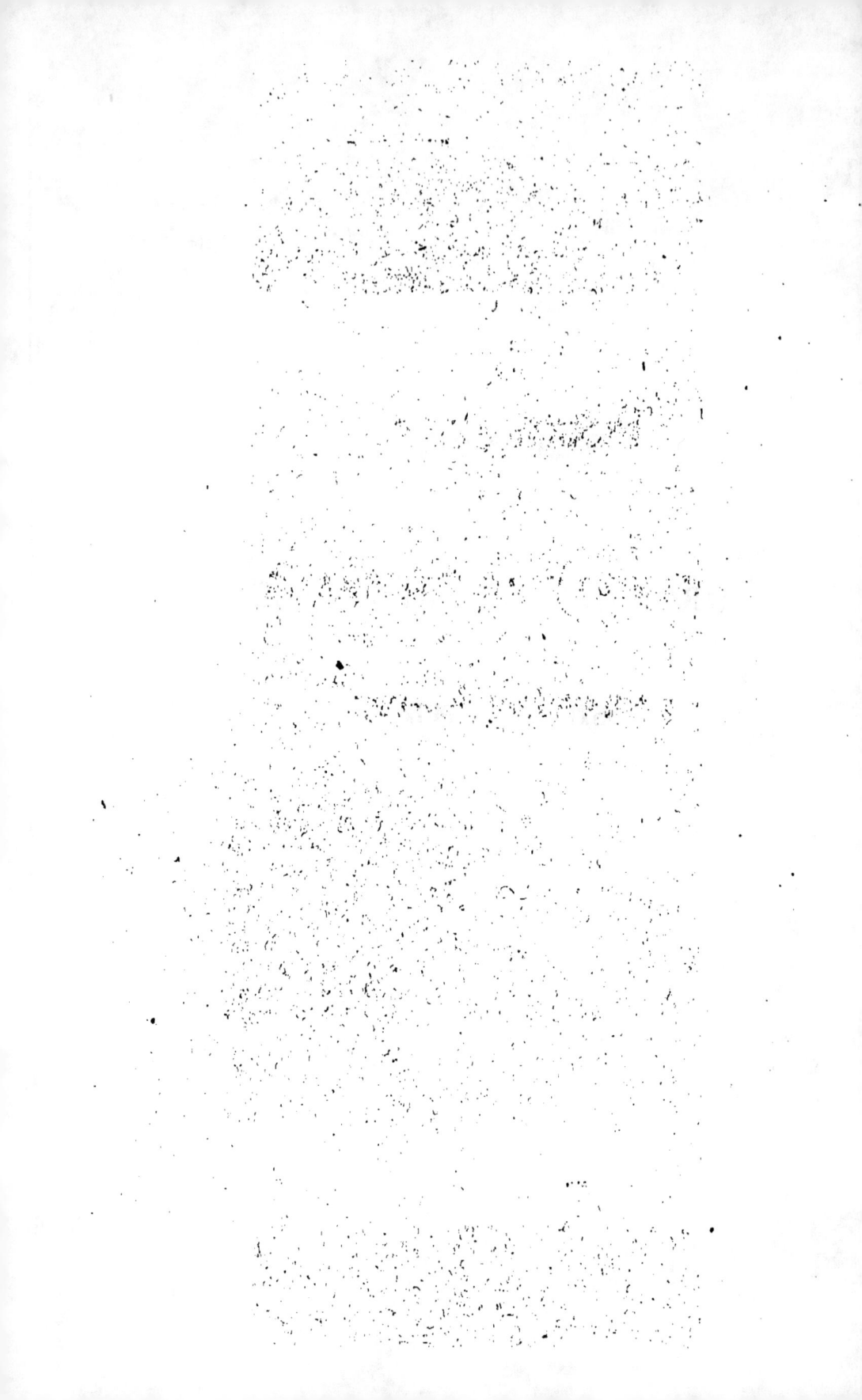

LOI SUR L'ENSEIGNEMENT[1].

(15 mars 1850.)

————o————

TITRE PREMIER.

DES AUTORITÉS PRÉPOSÉES A L'ENSEIGNEMENT.

CHAP. Ier. — DU CONSEIL SUPÉRIEUR DE L'INSTRUCTION PUBLIQUE.

[Art. 1er (2). — Le conseil supérieur de l'instruction publique est composé comme il suit :
[Le ministre, président ;

(1) La loi du 15 mars 1850 sur l'enseignement, qui est actuellement la base de toute la législation sur l'instruction publique, a été profondément modifiée dans quelques-unes de ses dispositions par le décret organique ou décret-loi du 9 mars 1852, et par la loi du 14 juin 1854. (Voir plus loin le texte de ce décret et de cette loi.)
Nous avons dù respecter le texte de la loi fondamentale et le donner en entier ; mais nous avons eu soin de distinguer ce qui reste en vigueur et ce qui a été abrogé, et de faire connaître ce qui a été seulement modifié par la législation nouvelle.
Ainsi, les articles ou les fragments d'articles, abrogés depuis, sont placés entre crochets [ ], et nous avons indiqué dans un renvoi, le numéro de l'article du décret ou de la loi qui a abrogé le passage en question, en désignant le décret du 9 mars 1852 par la lettre D, et la loi du 14 juin 1854 par la lettre L.
Quant aux articles simplement modifiés par la législation subséquente, nous avons imprimé en *italique* les mots ou les passages des différents articles qui ont été changés ou remplacés par d'autres. Nous donnons alors, dans un renvoi au bas de la page, les mots ou passages par lesquels ils sont remplacés, en indiquant, comme il est dit ci-dessus, les articles du décret et de la loi d'où résultent ces changements.
(2) L'article 1er de la loi du 15 mars 1850 a été tout entier modifié et remplacé par les articles 5 et 6 du décret du 9 mars 1852, qui règlent la composition du conseil supérieur, et par l'article 1er, qui confère aujourd'hui à l'Empereur la nomination des membres.

[Quatre archevêques ou évêques, élus par leurs collègues ;

[Un ministre de l'Eglise réformée, élu par les consistoires ;

[Un ministre de l'Eglise de la confession d'Augsbourg, élu par les consistoires ;

[Un membre du consistoire central israélite, élu par ses collègues ;

[Trois conseillers d'Etat, élus par leurs collègues ;

[Trois membres de la cour de cassation, élus par leurs collègues ;

[Trois membres de l'Institut, élus en assemblée générale de l'Institut ;

[Huit membres nommés par le Président de la République, en conseil des ministres, et choisis parmi les anciens membres du conseil de l'Université, les inspecteurs généraux ou supérieurs, les recteurs et les professeurs des facultés. Ces huit membres forment une section permanente ;

[Trois membres de l'enseignement libre nommés par le Président de la République, sur la proposition du ministre de l'instruction publique.]

[Art. 2 (1). — Les membres de la section permanente sont nommés à vie.

[Ils ne peuvent être révoqués que par le Président de la République, en conseil des ministres, sur la proposition du ministre de l'instruction publique.

[Ils reçoivent seuls un traitement.]

[Art. 3 (2). — Les autres membres du conseil sont nommés pour six ans.

[Ils sont indéfiniment rééligibles.]

[Art. 4 (3). — Le conseil supérieur tient au moins quatre sessions par an.

(1) L'article 2 a été abrogé par le décret du 9 mars 1852, qui n'a pas maintenu la section permanente du conseil supérieur.

(2) L'article 3 a été remplacé par le § 2 de l'article 5 du décret du 9 mars 1852, qui établit que les membres du conseil supérieur sont nommés pour un an.

(3) L'article 4 a été remplacé par le § 3 de l'article 5 du décret du 9 mars 1852, en vertu duquel il y a deux sessions au moins par an.

[Le ministre peut le convoquer en session extraordinaire toutes les fois qu'il le juge convenable.]

Art. 5. — Le conseil supérieur peut être appelé à donner son avis sur les projets de lois, de règlements et de décrets relatifs à l'enseignement, et en général sur toutes les questions qui lui seront soumises pas le ministre.

Il est nécessairement appelé à donner son avis :

Sur les règlements relatifs aux examens, aux concours et aux programmes d'études dans les écoles publiques, à la surveillance des écoles libres, et, en général, sur tous les arrêtés portant règlement pour les établissements d'instruction publique ;

Sur la création des facultés, lycées et colléges ;

Sur les secours et encouragements à accorder aux établissements libres d'instruction secondaire ;

Sur les livres qui peuvent être introduits dans les écoles publiques, et sur ceux qui doivent être défendus dans les écoles libres, comme contraires à la morale, à la Constitution et aux lois (1).

[Il prononce en dernier ressort sur les jugements rendus par les conseils *académiques* (2) dans les cas déterminés par l'article 14] (3).

Le conseil présente, chaque année, au ministre un rapport sur l'état général de l'enseignement, sur les abus qui pourraient s'introduire dans les établissements d'instruction, et sur les moyens d'y remédier.

[Art. 6 (4). — La section permanente est chargée de l'examen préparatoire des questions qui se rapportent à la

---

(1) Voir plus loin le règlement du 24 décembre 1855 pour l'approbation des livres.

(2) Les *conseils académiques,* créés par la loi du 15 mars 1850, ont été remplacés, dans presque toutes leurs attributions, par les *conseils départementaux* organisés par la loi du 14 juin 1854, qui a réservé le nom de conseils académiques à ceux qui siégent aux chefs-lieux des nouvelles académies.

(3) Le § 7 de l'article 5 a été modifié par le § 2 de l'article 3 du 9 mars 1852, en ce qui concerne les peines disciplinaires prononcées contre les membres de l'enseignement secondaire libre.

(4) L'article 6 se trouve abrogé par le décret du 9 mars 1852, qui n'a pas maintenu la section permanente.

police, à la comptabilité et à l'administration des écoles publiques.

[Elle donne son avis, toutes les fois qu'il lui est demandé par le ministre, sur les questions relatives aux droits et à l'avancement des membres du corps enseignant.

[Elle présente annuellement au conseil un rapport sur l'état de l'enseignement dans les écoles publiques.]

CHAP. II. — DES CONSEILS ACADÉMIQUES (1).

[Art. 7 (2). — Il sera établi une académie dans chaque département.]

[Art. 8 (3). — Chaque académie est administrée par un recteur, assisté, si le ministre le juge nécessaire, d'un ou de plusieurs inspecteurs, et par un conseil académique.]

[Art. 9 (4). — Les recteurs ne sont pas choisis exclusivement parmi les membres de l'enseignement public.

[Ils doivent avoir le grade de licencié, ou dix années d'exercice comme inspecteurs d'académie, proviseurs, cen-

(1) La loi du 14 juin 1854 a créé de nouveaux conseils académiques au chef-lieu des nouvelles académies, et les anciens conseils ont été transformés en *Conseils départementaux*, avec des attributions un peu modifiées. (Voir plus loin le texte de la loi.)

(2) L'article 7 a été modifié et remplacé par les articles 1er et 11 de la loi du 14 juin 1854, qui a divisé la France en 16 académies, et par l'article 1er du décret du 22 août 1854, qui a fixé la circonscription de ces académies. (Voir plus loin le texte de ce décret.)

(3) L'article 8 a été modifié et remplacé par l'article 2 de la loi du 14 juin 1854, et par les articles 29 et 30 du décret du 22 août 1854, qui ont réglé l'organisation des académies.

Il a été encore modifié par les articles 8 et 9 de la loi du 14 juin 1854, qui ont transféré au préfet, en ce qui concerne l'instruction primaire, les attributions déférées au recteur par la loi du 15 mars 1850 et par l'article 4 du décret organique du 9 mars 1852, et qui ont déterminé les attributions des inspecteurs d'académie dans chaque département.

(4) L'article 9 a été abrogé et remplacé par l'article 1er du décret du 9 mars 1852, en vertu duquel les recteurs sont aujourd'hui nommés par l'Empereur, et par l'article 16 du 22 août 1854, ainsi conçu : « Nul ne peut être nommé recteur s'il n'est pourvu du grade de docteur. »

seurs, chefs ou professeurs des classes supérieures dans un
établissement public ou libre.]

Art. 10 (1). — Le conseil *académique* est composé ainsi
qu'il suit :

Le *recteur* (2), président ;

[Un inspecteur de l'académie, un fonctionnaire de l'enseignement ou un inspecteur des écoles primaires, désigné
par le ministre (3) ;]

[Le préfet ou son délégué ;]

L'évêque ou son délégué ;

Un ecclésiastique désigné par l'évêque ;

Un ministre de l'une des deux Eglises protestantes, désigné par le ministre de l'instruction publique, dans les départements où il existe une église légalement établie ;

Un *délégué* (4) du consistoire israélite dans chacun des
départements où il existe un consistoire légalement établi ;

Le procureur général près la cour d'appel, dans les villes
où siége une cour d'appel, et dans les autres, le procureur
de la République près le tribunal de première instance ;

Un membre de la cour d'appel, [*élu par elle* (5)], ou, à
défaut de cour d'appel, un membre du tribunal de première
instance, [*élu par le tribunal* (5) ;]

Quatre membres [*élus par le conseil général* (5)], dont
deux au moins pris dans son sein.

[Les doyens des facultés seront, en outre, appelés dans
le conseil académique, avec voix délibérative, pour les affaires intéressant leurs facultés respectives.]

(1) Ce qui est dit, dans l'article 10 et les suivants, des *conseils
académiques*, s'applique maintenant aux *conseils départementaux*,
par lesquels la loi du 14 juin 1854 a remplacé les premiers.

Voir la composition des conseils départementaux à l'article 5 de
la loi du 14 juin 1854. Il est à remarquer, du reste, que l'article 3
du décret du 9 mars 1852 a conféré au ministre le droit de
nommer les membres des conseils académiques, aujourd'hui départementaux, qui procédaient auparavant de l'élection.

(2) *Préfet.* (L. 5.)

(3) *L'inspecteur de l'académie et un inspecteur de l'instruction
primaire désigné par le ministre.* (L. 5.)

(4) Un *membre* du consistoire israélite *désigné par le ministre.*
(D. 3.)

(5) *Désignés par le ministre.* (D. 3.)

La présence de la moitié plus un des membres est nécessaire pour la validité des délibérations du conseil *académique* (1).

Art. 11 (2). — Pour le département de la Seine, le conseil *académique* est composé comme il suit :

[Le *recteur*, président ;

[Le préfet (3) ;]

L'archevêque de Paris ou son délégué ;

Trois ecclésiastiques désignés par l'archevêque ;

Un ministre de l'église réformée, [*élu par le consistoire* (4)] ;

Un ministre de l'église de la confession d'Augsbourg,
[*élu par le consistoire* (4) ;]

Un membre du consistoire israélite, [*élu par le consistoire* (4) ;]

[*Trois inspecteurs* d'académie (5),] désignés par le
ministre ;

[*Un inspecteur des écoles primaires*, (6)] désigné par
le ministre ;

Le procureur général près la cour d'appel, ou un membre du parquet désigné par lui ;

Un membre de la cour d'appel, [*élu par la cour* (7) ;]

Un membre du tribunal de première instance, [*élu par
le tribunal* (7) ;]

Quatre membres du conseil municipal de Paris, et deux
membres du conseil général de la Seine, pris parmi ceux
des arrondissements de Sceaux et de Saint-Denis, [*tous
élus par le conseil général* (7) ;]

(1) *Départemental.* (L. 5.)

(2) La composition du nouveau Conseil départemental, remplaçant l'ancien Conseil académique de la Seine, a été réglée par
l'article 6 de la loi du 14 juin 1854. (Voir plus loin cet article.)

(3) Le préfet est président du Conseil départemental, et le vice-
recteur en est le vice-président. (L. 6.)

(4) *Désignés par le ministre.* (D. 3.)

(5) *Deux des inspecteurs de l'académie attachés au département de la Seine.* (L. 6.)

(6) *Deux inspecteurs de l'instruction primaire dudit départe-
tement.* (L. 6.)

(7) *Désignés par le ministre.* (D. 3.)

Le secrétaire général de la préfecture du département de la Seine.

[Les doyens des facultés seront, en outre, appelés dans le conseil académique, avec voix délibérative, pour les affaires intéressant leurs facultés respectives.]

[Art. 12 (1). — Les membres des conseils académiques dont la nomination est faite par élection sont élus pour trois ans, et indéfiniment rééligibles.]

Art. 13 (2). — Les départements fourniront un local pour le service de l'administration académique.

Art. 14 (3). — Le conseil *académique* (4) donne son avis :

[Sur l'état des différentes écoles établies dans le département ;

[Sur les réformes à introduire dans l'enseignement, la discipline et l'administration des écoles publiques ;]

Sur les budgets et les comptes des [lycées, colléges et] écoles normales primaires ;

Sur les secours et encouragements à accorder aux écoles primaires.

[Il instruit les affaires disciplinaires relatives aux membres de l'enseignement public secondaire ou supérieur, qui lui sont renvoyées par le ministre ou le recteur.]

Il prononce, sauf recours au conseil supérieur, sur les affaires contentieuses relatives [à l'obtention des grades, aux concours devant les facultés,] à l'ouverture des écoles libres, aux droits des maîtres particuliers et à l'exercice du droit d'enseigner ; [sur les poursuites dirigées contre les membres de l'instruction secondaire publique et tendant à la révocation, avec interdiction d'exercer la profession d'instituteur libre, de chef ou professeur d'établisse-

---

(1) L'article 12 a été abrogé par l'article 3 du décret du 9 mars 1852, qui confère au Ministre la nomination et la révocation des membres des anciens Conseils académiques.

(2) L'article 13 a été modifié et remplacé par les § 2 et 3 de l'article 10 de la loi du 14 juin 1854.

(3) L'article 14 a été modifié par l'article 7 de la loi du 14 juin 1854, en ce qui concerne les attributions des Conseils départementaux substitués aux anciens Conseils académiques. Toutes les parties de l'article placées entre crochets sont abrogées.

(4) *Départemental.* (L. 7.)

ment libre,] et, dans les cas déterminés par la **présente**
loi, sur les affaires disciplinaires relatives aux instituteurs
primaires, publics ou libres.

Art. 15 (1). — Le conseil *académique* (2) est nécessairement consulté sur les règlements relatifs au régime intérieur
des [lycées, colléges et] écoles normales primaires, et sur
les règlements relatifs aux écoles publiques primaires.

Il fixe le taux de la rétribution scolaire, sur l'avis des
conseils municipaux et des délégués cantonaux.

Il détermine les cas où les communes peuvent, à raison
des circonstances, et provisoirement, établir ou conserver
des écoles primaires dans lesquelles seront admis des enfants de l'un et l'autre sexe, ou des enfants appartenant
aux différents cultes reconnus.

Il donne son avis au *recteur* (3) sur les récompenses à
accorder aux instituteurs primaires.

Le *recteur* (4) fait les propositions au ministre, et distri-
bue les récompenses accordées.

[Art. 16 (5). — Le conseil académique présente, chaque
année, au ministre et au conseil général, un exposé de la
situation de l'enseignement dans le département.

[Les rapports du conseil académique sont envoyés par le
recteur au ministre, qui les communique au conseil supérieur.]

CHAP. III. — DES ÉCOLES ET DE L'INSPECTION.

Section 1re. — *Des écoles.*

Art. 17. — La loi reconnaît deux espèces d'écoles primaires ou secondaires :

1° Les écoles fondées ou entretenues par les communes,

(1) L'article 15 a été modifié, comme le précédent, par l'article 7
de la loi du 15 juin 1854.
(2) *Départemental.* (L. 7.)
(3) *Préfet.* (L. 8.)
(4) *Préfet.* (L. 8.)
(5) L'article 16 a été abrogé par la loi du 14 juin 1854, qui,
en créant de nouveaux conseils académiques, a complétement
changé les attributions des anciens.

les départements ou l'Etat, et qui prennent le nom d'*écoles publiques;*

2º Les écoles fondées ou entretenues par des particuliers ou des associations, et qui prennent le nom d'*écoles libres;*

Section 2º. — *De l'inspection.*

Art. 18. — L'inspection des établissements d'instruction publique ou libre est exercée :

1º Par les inspecteurs généraux [et supérieurs (1)];

2º Par les recteurs et les inspecteurs d'académie;

3º Par les inspecteurs de l'enseignement primaire;

4º Par les délégués cantonaux, le maire et le curé, le pasteur ou le délégué du consistoire israélite, en ce qui concerne l'enseignement primaire.

Les ministres des différents cultes n'inspecteront que les écoles spéciales à leur culte, ou les écoles mixtes pour leurs coreligionnaires seulement.

Le recteur pourra, en cas d'empêchement, déléguer temporairement l'inspection à un membre du conseil académique.

[Art. 19 (2). — Les inspecteurs d'académie sont choisis, par le ministre, parmi les anciens inspecteurs, les professeurs de facultés, les proviseurs et censeurs des lycées, les principaux des colléges, les chefs d'établissements secondaires libres, les professeurs des classes supérieures dans ces diverses catégories d'établissements, les agrégés des facultés et des lycées, et les inspecteurs des écoles primaires, sous la condition commune à tous du grade de licencié, ou de dix ans d'exercice.

[Les inspecteurs généraux et supérieurs sont choisis par

(3) Le décret organique du 9 mars 1852 a supprimé la distinction que la loi du 15 mars 1850 avait établie entre les inspecteurs généraux de l'instruction publique et les inspecteurs supérieurs de l'instruction primaire. Les uns et les autres portent aujourd'hui le titre d'*inspecteurs généraux.*

(4) L'article 19 a été abrogé par l'article 6 du décret du 9 mars 1852 qui a réglé la composition du corps des inspecteurs généraux et en a déterminé les attributions, et par l'article 1er qui confère à l'Empereur le droit de les nommer.

le ministre, soit dans les catégories ci-dessus indiquées, soit parmi les anciens inspecteurs généraux ou inspecteurs supérieurs de l'instruction primaire, les recteurs et inspecteurs d'académie, ou parmi les membres de l'Institut.

[Le ministre ne fait aucune nomination d'inspecteur général sans avoir pris l'avis du conseil supérieur.]

Art. 20. — L'inspection de l'enseignement primaire est spécialement confiée à [deux inspecteurs *supérieurs* (1)].

Il y a, en outre, dans chaque arrondissement, un inspecteur de l'enseignement primaire, *choisi* par le ministre [après avis du conseil académique (2)].

Néanmoins, sur l'avis du conseil *académique* (3), deux arrondissements pourront être réunis pour l'inspection.

Un règlement déterminera le classement, les frais de tournée, l'avancement et les attributions des inspecteurs de l'enseignement primaire (4).

Art. 21. — L'inspection des écoles publiques s'exerce conformément aux règlements délibérés par le conseil supérieur.

Celle des écoles libres porte sur la moralité, l'hygiène et la salubrité.

Elle ne peut porter sur l'enseignement que pour vérifier s'il n'est pas contraire à la morale, à la Constitution et aux lois.

---

(1) Le décret du 9 mars 1852 avait primitivement fixé à deux, comme la loi du 15 mars 1850, le nombre des inspecteurs généraux de l'enseignement primaire. Mais ce nombre a été porté à trois par un décret du 15 février 1854, puis à quatre par un autre décret du 22 août de la même année.

(2) Le § 2 de l'article 20 a été modifié par l'article 3 du décret du 9 mars 1852, qui donne au ministre d'une manière absolue le droit de nomination des inspecteurs primaires.

Il a aussi été modifié par le § 2 de l'article 24 du décret réglementaire du 24 août 1854, en vertu duquel l'inspecteur d'académie exerce les fonctions d'inspecteur primaire pour l'arrondissement chef-lieu, et se fait aider dans cette partie de son service par l'un des inspecteurs d'arrondissement qu'il désigne annuellement à tour de rôle.

(3) *Départemental.* (L. 7.)

(4) Voir plus loin le décret du 29 juillet 1850, et les arrêtés des 3 janvier 1851 et 20 janvier 1854, qui ont réglé ces dispositions.

Art. 22. — Tout chef d'établissement primaire ou secondaire qui refusera de se soumettre à la surveillance de l'Etat, telle qu'elle est prescrite par l'article précédent, sera traduit devant le tribunal correctionnel de l'arrondissement, et condamné à une amende de 100 fr. à 1,000 fr.

En cas de récidive, l'amende sera de 500 fr. à 3,000 fr. Si le refus de se soumettre à la surveillance de l'Etat a donné lieu à deux condamnations dans l'année, la fermeture de l'établissement pourra être ordonnée par le jugement qui prononcera la seconde condamnation.

Le procès-verbal des inspecteurs constatant le refus du chef d'établissement fera foi jusqu'à inscription de faux.

TITRE II.

DE L'ENSEIGNEMENT PRIMAIRE.

CHAP. Ier. — DISPOSITIONS GÉNÉRALES.

Art. 23. — L'enseignement primaire comprend :
L'instruction morale et religieuse,
La lecture;
L'écriture;
Les éléments de la langue française;
Le calcul et le système légal des poids et mesures.
Il peut comprendre en outre :
L'arithmétique appliquée aux opérations pratiques;
Les éléments de l'histoire et de la géographie;
Des notions des sciences physiques et de l'histoire naturelle applicables aux usages de la vie;
Des instructions élémentaires sur l'agriculture, l'industrie et l'hygiène;
L'arpentage, le nivellement, le dessin linéaire;
Le chant et la gymnastique.
Art. 24. — L'enseignement primaire est donné gratuitement à tous les enfants dont les familles sont hors d'état de le payer (1).

(1) L'application de cette disposition a été réglementée par l'article 13 du décret du 31 décembre 1853.

CHAP. II. — DES INSTITUTEURS.

Section 1re. — *Des conditions d'exercice de la profession d'instituteur primaire public ou libre.*

Art. 25. — Tout Français, âgé de vingt et un ans accomplis, peut exercer dans toute la France la profession d'instituteur primaire, public ou libre, s'il est muni d'un brevet de capacité.

Le brevet de capacité peut être suppléé par le certificat de stage dont il est parlé à l'article 47, par le diplôme de bachelier, par un certificat constatant qu'on a été admis dans une des écoles spéciales de l'Etat (1), ou par le titre de ministre, non interdit ni révoqué, de l'un des cultes reconnus par l'État.

Art. 26. — Sont incapables de tenir une école publique ou libre, ou d'y être employés, les individus qui ont subi une condamnation pour crime ou pour un délit contraire à la probité ou aux mœurs, les individus privés par jugement de tout ou partie des droits mentionnés en l'article 42 du Code pénal (2), et ceux qui ont été interdits en vertu des articles 30 et 33 de la présente loi.

Section 2e. — *Des conditions spéciales aux instituteurs libres.*

Art. 27. — Tout instituteur qui veut ouvrir une école libre doit préalablement déclarer son intention au maire de la commune où il veut s'établir, lui désigner le local et lui

(1) Voir plus loin le décret du 31 mars 1851, qui a déterminé ces écoles.

(2) L'article 42 du Code pénal est ainsi conçu :

« Les tribunaux jugeant correctionnellement pourront, dans certains cas, interdire, en tout ou en partie, l'exercice des droits civiques, civils et de famille suivants : 1° de vote et d'élection ; 2° d'éligibilité ; 3° d'être appelé ou nommé aux fonctions de juré ou autres fonctions publiques, ou aux emplois de l'administration, ou d'exercer ces fonctions ou emplois ; 4° du port d'armes ; 5° de vote et de suffrage dans les délibérations de famille ; 6° d'être tuteur, curateur, si ce n'est de ses enfants et sur l'avis seulement de la famille ; 7° d'être expert ou employé comme témoin dans les actes ; 8° du témoignage en justice, autrement que pour y faire de simples déclarations. »

donner l'indication des lieux où il a résidé et des professions qu'il a exercées pendant les dix années précédentes.

Cette déclaration doit être, en outre, adressée par le postulant *au recteur de l'académie* (1), au *procureur de la république* (2) et au sous-préfet.

Elle demeurera affichée, par les soins du maire, à la porte de la mairie, pendant un mois.

Art. 28. — Le *recteur* (1), soit d'office, soit sur la plainte du procureur de la république ou du sous-préfet, peut former opposition à l'ouverture de l'école, dans l'intérêt des mœurs publiques, dans le mois qui suit la déclaration à lui faite.

Cette opposition est jugée dans un bref délai, contradictoirement et sans recours, par le conseil *académique* (3).

Si le maire refuse d'approuver le local, il est statué à cet égard par ce conseil.

A défaut d'opposition, l'école peut être ouverte à l'expiration du mois, sans autre formalité.

Art. 29. — Quiconque aura ouvert ou dirigé une école en contravention aux articles 25, 26 et 27, ou avant l'expiration du délai fixé par le dernier paragraphe de l'article 28, sera poursuivi devant le tribunal correctionnel du lieu du délit, et condamné à une amende de 50 fr. à 500 fr.

L'école sera fermée.

En cas de récidive, le délinquant sera condamné à un emprisonnement de six jours à un mois et à une amende de 100 fr. à 1,000 fr.

La même peine de six jours à un mois d'emprisonnement et de 100 à 1,000 fr. d'amende sera prononcée contre celui qui, dans le cas d'opposition formée à l'ouverture de son école, l'aura néanmoins ouverte avant qu'il ait été statué sur cette opposition, ou bien au mépris de la décision du conseil *académique* (3) qui aurait accueilli l'opposition.

Ne seront pas considérées comme tenant école les personnes qui, dans un but purement charitable et sans exercer la profession d'instituteur, enseigneront à lire et à

_____

(1) *Préfet.* (L. 8.)
(2) Il faut lire *procureur impérial* partout où il y a *procureur de la république* dans la loi.
(3) *Départemental.* (L. 7.)

écrire aux enfants, avec l'autorisation du délégué cantonal.

Néanmoins, cette autorisation pourra être retirée par le conseil *académique* (1).

Art. 30. — Tout instituteur libre, sur la plainte du *recteur* (2) ou du procureur de la république, pourra être traduit, pour cause de faute grave dans l'exercice de ses fonctions. d'inconduite ou d'immoralité, devant le conseil [*académique*] du département, et être censuré, suspendu pour un temps qui ne pourra excéder six mois, ou interdit de l'exercice de sa profession dans la commune où il exerce.

Le conseil *académique* (1) peut même le frapper d'une interdiction absolue. Il y aura lieu à appel devant le conseil supérieur de l'instruction publique.

Cet appel devra être interjeté dans le délai de dix jours, à compter de la notification de la décision, et ne sera pas suspensif.

Section 3e. — *Des instituteurs communaux.*

Art. 31. — Les instituteurs communaux sont nommés [par le conseil municipal de chaque commune (3)], et choisis, soit sur une liste d'admissibilité et d'avancement dressée par le conseil [*académique*] du département, soit sur la présentation qui est faite par les supérieurs pour les membres des associations religieuses vouées à l'enseignement et autorisées par la loi ou reconnues comme établissements d'utilité publique.

(1) *Départemental.* (L. 7.)
(2) *Préfet.* (L. 8.)
(3) La nomination des instituteurs communaux, retirée aux conseils municipaux et attribuée aux recteurs par l'article 4 du décret du 9 mars 1852, a été conférée aux préfets par l'article 8 de la loi du 14 juin 1854.

Le décret du 31 décembre 1853, articles 1, 2 et 3, a créé une nouvelle catégorie d'instituteurs publics, celle des *instituteurs suppléants*, et il a établi une condition de plus pour la nomination des instituteurs communaux, qui doivent avoir été d'abord instituteurs suppléants ou instituteurs adjoints.

Les dispositions de cette section de la loi, relative aux instituteurs communaux, s'appliquent aujourd'hui à tous les instituteurs publics, suppléants et communaux.

Les consistoires jouissent du droit de présentation pour les instituteurs appartenant aux cultes non catholiques.

[Si le conseil municipal avait fait un choix non conforme à la loi, ou n'en avait fait aucun, il sera pourvu à la nomination par le conseil académique, un mois après la mise en demeure adressée au maire par le recteur (1).]

[L'institution est donnée par le ministre de l'instruction publique (2)].

Art. 32. — Il est interdit aux instituteurs communaux d'exercer aucune fonction administrative sans l'autorisation du conseil *académique* (3).

Toute profession commerciale ou industrielle leur est absolument interdite.

Art. 33. — Le *recteur* (4) peut, suivant les cas, réprimander, suspendre, avec ou sans privation totale ou partielle du traitement, pour un temps qui n'excédera pas six mois, ou révoquer l'instituteur communal.

L'instituteur révoqué est incapable d'exercer la profession d'instituteur, soit public, soit libre, dans la même commune.

Le conseil *académique* (3) peut, après l'avoir entendu ou dûment appelé, frapper l'instituteur communal d'une interdiction absolue, sauf appel devant le conseil supérieur de l'instruction publique dans le délai de dix jours, à partir de la notification de la décision. Cet appel n'est pas suspensif.

En cas d'urgence, le maire peut suspendre provisoirement l'instituteur communal, à charge de rendre compte, dans les deux jours, au *recteur* (4).

Art. 34. — Le conseil *académique* (3) détermine les écoles publiques auxquelles, d'après le nombre des élèves, il doit être attaché un instituteur adjoint.

Les instituteurs adjoints peuvent n'être âgés que de dix-

---

(1) Ce paragraphe est abrogé depuis le décret du 9 mars 1852, qui a retiré aux conseils municipaux la nomination des instituteurs.

(2) La nomination faite par le préfet tient lieu aujourd'hui d'institution ministérielle.

(3) *Départemental*. (L. 7.)

(4) *Préfet*. (L. 8.)

huit ans, et ne sont pas assujettis aux conditions de l'article 25.

Ils sont nommés et révocables par l'instituteur, avec l'agrément du *recteur de l'académie* (1). Les instituteurs adjoints appartenant aux associations religieuses dont il est parlé dans l'article 31 sont nommés et peuvent être révoqués par les supérieurs de ces associations.

Le conseil municipal fixe le traitement des instituteurs adjoints. Ce traitement est à la charge exclusive de la commune.

Art. 35. — Tout département est tenu de pourvoir au recrutement des instituteurs communaux, en entretenant des élèves-maîtres, soit dans les établissements d'instruction primaire désignés par le conseil *académique* (2), soit aussi dans l'école normale établie à cet effet par le département.

Les écoles normales peuvent être supprimées par le conseil général du département; elles peuvent l'être également par le ministre, en conseil supérieur, sur le rapport du conseil *académique* (2), sauf, dans les deux cas, le droit acquis aux boursiers en jouissance de leur bourse.

Le programme de l'enseignement, les conditions d'entrée et de sortie, celles qui sont relatives à la nomination du personnel, et tout ce qui concerne les écoles normales sera déterminé par un règlement délibéré en conseil supérieur (3).

Chap III. — Des écoles communales.

Art. 36. — Toute commune doit entretenir une ou plusieurs écoles primaires.

Le conseil [*académique*] du département peut autoriser une commune à se réunir à une ou plusieurs communes voisines pour l'entretien d'une école.

Toute commune a la faculté d'entretenir une ou plusieurs écoles entièrement gratuites, à la condition d'y subvenir sur ses propres ressources.

(1) *Préfet*. (L. 8.)
(2) *Départemental*. (L. 7.)
(3) Voir plus loin les règlements du 24 mars 1851 et du 26 décembre 1855.

Le conseil *académique* (1) peut dispenser une commune d'entretenir une école publique, à condition qu'elle pourvoira à l'enseignement primaire gratuit, dans une école libre, de tous les enfants dont les familles sont hors d'état d'y subvenir. Cette dispense peut toujours être retirée (2).

Dans les communes où les différents cultes reconnus sont professés publiquement, des écoles séparées seront établies pour les enfants appartenant à chacun de ces cultes, sauf ce qui est dit à l'article 15.

La commune peut, avec l'autorisation du conseil *académique* (1), exiger que l'instituteur communal donne, en tout ou en partie, à son enseignement les développements dont il est parlé à l'article 23.

Art. 37. — Toute commune doit fournir à l'instituteur un local convenable, tant pour son habitation que pour la tenue de l'école, le mobilier de classe et un traitement.

Art. 38. — A dater du 1er janvier 1851, le traitement des instituteurs communaux se composera (3) :

1° D'un traitement fixe qui ne peut être inférieur à 200 fr.;

2° Du produit de la rétribution scolaire;

3° D'un supplément accordé à tous ceux dont le traitement, joint au produit de la rétribution scolaire, n'atteint pas 600 fr.

Ce supplément sera calculé d'après le total de la rétribution scolaire pendant l'année précédente (4).

[Art. 39. — Une caisse de retraite sera substituée par un

---

(1) *Départemental.* (L. 7.)

(2) L'article 9 du décret du 31 décembre 1853 a permis depuis de confier, dans certaines circonstances, à une institutrice, la direction d'une école publique commune aux deux sexes.

(3) Les dispositions de l'article 38 ne s'appliquent plus aujourd'hui qu'aux instituteurs régulièrement pourvus du titre d'instituteurs communaux, conformément au décret du 31 décembre 1853. L'article 4 de ce décret a réglé le traitement particulier des instituteurs suppléants.

(4) Par une disposition de l'article 5 de ce même décret, une allocation supplémentaire peut être accordée par le ministre aux instituteurs communaux qui l'auront méritée par leurs bons services, de manière à porter leur revenu à 700 ou à 800 fr.

règlement d'administration publique aux caisses d'épargne des instituteurs (1)].

Art. 40. — A défaut de fondations, dons ou legs, le conseil municipal délibère sur les moyens de pourvoir aux dépenses de l'enseignement primaire dans la commune.

En cas d'insuffisance des revenus ordinaires, il est pourvu à ces dépenses au moyen d'une imposition spéciale votée par le conseil municipal, ou, à défaut du vote de ce conseil, établie par un décret du pouvoir exécutif (2). Cette imposition, qui devra être autorisée chaque année par la loi de finances, ne pourra excéder trois centimes additionnels au principal des quatre contributions directes.

Lorsque des communes, soit par elles-mêmes, soit en se réunissant à d'autres communes, n'auront pu subvenir, de la manière qui vient d'être indiquée, aux dépenses de l'école communale, il y sera pourvu sur les ressources ordinaires du département, ou, en cas d'insuffisance, au moyen d'une imposition spéciale votée par le conseil général, ou, à défaut du vote de ce conseil, établie par un décret. Cette imposition, autorisée chaque année par la loi de finances, ne devra pas excéder deux centimes additionnels au principal des quatre contributions directes.

Si les ressources communales et départementales ne suffisent pas, le ministre de l'instruction publique accordera une subvention sur le crédit qui sera porté annuellement pour l'enseignement primaire au budget de l'Etat.

Chaque année, un rapport, annexé au projet de budget, fera connaître l'emploi des fonds alloués pour l'année précédente.

Art. 41. — La rétribution scolaire est perçue dans la même forme que les contributions publiques directes; elle

(1) Le règlement dont il est question dans l'article 39 n'a point été fait, les instituteurs publics ayant été compris dans la loi du 9 juin 1853, *sur les pensions civiles*. (Voir à la fin de cet ouvrage les dispositions de cette loi, qui intéressent les instituteurs.)

(2) L'obligation d'un décret spécial du pouvoir exécutif, qui avait été supprimée par les circulaires des ministres de l'intérieur et de l'instruction publique, en date des 5 mai et 17 septembre 1852, est rétablie suivant une circulaire du ministre de l'instruction publique du 16 septembre 1854.

est exempte des droits de timbre, et donne droit aux mêmes remises que les autres recouvrements.

Néanmoins, sur l'avis conforme du conseil général, l'instituteur pourra être autorisé par le conseil *académique* (1) à percevoir lui-même la rétribution scolaire.

Chap. IV. — Des délégués cantonaux et des autres autorités préposées a l'enseignement primaire.

Art. 42. — Le conseil [*académique*] du département désigne un ou plusieurs délégués résidant dans chaque canton, pour surveiller les écoles publiques et libres du canton, et détermine les écoles particulièrement soumises à la surveillance de chacun.

Les délégués sont nommés pour trois ans ; ils sont rééligibles et révocables. Chaque délégué correspond, tant avec le conseil *académique* (1), auquel il doit adresser ses rapports, qu'avec les autorités locales, pour tout ce qui regarde l'état et les besoins de l'enseignement primaire dans sa circonscription.

Il peut, lorsqu'il n'est pas membre du conseil *académique* (1), assister à ses séances avec voix consultative pour les affaires intéressant les écoles de sa circonscription.

Les délégués se réunissent au moins une fois tous les trois mois au chef-lieu du canton, sous la présidence de celui d'entre eux qu'ils désignent, pour convenir des avis à transmettre au conseil *académique* (1).

Art. 43. — A Paris, les délégués nommés pour chaque arrondissement par le conseil *académique* (1) se réunissent au moins une fois tous les mois, avec le maire, un adjoint, le juge de paix, un curé de l'arrondissement et un ecclésiastique, ces deux derniers désignés par l'archevêque, pour s'entendre au sujet de la surveillance locale et pour convenir des avis à transmettre au conseil *académique* (1). Les ministres des cultes non catholiques reconnus, s'il y a dans l'arrondissement des écoles suivies par des enfants appartenant à ces cultes, assistent à ces réunions avec voix délibérative.

(1) *Départemental.* (L. 7.)

2

La réunion est présidée par le maire.

Art. 44. — Les autorités locales préposées à la surveillance et à la direction morale de l'enseignement primaire sont, pour chaque école, le maire, le curé, le pasteur ou le délégué du culte israélite, et, dans les communes de deux mille âmes et au-dessus, un ou plusieurs habitants de la commune délégués par le conseil *académique* (1).

Les ministres des différents cultes sont spécialement chargés de surveiller l'enseignement religieux de l'école.

L'entrée de l'école leur est toujours ouverte.

Dans les communes où il existe des écoles mixtes, un ministre de chaque culte aura toujours l'entrée de l'école pour veiller à l'éducation religieuse des enfants de son culte.

Lorsqu'il y a pour chaque culte des écoles séparées, les enfants d'un culte ne doivent être admis dans l'école d'un autre culte que sur la volonté formellement exprimée par les parents.

Art. 45. — Le maire dresse chaque année, de concert avec les ministres des différents cultes, la liste des enfants qui doivent être admis gratuitement dans les écoles publiques. Cette liste est approuvée par le conseil municipal, et définitivement arrêtée par le préfet (2).

Art. 46. — Chaque année, le conseil *académique* (1) nomme une commission d'examen chargée de juger publiquement, et à des époques déterminées par le *recteur* (3), l'aptitude des aspirants au brevet de capacité, quel que soit le lieu de leur domicile.

Cette commission se compose de sept membres, et choisit son président.

Un inspecteur d'arrondissement pour l'instruction primaire, un ministre du culte professé par le candidat, et

---

(1) *Départemental.*

(2) L'application de cette disposition de la loi a été réglée par l'article 15 du décret du 31 décembre 1853.

(3) *Préfet* (L. 8). Les brevets sont délivrés au nom du recteur chargé, par l'article 17 du décret du 22 août 1854, de la surveillance et du maintien des méthodes, mais les commissions sont convoquées par le préfet aux époques fixées par lui.

deux membres de l'enseignement public ou libre, en **font** nécessairement partie.

L'examen ne portera que sur les matières comprises dans la première partie de l'article 23.

Les candidats qui voudront être examinés sur tout ou partie des autres matières spécifiées dans le même article, en feront la demande à la commission. Les brevets délivrés feront mention des matières spéciales sur lesquelles les candidats auront répondu d'une manière satisfaisante (1).

Art. 47. — Le conseil académique délivre, s'il y a lieu, des certificats de stage aux personnes qui justifient avoir enseigné pendant trois ans au moins les matières comprises dans la première partie de l'article 23, dans les écoles publiques ou libres autorisées à recevoir des stagiaires.

Les élèves-maîtres sont, pendant la durée de leur stage, spécialement surveillés par les inspecteurs de l'enseignement primaire.

CHAP. V. — DES ÉCOLES DE FILLES (2).

Art. 48. — L'enseignement primaire dans les écoles de filles comprend, outre les matières de l'enseignement primaire énoncées dans l'article 23, les travaux à l'aiguille.

Art. 49. — Les lettres d'obédience tiendront lieu de brevet de capacité aux institutrices appartenant à des congrégations religieuses vouées à l'enseignement et reconnues par l'Etat.

L'examen des institutrices n'aura pas lieu publiquement.

Art. 50. — Tout ce qui se rapporte à l'examen des institutrices, à la surveillance et à l'inspection des écoles de filles, sera l'objet d'un règlement délibéré en conseil supérieur (3). Les autres dispositions de la présente loi relatives

---

(1) Voir plus loin le règlement du 15 février 1853, relatif aux examens, et les articles 7 et 8 du décret du 31 décembre 1853.

(2) Voir, sur les écoles de filles et les institutrices, le titre II du décret du 31 décembre 1853.

(3) Ces divers objets ont été réglés, en ce qui concerne les examens, par le règlement du 15 février 1853, et pour ce qui regarde la nature des écoles, la surveillance et l'inspection, par le décret du 31 décembre 1853, titre II, articles 6, 7, 8, 9, 10, 11 et 12.

aux écoles et aux instituteurs, sont applicables aux écoles de filles et aux institutrices (1), à l'exception des articles 38, 39, 40 et 41 (2).

Art. 51. — Toute commune de huit cents âmes de population et au-dessus est tenue, si ses propres ressources lui en fournissent les moyens, d'avoir au moins une école de filles, sauf ce qui est dit à l'article 15.

Le conseil *académique* (3) peut, en outre, obliger les communes d'une population inférieure à entretenir, si leurs ressources ordinaires le leur permettent, une école de filles ; et, en cas de réunion de plusieurs communes pour l'enseignement primaire, il pourra, selon les circonstances, décider que l'école des garçons et l'école des filles seront dans deux communes différentes. Il prend l'avis du conseil municipal.

Art. 52. — Aucune école primaire, publique ou libre, ne peut, sans l'autorisation du conseil *académique* (3), recevoir d'enfants des deux sexes, s'il existe dans la commune une école publique ou libre de filles.

CHAP. VI. — INSTITUTIONS COMPLÉMENTAIRES.

Section 1re. — *Des pensionnats primaires* (4).

Art. 53. — Tout Français âgé de vingt-cinq ans, ayant au moins cinq années d'exercice comme instituteur, ou comme maître dans un pensionnat primaire, et remplissant les conditions énumérées en l'article 25, peut ouvrir un pensionnat primaire, après avoir déclaré son intention au *recteur de l'académie* (5) et au maire de la commune.

(1) Cette partie de l'article 50 se trouve modifiée, comme toutes les dispositions dont il est question, par le décret du 9 mars 1852, puis par la loi du 14 juin 1854, en ce qui concerne la nomination des institutrices et les attributions transférées aux préfets, et enfin par le décret du 31 décembre 1853.

(2) Les quatre articles dont il est question ici sont relatifs au traitement des instituteurs communaux, les dispositions financières de la loi n'étant pas encore applicables aux institutrices.

(3) *Départemental*. (L. 7.)

(4) Voir plus loin le décret du 30 décembre 1850 sur les pensionnats primaires.

(5) *Préfet*. (L. 8.)

Toutefois, les *instituteurs communaux ne pourront ouvrir
de pensionnat qu'avec l'autorisation du conseil académique* (1), sur l'avis du conseil municipal.

Le programme de l'enseignement et le plan du local doivent être adressés au maire et au *recteur* (2).

Le conseil *académique* (1) prescrira, dans l'intérêt de la
moralité et de la santé des élèves, toutes les mesures qui
seront indiquées dans un règlement délibéré par le conseil
supérieur (3).

Les pensionnats primaires sont soumis aux prescriptions
des articles 26, 27, 28, 29 et 30 de la présente loi, et à la
surveillance des autorités qu'elle institue.

Ces dispositions sont applicables aux pensionnats de
filles, en tout ce qui n'est pas contraire aux conditions
prescrites par le chapitre V de la présente loi (4).

Section 2e. — *Des écoles d'adultes et d'apprentis.*

Art. 54. — Il peut être créé des écoles primaires communales pour les adultes au-dessus de dix-huit ans, pour
les apprentis au-dessus de douze ans.

Le [*conseil académique* (5)] désigne les instituteurs chargés de diriger les écoles communales d'adultes et d'apprentis.

Il ne peut être reçu dans ces écoles d'élèves des deux
sexes.

Art. 55. — Les articles 27, 28, 29 et 30 sont applicables
aux instituteurs libres qui veulent ouvrir des écoles d'adultes ou d'apprentis.

Art. 56. — Il sera ouvert chaque année, au budget du
ministre de l'instruction publique, un crédit pour encou-

(1) *Départemental.* (L. 7).
(2) *Préfet.* (L. 8.)
(3) Ces mesures ont été prescrites par le décret du 30 décembre 1850.
(4) En ce qui concerne les pensionnats de filles, voir en particulier le titre II du décret du 31 décembre 1853.
(5) Ce droit appartient aujourd'hui au préfet, à qui, en vertu
du décret du 9 mars 1852 et de la loi du 14 juin 1854, est attribué le droit de nomination à tous les emplois publics d'instituteur.

rager les auteurs de livres ou de méthodes utiles à l'instruction primaire et à la fondation d'institutions telles que :

Les écoles du dimanche ;

Les écoles dans les ateliers et les manufactures ;

Les classes dans les hôpitaux ;

Les cours publics ouverts conformément à l'article 77 ;

Les bibliothèques de livres utiles ;

Et autres institutions dont les statuts auront été soumis à l'examen de l'autorité compétente.

Section 3ᵉ. — *Des salles d'asile* (1).

Art. 57. — Les salles d'asile sont publiques ou libres.

Un décret du Président de la République, rendu sur l'avis du conseil supérieur, déterminera tout ce qui se rapporte à la surveillance et à l'inspection de ces établissements, ainsi qu'aux conditions d'âge, d'aptitude, de moralité, des personnes qui seront chargées de la direction et du service dans les salles d'asiles publiques (2).

Les infractions à ce décret seront punies des peines établies par les articles 29, 30 et 33 de la présente loi.

Ce décret déterminera également le programme de l'enseignement et des exercices dans les salles d'asile publiques, et tout ce qui se rapporte au traitement des personnes qui y seront chargées de la direction ou du service.

Art. 58. — Les personnes chargées de la direction des salles d'asiles publiques sont nommées [*par le Conseil municipal, sauf l'approbation du Conseil académique* (3)].

Art. 59. — Les salles d'asile libres peuvent recevoir des

---

(1) Un décret du 16 mai 1854 a placé les salles d'asile de l'enfance sous la protection de l'Impératrice, et a institué un comité central de patronage.

(2) Ce décret a été rendu le 21 mars 1855. (Voir plus loin ce décret, ainsi que le règlement du 22 mars de la même année et les instructions du 15 février 1856 relatives aux examens pour le certificat d'aptitude.

(3) La nomination des directrices des salles d'asile appartient aujourd'hui au préfet, en vertu de l'article 23 du décret du 21 mars 1855.

secours sur les budgets des communes, des départements et de l'Etat.

TITRE III (1).

DE L'INSTRUCTION SECONDAIRE (2).

CHAP. Ier. — DES ÉTABLISSEMENTS PARTICULIERS D'INSTRUCTION SECONDAIRE (3).

Art. 60. — Tout Français âgé de vingt-cinq ans au moins, et n'ayant encouru aucune des incapacités comprises dans l'article 26 de la présente loi, peut former un établissement d'instruction secondaire, sous la condition de faire au *recteur de l'académie* (4), où il se propose de s'établir les déclarations prescrites par l'article 27, et en outre de dé-

(1) Le titre III de la loi sur l'enseignement étant relatif à l'instruction secondaire, nous aurions pu l'omettre dans un manuel consacré exclusivement à la législation de l'instruction primaire. Cependant, nous n'avons pas cru devoir le retrancher, parce que dans plusieurs cas où la loi ne se prononce pas, on a étendu à l'instruction primaire celles des dispositions concernant l'instruction secondaire, qui ne sont pas contraires à l'esprit général du titre II, relatif à la première.

Comme nous ne reviendrons pas sur les matières comprises dans le titre III, nous donnerons immédiatement les explications nécessaires à ceux qui peuvent avoir à consulter ce manuel.

(2) La loi n'ayant pas défini l'instruction secondaire, cet enseignement reste ce qu'il a été jusqu'à ce jour. Les établissements de ce nom sont donc ceux qui sont spécialement caractérisés par l'enseignement des langues anciennes.

(3) *Établissements particuliers* a ici la signification d'*établissements libres*.

(4) A *l'inspecteur d'académie* siégeant dans le département. La loi du 14 juin 1854 a enlevé aux conseils départementaux toute juridiction sur les établissements secondaires publics, en ne leur en laissant que sur les établissements secondaires libres. L'article 9 a conféré aux inspecteurs d'académie, agissant sous l'autorité des recteurs, la direction de l'administration des collèges et lycées, et les attributions que la loi sur l'enseignement attribuait aux recteurs, relativement à l'instruction des affaires contentieuses et disciplinaires, concernant les établissements libres d'enseignement secondaire.

poser entre ses mains les pièces suivantes, dont il lui sera donné récépissé :

1º Un certificat de stage constatant qu'il a rempli, pendant cinq ans au moins, les fonctions de professeur ou de surveillant dans un établissement d'instruction secondaire public ou libre ;

2º Soit le diplôme de bachelier, soit un brevet de capacité délivré par un jury d'examen dans la forme déterminée par l'article 62 ;

3º Le plan du local et l'indication de l'objet de l'enseignement.

Le *recteur* (1) à qui le dépôt des pièces aura été fait en donnera avis au préfet du département et au procureur de la république de l'arrondissement dans lequel l'établissement devra être fondé.

Le ministre, sur la proposition des conseils *académiques* (2) et l'avis conforme du conseil supérieur, peut accorder des dispenses de stage (3).

Art. 61. — Les certificats de stage sont délivrés par le conseil *académique* (2), sur l'attestation des chefs des établissements où le stage aura été accompli.

Toute attestation fausse sera punie des peines portées en l'article 160 du Code pénal (4).

Art. 62. — Tous les ans, le ministre nomme, sur la présentation du conseil *académique* (2), un jury chargé d'examiner les aspirants au brevet de capacité. Ce jury est composé de sept membres, y compris le *recteur* (1) qui le préside (5).

Un ministre du culte professé par le candidat et pris dans le conseil *académique* (2) s'il n'y en a déjà un dans le jury, sera appelé avec voix délibérative.

(1) *L'inspecteur d'académie*. (L. 9.)
(2) *Départemental*. (L. 7.)
(3) Il résulte de décisions prises déjà, dans plusieurs circonstances, par l'autorité supérieure, que la faculté d'accorder des dispenses de stage, établie pour l'instruction secondaire par le dernier paragraphe de l'article 60 de la loi, s'applique également à l'instruction primaire.
(4) La peine est un emprisonnement de deux à cinq ans.
(5) Voir, relativement à ces examens, les articles 51 et 52 du décret du 29 juillet 1850.

Le Ministre, sur l'avis du Conseil supérieur de l'instruction publique, instituera des jurys spéciaux pour l'enseignement professionnel (1).

Les programmes d'examen seront arrêtés par le Conseil supérieur.

Nul ne pourra être admis à subir l'examen de capacité avant l'âge de 25 ans.

Art. 63. — Aucun certificat d'études ne sera exigé des aspirants au diplôme de bachelier et au brevet de capacité (2).

Le candidat peut choisir la Faculté ou le jury académique devant lequel il subira son examen.

Un candidat refusé ne peut se présenter avant trois mois à un nouvel examen, sous peine de nullité du diplôme ou brevet indûment obtenu.

Art. 64. — Pendant le mois qui suit le dépôt des pièces requises par l'article 60, le *recteur* (3), le préfet et le procureur de la république peuvent se pourvoir devant le conseil *académique* (4) et s'opposer à l'ouverture de l'établissement dans l'intérêt des mœurs publiques ou de la santé des élèves (5).

Après ce délai, s'il n'est intervenu aucune opposition, l'établissement peut être immédiatement ouvert.

En cas d'opposition, le conseil *académique* (4) prononce,

(1) Les jurys spéciaux pour l'enseignement professionnel, désignés dans le § 5 de l'article 62, n'ont pas encore été organisés. Les programmes d'examen n'ont pas été non plus arrêtés, et l'enseignement professionnel lui-même n'a pas encore été défini ; une commission de douze membres, sous la présidence de M. Thénard, a été seulement instituée par arrêt du 4 juin 1850, pour préparer l'organisation de cet enseignement dans les établissements de l'Etat. L'enseignement qu'on désigne de ce nom était donné, depuis la loi du 28 juin 1833, dans les écoles connues en général sous le nom d'écoles primaires supérieures, nom que la loi actuelle n'a pas conservé.

(2) On entend par là que les aspirants ne sont pas tenus de justifier qu'ils ont fait telles ou telles études, ni qu'ils les ont faites dans telle espèce d'établissement.

(3) *L'inspecteur d'Académie.* (L. 9.)

(4) *Départemental.* (L. 7.)

(5) L'exécution des articles 64, 65, 66, 67 et 68 est réglementée par un décret spécial du 20 décembre 1850.

la partie entendue ou dûment appelée, sauf appel devant le Conseil supérieur de l'instruction publique (1).

Art. 65. — Est incapable de tenir un établissement public ou libre d'instruction secondaire, ou d'y être employé, quiconque est atteint de l'une des incapacités déterminées par l'article 26 de la présente loi, ou qui, ayant appartenu à l'enseignement public, a été révoqué avec interdiction, conformément à l'article 14.

Art. 66. — Quiconque, sans avoir satisfait aux conditions prescrites par la loi, aura ouvert un établissement d'instruction secondaire, sera poursuivi par le tribunal correctionnel du lieu du délit et condamné à une amende de 100 fr. à 1,000 fr. L'établissement sera fermé.

En cas de récidive, ou si l'établissement a été ouvert avant qu'il ait été statué sur l'opposition, ou contrairement à la décision du conseil *académique* (2) qui l'aurait accueillie, le délinquant sera condamné à un emprisonnement de quinze jours à un mois, et à une amende de 1,000 fr. à 3,000 fr.

Les ministres des différents cultes reconnus peuvent donner l'instruction secondaire à quatre jeunes gens au plus, destinés aux écoles ecclésiastiques, sans être soumis aux prescriptions de la présente loi, à la condition d'en faire la déclaration *au recteur* (3).

Le conseil *académique* (2) veille à ce que ce nombre ne soit pas dépassé.

Art. 67. — En cas de désordre grave dans le régime intérieur d'un établissement libre d'instruction secondaire, le chef de cet établissement peut être appelé devant le conseil *académique* (2), et soumis à la réprimande avec ou sans publicité.

La réprimande ne donne lieu à aucun recours.

Art. 68. — Tout chef d'établissement libre d'instruction

---

(1) Il y a lieu de remarquer ici que, tandis que le conseil départemental est juge sans appel, relativement à l'ouverture des écoles primaires libres, on peut appeler de sa décision devant le Conseil supérieur, relativement aux écoles secondaires.

(2) *Départemental*. (L. 7.)

(3) *A l'inspecteur d'Académie*. (L. 9.)

secondaire, toute personne attachée à l'enseignement ou à
la surveillance d'une maison d'éducation, peut, sur la plainte
du ministère public ou *du recteur* (1), être traduit, pour
cause d'inconduite ou d'immoralité, devant le conseil *académique* (2), et être interdit de sa profession, à temps ou à
toujours, sans préjudice des peines encourues pour crimes
ou délits prévus par le Code pénal (3).

Appel de la décision rendue peut toujours avoir lieu,
dans les quinze jours de la notification, devant le Conseil
supérieur.

L'appel ne sera pas suspensif.

Art. 69. — Les établissements libres peuvent obtenir des
communes, des départements ou de l'État, un local et une
subvention, sans que cette subvention puisse excéder le
dixième des dépenses annuelles de l'établissement.

Les conseils *académiques* (2) sont appelés à donner leur
avis préalable sur l'opportunité de ces subventions.

Sur la demande des communes, les bâtiments compris
dans l'attribution générale faite à l'Université par le décret
du 10 décembre 1808, pourront être affectés à ces établissements par décret du pouvoir exécutif.

Art. 70. — Les écoles secondaires ecclésiastiques actuelle-
lement existantes sont maintenues, sous la seule condition
de rester soumises à la surveillance de l'État.

Il ne pourra en être établi de nouvelles sans l'autorisation
du Gouvernement.

---

(1) *De l'inspecteur d'Académie.* (L. 9.)
(2) *Départemental.* (L. 7.)
(3) Tandis que la suspension que les conseils départementaux
peuvent prononcer, indépendamment de l'interdiction, contre les
membres de l'enseignement primaire libre, ne peut dépasser une
durée de six mois, il n'y a pas de limite assignée à la durée de
l'interdiction temporaire qu'ils peuvent prononcer contre les membres de l'enseignement secondaire libre. La *réprimande,* qui rem-
place pour ces derniers la *censure,* ne peut leur être infligée que
pour *désordre grave* dans le régime de leur établissement; l'interdiction ne peut aussi être prononcée contre eux que pour *immoralité* ou *inconduite,* et non pour faute grave commise dans
l'exercice de leur profession. Ils ont également quinze jours pour
se pourvoir, tandis que les instituteurs primaires n'en ont que dix.

CHAP. II. — DES ÉTABLISSEMENTS PUBLICS D'INSTRUCTION SECONDAIRE.

Art. 71. — Les établissements publics d'instruction secondaire sont les lycées et les colléges communaux.

Il peut y être annexé des pensionnats.

Art. 72. — Les lycées sont fondés et entretenus par l'Etat, avec le concours des départements et des villes.

Les colléges communaux sont fondés et entretenus par les communes.

Ils peuvent être subventionnés par l'Etat.

Art. 73. — Toute ville dont le collége communal sera, sur la demande du conseil municipal, érigé en lycée, devra faire les dépenses de construction et d'appropriation requises à cet effet, fournir le mobilier et les collections nécessaires à l'enseignement, assurer l'entretien et la réparation des bâtiments.

Les villes qui voudront établir un pensionnat près du lycée devront fournir le local et le mobilier nécessaires, et fonder pour dix ans, avec ou sans le concours du département, un nombre de bourses fixé de gré à gré avec le ministre. A l'expiration des dix ans, les villes et les départements seront libres de supprimer les bourses, sauf le droit acquis aux boursiers en jouissance de leur bourse.

Dans le cas où l'Etat voudrait conserver le pensionnat, le local et le mobilier resteront à sa disposition, et ne feront retour à la commune que lors de la suppression de cet établissement.

Art. 74. — Pour établir un collége communal, toute ville doit satisfaire aux conditions suivantes : fournir un local approprié à cet usage, et en assurer l'exécution; placer et entretenir dans ce local le mobilier nécessaire à la tenue des cours et à celle du pensionnat, si l'établissement doit recevoir des élèves internes; garantir, pour cinq ans au moins, le traitement fixe du principal et des professeurs, lequel sera considéré comme dépense obligatoire pour la commune, en cas d'insuffisance des revenus propres du collége, de la rétribution collégiale payée par les externes et des produits du pensionnat.

Dans le délai de deux ans, les villes qui ont fondé des

colléges communaux en dehors de ces conditions devront y avoir satisfait.

Art. 75 (1). — L'objet et l'étendue de l'enseignement dans chaque collége communal seront déterminés, eu égard aux besoins de la localité, par le Ministre de l'instruction publique, en Conseil supérieur, sur la proposition du conseil municipal et l'avis du conseil académique.

[Art. 76 (2). — Le Ministre prononce disciplinairement contre les membres de l'instruction secondaire publique. suivant la gravité des cas :

[1º La réprimande devant le conseil académique;

[2º La censure devant le Conseil supérieur;

[3º La mutation pour un emploi inférieur;

[4º La suspension des fonctions, pour une année au plus, avec ou sans privation totale ou partielle du traitement;

[5º Le retrait d'emploi, après avoir pris l'avis du Conseil supérieur ou de la section permanente.

[Le Ministre peut prononcer les mêmes peines, à l'exception de la mutation pour un emploi inférieur, contre les professeurs de l'enseignement supérieur.

[Le retrait d'emploi ne peut être prononcé contre eux que sur l'avis conforme du Conseil supérieur.

[La révocation aura lieu dans les formes prévues par l'article 14].

TITRE IV.

DISPOSITIONS GÉNÉRALES.

Art. 77. — Les dispositions de la présente loi concernant les écoles primaires ou secondaires sont applicables

---

(1) Les dispositions de cet article n'ont plus d'application, depuis le décret du 10 avril 1852, relatif au nouveau plan d'études des lycées, et la publication du nouveau programme d'enseignement secondaire.

(2) Cet article a été abrogé par le décret du 9 mars 1852, et remplacé par les articles 1, 5 et 8, qui confèrent à l'Empereur, au Ministre ou aux recteurs, suivant les cas, le droit de prononcer disciplinairement contre les membres de l'enseignement public secondaire ou supérieur.

aux cours publics sur les matières de l'enseignement primaire et secondaire.

Les conseils *académiques* (1) peuvent, selon les degrés de l'enseignement, dispenser ces cours de l'application des dispositions qui précèdent, et spécialement de l'application du dernier paragraphe de l'article 54 (2).

Art. 78. — Les étrangers peuvent être autorisés à ouvrir ou diriger des établissements d'instruction primaire ou secondaire, aux conditions déterminées par un règlement délibéré en Conseil supérieur (3).

Art. 79. — Les instituteurs adjoints des écoles publiques, les jeunes gens qui se préparent à l'enseignement primaire public dans les écoles désignées à cet effet, les membres ou novices des associations religieuses vouées à l'enseignement et autorisées par la loi ou reconnues comme établissements d'utilité publique, les élèves de l'Ecole normale supérieure, les maîtres d'étude, régents et professeurs des collèges et lycées, sont dispensés du service militaire, s'ils ont, avant l'époque fixée pour le tirage, contracté devant le recteur (4) l'engagement de se vouer pendant dix ans à l'enseignement public, et s'ils réalisent cet engagement.

Art. 80. — L'article 463 du Code pénal (5) pourra être appliqué aux délits prévus par la présente loi.

---

(1) *Départementaux* (L. 7.)

(2) Ce paragraphe est relatif à la réunion de personnes des deux sexes.

(3) Ces conditions ont été fixées par le décret du 5 décembre 1850, qu'on trouvera plus loin.

(4) La loi du 14 juin 1854 n'a rien changé en ce qui concerne l'engagement décennal. Il doit toujours être contracté devant le recteur, par l'intermédiaire de l'inspecteur d'Académie du département, et être réalisé et accepté par le recteur avant le tirage au sort. Voir, du reste, plus loin, pour tout ce qui concerne cette question.

(5) « Dans tous les cas où la peine de l'emprisonnement et celle de l'amende sont prononcées par le Code pénal, si les circonstances paraissent atténuantes, les tribunaux correctionnels sont autorisés, même en cas de récidive, à réduire l'emprisonnement, même au-dessous de six jours, et l'amende, même au-dessous de 16 fr.; ils peuvent aussi prononcer séparément l'une ou

Art. 81. — Un règlement d'administration publique déterminera les dispositions de la présente loi qui seront applicables à l'Algérie (1).

Art. 82. — Sont abrogées toutes les dispositions des lois, décrets ou ordonnances contraires à la présente loi.

DISPOSITIONS TRANSITOIRES.

Art. 83. — Les chefs ou directeurs d'établissements d'instruction secondaire ou primaire libres, maintenant en exercice, continueront d'exercer leur profession, sans être soumis aux prescriptions des articles 53 et 60.

Ceux qui en ont interrompu l'exercice pourront le reprendre, sans être soumis à la condition du stage (2).

Le temps passé par les professeurs et les surveillants dans ces établissements leur sera compté pour l'accomplissement du stage prescrit par ledit article (3).

l'autre de ces peines, et même substituer l'amende à l'emprisonnement, sans qu'en aucun cas elle puisse être au-dessous des peines de simple police. » (*Code pénal*, art. 463, § 8.)

Cet adoucissement peut être appliqué aux peines prononcées en vertu des articles 22, 29 et 66.

(1) D'après un sénatus-consulte du 3 mai 1854, ce règlement sera fait par de simples décrets de l'Empereur. Un arrêté du 30 décembre 1853, qu'on trouvera plus loin, a fixé le taux du traitement des instituteurs et des institutrices publics en Algérie, et a réglé les dispositions relatives à l'enseignement gratuit.

(2) Le stage dont il est question dans ce paragraphe est celui de cinq ans qui est nécessaire pour ouvrir un pensionnat primaire, ou pour former un établissement quelconque d'instruction secondaire. Il y a lieu de remarquer, à ce sujet, que tandis qu'on peut ouvrir un externat primaire à 21 ans, et sans aucune condition de stage, il faut 25 ans et un stage de cinq ans, pour ouvrir un établissement secondaire. Cette différence est motivée sur ce que ces derniers établissements sont presque nécessairement pourvus d'un pensionnat.

(3) La faute de rédaction qu'on remarque à la fin de ce paragraphe, où il y a un singulier qui se rapporte au pluriel du premier paragraphe, a donné lieu à des interprétations inexactes. Quelques personnes avaient pensé que le temps passé précédemment dans un établissement quelconque, public ou libre, pouvait remplacer le stage de trois ans dans une école autorisée à recevoir des stagiai-

[Art. 84 (1). — La présente loi ne sera exécutoire qu'à dater du 1er septembre 1850.

[Les autorités actuelles continueront d'exercer leurs fonctions jusqu'à cette époque.

[Néanmoins, le Conseil supérieur pourra être constitué, et il pourra être convoqué par le ministre avant le 1er septembre 1850, et, dans ce cas, les articles 1, 2, 3, 4, l'article 5, à l'exception de l'avant-dernier paragraphe, les articles 6 et 76 de la présente loi deviendront immédiatement applicables.

[La loi du 11 janvier 1850 est prorogée jusqu'au 1er septembre 1850 (2).

[Dans le cas où le Conseil supérieur aurait été constitué avant cette époque, l'appel des instituteurs révoqués sera jugé, par le Ministre de l'instruction publique, en section permanente du Conseil supérieur].

[Art. 85 (3). — Jusqu'à la promulgation de la loi sur l'enseignement supérieur, le Conseil supérieur de l'instruction publique et sa section permanente, selon leur compétence respective, exerceront, à l'égard de cet enseignement, les attributions qui appartenaient au Conseil de l'Université, et les nouveaux conseils académiques, les attributions qui appartenaient aux anciens].

res, qui, d'après l'article 47, peut tenir lieu de brevet d'aptitude. Il résulte de l'esprit général de la loi, et en particulier de celui de l'article 83, ainsi que des décisions de l'autorité, que la disposition du troisième paragraphe ne concerne que l'instruction secondaire, et que le stage dont elle parle est uniquement celui qui est exigé par l'article 60.

(1) Cet article est sans application depuis la mise à exécution de la loi.

(2) Cette loi, qui était due aux circonstances et avait un caractère transitoire, mettait l'instruction primaire sous la surveillance des préfets et leur attribuait le droit de suspendre, de révoquer et de changer les instituteurs communaux. La loi du 14 juin 1854, qui a placé l'instruction primaire entre les mains des préfets, a rendu à ces magistrats le droit que la loi du 11 janvier 1850 leur avait conféré momentanément.

(3) L'article 85 a été abrogé et remplacé par les articles 2, 3 et 3 du décret du 9 mars 1852, et par les articles 4, 13 et 14 de la loi du 14 juin 1854.

DÉCRET ORGANIQUE

SUR L'INSTRUCTION PUBLIQUE.

(9 mars 1852 (1).)

CHAP. Ier.—DE L'AUTORITÉ SUPÉRIEURE DE L'ENSEIGNEMENT
PUBLIC.

Art. 1er (2). — *Le président de la république* (3), sur la
proposition du Ministre de l'instruction publique, nomme
et révoque les membres du Conseil supérieur, les inspecteurs généraux, les recteurs, les professeurs des facultés,
du Collége de France, du Muséum d'histoire naturelle, de
l'école des langues orientales vivantes, les membres du
Bureau des longitudes et de l'Observatoire de Paris et de
Marseille, les administrateurs et conservateurs des bibliothèques publiques.

Art. 2. — Quand il s'agit de pourvoir à la nomination

(1) Ce décret a force de loi, en vertu de l'article 58 de la Constitution de 1852, et il abroge les dispositions de la loi du 15 mars
1850 qui y sont contraires. Une partie des dispositions de ce décret ont été modifiées plus tard par la loi du 14 juin 1854, ainsi
qu'il sera expliqué plus loin. L'objet principal du décret du 9 mars
1852 a été d'augmenter les droits et l'action de l'autorité sur tous
les fonctionnaires de l'instruction publique. A l'égard de l'instruction primaire, il avait retiré aux conseils municipaux le droit de
nomination des instituteurs communaux pour le conférer aux anciens recteurs.

(2) L'article 1er a modifié les articles 1er, 2, 3, 9 et 19 de la loi
sur l'enseignement, du 14 mars 1850, en ce qui concerne la nomination et la révocation des membres du Conseil supérieur, des
inspecteurs généraux et des recteurs, et il a statué à l'égard des
autres fonctionnaires dont il n'était pas question dans la loi.

(3) *L'Empereur.*

d'un professeur titulaire dans une faculté, le ministre propose *au président de la république* (1) un candidat choisi,
soit parmi les docteurs âgés de trente ans au moins, soit
sur une double liste de présentation qui est nécessairement
demandée à la faculté où la vacance se produit et au conseil
académique.

Le même mode de nomination est suivi dans les facultés
des lettres, des sciences, de droit, de médecine, et dans
les écoles supérieures de pharmacie.

En cas de vacance d'une chaire au Collége de France, au
Muséum d'histoire naturelle, à l'École des langues orientales vivantes, ou d'une place au Bureau des longitudes,
à l'Observatoire de Paris et de Marseille, les professeurs ou
membres de ces établissements présentent deux candidats;
la classe correspondante de l'Institut en présente également deux. Le Ministre peut, en outre, présenter au choix
du *président de la république* (1) un candidat désigné par
ses travaux.

Art. 3 (2). — Le Ministre, par délégation du *président
de la république* (1), nomme et révoque les professeurs de
l'École nationale des chartes, les inspecteurs d'académie,
les membres des conseils *académiques* (3), qui procédaient
précédemment de l'élection, les fonctionnaires et professeurs des écoles préparatoires de médecine et de pharmacie,
les fonctionnaires et professeurs de l'enseignement secondaire public, les inspecteurs primaires, les employés des

(1) *L'Empereur.*
(2) Le premier paragraphe de l'article 3 a abrogé les dispositions de l'article 10 de la loi sur l'enseignement. relatives à l'élection d'une partie des membres du *conseil académique*, lesquels
sont maintenant nommés directement par le Ministre. Il a aussi
abrogé la disposition du deuxième paragraphe de l'article 20, en
vertu de laquelle les inspecteurs de l'enseignement primaire
n'étaient nommés par le Ministre qu'*après avis du conseil académique*. Le droit de nomination de ces inspecteurs appartient
aujourd'hui au Ministre d'une manière absolue.
(3) *Départementaux.* La loi du 14 juin 1854 a créé aux chefs-
lieux des nouvelles académies des conseils académiques qui n'ont
pas de rapport avec ceux que la loi de 1850 avait établis dans
chaque département.

bibliothèques, et généralement toutes les personnes attachées à des établissements d'instruction publique appartenant à l'Etat.

Il prononce directement et sans recours contre les membres de l'enseignement secondaire public :

La réprimande devant le conseil académique,

La censure devant le Conseil supérieur,

La mutation,

La suspension des fonctions avec ou sans privation totale
ou partielle de traitement,

La révocation.

Il peut prononcer les mêmes peines contre les membres
de l'enseignement supérieur, à l'exception de la révocation,
qui est prononcée, sur sa proposition, par un décret du
président de la république (1).

Art. 4. — Les *recteurs*, par délégation du Ministre,
nomment les instituteurs communaux, les conseils municipaux entendus, d'après le mode prescrit par les deux premiers paragraphes de l'article 31 de la loi du 15 mars
1850 (2).

(1) *L'Empereur.*

(2) L'article 4 a modifié l'article 31 de la loi sur l'enseignement,
en donnant aux recteurs le droit de nomination des instituteurs,
qui appartenait aux conseils municipaux. Il a été, à son tour, modifié par l'article 8 de la loi du 14 juin 1854, qui, en transférant
aux préfets les attributions relatives à l'instruction primaire, conférées aux recteurs par le présent décret, leur a attribué par conséquent le droit de nomination et de révocation de tous les instituteurs publics, adjoints, suppléants et communaux.

Il résulte d'une circulaire ministérielle du 3 avril 1852, que
l'expression de l'article 4, *les conseils municipaux entendus*, doit
s'entendre en ce sens que, lors de la création d'une école dans une
commune, le conseil municipal sera consulté avant la nomination
de l'instituteur, pour savoir s'il veut en confier la direction à un
instituteur laïque ou bien à un membre d'une association religieuse. — « J'ai été consulté, dit le Ministre dans cette circulaire
sur le sens dans lequel doit être interprété l'article 4 du décret du
9 mars qui attribue aux *recteurs* (préfets), par délégation du Ministre, la nomination des instituteurs communaux, « *les conseils
municipaux entendus.* » La pensée de ce décret est que le conseil
municipal soit mis par le *recteur* (préfet) en demeure de déclarer
s'il désire que la direction de son école soit confiée à un instituteur

CHAP. II. — DU CONSEIL SUPÉRIEUR DE L'INSTRUCTION
PUBLIQUE (1).

Art. 5 (2). — Le Conseil supérieur se compose :
De trois membres du sénat,
De trois membres du Conseil d'Etat,
De cinq archevêques ou évêques,
De trois membres des cultes non catholiques,
De trois membres de la Cour de cassation,
De cinq membres de l'Institut,
De huit inspecteurs généraux,
De deux membres de l'enseignement libre.

Les membres du Conseil supérieur sont nommés pour
un an.

Le Ministre préside le conseil, et détermine l'ouverture des sessions, qui auront lieu au moins deux fois
par an.

laïque ou à un membre d'une association religieuse. Le *recteur*
(préfet) choisira ensuite, selon le vœu exprimé par le conseil municipal, l'instituteur qu'il nommera, soit sur la liste d'admissibilité, soit parmi les présentations faites par les supérieurs des associations religieuses vouées à l'enseignement et reconnues comme
établissements d'instruction publique. »

Les conseils municipaux peuvent aussi, quand ils le jugent convenable, exprimer le désir qu'une école précédemment dirigée par
un instituteur laïque le soit à l'avenir par un membre d'une association religieuse, et réciproquement. Mais il résulte de plusieurs
décisions que, lorsqu'aucun vœu de ce genre n'a été exprimé, le
préfet a le droit de nommer et de changer l'instituteur, selon les
besoins du service, sans avoir besoin de prendre l'avis du conseil
municipal, à chaque mutation.

Au préfet, d'ailleurs, appartient toujours le droit d'apprécier si
les ressources d'une commune lui permettent d'établir une école
dans les conditions où elle la désire.

(1) Le Conseil supérieur porte aujourd'hui le nom de *Conseil
impérial de l'instruction publique.*

(2) L'article 5 a modifié les articles 1er, 2, 3, 4 et 6 de la loi sur
l'enseignement, relatifs à la composition du Conseil impérial, dont
tous les membres sont aujourd'hui nommés par l'Empereur; il a
supprimé la section permanente, et changé le nombre des sessions
annuelles.

CHAP. III.—DES INSPECTEURS GÉNÉRAUX DE L'INSTRUCTION PUBLIQUE.

Art. 6. — Huit inspecteurs généraux de l'enseignement supérieur,

Trois pour les lettres,

Trois pour les sciences,

Un pour le droit,

Un pour la médecine,

sont chargés, sous l'autorité du Ministre, de l'inspection des facultés, des écoles supérieures de pharmacie, des écoles préparatoires de médecine et de pharmacie, et des établissements scientifiques et littéraires ressortissant du ministère de l'instruction publique.

Ils peuvent être chargés de missions extraordinaires dans les lycées nationaux et dans les établissements d'instruction secondaire libres.

Six inspecteurs généraux de l'enseignement secondaire,

Trois pour les lettres,

Trois pour les sciences,

sont chargés, sous l'autorité du Ministre, de l'inspection des lycées *nationaux* (1), des colléges communaux les plus importants, et des établissements secondaires libres.

Deux inspecteurs généraux de l'enseignement primaire sont chargés des mêmes attributions en ce qui concerne l'instruction de ce degré (2).

Le Ministre peut appeler au Conseil supérieur, pour les questions spéciales, avec voix consultative, des inspecteurs généraux qui n'auraient pas été désignés pour en faire partie.

(1) *Impériaux.*

(2) Ce nombre a été porté successivement à quatre par deux décrets, l'un du 15 février, l'autre du 22 août 1854, qui ont créé chacun un nouvel emploi d'inspecteur général de l'enseignement primaire.

CHAP. IV. — DISPOSITIONS PARTICULIÈRES.

Art. 7. — Un nouveau plan d'études sera discuté par le Conseil supérieur dans sa prochaine session.

Art. 8. — En cas d'urgence, les recteurs peuvent, par mesure administrative, suspendre un professeur de l'enseignement public secondaire ou supérieur, à la charge d'en rendre compte immédiatement au Ministre, qui maintient ou lève la suspension.

Art. 9. — Les professeurs, les gens de lettres, les savants et les artistes dépendant du ministère de l'instruction publique, ne peuvent cumuler que deux fonctions rétribuées sur les fonds du trésor public.

Le montant des traitements cumulés, tant fixes qu'éventuels, pourra s'élever à 20,000 francs.

Art. 10. — A l'avenir, la liquidation des pensions de retraite des fonctionnaires de l'instruction publique n'aura lieu qu'après avis de la section des finances du conseil d'État (1).

Art. 11. — Sont maintenues les dispositions de la loi du 15 mars 1850 qui ne sont pas contraires au présent décret.

Art. 12. — Le Ministre de l'instruction publique et des cultes est chargé de l'exécution du présent décret, qui sera inséré au *Bulletin des lois*.

(1) Tout ce qui concerne les pensions de retraite a été réglé par la loi du 9 juin 1853, sur les pensions civiles. (Voir, plus loin, le texte de cette loi.)

LOI SUR L'INSTRUCTION PUBLIQUE.

(14 juin 1854 (1).)

TITRE Ier.

DE L'ADMINISTRATION DE L'INSTRUCTION PUBLIQUE.

Art. 1er. — La France est divisée en seize circonscriptions académiques, dont les chefs-lieux sont :

Aix, Besançon, Bordeaux. Caen, Clermont, Dijon, Douai, Grenoble, Lyon, Montpellier. Nancy, Paris, Poitiers, Rennes, Strasbourg, Toulouse (2).

---

(1) La loi du 14 juin 1854 a complétement changé l'organisation académique établie par la loi du 15 mars 1850, sur l'enseignement. Cette dernière avait supprimé l'ancienne division de la France en 27 académies, qui correspondaient à peu près aux circonscriptions des cours royales, et qui elles-mêmes avaient é é réduites à 20 par un arrêté du 7 septembre 1848; elle avait établi au chef-lieu de chaque département une académie administrée par un recteur, assisté généralement d'autant d'inspecteurs primaires qu'il y a d'arrondissements dans le département, et, dans un petit nombre de localités importantes, d'un ou de plusieurs inspecteurs d'académie.

La nouvelle loi a réduit le nombre des académies plus qu'il ne l'avait jamais été, et elle a naturellement étendu leur circonscription. Elle a, par suite, modifié considérablement l'organisation des différents corps préposés à l'administration de l'instruction, et elle en a changé les attributions. Les conseils académiques que la loi de 1850 avait créés dans chaque département ont été remplacés par des *conseils départementaux* auxquels on a donné des attributions un peu différentes, et on a établi au chef-lieu de chaque académie, un *conseil académique*, avec des attributions nouvelles.

La loi de 1854 a surtout changé l'administration de l'instruction primaire, qui a été entièrement remise aux préfets, lesquels sont assistés, pour l'instruction des affaires, par l'inspecteur d'académie, en résidence dans le département. Elle a aussi supprimé l'inspecteur de l'enseignement primaire dans l'arrondissement où est le chef-lieu de chaque département.

(2) L'étendue de chacune des circonscriptions académiques a été

Art. 2. — Chacune des académies est administrée par un recteur, assisté d'autant d'inspecteurs d'académie qu'il y a de départements dans la circonscription (1).

Un décret déterminera le nombre des inspecteurs d'académie du département de la Seine (2).

Art. 3. — Il y a au chef-lieu de chaque académie un conseil académique (3), composé :

1° Du recteur, président;

2° Des inspecteurs de la circonscription ;

3° Des doyens des facultés ;

4° De sept membres choisis, tous les trois ans, par le ministre de l'instruction publique,

Un parmi les archevêques et évêques de la circonscription;

Deux parmi les membres du clergé catholique ou parmi les ministres des cultes non catholiques reconnus ;

Deux dans la magistrature;

Deux parmi les fonctionnaires publics ou autres personnes notables de la circonscription.

Art. 4. — Le conseil académique veille au maintien des méthodes d'enseignement prescrites par le Ministre, en Conseil impérial de l'instruction publique, et qui doivent être suivies dans les écoles publiques d'instruction primaire, secondaire ou supérieure du ressort (4).

déterminée par le décret du 22 août 1854, relatif à l'organisation des académies. (Voir plus loin le texte de ce décret.)

(1) Le traitement des fonctionnaires des nouvelles académies instituées par la loi du 14 juin 1854, a été fixé par un décret spécial du 22 août de la même année.

(2) L'article 50 du décret du 22 août 1854, relatif à l'organisation des académies, a fixé le nombre de ces inspecteurs à huit, et a réglé leurs attributions spéciales.

(3) Les nouveaux *conseils académiques* créés par la loi de 1854 n'ont aucun rapport avec les anciens conseils de ce nom, que la loi de 1850 avait établis dans chaque département, et dont la compétence ne s'étendait que sur un seul département, tandis que celle des nouveaux conseils s'étend sur tout le ressort de l'académie. Les anciens conseils ont pris le titre de *conseils départementaux*, en vertu des articles 5, 6 et 7, qui en ont réglé la composition et les attributions. Du reste, tous les membres des conseils académiques et départementaux sont nommés aujourd'hui par le Ministre.

(4) Les seules attributions des conseils académiques, en ce qui

Il donne son avis sur les questions d'administration, de finances ou de discipline, qui intéressent les colléges communaux, les lycées et les établissements d'enseignement supérieur.

Art. 5. — Il y a au chef-lieu de chaque département un conseil départemental de l'instruction publique (1), composé :

1º Du préfet, président ;

2º De l'inspecteur d'académie ;

3º D'un inspecteur de l'instruction primaire désigné par le ministre ;

4º Des membres que les paragraphes 5, 6, 7, 8, 9, 10 et 11 de l'article 10 de la loi du 15 mars 1850 appelaient à siéger dans les anciens conseils (2), et dont le mode de désignation demeure réglé conformément à la ladite loi et à l'article 3 du décret du 9 mars 1852 (3).

concerne l'instruction primaire, ont pour objet la surveillance des méthodes d'enseignement.

(1) Les conseils départementaux créés par la loi de 1854 remplacent, à proprement parler, les anciens conseils académiques établis par la loi de 1850 : ils en ont, en particulier, presque toutes les attributions relatives à l'instruction primaire.

(2) Ces membres sont :

1º L'évêque ou son délégué ;

2º Un ecclésiastique désigné par l'évêque ;

3º Un ministre de l'une des deux églises protestantes, désigné par le Ministre de l'instruction publique, dans les départements où il existe une église légalement établie ;

4º Un membre du consistoire israélite, désigné par le Ministre, dans chacun des départements où il existe un consistoire légalement établi ;

5º Le procureur général près la cour impériale dans les villes où siége une cour impériale, et, dans les autres, le procureur impérial près le tribunal de première instance ;

6º Un membre de la cour impériale, désigné par le Ministre, ou, à défaut de cour impériale, un membre du tribunal de première instance, également désigné par le Ministre ;

7º Quatre autres membres, nommés par le Ministre, et dont deux au moins pris dans le sein du conseil général.

(3) L'article 3 du décret du 9 mars 1852 confère au Ministre le droit de nommer ceux des membres du conseil départemental qui procédaient auparavant de l'élection.

Art. 6. — Pour le département de la Seine, le conseil départemental de l'instruction publique se compose :

1° Du préfet, président;

2° Du recteur de l'académie de Paris, vice-président;

3° De deux des inspecteurs d'académie attachés au département de la Seine;

4° De deux inspecteurs de l'instruction primaire dudit département;

5° Des membres que les paragraphes 4, 5, 6, 7, 8, 11, 12, 13, 14 et 15 de l'article 11 de la loi du 15 mars 1850 appelaient à faire partie de l'ancien conseil académique de la Seine, et dont le mode de désignation demeure réglé conformément à ladite loi et à l'article 3 du décret du 9 mars 1852 (1).

Art. 7. — Le conseil départemental de l'instruction publique exerce, en ce qui concerne les affaires de l'instruction primaire et les affaires disciplinaires et contentieuses relatives aux établissements particuliers d'instruction secondaire, les attributions déférées au conseil académique par la loi du 15 mars 1850 (2).

(1) Ces membres sont :

1° L'archevêque de Paris ou son délégué;

2° Trois ecclésiastiques, désignés par l'archevêque;

3° Un ministre de l'Église réformée, désigné par le Ministre;

4° Un ministre de l'Église de la confession d'Augsbourg, désigné par le Ministre;

5° Un membre du consistoire israélite, désigné par le Ministre;

6° Le procureur général près la cour impériale, ou un membre du parquet désigné par lui;

7° Un membre de la cour impériale, désigné par le Ministre;

8° Un membre du tribunal de première instance, désigné par le Ministre;

9° Quatre membres du conseil municipal de Paris, et deux membres du conseil général de la Seine, pris parmi ceux des arrondissements de Sceaux et de Saint-Denis, tous désignés par le Ministre en vertu de l'article 3 du décret du 9 mars 1852.

(2) Voir pour ces attributions les articles 14 et 15 de la loi du 15 mars 1850. Celles qui sont énumérées dans ces deux articles sont du reste restreintes, comme on voit, et comme il est indiqué, pages 13 et 14, aux affaires de l'instruction primaire et aux affaires disciplinaires et contentieuses relatives aux établissements

Les appels de ses décisions dans les matières qui intéressent la liberté d'enseignement sont portés directement devant le Conseil impérial de l'instruction publique, en conformité des dispositions de ladite loi.

Art. 8. — Le préfet exerce sous l'autorité du Ministre de l'instruction publique, et sur le rapport de l'inspecteur d'académie, les attributions déférées au recteur par la loi du 15 mars 1850 et par le décret organique du 9 mars 1852 en ce qui concerne l'instruction primaire publique ou libre (1).

particuliers d'instruction secondaire. Tout ce qui concerne l'enseignement public, secondaire ou supérieur est réservé aux conseils académiques.

L'époque et le nombre des réunions des conseils départementaux, leur mode de délibération, et les formes suivant lesquelles ils procèdent, sont déterminés par les articles 26 à 28 du décret du 22 août 1854, relatif à l'organisation des académies; par les articles 23 à 28 du règlement d'administration publique du 29 juillet 1850, rendu pour l'exécution de la loi du 15 mars 1850; et par les articles 2, 3 et 4 du règlement du 20 décembre 1850, relatif aux établissements libres d'instruction secondaire. (Voir plus loin ces décrets.)

(1) L'article 8 a modifié radicalement l'administration de l'instruction primaire, en transférant aux préfets toutes les attributions que les articles 27 à 59 de la loi du 15 mars 1850 avaient conférées aux recteurs en ce qui concerne l'enseignement primaire, public ou libre, et en leur donnant le droit de nommer, de changer, de réprimander, de suspendre et de révoquer tous les instituteurs publics, adjoints, suppléants et communaux, droit que l'article 4 du décret du 9 mars 1852 avait attribué aux recteurs. (Voir la note relative à cet article 4, page 43.)

L'institution qui devait être donnée par le Ministre aux instituteurs communaux, en vertu du dernier paragraphe de l'article 31 de la loi du 15 mars 1850, n'a plus lieu aujourd'hui, ainsi qu'il résulte du passage suivant de la circulaire ministérielle du 3 avril 1852. « Il m'a été demandé, dit le Ministre, si l'institution mentionnée dans l'article 31 de la loi du 15 mars 1850 est encore nécessaire, même pour ceux des instituteurs nommés avant la promulgation du décret (du 9 mars 1852), et à l'égard desquels cette formalité n'aurait pas encore été remplie. Je ne puis que répondre négativement à cette question..... Vous pourrez toutefois, comme par le passé, ne délivrer aux instituteurs que des autorisations

Art. 9. — Sous l'autorité du préfet, l'inspecteur d'aca‑
démie instruit les affaires relatives à l'enseignement pri‑
maire du département (1).

Sous l'autorité du recteur, il dirige l'administration des
colléges et lycées, et exerce, en ce qui concerne l'enseigne‑
ment secondaire libre, les attributions déférées au recteur
par la loi du 15 mars 1850 (2).

Art. 10. — Le local de l'académie, le mobilier du conseil
académique et les bureaux du recteur sont fournis par la
ville chef-lieu.

provisoires, et suspendre pendant six mois leur nomination défi‑
nitive. Les instituteurs communaux n'auront droit au traitement
supplémentaire alloué par l'Etat qu'à partir du jour de leur nomi‑
nation définitive. »

Le dernier passage de cette circulaire n'a plus d'objet depuis le
décret du 31 décembre 1853, qui a créé une nouvelle classe d'in‑
stituteurs publics, sous le nom d'*instituteurs suppléants*. Ces sup‑
pléants sont, sous le rapport du traitement, de véritables institu‑
teurs provisoires, puisqu'ils n'ont pas droit au traitement supplé‑
mentaire alloué par l'Etat. Le titre d'*instituteurs provisoires* n'est
plus donné du reste qu'aux instituteurs chargés provisoirement de
la direction d'une école publique, avant l'âge légal de 21 ans.
Passé cet âge, ils ont aujourd'hui, pendant trois ans au moins, le
titre d'*instituteurs suppléants*.

(1) Au préfet appartient, en vertu de l'article 8, le droit de
nomination, de changement et de révocation des instituteurs pu‑
blics ; c'est aussi lui qui prononce à leur égard la suspension, la
réprimande et toutes les peines disciplinaires. Mais, d'après l'ar‑
ticle 9, c'est l'inspecteur d'académie qui instruit toutes les af‑
faires relatives à l'instruction primaire, sous l'autorité du préfet.
C'est donc avec l'inspecteur d'académie que les instituteurs sont
principalement en relation, les occupations multipliées du préfet
ne lui permettant pas d'ailleurs d'avoir avec eux des rapports
journaliers.

Du reste, les instituteurs ne doivent pas oublier que, d'après
les règles de la hiérarchie administrative, c'est avec l'inspecteur
primaire de leur arrondissement qu'ils doivent correspondre dans
le plus grand nombre des cas. Au lieu de hâter l'expédition des
affaires en s'adressant directement au préfet ou à l'inspecteur
d'académie, ils ne font qu'en retarder la solution, ces fonction‑
naires devant, dans le plus grand nombre des cas, renvoyer l'af‑
faire à l'inspecteur primaire pour avoir son avis.

(2) Ces attributions sont déterminées par les articles 60 à 68.

Le local et le mobilier nécessaires à la réunion du conseil départemental et les bureaux de l'inspecteur d'académie, ainsi que les frais de bureaux, sont à la charge du département (1).

Ces dépenses sont obligatoires.

Art. 11. — Un décret, rendu en la forme des règlements d'administration publique, déterminera les circonscriptions des académies ainsi que tout ce qui concerne la réunion et la tenue des conseils académiques et départementaux (2).

Art. 12. — Les dispositions du présent titre sont exécutoires à partir du 1er septembre 1854.

TITRE II.

DISPOSITIONS SPÉCIALES AUX ÉTABLISSEMENTS D'ENSEIGNEMENT SUPÉRIEUR (3).

Art. 13. — A partir du 1er janvier 1855, les établissements d'enseignement supérieur chargés de la collation des grades formeront un service spécial subventionné par l'État; le budget de ce service spécial sera annexé à celui du ministère de l'instruction publique et des cultes; le compte des recettes et des dépenses sera annexé à la loi des comptes, conformément à l'article 17 de la loi du 9 juillet 1836.

Les fonds destinés à acquitter les dépenses effectuées régulièrement, qui n'auraient pu recevoir leur emploi dans le cours de l'exercice, seront reportés, après clôture, sur

---

(1) D'après l'article 27 du décret réglementaire du 22 août 1854, les bureaux de l'inspecteur d'académie sont placés à la préfecture; c'est aussi à la préfecture que siège le conseil départemental.

(2) Ce décret réglementaire a été rendu le 22 août 1854 : c'est celui que nous mentionnons dans la note précédente. Nous en donnons le texte plus loin.

(3) Le titre II est tout entier étranger à l'instruction primaire. Aussi nous ne le donnons dans ce *Manuel* qu'en raison de sa brièveté, et pour ne pas tronquer le texte d'une des lois organiques de l'instruction publique en France.

l'exercice en cours d'exécution ; les fonds restés libres seront cumulés avec les ressources du budget nouveau.

Art. 14. — Un décret, rendu en la forme des règlements d'administration publique, déterminera le tarif des droits d'inscription, d'examen et de diplôme à percevoir dans les établissements d'enseignement supérieur chargés de la collation des grades.

Un décret, rendu en la même forme, après avis du Conseil impérial de l'instruction publique, réglera les conditions d'âge et d'études pour l'admission aux grades, sans qu'il puisse être dérogé à l'article 63 de la loi du 15 mars 1850.

Art. 15. — Les dispositions des lois, décrets, ordonnances et règlements contraires à la présente loi sont et demeurent abrogées.

La loi du 15 mars 1850, le décret-loi du 9 mars 1852, et la loi du 14 juin 1854, dont nous venons de donner le texte, complètent l'ensemble des dispositions législatives relatives à l'instruction publique, ayant force de loi, c'est-à-dire qui ne pouraient plus être modifiées que par une nouvelle loi, rendue dans la forme usitée pour toutes les lois de l'empire, et avec le concours des trois pouvoirs de l'Etat, le corps législatif, le sénat et l'Empereur. Ce sont, à proprement parler, les lois organiques de l'enseignement en France.

Nous aurions donc pu terminer ici la première partie du *Manuel*, destinée à contenir tout ce qui a force de loi sur la matière. Cependant le décret du 31 décembre 1853, bien que n'étant pas rendu dans la forme des lois précédentes, a une importance tellement fondamentale aujourd'hui en matière d'instruction primaire, qu'on peut le considérer comme ayant à l'égard de cet enseignement un caractère tout à fait organique. Nous avons donc pensé qu'il trouverait naturellement sa place à la suite des lois précédentes, dans un manuel de législation et d'administration de l'instruction primaire.

DÉCRET RÉGLEMENTAIRE

relatif

AUX ÉCOLES PRIMAIRES DE GARÇONS ET DE FILLES

ET AUX MAISONS D'ÉDUCATION DE JEUNES DEMOISELLES.

(31 décembre 1853.)

———◦———

TITRE Iᵉʳ.

DES ÉCOLES COMMUNALES ET DES INSTITUTEURS.

Art. 1ᵉʳ. — Nul n'est nommé définitivement instituteur communal, s'il n'a dirigé pendant trois ans au moins une école en qualité d'instituteur suppléant, ou s'il n'a exercé pendant trois ans, à partir de sa vingt-unième année, les fonctions d'instituteur adjoint (1).

(1) L'article 1ᵉʳ a créé une classe d'instituteurs publics, celle des *instituteurs suppléants*, qui n'existait pas auparavant, et qui constitue un nouveau degré dans la hiérarchie de l'instruction primaire. Aux termes de cet article, il faut, pour pouvoir obtenir le titre d'instituteur communal et jouir de tous les avantages attachés à ce titre, avoir été pendant trois ans, à partir de sa vingt-unième année, instituteur suppléant ou instituteur adjoint. Or, comme pour diriger une école il faut, d'après l'article 25 de la loi du 15 mars 1850, avoir vingt-un ans accomplis, il en résulte qu'on ne peut obtenir qu'à cet âge le titre d'instituteur suppléant. Jusque-là on ne peut qu'être chargé *provisoirement* de la direction d'une école. Mais ces fonctions provisoires, quelle qu'en ait été la durée, ne peuvent donner à personne un droit à l'obtention du titre d'instituteur communal avant vingt-quatre ans.

D'un autre côté, bien que l'article 34 de la loi permette de remplir à 18 ans les fonctions d'instituteur adjoint, il ne suffit pas de les avoir exercées pendant trois ans pour obtenir le titre d'instituteur communal; il faut les avoir exercées pendant trois ans à partir de sa vingt-unième année. Les instituteurs adjoints, de même que

Art. 2. — Nul ne peut être nommé instituteur suppléant, s'il ne remplit les conditions déterminées par l'article 25 de la loi du 15 mars 1850 (1).

Art. 3. — Les instituteurs suppléants peuvent être chargés par les *recteurs d'académie* (2) de la direction, soit des écoles publiques dans les communes dont la population ne dépasse pas 500 âmes (3), soit des écoles annexes (4) dont l'établissement serait reconnu nécessaire.

Ils remplacent temporairement les instituteurs communaux en cas de congé, de démission ou de révocation, de maladie ou de décès (5).

les instituteurs suppléants, ne peuvent donc être nommés instituteurs communaux qu'après leur vingt-quatrième année accomplie.

Du reste, l'âge de 24 ans, et la condition d'avoir été trois ans, depuis sa vingt-unième année, instituteur adjoint ou instituteur suppléant, ne donnent pas un droit absolu au titre d'instituteur communal, l'autorité conservant toujours sa liberté à l'égard de tous les fonctionnaires; mais on peut alors solliciter ce titre.

(1) Ces conditions sont d'avoir vingt et un ans accomplis, et d'être pourvu d'un brevet de capacité, ou d'un titre qui en tienne lieu. Ainsi, avant vingt et un ans ou sans brevet, on ne peut qu'être instituteur adjoint ou être chargé *provisoirement* de la direction d'une école.

(2) *Préfets.* (Loi du 14 juin 1854.)

(3) Quoique le décret n'appelle les instituteurs suppléants à diriger des écoles publiques que dans des communes de moins de 500 âmes, cependant la direction d'écoles situées dans des communes plus importantes est souvent confiée à de jeunes instituteurs, qui, n'ayant pas encore atteint leur vingt-quatrième année, ne peuvent avoir, depuis ce décret, que le titre d'instituteur suppléant. Ceux qui sont dans ce cas doivent se féliciter d'obtenir un poste de ce genre, parce qu'ils jouissent alors d'avantages plus grands que ceux auxquels ils auraient droit de prétendre d'après le décret.

(4) Les *écoles annexes* dont il est ici question sont des écoles de garçons ou de filles, établies dans les hameaux ou les sections d'une commune qui possède déjà une école de garçons ou de filles.

(5) A Paris, un certain nombre d'instituteurs suppléants sont spécialement chargés de remplacer les instituteurs communaux, en cas de maladie ou de congé. Ils sont à la disposition de l'autorité, qui les envoie partout où l'exige le besoin du service, et ls ont un traitement fixe, indépendamment du supplément qu'ils

Art. 4. — Les instituteurs suppléants dirigeant les écoles publiques reçoivent un traitement dont le minimum est fixé ainsi qu'il suit, y compris le produit de la rétribution scolaire :

Instituteurs suppléants de première classe.. 500 fr.

Instituteurs suppléants de deuxième classe. 400 fr. (1).

Il est pourvu au traitement (2) et au logement des instituteurs suppléants conformément aux dispositions de la loi du 15 mars 1850 (3).

reçoivent pour chacun des jours où ils sont employés. Il serait à désirer que cette institution fût imitée dans les autres départements.

(1) Le traitement dont il est question dans cet article n'est qu'un minimum, qui peut être beaucoup dépassé. C'est ce qui arrive, soit lorsque l'instituteur suppléant est placé, comme il est dit plus haut (voir la note relative à l'article 3), dans des communes d'une certaine importance, où le produit de la rétribution dépasse deux ou trois cents francs, soit lorsque la commune fait à l'instituteur un traitement fixe supérieur à deux cents francs, ce qu'elle est toujours autorisée à faire, lorsqu'elle le peut avec ses propres ressources.

(2) Les instituteurs suppléants doivent avoir, comme les instituteurs communaux, aux termes de l'article 38 de la loi du 15 mars 1850, un traitement fixe qui ne peut être inférieur à 200 fr. Ils doivent, en outre, de même que les instituteurs communaux, jouir du produit intégral de la rétribution scolaire.

Ainsi, lorsque le traitement fixe payé par la commune sur ses propres ressources n'atteint pas 200 fr., le département ou l'État doit fournir un supplément pour compléter ce chiffre, quel que soit d'ailleurs le produit de la rétribution, et lors même qu'il dépasserait deux ou trois cents francs.

Si, en outre, le produit de la rétribution ne s'élève pas assez pour pouvoir compléter, avec le traitement fixe, le minimum de quatre ou cinq cents francs, assuré par le décret aux instituteurs suppléants, le département ou l'État doit fournir un second supplément pour compléter ce minimum, indépendamment de celui qu'il fournirait déjà pour parfaire le traitement fixe.

Il résulte de ce qui précède que les communes où le traitement des instituteurs suppléants ne peut dépasser le minimum fixé par le décret sont seulement celles où il doit être fourni un supplément pour compléter ce minimum.

(3) Les communes qui n'ont qu'un instituteur suppléant pour diriger leur école sont, du reste, en ce qui concerne les moyens

Le traitement des instituteurs suppléants remplaçant des instituteurs communaux est fixé par le *recteur de l'académie* (1). Il peut être prélevé sur le traitement du titulaire (2).

Le passage d'un instituteur suppléant de la deuxième à la première classe peut avoir lieu sans changement de résidence (3).

Le nombre des instituteurs suppléants de première classe ne peut excéder, dans chaque département, le tiers du nombre des instituteurs suppléants (4).

d'assurer le traitement et le logement de l'instituteur, et de pourvoir aux autres dépenses de l'instruction primaire, soumises aux prescriptions des articles 37, 38, 40 et 41 de la loi du 15 mars.

(1) *Préfet.* (Loi du 14 mars 1834.)

(2) Le traitement du suppléant peut être prélevé sur le traitement du titulaire, lorsque celui-ci est remplacé pour cause de congé ou pour cause de maladie. L'autorité apprécie alors si le motif du congé et sa durée, ou celle de la maladie, motivent ce prélévement.

Le prélévement a naturellement lieu encore sur le traitement du titulaire, lorsque celui-ci est suspendu pour un temps déterminé avec privation de tout ou partie du traitement. La peine de la suspension est, du reste, rarement suivie de la réintégration de l'instituteur dans la même commune. On a reconnu qu'un instituteur, qui a encouru dans une commune la peine de la suspension, y jouit rarement d'assez de considération pour pouvoir y remplir utilement ses fonctions. Aussi, au lieu d'envoyer, pour le remplacer momentanément, un instituteur suppléant dont le traitement serait prélevé sur le sien, on pourvoit aussitôt à son remplacement définitif, toutes les fois que les circonstances le permettent.

(3) Le passage des instituteurs d'une certaine classe à une classe supérieure, sans changement de résidence, est un avantage qui existait déjà dans d'autres services, et que le décret du 31 décembre 1853 a heureusement introduit dans l'enseignement primaire. Du reste, en ce qui concerne les instituteurs suppléants appelés de la deuxième classe à la première il n'a d'importance sous le rapport pécuniaire que lorsque le produit de la rétribution n'élève pas déjà le traitement à 500 fr.

(4) L'objet de cette disposition n'est pas seulement de diminuer les dépenses de l'État, en réduisant le nombre de ceux dont il serait obligé de compléter le traitement jusqu'à concurrence de 500 fr.; il a aussi pour but de faire une récompense de l'éléva-

Art. 5. — Sur la proposition du *recteur de l'académie* (1), une allocation supplémentaire peut être accordée par le ministre de l'instruction publique aux instituteurs communaux qui l'auront méritée par leurs bons services (2).

Cette allocation est calculée de manière à élever à 700 fr. après cinq ans, et à 800 fr. après dix ans, le revenu scolaire, dont le minimum est fixé à 600 fr. par la loi du 15 mars 1850 ; elle peut être annuellement renouvelée, si l'instituteur continue à s'en rendre digne (3).

tion à la première classe. Beaucoup d'instituteurs suppléants peuvent être promus de la deuxième à la première, sans qu'il y ait aucune augmentation de dépenses pour l'Etat. C'est ce qui a lieu, en effet. toutes les fois que le produit de la rétribution fera déjà atteindre ou même dépasser au traitement le chiffre de 500 fr. Mais, même dans ce cas, les instituteurs suppléants ont encore intérêt à être promus à la première classe. Cette promotion est une marque d'estime de l'autorité, qui constitue pour eux une véritable distinction, et est déjà un titre pour l'avenir.

(1) *Préfet.* (Loi du 14 mars 1854.)

(2) L'allocation supplémentaire dont il est parlé dans cet article a pour but d'étendre la classification hiérarchique que le décret du 31 décembre 1853 s'est proposé d'établir dans l'enseignement primaire et dont la création des instituteurs suppléants a constitué le premier degré. Cette classification est d'ailleurs complétée par la différence qui résulte des avantages beaucoup plus importants que procure la position d'instituteur communal dans les localités plus riches ou plus peuplées.

(3) On s'est trompé, dans le principe, sur la manière d'entendre l'allocation supplémentaire créée par cet article. Dans beaucoup de départements, on a cru qu'il s'agissait d'accorder aux instituteurs de véritables gratifications annuelles de 100 ou 200 fr., qui leur seraient allouées, quel que fût le chiffre de leur traitement effectif. Cette erreur a été rectifiée par une circulaire aux préfets, du 2 février 1855, qui a précisé la nature de cette allocation. « La pensée nettement exprimée du décret du 31 décembre, dit la circulaire, n'est pas d'allouer aux instituteurs une gratification, mais un supplément destiné à élever leur traitement à 700 ou 800 fr. »

Il résulte de cette circulaire que l'allocation supplémentaire a seulement pour but de compléter le traitement jusqu'à concurrence de 700 ou 800 fr., sans qu'elle doive être pour cela de 100 ou de 200 fr., comme quelques uns l'avaient supposé. Ainsi, pour un instituteur dont le traitement doit être porté à 700 fr., il suf-

Dans tous les cas, le nombre des instituteurs communaux qui reçoivent cette indemnité ne peut dépasser le dixième du nombre total des instituteurs communaux de la circonscription académique. Ce dixième ne devra être complétement atteint, s'il y a lieu, que dans cinq ans, à partir du 1er janvier 1854 (1).

TITRE II.

DES ÉCOLES DE FILLES.

Art. 6. — Les écoles de filles, avec ou sans pensionnat, sont divisées en deux ordres, savoir :
Ecoles de premier ordre;
Ecoles de second ordre (2).

firait, par exemple, d'une allocation de 25 fr., si déjà son traitement s'élevait à 675 fr. Dans le cas où le traitement devrait être porté à 800 fr., une allocation supplémentaire de 40 fr., par exemple, serait suffisante, si déjà le traitement atteignait 760 fr. Il est bien entendu, d'ailleurs, que les sommes que l'instituteur peut recevoir comme secrétaire de la mairie, comme clerc laïque, ou pour toute autre fonction remplie dans la commune, ne sont pas comprises dans ce traitement.

On voit, d'après cela, qu'il n'y a pas lieu d'accorder à un instituteur l'allocation supplémentaire de 100 fr. ou celle de 200 fr., toutes les fois que son traitement s'élève déjà à 700 fr. ou à 800 fr. La nomination à un poste mieux rétribué est alors le moyen qu'a l'autorité de récompenser ces instituteurs en leur offrant de plus grands avantages.

(1) Le but de cette limitation a été, non-seulement de diminuer les dépenses que ces allocations mettent à la charge de l'Etat, mais encore d'en faire une distinction honorifique en même temps qu'une récompense pécuniaire, ainsi qu'il a été dit plus haut.

(2) Cet article a créé dans les écoles de filles une distinction qui n'existe pas pour les écoles de garçons. Elle a, en quelque sorte, rétabli pour elles l'ancienne distinction qui existait, sous l'empire de la loi de 1833, entre les écoles primaires élémentaires et les écoles primaires supérieures. Cette classification a paru nécessaire afin d'introduire dans l'enseignement des filles la distinction que l'instruction primaire et l'instruction secondaire établissent dans l'enseignement des garçons.

Du reste, la distinction, que la mention de l'examen sur les matières facultatives établit de fait entre les brevets, n'a pas main-

Art. 7. — Aucune aspirante au brevet de capacité ne peut être admise à se présenter devant une commission d'examen, si elle n'est âgée, au jour de l'ouverture de la session, de dix-huit ans accomplis (1).

Le brevet de capacité mentionne l'ordre d'enseignement pour lequel il a été délivré.

Art. 8. — Nulle institutrice laïque ne peut diriger une maison d'éducation de premier ordre, si elle n'est pourvue d'un brevet de capacité délivré après un examen portant sur toutes celles des matières d'enseignement énumérées aux articles 23 et 48 de la loi du 15 mars 1850 qui sont exigées pour l'éducation des femmes (2).

Art. 9. — Des institutrices peuvent être chargées de la direction des écoles publiques communes aux enfants des deux sexes qui, d'après la moyenne des trois dernières années, ne reçoivent pas annuellement plus de quarante élèves (3).

tenu pour les écoles de garçons celle que la loi de 1833 avait constituée entre les deux espèces d'écoles. C'est ce qui est exprimé formellement dans la circulaire aux recteurs du 5 avril 1856, concernant l'enseignement primaire spécial donné dans les établissements publics d'instruction secondaire. « La loi du 15 mars 1850, dit cette circulaire, ne reconnaît qu'un seul ordre d'écoles primaires; par suite, les écoles primaires supérieures, instituées sous le régime de la loi du 28 juin 1833, n'ont plus aujourd'hui d'existence légale..... »

(1) Les aspirantes peuvent ainsi se présenter devant les commissions d'examen au même âge que les aspirants, tandis que sous l'empire de l'ordonnance du 23 juin 1836, qui régissait auparavant l'instruction des filles, les aspirantes devaient avoir vingt ans révolus. Le décret du 31 décembre 1853 a fait cesser une différence que rien ne justifiait. Mais aussi on n'accorde plus aujourd'hui les dispenses d'âge qu'autorisait l'ancienne législation. (Circulaire du 26 janvier 1854.)

(2) La circulaire du 26 janvier 1854 a déterminé la nature des *matières exigées pour l'éducation des femmes.* « Par ces derniers mots, dit-elle, il faut entendre : une instruction religieuse approfondie, l'arithmétique, l'histoire et la géographie, particulièrement l'histoire de France, les éléments des sciences physiques et de l'histoire naturelle, des notions de littérature, de dessin linéaire et de musique. »

(3) La disposition de l'article 9, qui permet de confier, dans

Les dispositions de l'article 4 du présent décret, relatives au traitement et au logement, sont applicables à ces institutrices (1).

Art. 10. — Toutes les écoles communales ou libres de filles, tenues soit par des institutrices laïques, soit par des associations religieuses non cloîtrées ou même cloîtrées, sont soumises, quant à l'inspection et à la surveillance de l'enseignement, en ce qui concerne l'externat, aux autorités instituées par les articles 18 et 20 de la loi du 15 mars 1850 (2).

Art. 11. — Le *recteur de l'académie* (3) délègue, lorsqu'il

certains cas, à une institutrice, la direction d'une école publique commune aux deux sexes, est facultative et non obligatoire. Il suit de là qu'il y a lieu d'appliquer à la nomination d'une institutrice à la direction d'une de ces écoles, la disposition de l'article 4 du décret du 9 mars 1852, en vertu duquel les préfets nomment aujourd'hui les instituteurs, *les conseils municipaux entendus.* Mais si l'avis du conseil municipal est nécessaire pour qu'on puisse confier à une institutrice la direction d'une école publique commune aux deux sexes, le préfet reste juge de l'opportunité de la mesure : il peut repousser la demande du conseil municipal, si cette mesure lui paraît offrir des inconvénients dans les conditions où se trouve la commune.

(1) En vertu de ce paragraphe, les institutrices chargées de la direction d'une école commune aux deux sexes reçoivent, comme les instituteurs suppléants, un traitement de 400 ou de 500 fr., selon qu'elles sont de deuxième ou de première classe. Elles sont d'ailleurs assimilées à ces instituteurs, ainsi que le dit la circulaire aux préfets du 31 janvier 1854, en ce qui concerne les rémunérations et l'obligation pour les communes de leur fournir un logement et un traitement fixe de 200 fr. Le produit de la rétribution scolaire est recouvré à leur profit par le percepteur, et l'État est tenu de compléter leur traitement, selon la classe à laquelle elles appartiennent, exactement comme il a été dit plus haut à l'égard des instituteurs suppléants. De leur côté, les communes sont soumises pour l'entretien de ces écoles à toutes les prescriptions de l'article 40 de la loi du 15 mars 1850.

(2) Ce qui concerne l'inspection et la surveillance des écoles de filles a été réglé par les deux circulaires du 26 janvier 1854, adressée l'une aux évêques, l'autre aux recteurs. (Voir plus loin le texte de ces deux circulaires.)

(3) *Préfet.* (Loi du 14 juin 1854.)

y a lieu, des dames, pour inspecter, aux termes des articles 50 et 53 de la loi du 15 mars 1850, l'intérieur des pensionnats tenus par des institutrices laïques.

Art. 12. — L'inspection des pensionnats de filles tenus par des associations religieuses cloîtrées ou non cloîtrées est faite, lorsqu'il y a lieu, par des ecclésiastiques nommés par le Ministre de l'instruction publique, sur la présentation de l'évêque diocésain.

Les rapports constatant les résultats de cette inspection sont transmis directement au Ministre.

TITRE III.

DE LA RÉTRIBUTION SCOLAIRE.

Art. 13 (1). — A la fin de chaque année scolaire, le pré-

(1) Le but de l'article 13 a été de régler l'application de l'article 45 de la loi du 15 mars 1850, en prévenant les abus auxquels il pouvait donner lieu dans la pratique. Il a été ainsi déterminé dans le passage suivant du rapport à l'Empereur, qui précède le décret du 31 décembre 1853.

« Le dernier titre du projet que j'ai l'honneur de soumettre à Votre Majesté est relatif à la rétribution scolaire; il a pour but d'obvier aux inconvénients que ne tarderait pas à présenter le principe de la gratuité de l'enseignement, s'il était appliqué à des familles qui n'ont pas le droit de l'invoquer.

« Les communes ne sont obligées, pour subvenir aux dépenses de l'instruction primaire, qu'à une imposition spéciale de trois centimes, et les départements ne sont également tenus d'y concourir que par le vote de deux centimes; si ces sacrifices ne suffisent pas, l'État doit combler le déficit.

« Partout où les trois centimes communaux sont absorbés, les conseils municipaux ne sont plus intéressés à demander à la rétribution scolaire tout ce qu'elle peut produire. Que le taux de la rétribution soit fixé le plus bas possible, et que les portes de l'école soient ouvertes gratuitement à presque tous les enfants du village, tel est le but auquel tendent les petites administrations municipales. Quant à l'instituteur à qui 600 fr. sont garantis dans tous les cas, peu lui importe qu'ils soient fournis par l'État ou par la rétribution scolaire; il n'a personnellement aucun effort à faire sous ce rapport pour améliorer sa situation. Tout se réunit pour

fet, ou, par délégation, le sous-préfet, fixe, sur la proposition des délégués cantonaux et l'avis de l'inspecteur de l'in-

faire retomber sur l'Etat la charge très-considérable des frais de
l'instruction primaire....

« Il importe que le Gouvernement prescrive les mesures nécessaires pour modérer le mouvement peu réfléchi qui exposerait les
communes à compromettre, en l'exagérant, le principe de la gratuité dans les écoles. La loi du 15 mars 1850 dit que la liste des
enfants qui seront reçus gratuitement dans les écoles sera dressée
par le maire et le curé, approuvée par le conseil municipal et définitivement arrêtée par le préfet.

« Le maire et le conseil municipal n'étant point intéressés ordinairement à réduire ce nombre, et le curé devant nécessairement
céder plus facilement que tout autre aux appels faits à des sentiments de charité, c'est le préfet seul qui se trouve ici le défenseur
des deniers de l'Etat; mais, en réalité, il a peu de moyens de
s'éclairer sur la situation des familles. Il faut donc qu'il approuve,
telles quelles, les propositions faites, ou qu'il les renvoie pour
être revues par les conseils municipaux. Mais quelle lenteur dans
la formation de cette liste, alors que l'école est ouverte et que
les enfants attendent! que de réclamations aussi contre les exclu-
sions qu'il faut prononcer! Je vous propose d'imposer au préfet
l'obligation de fixer d'avance, pour chaque commune, le maximum
des enfants qui pourront être portés sur la liste des élèves à admettre gratuitement. Les maires et les curés, forts d'une décision
qui poserait d'avance une limite à leur charité, seraient plus en
état de résister aux obsessions qui les entourent, et plus d'un se
féliciterait sans doute de cette salutaire entrave, qui permettrait
de ne faire tomber les choix que sur les familles vraiment pauvres.

« Mais cette disposition ne suffit pas pour assurer l'admission
dans les écoles publiques de tous les enfants qui doivent y être
reçus gratuitement.

« Dans la plupart des écoles fondées sur le principe de la gratuité absolue, on voit un grand nombre d'enfants de familles aisées prendre la place qui devrait être réservée aux enfants pauvres,
lesquels restent ainsi privés d'instruction. Les familles aisées étant
plus éclairées mettent plus d'empressement que les autres à envoyer leurs enfants dans les écoles; d'un autre côté, ces enfants
sont généralement plus proprement tenus, mieux élevés, plus do-
ciles, et ces considérations déterminent trop souvent les instituteurs à les recevoir de préférence. Il importe que le maire et le
curé exercent, pour ces écoles comme pour les autres, le droit
qu'ils tiennent de la loi, et qu'aucun enfant ne soit admis dans

struction primaire, le nombre maximum des enfants qui, en vertu des prescriptions de l'article 24 de la loi du 15 mars 1850, pourront être admis gratuitement dans chaque école publique, pendant le cours de l'année suivante.

La liste des élèves gratuits, dressée par le maire et les ministres des différents cultes et approuvée par le conseil municipal, conformément à l'article 45 de la loi du 15 mars 1850, ne doit pas dépasser le nombre ainsi fixé.

Lorsque cette liste est arrêtée par le préfet, il en est délivré par le maire un extrait, sous forme de billet d'admission, à chaque enfant qui y est porté.

Aucun élève ne peut être reçu gratuitement dans une école communale, s'il ne justifie d'un billet d'admission délivré par le maire (1).

Art. 14. — A partir de l'exercice 1854, le rôle de la rétribution scolaire, prescrit par l'article 22 du décret du 7 octobre 1850, sera dressé à la fin de chaque trimestre (2). Il comprendra tous les enfants présents à l'école pendant le trimestre écoulé, avec l'indication du nombre de douzièmes dus pour chacun d'eux. Il ne sera tenu compte, dans le

une école publique sans l'autorisation du maire, représentant de la commune. On sera alors assuré que les écoles gratuites ne seront plus envahies par des enfants qui pourraient payer la rétribution scolaire, au détriment de ceux qui ne peuvent supporter ce léger sacrifice. »

(1) Il suit de cette disposition de l'article 13 du décret, qu'aucun enfant ne peut être admis gratuitement, sans billet d'admission, même dans les écoles entièrement gratuites. Le dernier paragraphe du passage du rapport à l'Empereur que nous avons cité plus haut, montre combien il importe que les maires veillent à l'observation de la prescription relative au billet d'admission. Les différentes questions relatives à l'admission gratuite des enfants dans les écoles ont été traitées dans le *Bulletin de l'instruction primaire*, année 1855, page 244, et année 1856, pages 160, 240, 280, 354, 498, 577 et 664.

(2) Le paragraphe VIII de l'instruction ministérielle du 31 janvier 1854, pour l'application des mesures financières du décret du 31 décembre 1853, a déterminé l'époque précise à laquelle le rôle trimestriel sera dressé, en arrêtant qu'il le sera dans les cinq premiers jours du troisième mois de chaque trimestre.

rôle trimestriel, d'aucune fraction de douzième, tout mois commencé étant dû en entier (1).

(1) L'article 14 du décret du 30 décembre 1853 a complétement modifié les dispositions réglementaires de l'article 22 du décret du 7 octobre 1850, relatives au rôle de la rétribution scolaire. Il a introduit un mode nouveau dans la comptabilité de l'instruction primaire. Ce mode a été réglé dans ses moindres détails par l'instruction réglementaire, mentionnée plus haut, qui a abrogé les dispositions des instructions précédentes. Nous donnons plus loin le texte de cette instruction, avec les modèles des rôles et tableaux qui doivent être dressés en conformité.

DEUXIÈME SECTION.

RÈGLEMENTS

RELATIFS

A L'ADMINISTRATION DE L'INSTRUCTION PUBLIQUE EN GÉNÉRAL
ET A L'INSTRUCTION PRIMAIRE EN PARTICULIER (1).

DÉCRET

RELATIF A L'ORGANISATION DES ACADÉMIES.
(22 août 1854.) (2).

§ 1er. *Des circonscriptions académiques* (3).

Art. 1er. — L'académie d'Aix comprend les départe-

(1) Outre les règlements spéciaux concernant l'instruction primaire, nous donnons dans cette section des règlements qui, étant relatifs à l'organisation, à l'administration et à la surveillance de l'instruction publique en général, embrassent aussi à ce titre l'instruction primaire. Tel est en particulier le caractère du grand règlement du 29 juillet 1850, relatif aux autorités préposées à l'enseignement, que l'on trouvera après le décret suivant.

(2) Le décret du 22 août 1854, qui a pour objet l'organisation des académies et l'administration académique, intéresse l'instruction primaire, en ce qu'il détermine la manière dont elle est dirigée et administrée dans chaque département. Il règle aussi les attributions des autorités préposées à l'administration et à la surveillance de l'instruction publique en général et celles des conseils académiques, ainsi que des conseils départementaux de l'instruction publique dont les inspecteurs de l'enseignement primaire sont appelés à faire partie. A ce titre il devait nécessairement trouver sa place dans ce Manuel, qui doit être consulté par les instituteurs qui veulent se préparer à subir l'examen pour l'obtention du certificat d'aptitude aux fonctions d'inspecteur primaire.

(3) Le nombre des circonscriptions académiques a été fixé à seize par l'article 1er de la loi du 14 juin 1854. (Voir page 47.)

ments des Basses-Alpes, des Bouches-du-Rhône, de la
Corse, du Var, de Vaucluse (1).

(1) Pour la commodité des recherches que l'on peut avoir besoin
de faire, nous mettons ici la liste alphabétique des départements,
en plaçant en regard de chacun le nom de l'académie dont il
fait partie.

Ain (*Lyon*).
Aisne (*Douai*).
Allier (*Clermont*).
Alpes (Basses-) (*Aix*).
Alpes (Hautes-) (*Grenoble*).
Ardèche (*Grenoble*).
Ardennes (*Douai*).
Ariége (*Toulouse*).
Aube (*Dijon*).
Aude (*Montpellier*).
Aveyron (*Toulouse*).
Bouches-du-Rhône (*Aix*).
Calvados (*Caen*).
Cantal (*Clermont*).
Charente (*Poitiers*).
Charente-Inférieure (*Poitiers*).
Cher (*Paris*).
Corrèze (*Clermont*).
Corse (*Aix*).
Côte-d'Or (*Dijon*).
Côtes-du-Nord (*Rennes*).
Creuse (*Clermont*).
Dordogne (*Bordeaux*).
Doubs (*Besançon*).
Drôme (*Grenoble*).
Eure (*Caen*).
Eure-et-Loir (*Paris*).
Finistère (*Rennes*).
Gard (*Montpellier*).
Garonne (Haute-) (*Toulouse*).
Gers (*Toulouse*).
Gironde (*Bordeaux*).
Hérault (*Montpellier*).
Ille-et-Vilaine (*Rennes*).
Indre (*Poitiers*).
Indre-et-Loire (*Poitiers*).
Isère (*Grenoble*).

Jura (*Besançon*).
Landes (*Bordeaux*).
Loir-et-Cher (*Paris*).
Loire (*Lyon*).
Loire (Haute-) (*Clermont*).
Loire-Inférieure (*Rennes*).
Loiret (*Paris*).
Lot (*Toulouse*).
Lot-et-Garonne (*Bordeaux*).
Lozère (*Montpellier*).
Maine-et-Loire (*Rennes*).
Manche (*Caen*).
Marne (*Paris*).
Marne (Haute-) (*Dijon*).
Mayenne (*Rennes*).
Meurthe (*Nancy*).
Meuse (*Nancy*).
Morbihan (*Rennes*).
Moselle (*Nancy*).
Nièvre (*Dijon*).
Nord (*Douai*).
Oise (*Paris*).
Orne (*Caen*).
Pas-de-Calais (*Douai*).
Puy-de-Dôme (*Clermont*).
Pyrénées (Basses-) (*Bordeaux*).
Pyrénées (Hautes-) (*Toulouse*).
Pyrénées-Orient. (*Montpellier.*)
Rhin (Bas-) (*Strasbourg*).
Rhin (Haut-) (*Strasbourg*).
Rhône (*Lyon*).
Saône (Haute-) (*Besançon*).
Saône-et-Loire (*Lyon*).
Sarthe (*Caen*).
Seine (*Paris*).
Seine-Inférieure (*Caen*).
Seine-et-Marne (*Paris*).

L'académie de Besançon comprend les départements du Doubs, du Jura, de la Haute-Saône.

L'académie de Bordeaux comprend les départements de la Dordogne, de la Gironde, des Landes, de Lot-et-Garonne, des Basses-Pyrénées.

L'académie de Caen comprend les départements du Calvados, de l'Eure, de la Manche, de l'Orne, de la Sarthe, de la Seine-Inférieure.

L'académie de Clermont comprend les départements de l'Allier, du Cantal, de la Corrèze, de la Creuse, de la Haute-Loire, du Puy-de-Dôme.

L'académie de Dijon comprend les départements de l'Aube, de la Côte-d'Or, de la Haute-Marne, de la Nièvre, de l'Yonne.

L'académie de Douai comprend les départements de l'Aisne, des Ardennes, du Nord, du Pas-de-Calais, de la Somme.

L'académie de Grenoble comprend les départements des Hautes-Alpes, de l'Ardèche, de la Drôme, de l'Isère.

L'académie de Lyon comprend les départements de l'Ain, de la Loire, du Rhône, de Saône-et-Loire.

L'académie de Montpellier comprend les départements de l'Aude, du Gard, de l'Hérault, de la Lozère, des Pyrénées-Orientales.

L'académie de Nancy comprend les départements de la Meurthe, de la Meuse, de la Moselle et des Vosges.

L'académie de Paris comprend les départements du Cher, d'Eure-et-Loir, de Loir-et-Cher, du Loiret, de la Marne, de l'Oise, de la Seine, de Seine-et-Marne, de Seine-et-Oise.

L'académie de Poitiers comprend les départements de la Charente, de la Charente-Inférieure, de l'Indre, d'Indre-et-Loire, des Deux-Sèvres, de la Vendée, de la Vienne, de la Haute-Vienne.

Seine-et-Oise (*Paris*).
Sèvres (Deux-) (*Poitiers*).
Somme (*Douai*).
Tarn (*Toulouse*).
Tarn-et-Garonne (*Toulouse*).
Var (*Aix*).

Vaucluse (*Aix*).
Vendée (*Poitiers*).
Vienne (*Poitiers*).
Vienne (Haute-) (*Poitiers*).
Vosges (*Nancy*).
Yonne (*Dijon*).

L'académie de Rennes comprend les départements des Côtes-du-Nord, du Finistère, d'Ille-et-Vilaine, de la Loire-Inférieure, de Maine-et-Loire, de la Mayenne, du Morbihan.

L'académie de Strasbourg comprend les départements du Bas-Rhin, du Haut-Rhin.

L'académie de Toulouse comprend les départements de l'Ariége, de l'Aveyron, de la Haute-Garonne, du Gers, du Lot, des Hautes-Pyrénées, du Tarn, de Tarn-et-Garonne.

§ 2. *Des Facultés et des écoles d'enseignement supérieur* (1).

§ 3. *Des conseils académiques* (2).

Art. 14. — Le conseil académique se réunit deux fois par an, au mois de juin et au mois de novembre, sur la convocation du recteur. Chacune de ses sessions dure huit jours au moins et un mois au plus.

Il peut être convoqué en session extraordinaire par le Ministre de l'instruction publique.

Dans la session de juin, le conseil académique entend les comptes rendus des inspecteurs d'académie touchant le service de l'instruction secondaire et de l'instruction primaire dont ils sont spécialement chargés dans les départements.

Dans la session de novembre, il entend les rapports détaillés des doyens sur l'état des études et sur les résultats des examens dans chaque Faculté. Le recteur détermine les

(1) Cette partie du décret du 22 août 1854 étant tout à fait étrangère à l'instruction primaire, nous avons dû supprimer les articles 2 à 13 qu'elle comprend.

(2) Il ne faut pas confondre les nouveaux conseils académiques créés par l'article 3 de la loi du 14 juin 1854 (voir page 4*) et siégeant au chef lieu de chaque académie, avec les anciens conseils académiques que la loi du 15 mars 1850 avait établis dans tous les départements, dont chacun formait une académie portant le nom d'académie départementale. Ces anciens conseils académiques sont remplacés depuis la loi du 14 juin 1854 par les conseils départementaux de l'instruction publique. (Voir, pages 49, 50 et 51, la composition et les attributions de ces conseils. Voir aussi plus loin, § 5, page 76).

parties de ces rapports qui seront lues dans la séance so-
lennelle de rentrée.

Dans l'une et l'autre session, le conseil académique délibère, en outre, sur les questions qui lui sont soumises
par le recteur, en vertu de l'article 4 de la loi du 14 juin
1854 (1).

§ 4. — De l'administration académique.

Art. 15. Les fonctionnaires de l'administration académique sont (2) :

1° Le recteur ;

2° Les inspecteurs d'académie ;

---

(1) Voir page 48 l'article 4 de la loi du 14 juin 1854.

(2) Un décret impérial du 22 août 1854 a fixé le traitement
des fonctionnaires des académies de la manière suivante :

« Art. 1er.

1° Recteurs.

Traitement du vice-recteur de l'académie de Paris.	15,000 fr.
Traitement de trois recteurs (académies de Lyon, Toulouse, Bordeaux)	15,000
Traitement de six recteurs (académies de Caen, Rennes, Montpellier, Poitiers, Dijon, Strasbourg). ..	12,000
Traitement de six recteurs (académies d'Aix, Grenoble, Nancy, Douai, Clermont, Besançon)	10,000

2° Inspecteurs d'Académie.

Traitement de huit inspecteurs d'académie, en résidence à Paris.	6,000
Traitement de l'inspecteur d'académie, vice-recteur de la Corse.	6,000
Traitement de quinze inspecteurs d'académie de 1re classe	6,000
Traitement de vingt-cinq inspecteurs de 2e classe..	4,500
Traitement de seize inspecteurs de 3e classe	4,000
Traitement de vingt-huit inspecteurs de 4e classe..	3,500

3° Secrétaires d'Académie.

Traitement du secrétaire de l'académie de Paris..	5,000
Traitement de trois secrétaires (académies de Lyon, Toulouse, Bordeaux)	3,000
Traitement de six secrétaires (académies de Caen, Rennes, Montpellier Poitiers, Dijon, Strasbourg)	2,500

3° Les inspecteurs de l'instruction primaire (1);

4° Le secrétaire de l'académie.

Art. 16. Nul ne peut être nommé recteur s'il n'est pourvu du grade de docteur (2).

Art. 17. Les attributions du recteur comprennent :

1° La direction et la surveillance des établissements d'enseignement supérieur.

2° La direction et la surveillance des établissements publics d'enseignement secondaire.

3° La surveillance de l'enseignement secondaire libre.

4° Le maintien des méthodes de l'enseignement primaire public (3).

Art, 18. Le recteur dirige personnellement et surveille, soit par lui-même, soit avec le concours des inspecteurs d'académie, les établissements d'enseignement supérieur.

Il assiste, quand il le juge convenable, aux délibérations des facultés et des écoles préparatoires; dans ce cas, il les préside, mais il ne prend point part aux votes.

Il réunit, tous les mois, en comité de perfectionnement,

Traitement de six secrétaires (académies d'Aix, Grenoble, Nancy, Douai, Clermont, Besançon)...... 2,000 fr.

4° Commis d'académie.

Traitement de six commis de 1re classe.......... 1,600
Traitement de dix commis de 2e classe.......... 1,400
Traitement de seize commis de 3e classe........ 1,200

Art. 2. Les recteurs, chargés personnellement de la direction de l'enseignement supérieur, reçoivent, à dater du 1er janvier 1853, à titre de frais de représentation, un traitement supplémentaire qui peut varier de 5,000 à 7,500 fr. Une somme annuelle de 88,500 fr. est prélevée pour cet objet sur les recettes de l'enseignement supérieur.

(1) Le traitement des inspecteurs de l'instruction primaire est déterminé par des règlements particuliers dont nous faisons connaître les dispositions plus loin, dans la partie consacrée spécialement à ces fonctionnaires.

(2) En vertu de l'article 1er du décret organique du 9 mars 1852, les recteurs sont nommés directement par l'Empereur.

(3) Les attributions du recteur, en ce qui concerne l'instruction primaire, et son action sur ce mode d'enseignement, se trouvent déterminées par le paragraphe 4 de l'article 17, par l'article 21 tout entier, et par les paragraphes 1 et 2 de l'article 22.

les doyens des facultés et les directeurs des écoles préparatoires du ressort.

Il convoque les facultés, soit ensemble, soit séparément,
pour délibérer sur les programmes particuliers de chaque
cours, et les coordonner entre eux.

Il transmet ces programmes au ministre, avec son avis
motivé.

Il fait au ministre ses propositions sur les budgets et
les comptes annuels des établissements d'enseignement supérieur.

Il statue, après avis des facultés et des écoles préparatoires, sur toutes les questions relatives aux inscriptions
des étudiants.

Art. 19. Le recteur dirige, assisté, au besoin, des inspecteurs d'académie, les établissements publics d'enseignement secondaire.

Il reçoit, avec l'avis de l'inspecteur d'académie, les rapports des proviseurs des lycées et des principaux des colléges communaux. Il les résume dans le rapport mensuel
qu'il adresse au ministre.

Il dresse le tableau d'avancement des fonctionnaires des
lycées et des régents des classes supérieures des colléges
communaux.

Il propose des candidats pour les emplois vacants de
maître répétiteur des lycées et de régent des classes de
grammaire des colléges communaux.

Il donne son avis au ministre sur les comptes administratifs et sur les budgets des lycées et colléges.

Lorsqu'il est en tournée, il réunit, s'il y a lieu, les
bureaux d'administration placés près des lycées et des colléges communaux.

Art. 20. Le recteur surveille, soit par lui-même, soit par
l'intermédiaire des inspecteurs d'académie, l'enseignement secondaire libre.

Il pourvoit à ce que les établissements particuliers soient
inspectés une fois au moins par an, et il adresse au ministre
le résumé des rapports de l'inspection.

Art. 21. Le recteur veille, par l'intermédiaire des inspecteurs d'académie et des inspecteurs primaires, à l'exécution des règlements d'études dans toutes les écoles primaires publiques du ressort.

5

Il propose au ministre les mesures propres à améliorer les méthodes d'enseignement dans les écoles normales primaires et dans les écoles primaires publiques.

Il lui fait annuellement un rapport sur l'état de l'instruction primaire publique et libre dans l'académie.

Il peut, lorsqu'il est en tournée, réunir et présider les commissions de surveillance des écoles normales primaires.

Art. 22. — L'inspecteur d'académie correspond avec le recteur pour tout ce qui concerne les affaires de l'enseignement supérieur, celles de l'enseignement secondaire public ou libre, et les méthodes de l'enseignement primaire public (1).

Il lui adresse, tous les trois mois, un rapport sur l'état de l'enseignement dans l'École normale et dans les écoles primaires du département.

En l'absence du recteur, il préside, s'il y a lieu, les bureaux d'administration placés près des lycées et des collèges communaux et les commissions de surveillance des écoles normales primaires.

Art. 23. — L'inspecteur d'académie est tenu de soumettre au préfet un rapport, écrit et signé, sur les nominations et mutations des instituteurs communaux et sur les peines disciplinaires prévues par l'article 33 de la loi du 15 mars 1850 qu'il pourrait y avoir lieu de leur appliquer (2).

(1) Il résulte de ce paragraphe combiné avec le 4e paragraphe de l'article 17, et avec les articles 8 et 9 de la loi du 14 juin 1854 (voir pages 51 et 52), que l'inspecteur d'académie ne correspond avec le recteur, pour les affaires de l'instruction primaire, qu'en ce qui concerne les *méthodes de l'enseignement primaire public*. Les autres affaires relatives à l'enseignement primaire public (sauf celles qui concernent les engagements décennaux et quelques autres que nous ferons connaître en temps et lieu), et toutes celles qui concernent l'enseignement primaire libre sont réglées par le préfet et par le conseil départemental.

(2) En vertu de ce paragraphe et des articles 8 et 9 de la loi du 14 juin 1854, la décision de toutes les affaires relatives aux écoles publiques et aux instituteurs communaux appartient au préfet, à l'exception de celles sur lesquelles le conseil départemental est appelé à statuer, et qui sont déterminés d'une manière générale par l'article 7 de la loi du 14 juin 1854, et spécialement par les articles 14, 15, 32, 33, 34, 35, 36, 41, 42, 43, 44, 45, 47, 51, 52, 53 et 77 de la loi du 15 mars 1850.

Pour l'instruction des affaires de l'enseignement primaire, il correspond avec les délégués du conseil départemental de l'instruction publique, avec les maires et curés, et avec les instituteurs primaires publics ou libres (1).

Art. 24. — Il y a un inspecteur primaire par arrondissement.

L'inspecteur d'académie exerce les fonctions d'inspecteur primaire pour l'arrondissement chef-lieu; il a pour auxiliaire dans cette partie de son service un des inspecteurs primaires d'arrondissement qu'il désigne annuellement à tour de rôle, et qui reçoit pour cette mission temporaire un supplément de traitement dont la quotité est fixée par le Ministre de l'instruction publique.

Les inspecteurs de l'instruction primaire sont sous les ordres immédiats de l'inspecteur d'académie (2).

Mais l'inspecteur d'académie est chargé, par le paragraphe 1er de l'article 9 de la loi du 14 juin 1854, d'instruire toutes ces affaires, et il doit soumettre au préfet un rapport écrit et signé.

Une circulaire du 31 octobre 1854, adressée aux préfets, a d'ailleurs déterminé le caractère spécial des attributions des préfets et des recteurs, en ce qui concerne l'instruction primaire. (Voir, plus loin, cette circulaire.)

(1) L'inspecteur d'académie devant instruire toutes les affaires relatives à l'enseignement primaire, correspond naturellement avec toutes les personnes préposées à la surveillance de cet enseignement. C'est également avec lui que correspondent les instituteurs et les institutrices primaires, publics ou libres. Mais, pour activer l'expédition des affaires, il est préférable que les instituteurs s'adressent d'abord à l'inspecteur primaire de leur arrondissement. (Voir, à ce sujet, la note 1 de la page 52.)

(2) La position des inspecteurs de l'instruction primaire a été déterminée par le passage suivant de la circulaire ministérielle du 31 octobre 1854, d'après lequel ces fonctionnaires ne sont pas, comme quelques-uns l'avaient pensé, les agents immédiats des préfets et des sous-préfets. La circulaire les rattache à l'administration académique, au moyen de l'inspecteur d'académie, représentant du ministre et du recteur, et leur chef direct.

« Vous avez dû remarquer, dit le ministre aux préfets dans cette circulaire, que l'article 15 du décret du 22 août classe les inspecteurs de l'instruction primaire parmi les fonctionnaires de l'administration académique, et que l'article 24 du même décret les

Art. 25. — L'inspecteur d'académie délégué en **Corse**
prend le titre de vice-recteur; il correspond directement
avec le ministre de l'instruction publique pour tout ce qui
concerne l'administration des lycées et colléges, ainsi que
la surveillance de l'enseignement secondaire libre. Il reste
d'ailleurs soumis à toutes les autres obligations imposées
aux inspecteurs d'académie.

§ 5. *Du conseil départemental de l'instruction publique.*

Art. 26. — Les membres des conseils départementaux de
l'instruction publique sont nommés pour trois ans, conformément à l'article 12 de la loi du 15 mars 1850 (1).

place sous les ordres immédiats de l'inspecteur d'académie. C'est
donc par l'intermédiaire de ce dernier que vous devez correspondre avec eux. C'est à lui qu'ils adresseront leurs rapports et
toutes les communications officielles qui concerneront le service de l'instruction primaire dans leur arrondissement. C'est
lui, conséquemment, qui vous présentera toutes les informations qui seront de nature à éclairer vos jugements et à déterminer vos décisions. Entre l'inspecteur d'académie et les inspecteurs de l'instruction primaire, subsistent précisément les mêmes
rapports qui existaient précédemment entre ces fonctionnaires et
le recteur départemental. Rien n'est changé pour eux; et si, en
ce qui regarde l'instruction primaire, l'action des inspecteurs
d'académie vous est subordonnée, le point d'où émanent immédiatement les ordres adressés aux inspecteurs d'arrondissement
n'a été ni éloigné ni déplacé.

« Ce n'est pas à dire que les inspecteurs de l'instruction primaire ne puissent donner directement à MM. les sous-préfets de
leurs arrondissements respectifs les renseignements nécessités
par des exigences de service. Dans l'intérêt même de l'instruction,
comme en vue de considérations d'un autre ordre, il est nécessaire que des communications habituelles s'établissent entre vos
représentants immédiats dans ces arrondissements et les inspecteurs primaires; mais c'est à l'inspecteur d'académie seul que
ceux-ci doivent des rapports généraux sur l'état de l'enseignement
et des notes annuelles sur le personnel des instituteurs, comme
c'est de lui seul qu'ils reçoivent l'itinéraire de leurs tournées ordinaires ou des missions extraordinaires. »

(1) Cet article rétablit, pour la durée des fonctions de tous les
membres des conseils départementaux, le temps que l'article 12

Art. 27. — Le conseil départemental de l'instruction publique se réunit au moins deux fois par mois. Ses réunions sont suspendues du 15 août au 15 octobre.

Il peut être convoqué extraordinairement. Le jour de la réunion est fixé par le président.

Le conseil départemental siège à la préfecture ; les bureaux de l'inspecteur d'académie y sont également placés.

Art. 28. — Dans les matières disciplinaires et contentieuses, le conseil départemental de l'instruction publique procède suivant les formes déterminées par les articles 23, 24, 25, 26, 27 et 28 du règlement d'administration publique du 29 juillet 1850, rendu pour l'exécution de la loi du 15 mars 1850, et par le décret du 20 décembre 1850 (1).

§ 6. *Dispositions spéciales à l'académie de Paris.*

Art. 29. — Le ministre de l'instruction publique peut exercer les fonctions de recteur de l'académie de Paris (2).

Il est assisté dans ses fonctions rectorales par un vice-recteur.

Les attributions du vice-recteur de l'académie de Paris sont fixées par un arrêté ministériel (2).

Art. 30. — Il y a huit inspecteurs au chef-lieu de l'académie de Paris.

Sous l'autorité du recteur,

Quatre d'entre eux sont attachés aux facultés de droit, de médecine, des lettres et des sciences;

---

de la loi du 15 mars 1850 avait assigné seulement aux fonctions des membres des anciens conseils départementaux dont la nomination était faite par élection.

(1) Voir, à la suite de ce décret, celui du 29 juillet 1850. Quant au décret du 20 décembre 1850, il est exclusivement relatif aux établissements libres d'instruction secondaire.

(2) Par un décret spécial du 22 août 1854, le ministre de l'instruction publique exerce les fonctions de recteur de l'académie de Paris, « jusqu'à ce qu'il en soit autrement ordonné. » Le vice-recteur, chargé de l'assister dans les fonctions rectorales, est nommé par l'Empereur.

Deux à l'enseignement littéraire et scientifique des lycées et colléges de la ville de Paris ;

Un est chargé des affaires qui concernent l'enseignement secondaire libre.

Le huitième inspecteur d'académie est chargé, sous l'autorité du préfet, des affaires qui concernent les écoles primaires publiques et libres (1). Les inspecteurs primaires du département de la Seine lui sont particulièrement adjoints et subordonnés (2).

(1) L'inspecteur d'académie, chargé du service de l'instruction primaire dans le département de la Seine, est celui qui remplit, auprès du préfet, les attributions déterminées par le 1er paragraphe de l'article 9 de la loi du 14 juin 1854, et par l'article 23 du présent décret. Il a, en conséquence, ses bureaux à la préfecture. C'est lui qui est appelé naturellement à faire partie du conseil départemental, avec l'inspecteur d'Académie chargé des affaires qui concernent l'enseignement secondaire libre.

(2) Les observations de la note 2, page 75, concernant les rapports des inspecteurs primaires dans les départements, avec l'autorité académique et l'autorité préfectorale, s'appliquent également aux inspecteurs de l'instruction primaire dans le département de la Seine.

RÈGLEMENT

RELATIF

AUX AUTORITÉS PRÉPOSÉES A L'ENSEIGNEMENT.

(**Décret du 29 juillet 1850**) (1).

———•◆•———

DES AUTORITÉS PRÉPOSÉES A L'ENSEIGNEMENT.

CHAP. Ier. — DU CONSEIL SUPÉRIEUR DE L'INSTRUCTION PUBLIQUE (2).

Art. 1er. — En l'absence du ministre de l'instruction publique, le conseil supérieur est présidé par un vice-président nommé, chaque année, par le *Président de la république* (3) et choisi parmi les membres de ce conseil.

(1) Le règlement du 29 juillet 1850, rendu pour l'exécution de la loi du 15 mars 1850, a été modifié ou abrogé dans quelques-unes de ses parties par le décret organique du 9 mars 1852, et par la loi du 14 juin 1854. Cependant, la plus grande partie de ses dispositions étant encore en vigueur, et concernant toutes les autorités préposées à l'enseignement, il devait nécessairement trouver sa place ici; mais nous continuons à mettre entre crochets les articles ou les paragraphes abrogés ou modifiés, en imprimant en *italique* les mots ou les passages qui doivent simplement être remplacés par d'autres.

(2) Le chapitre Ier, relatif au conseil supérieur, aujourd'hui *Conseil impérial* de l'instruction publique, a été profondément modifié par le décret du 9 mars 1852, qui a changé la composition du conseil, supprimé la section permanente, réservé à l'Empereur le droit de nommer tous les membres, et réduit à un an la durée de leur mandat. (Voir, à cet égard, pages 41 et 44, les dispositions du décret du 9 mars, relatives à la nomination et à la composition de ce Conseil, et au nombre de ses sessions annuelles.)

(3) *L'Empereur.*

Art. 2. — Le *Président de la république* (1) désigne également, chaque année, un secrétaire choisi parmi les membres du conseil.

[Art. 3. — Le conseil supérieur tient une session ordinaire par trimestre] (2).

Il est convoqué par le ministre.

La durée de chacune des sessions soit ordinaire, soit extraordinaire, est fixée par l'arrêté de convocation. Elle peut être prolongée par un arrêté ultérieur.

Art. 4. — Des commissaires peuvent être chargés par le ministre de l'assister dans la discussion des projets de loi, de règlements d'administration publique, de décrets et arrêtés portant règlement permanent, qu'il renvoie à l'examen du conseil supérieur.

Le conseil peut aussi appeler dans son sein les personnes dont l'expérience lui semble devoir être utilement consultée, tant pour la discussion de ces projets que pour ce qui concerne l'état général de l'enseignement.

Il ne peut user de cette faculté à l'égard des fonctionnaires publics que de l'agrément du ministre du département auquel ils appartiennent.

[Art. 5. — La section permanente est présidée par un de ses membres désigné chaque année par le ministre] (3).

[Art. 6. — Les fonctions de membre de la section permanente sont incompatibles avec toute fonction administrative rétribuée.]

Art. 7. — Dans les affaires soumises au conseil supérieur, le rapporteur est nommé par le ministre, ou, sur sa délégation, par le vice-président du conseil supérieur.

Art. 8. — En matière contentieuse ou disciplinaire, les affaires sont inscrites au secrétariat du conseil supérieur, d'après l'ordre de leur arrivée, sur un registre à ce destiné.

Elles sont jugées suivant l'ordre de leur inscription et dans la plus prochaine session.

---

(1) *L'Empereur.*
(2) D'après le dernier paragraphe de l'article 5 du décret du 9 mars, le conseil impérial tient au moins deux sessions par an.
(3) La section permanente n'existe plus depuis le décret du 9 mars.

Les rapports sont faits par écrit ; ils sont déposés au secrétariat par les rapporteurs, la veille du jour fixé pour la délibération, avec le projet de décision et le dossier, pour être tenus à la disposition de chacun des membres du conseil.

En matière disciplinaire, le rapporteur est tenu d'entendre l'inculpé dans ses explications, s'il est présent et s'il le demande. L'inculpé a également le droit d'être entendu par le conseil.

Art. 9.—La présence de la moitié, plus un des membres, est nécessaire pour la validité des délibérations du conseil supérieur.

En cas de partage, si la matière n'est ni contentieuse, ni disciplinaire, la voix du président est prépondérante ; si la matière est contentieuse, il en sera délibéré de nouveau, et les membres qui n'auraient pas assisté à la délibération seront spécialement convoqués ; s'il y a de nouveau partage dans la deuxième délibération, il sera vidé par la voix prépondérante du président ; si la matière est disciplinaire, l'avis favorable à l'inculpé prévaut.

Art. 10. — Les délibérations du conseil supérieur sont signées par le président et par le secrétaire.

Le secrétaire a seul qualité pour en délivrer des ampliations certifiées conformes aux procès-verbaux.

A moins d'une autorisation du ministre, il ne peut être donné communication des procès-verbaux qu'aux membres du conseil supérieur.

Art. 11. — Les décrets ou arrêtés qui interviennent, sur l'avis du conseil supérieur, portent la mention : *Le conseil supérieur de l'instruction publique entendu.*

Les avis du conseil supérieur ne peuvent être publiés qu'avec l'autorisation du ministre.

Art. 12. — En matière contentieuse ou disciplinaire, les décisions du conseil sont notifiées par le ministre.

Les parties ont toujours le droit d'en obtenir expédition.

Art. 13. — Un règlement, délibéré en conseil supérieur, déterminera l'ordre intérieur des travaux du conseil.

[Un règlement, préparé par la section permanente, et arrêté par le ministre, déterminera l'ordre intérieur des travaux de cette section.]

CHAP. II. — DE L'ADMINISTRATION ACADÉMIQUE (1).

§ 1er. — *Du local affecté à l'administration académique.*

Art. 14. — Le local que les départements doivent fournir pour le service de l'administration académique, d'après l'article 13 de la loi organique du 15 mars 1850 (2), comprend au moins, avec le mobilier nécessaire au service :

Un cabinet pour le recteur ;

Une salle des délibérations pour le conseil académique et pour les examens des candidats au brevet de capacité ;

Un cabinet pour le secrétaire de l'académie ;

Une pièce pour les commis de l'académie et pour les archives.

§ 2. — *Des recteurs* (3).

Art. 15. — Les fonctions de recteur sont incompatibles avec tout autre emploi public salarié.

Art. 16. — Les recteurs sont nommés par le *Président de la république* (4).

[Ils sont partagés en classes, dont le nombre est déterminé par décret du Président de la république.]

[Les traitements varient suivant les classes.]

[La classe est attachée à la personne, et non à la résidence] (5).

(1) Les dispositions de ce chapitre ont subi des modifications nombreuses par la promulgation de la loi du 14 juin 1854, qui a substitué aux académies départementales seize académies comprenant toutes plusieurs départements dans leur ressort.

(2) La première partie de cet article doit aujourd'hui être entendue ainsi : « Le local que les *villes, chefs-lieux d'académies*, doivent fournir pour le service de l'administration académique, d'après *le premier paragraphe de l'article* 10 *de la loi du* 14 *juin* 1854, etc.

(3) Cette section a été modifiée presque entièrement par suite de la suppression des académies départementales.

(4) *L'Empereur.*

(5) Voir, page 71, le traitement alloué aux recteurs des différentes académies par le décret du 22 août 1854. Par suite de ce décret, le traitement est attaché à la résidence.

§ 3. — *Des conseils académiques* (1).

[Art. 17 (2). — Sur l'invitation du ministre de l'instruction publique, les cours et tribunaux, les conseils généraux et les consistoires israélites procèdent à la nomination des membres qu'ils sont appelés à élire dans les conseils académiques.

[Lorsqu'il y a lieu de pourvoir à des nominations nouvelles, les cours et tribunaux et les consistoires israélites, sur l'avis donné par le recteur, procèdent immédiatement au remplacement des membres pris dans leur sein, les conseils généraux pourvoient, dans leur plus prochaine session, au remplacement des membres dont la nomination leur appartient.

[Les élections sont faites au scrutin secret et à la majorité absolue.

[Le président de la cour ou du tribunal, celui du consistoire et le préfet, selon les cas, adresse le procès-verbal de chaque élection au recteur, qui le communique au conseil académique, lors de sa première réunion.

[Il est transcrit sur le registre des délibérations du conseil.]

Art. 18. — Les membres délégués, en exécution de l'ar-

(1) Les conseils académiques dont il est question dans le règlement du 29 juillet 1850 ne sont plus les conseils académiques créés par l'article 5 de la loi du 14 juin 1854, mais les conseils départementaux de l'instruction publique, qu'elle a substitués dans chaque département aux anciens conseils académiques. Il faut partout, dans ce décret, remplacer ce dernier nom par celui de *conseils départementaux*. Voir, pour la composition et les attributions des nouveaux conseils académiques, les articles 3 et 4 de la loi du 14 juin, page 48, et l'article 14 du décret du 21 août 1854, page 70.

(2) L'article 17 se trouve abrogé par les articles 5 et 6 de la loi du 14 juin 1854, qui ont réglé la composition des conseils départementaux, et par l'article 3 du décret du 9 mars 1852, qui a conféré au ministre le droit de nommer les membres qui procédaient auparavant de l'élection.

ticle 10 de la loi organique, ne peuvent exercer leur délégation qu'en vertu d'une décision spéciale (1).

Le ministre de l'instruction publique et l'évêque adressent au *recteur* (2) les décisions par lesquelles ils ont fait choix des membres dont la désignation leur appartient.

Ces décisions sont communiquées en conseil *académique* (3), et sont transcrites sur le registre des délibérations de ce conseil.

Art. 19. — Lorsque deux archevêques ou évêques ont leur siége dans le même département, tous deux font partie du conseil *académique* (3). Dans ce cas, il n'y a pas lieu à la désignation prévue par le sixième alinéa de l'article 10 de la loi organique.

Art. 20. — [En l'absence du recteur], le conseil *académique* (3) est présidé par le préfet.

Le secrétaire du conseil *académique* (3) est choisi, chaque année, par le ministre, parmi les membres dudit conseil.

A moins d'une autorisation du *recteur* (2), les procès-verbaux du conseil *académique* (3) ne peuvent être communiqués qu'aux membres du conseil.

Art. 21. — Les conseils *académiques* (3) se réunissent au moins deux fois par mois (4). Ils peuvent être convoqués extraordinairement. Le jour de la réunion est fixé par le président (5).

---

(1) Les membres dont il est question dans cet article sont aujourd'hui les membres désignés par le ministre de l'instruction publique, le délégué du préfet et le délégué de l'évêque.

(2) *Préfet*.

(3) *Départemental*.

(4) Sauf une suspension du 15 août au 15 octobre. (Décret du 22 août 1854, art. 27.)

(5) Le mode de procéder des conseils départementaux, dans certains cas, a été réglé de la manière suivante, par l'instruction du 30 août 1850 :

« Le conseil vote par mainlevée, l'appel nominal est de droit s'il est réclamé par trois membres; l'appel se fait suivant l'ordre indiqué par l'article 10 (de la loi du 15 mars), si ce n'est que le président vote le dernier. S'il s'agit de nominations et présentations individuelles, elles ont lieu au scrutin secret et à la majorité

[Art. 22. — Les conseils académiques ne peuvent délibérer sur les affaires intéressant une faculté, qu'autant que le doyen de cette faculté a été expressément convoqué par le président.]

Art. 23. — En cas de partage, lorsque la matière n'est ni contentieuse ni disciplinaire, la voix du président est prépondérante.

Dans les matières contentieuses et disciplinaires, il est présidé par le conseil *académique* (1), conformément à l'article 9 (2).

Art. 24.—Lorsque l'instruction d'une affaire disciplinaire est renvoyée au conseil *académique* (1) en vertu du sixième paragraphe (de l'art. 14) de la loi organique, le conseil désigne un rapporteur qui recueille les renseignements et les témoignages, appelle l'inculpé, l'entend s'il se présente, et fait son rapport au jour le plus prochain indiqué par le conseil.

---

absolue des suffrages exprimés ; les nominations de commissions et de jurys ont lieu par scrutin de liste à la majorité relative. »

D'après la même instruction, le conseil fixe, dans chaque séance, l'ordre du jour de la séance suivante.

(1) *Départemental.*

(2) On appelle matières *contentieuses*, dans le langage administratif, toutes les affaires qui sont en débat et dans lesquelles il y a contestation.

On appelle matières *disciplinaires* les faits qui peuvent donner lieu à des poursuites, et par suite, à des peines contre leur auteur. Les poursuites *disciplinaires* diffèrent des poursuites *judiciaires*, en ce que les dernières sont intentées par le ministère public contre tous les citoyens, quelle que soit leur position, tandis que les premières sont seulement intentées à raison de faits relatifs à la profession des individus. Les peines infligées pour ces faits portent le nom de peines disciplinaires.

Il y a lieu de remarquer que, pour les faits disciplinaires, il n'y a point de prescription comme en matière criminelle. Ainsi, un acte d'immoralité commis il y a quinze ans n'est plus justiciable des tribunaux ordinaires, mais il l'est toujours du conseil jugeant disciplinairement ; car un fait de ce genre, à quelque époque qu'il ait eu lieu, peut rendre celui qui l'a commis indigne encore de se livrer à l'éducation de la jeunesse.

Le conseil peut toujours ordonner un supplément d'instruction.

L'avis du conseil exprime s'il y a lieu de donner suite à l'affaire, et, en cas d'affirmative, quelle peine doit être prononcée.

Art. 25. — En matière contentieuse, les réclamations des parties, avec les pièces et mémoires à l'appui, sont déposées au *secrétariat de l'académie* (1); il en est donné récépissé.

Ces réclamations reçoivent un numéro d'enregistrement et sont examinées dans l'ordre où elles sont parvenues au secrétariat.

Pour chaque affaire, le conseil désigne un rapporteur qui fait son rapport à la plus prochaine réunion du conseil.

Art. 26. — Lorsque le conseil est appelé à prononcer en matière disciplinaire, un membre désigné par lui est chargé de l'instruction ; il recueille les informations et fait son rapport à l'époque fixée par le conseil.

Sur le rapport, le conseil *académique* (2) déclare d'abord s'il y a lieu à suivre.

En cas d'affirmation, il entend l'inculpé dans ses moyens de défense, et, s'il y a lieu, les témoins.

Art. 27. — En matière contentieuse et disciplinaire, la décision du conseil *académique* (2) est notifiée, dans les huit jours, par les soins du *recteur* (3).

Le *recteur* (3) est tenu d'avertir les parties, s'il y a lieu, qu'elles ont le droit de se pourvoir devant le Conseil supérieur dans le délai prescrit par la loi.

Art. 28. — Le recours de la partie contre la décision du conseil *académique* (2) est reçu au *secrétariat de l'académie* (1); il en est donné récépissé (4).

(1) *Au bureau de l'inspecteur d'académie.*
(2) *Départemental.*
(3) *Préfet.*
(4) Nous croyons utile de résumer ici l'ensemble de la juridiction disciplinaire concernant l'instruction primaire.

Il y a une première distinction à faire à cet égard entre l'enseignement public et l'enseignement libre.

S'agit-il de réprimander, de suspendre ou de révoquer un fonctionnaire quelconque de l'enseignement primaire public, insti-

Le recours du *recteur* (1) est formé par un arrêté qu'il notifie à la partie intéressée. Ampliation de cet arrêté est adressée, avec les pièces de l'affaire, au ministre de l'instruction publique, qui en saisit le conseil supérieur.

Art. 29. — Les conseils *académiques* (2) peuvent appeler dans leur sein les membres de l'enseignement et toutes autres personnes dont l'expérience leur paraîtrait devoir être utilement consultée.

Les fonctionnaires de l'instruction publique ne peuvent être appelés que de l'agrément du recteur (3).

Les personnes ainsi appelées par les conseils *académiques* (2) n'ont pas voix délibérative.

§ 4. *Des secrétaires d'académie.*

Art. 30. — Les secrétaires d'académie sont partagés en classes dont le nombre est déterminé par décret *du Président de la république* (4).

Les traitements varient suivant les classes.

tuteur, institutrice, directeur, directrice de salle d'asile, etc., le conseil départemental n'a point à s'en occuper; le décret du 9 mars 1852 et la loi du 14 juin 1854 donnent aux préfets, d'une manière absolue, le droit de réprimander, de suspendre, de déplacer ou de révoquer, sur le rapport seul de l'inspecteur d'académie.

Le conseil départemental, au contraire, prononce seul, et sans appel, s'il s'agit de censurer les membres de l'enseignement primaire libre (instituteurs, institutrices, sous-maîtres ou sous-maîtresses dans une école ou un pensionnat libre, directrices ou sous-directrices de salle d'asile); de les suspendre ou de leur interdire l'exercice de leur profession dans la commune où ils exercent.

Mais lorsqu'il s'agit d'interdire à un membre quelconque de l'enseignement primaire public le droit d'enseigner ou d'exercer les mêmes fonctions, même dans un établissement libre, ou de frapper d'une interdiction absolue un membre de l'enseignement primaire libre, le conseil départemental ne prononce plus qu'en premier ressort; au conseil impérial seul appartient le droit de prononcer en dernier ressort.

(1) *Préfet.*
(2) *Départementaux.*
(3) Le consentement du préfet suffit si les fonctionnaires appartiennent à l'instruction primaire.
(4) *De l'Empereur.*

[La classe est attachée à la personne, et non à la résidence] (1).

[Art. 31. — Le fonctionnaire appelé pour la première fois à l'emploi de secrétaire d'académie est nécessairement de la dernière classe] (2).

Nul ne peut être promu à une classe supérieure sans avoir passé deux ans au moins dans la classe immédiatement inférieure.

Les dispositions du présent article ne sont pas applicables à la première organisation de l'administration académique.

Art. 32. — Nul ne peut être nommé aux fonctions de secrétaire d'académie, s'il ne justifie du grade de bachelier ou du brevet de capacité pour l'enseignement primaire.

Sont exceptés de cette condition les secrétaires commis d'académie qui exercent actuellement ou qui ont précédemment exercé ces fonctions.

Art. 33. — Dans chaque académie, le secrétaire est chargé de la rédaction des procès-verbaux du conseil académique, sous la direction du secrétaire de ce conseil.

Il est préposé à la garde des archives de l'académie. Il peut être chargé, par les recteurs, de délivrer copie des pièces dont il est dépositaire.

Il dirige, sous les ordres du recteur, le travail des bureaux de l'académie.

Il reçoit la consignation des droits perçus au profit du trésor public dans les chefs-lieux académiques où il n'existe pas d'agent comptable préposé à cette perception. Dans ce cas, il est commissionné par le ministre des finances et est tenu de fournir un cautionnement, conformément aux règlements.

CHAP. III. — DE L'INSPECTION.

[Art. 34. — Les inspecteurs généraux et les inspec-

(1) Voir pour les différentes classes de secrétaires d'académie, et pour leur traitement, le décret spécial du 22 août 1854, page 71. D'après ce décret, la classe est au contraire attachée à la résidence et non à la personne.

(2) Ce paragraphe a été abrogé de fait par le décret précédent.

teurs supérieurs sont choisis sur une liste de candidats
formée par le ministre ; le conseil supérieur est appelé à
donner son avis sur cette liste, avant la nomination] (1).

[Art. 35. — Pour la nomination des inspecteurs de
l'instruction primaire, la liste des candidats, composée par
le recteur, est communiquée au conseil académique, et
transmise ensuite au ministre avec l'avis de ce conseil] (2).

Art. 36. — Les fonctions d'inspecteurs d'académie et
d'inspecteurs de l'enseignement primaire sont incompatibles avec tout autre emploi public rétribué.

Le ministre, sur l'avis du conseil *académique* (3), peut
toutefois autoriser les inspecteurs de l'instruction primaire
à accepter les fonctions d'inspecteur, soit des enfants trouvés et abandonnés, soit des enfants employés dans les manufactures.

Art. 37. — Les inspecteurs de l'instruction primaire sont
partagés en classes, dont le nombre est déterminé par décret *du Président de la république* (4).

Les traitements varient suivant les classes (5).

(1) L'article 34 a été abrogé par l'article 6 du décret du 9 mars
1852, qui donne à tous ces fonctionnaires le nom d'inspecteurs
généraux, et par l'article 1er, en vertu duquel ils sont nommés
par l'Empereur sur la proposition du ministre, sans avis préalable
du conseil impérial.

(2) Les dispositions de cet article et celles du § 2 de l'article 20
de la loi du 15 mars 1850, en vertu desquelles le ministre nom-
mait les inspecteurs de l'instruction primaire, après avis du conseil académique, ont été abrogées par le § 1er de l'article 3 du
décret du 9 mars 1852, qui confère au ministre un droit absolu
de nomination

(3) *Départemental.*

(4) *De l'Empereur.*

(5) Depuis la loi de 1850 qui a supprimé l'ancienne division en
inspecteurs et en sous-inspecteurs, tous les inspecteurs de l'instruction primaire sont divisés en cinq classes, dont les traitements sont
restés jusqu'à ce jour (décembre 1856) fixés à 1200, 1,400, 1,600,
1,800 et 2.000 fr. Il paraît heureusement certain que cette division
sera très-prochainement modifiée et que tous les traitements seront
élevés.

Les inspecteurs du département de la Seine, au nombre de six,
forment une classe à part dont le traitement est de 4,000 fr.

La classe est attachée à la personne et non à la résidence.

Le fonctionnaire appelé pour la première fois à l'emploi d'inspecteur de l'instruction primaire est nécessairement de la dernière classe.

Nul ne peut être promu à la classe supérieure sans avoir passé un an au moins dans la classe immédiatement inférieure.

Les dispositions du présent article ne sont pas applicables à la première organisation de l'enseignement primaire.

Art. 38. — Nul ne peut être appelé aux fonctions d'inspecteur de l'instruction primaire s'il n'a été déclaré apte à ces fonctions, après un examen spécial dont le programme sera déterminé conformément à l'article 5 de la loi organique.

Jusqu'à ce que ce programme ait été arrêté, l'examen aura lieu conformément aux règlements en vigueur (1).

L'arrêté du 5 novembre 1850 avait divisé de la manière suivante les 300 inspecteurs d'arrondissement qui existaient alors :

20 de 1re classe;
40 de 2e classe;
50 de 3e classe;
60 de 4e classe;
130 de 5e classe.

La loi du 14 juin 1854, en supprimant l'inspecteur du chef-lieu de département, a naturellement changé ces proportions.

(1) La nature et les conditions de cet examen ont été réglées par l'arrêté ministériel suivant, du 16 décembre 1850 :

« Art. 1er. Il sera formé, chaque année, au chef-lieu de chaque académie une commission chargée d'examiner l'aptitude des candidats aux fonctions d'inspecteur de l'instruction primaire.

Art. 2. Cette commission sera composée du recteur ou de son délégué, président, et de quatre membres nommés par le recteur [en conseil académique], et agréés par le ministre de l'instruction publique.

Art. 3. Les candidats sont tenus de s'inscrire, du 1er au 15 juillet, au secrétariat de l'académie, et de faire les justifications exigées par l'article 38 du règlement du 29 juillet 1850.

Art. 4. L'examen aura lieu dans l'intervalle du 1er au 5 octobre. Le jour sera fixé et annoncé un mois d'avance par les soins du recteur.

Art. 39. — Ne peuvent être admis à l'examen que les candidats qui justifient,

1° De vingt-cinq ans d'âge;

2° Du diplôme de bachelier ès lettres ou d'un brevet de capacité pour l'enseignement primaire supérieur, si le brevet a été délivré avant la promulgation de la loi organique, et, dans le cas contraire, d'un brevet attestant que l'examen a porté sur toutes les matières d'enseignement comprises dans l'article 23 de la même loi;

3° De deux ans d'exercice au moins dans l'enseignement ou dans les fonctions de secrétaire d'académie, de membre d'un ancien comité supérieur d'instruction primaire, ou de délégué du conseil *académique* (1) pour la surveillance des écoles.

La condition exigée par le paragraphe précédent ne sera

Art. 5. L'examen se composera d'une épreuve écrite et d'épreuves orales.

L'épreuve écrite consistera dans un rapport sur une affaire d'inspection. Il sera accordé deux heures pour ce travail.

Les épreuves orales consisteront en interrogations :

1° Sur les devoirs de l'instituteur ;

2° Sur la direction et la tenue des salles d'asile ;

3° Sur les méthodes d'enseignement ;

4° Sur les plans et le mobilier des maisons d'école ;

5° Sur les lois, décrets et règlements concernant l'instruction primaire.

Art. 6. La commission, après avoir apprécié l'aptitude intellectuelle et morale des candidats, délivrera un certificat d'aptitude aux candidats qui en auront été jugés dignes. [La liste des candidats qui auraient obtenu ce certificat sera placée sous les yeux du conseil académique.]

Le recteur adressera au ministre une expédition de cette liste, après y avoir consigné les renseignements qu'il aura recueillis sur les antécédents des candidats. »

Depuis que ce décret a été rendu, la loi du 14 juin 1854 a supprimé l'obligation pour le recteur de prendre l'avis du conseil académique. L'instruction du 31 octobre de la même année explique aussi que les commissions susmentionnées ne doivent être établies q·.e dans les chef-lieux des académies créées par la loi du 14 juin. Il est en outre évident que les écoles doivent être ajoutées aux salles d'asile dont il est seulement question à l'article 5.

(1) *Déparlemental*

point applicable à la première organisation de l'inspection.

Art. 40. — Sont dispensés de l'examen exigé par l'article 38 les anciens inspecteurs ou sous-inspecteurs de l'instruction primaire, les directeurs d'écoles normales primaires, les principaux des colléges communaux, les chefs d'établissements particuliers d'instruction secondaire et les licenciés.

Art. 41. — Ont seuls droit aux frais de tournée déterminés par les règlements : les membres du Conseil supérieur délégués par le ministre pour une mission spéciale; les inspecteurs généraux ; [les inspecteurs supérieurs;] les recteurs; les membres des conseils académiques délégués par le recteur en vertu de l'article 18 de la loi organique; les inspecteurs d'académie et les inspecteurs de l'instruction primaire (1).

(1) Tout ce qui est relatif aux tournées des inspecteurs a été réglé par l'arrêté ministériel du 5 janvier 1851, qui est encore en vigueur, sauf les dispositions des articles 6 et 7, relatives aux frais de tournées et aux avances faites aux inspecteurs, lesquelles ont été modifiées par un nouvel arrêté du 20 janvier 1854, que nous donnons à la suite. Voici d'abord l'arrêté du 5 janvier 1851.

« Art. 1er. Tous les ans, dans les premiers jours du mois de décembre, le ministre de l'instruction publique arrête la répartition entre chaque département de la somme portée au budget de l'année suivante pour les frais de tournée des inspecteurs des écoles primaires, sauf ce qui est dit à l'article 10.

Cette répartition est faite proportionnellement au nombre des communes et des écoles dans chaque département, en tenant compte de la superficie territoriale du département et des difficultés des communications et du parcours.

Art. 2. Le recteur (lisez préfet), après avoir pris l'avis du conseil académique (départemental), propose au ministre, d'après les mêmes bases, la répartition du crédit accordé à son département entre les inspecteurs de l'instruction primaire des divers arrondissements.

Cette répartition doit fixer :

1° La somme affectée à chacune des tournées trimestrielles ordinaires déterminées à l'article 3, en tenant compte des circonstances locales relatives à la fréquentation des écoles et aux difficultés du parcours dans les diverses saisons de l'année;

2° La somme qui peut être affectée dans chaque trimestre à des

Art. 42. — Les personnes chargées de l'inspection, en

inspections ou missions extraordinaires, laquelle somme ne pourra jamais excéder le quart de la précédente.

Cette répartition, approuvée par le ministre, est définitive et ne peut être modifiée dans le courant de l'année.

Art. 3. A la fin de chaque trimestre, le *recteur* (l'inspecteur) de l'académie dresse l'état des écoles que les inspecteurs devront inspecter pendant le trimestre suivant. Cet état indiquera le nombre des jours qui devront être consacrés à cette inspection ordinaire. Un certain nombre de jours devront être réservés pour des inspections ou missions extraordinaires et pour les travaux de cabinet.

Art. 4. L'inspecteur, à moins de circonstances graves, dont il rend compte au *recteur* (à l'inspecteur d'académie) dans son rapport trimestriel, doit inspecter dans le trimestre toutes les écoles indiquées sur l'état dressé par le *recteur* (l'inspecteur d'académie).

Il ne doit pas inspecter plus de deux écoles par jour, à moins d'autorisation spéciale donnée par le *recteur* (l'inspecteur d'académie) pour des cas déterminés.

Art. 5. Une note constatant l'inspection ordinaire ou extraordinaire de chaque école primaire, signée par l'inspecteur, est envoyée le jour même par ce fonctionnaire *au recteur* (à l'inspecteur) de l'académie.

En cas de refus de la part d'un instituteur de se soumettre à l'inspection, l'inspecteur dressera procès-verbal de ce refus, conformément à l'article 22 de la loi organique et à l'article 42 du règlement du 29 juillet 1850. Il enverra ce procès-verbal *au recteur de l'académie* (par l'intermédiaire de l'inspecteur de l'académie, au préfet), qui le transmettra au procureur de la république.

[Art. 6. Il est alloué aux inspecteurs de l'instruction primaire, pour chaque jour consacré à l'inspection des écoles, hors du lieu de leur résidence, une indemnité de 5 fr.

[Art. 7. Au commencement de chaque trimestre, il est mis par le préfet, sur la proposition du recteur de l'académie, une somme de 150 fr. à titre d'avance, à la disposition de chaque inspecteur de l'instruction primaire.]

Art. 8. A la fin de chaque trimestre, l'inspecteur remet au *recteur* (à l'inspecteur d'académie), avec le rapport prescrit par l'article 43 du règlement d'administration publique du 29 juillet 1850, l'état de ses frais en double expédition.

Cet état doit mentionner :

1° Pour les inspections ordinaires :

Les communes dans lesquelles a eu lieu l'inspection ;

vertu de l'article 18 de la loi organique, dressent procès-

Le nombre des écoles inspectées dans chaque commune, en indiquant si ce sont des écoles libres ou des écoles publiques;
Le nombre des jours employés à l'inspection.
2° Pour les missions ou inspections extraordinaires :
Les communes où l'inspecteur a dû se rendre;
Les écoles qu'il a inspectées ou l'objet de la mission;
Le nombre de jours consacrés à ces inspections ou missions.
Art. 9. Le *recteur* (l'inspecteur) de l'académie compare cet état de frais :
1° Avec l'état mentionné en l'article 3 du présent règlement;
2° Avec les notes constatant l'inspection, prescrites au premier paragraphe de l'article 5 du présent règlement;
3° Avec les rapports qui lui ont été adressés à la suite des inspections ou missions extraordinaires.
Un double de l'état des frais présenté par l'inspecteur, approuvé par le *recteur* (préfet), est transmis au ministre, qui en fait ordonnancer le solde.
Art. 10. Tous les ans, avant d'arrêter la répartition du crédit destiné aux frais de tournées des inspecteurs, ainsi qu'il est dit à l'article 1er, le ministre prélève sur l'ensemble de ce crédit la somme que, d'après les besoins du service, il juge nécessaire pour subvenir, pendant l'année suivante, aux frais de déplacement des inspecteurs.
Art. 11. Sur ce crédit, réservé par le ministre, il pourra être alloué, à titre de frais de déplacement, à tout inspecteur qui, sans obtenir de l'avancement, est appelé, dans l'intérêt du service, d'un département dans un autre, une indemnité qui sera calculée à raison de trente centimes par kilomètre à parcourir pour se rendre à son nouveau poste. Cette indemnité pourra être élevée proportionnellement au nombre des membres de la famille de l'inspecteur, sans pouvoir jamais excéder le double de celle à laquelle il aura eu droit. L'indemnité supplémentaire ne sera accordée que sur la proposition du recteur. »
Postérieurement à cet arrêté, le ministre, dans une circulaire du 8 juillet 1852, annonçait qu'il avait décidé le 22 juin que, lorsque les besoins du service exigeraient une inspection extraordinaire des écoles, l'indemnité pour frais de tournées pourrait s'élever, par jour, à la somme de 10 fr. Toutefois, cette exception devait être autorisée par lui sur la proposition du recteur. Il annonçait en même temps avoir décidé que, pour ces missions extraordinaires, les inspecteurs pourront visiter, selon les cas et par jour, un plus grand nombre d'écoles que celui qui est fixé par l'arrêté du 15 janvier 1851.

verbal de toutes les contraventions qu'elles reconnaissent (1).

Mais, plus tard, par un arrêté du 20 janvier 1854, les indemnités pour tournées ordinaires et pour missions extraordinaires ont encore été modifiées, ainsi que les avances.

Voici le texte de cet arrêté, qui règle aujourd'hui les frais de tournée et les avances :

« Art. 1er. A partir de l'exercice 1854, les frais de tournées des inspecteurs de l'instruction primaire, hors du lieu de leur résidence, seront liquidés ainsi qu'il suit :

1° Pour les tournées ordinaires, à raison de 6 fr. 50 c. par jour ;

2° Pour les missions extraordinaires à remplir à plus de 16 kilomètres de la résidence, à raison de 8 fr. par jour.

Art. 2. Au commencement des 1er, 2e et 4e trimestres, une avance de 100 fr. sur les frais de tournées est mise à la disposition de MM. les préfets pour être immédiatement mandatée au nom de chaque inspecteur. Il sera ordonnancé, s'il y a lieu, des avances pour le 3e trimestre sur la proposition du *recteur de l'académie* (préfet).

Art. 3. Les dispositions contenues dans les articles 1, 2, 3, 4, 5, 8, 9, 10 et 11 de l'arrêté du 3 janvier 1851 sont maintenues. »

Il résulte de cet arrêté que, lorsque la commune où doit se faire une enquête ou une mission spéciale est située à moins de 16 kilomètres de la résidence actuelle de l'inspecteur, celui-ci n'a droit qu'à l'indemnité de 6 fr. 50 c. par jour.

Par une circulaire du 6 février 1854, le ministre fait connaître que les inspecteurs ne recevront la provision de 100 fr. que pour les 1er, 2e et 4e trimestres : « Celles du 3e trimestre, étant généralement peu nombreuses, dit le ministre, j'ai pensé qu'il n'y avait lieu de mettre une avance entre les mains de ces fonctionnaires qu'autant que les nécessités du service l'exigeraient et que vous auriez cru devoir m'en faire la proposition. »

L'itinéraire, qui était autrefois tracé aux inspecteurs pour leurs tournées ordinaires, a été supprimé par la circulaire du 21 janvier 1851. « Aucun itinéraire, dit le ministre, ne doit leur être tracé d'avance ; il importe, au contraire, que ces fonctionnaires puissent se rendre inopinément dans les communes faisant partie de leur inspection trimestrielle, et que toute latitude leur soit laissée quant aux jours où ils feront leur inspection. »

(1) D'après l'article 21 de la loi du 15 mars sur l'enseignement, l'inspection des écoles libres portant seulement sur la moralité, l'hygiène et la salubrité, et ne pouvant porter sur l'enseignement que pour vérifier s'il n'est pas contraire à la morale, à la constitution et aux lois, il s'ensuit que, dans ces écoles, les in-

Si la contravention consiste dans l'emploi d'un livre défendu en vertu de l'article 5 de la même loi, l'ouvrage est saisi et envoyé avec le procès-verbal au recteur de l'académie, qui soumet l'affaire au conseil académique (1).

Art. 43. — Les inspecteurs de l'instruction primaire donnent au recteur (2) leur avis sur les secours et les encouragements de tout genre relatifs à l'instruction primaire (3);

specteurs n'interrogent pas les élèves, excepté dans le cas où ils croiraient devoir s'assurer par ce moyen qu'on ne leur a rien enseigné de contraire à la morale et aux lois. Mais ils ont le droit d'exiger qu'on leur montre les cahiers et les livres, afin de pouvoir constater la nature et le caractère de l'enseignement.

Il est, du reste, parfaitement reconnu aujourd'hui que l'interdiction de faire porter l'inspection sur l'enseignement, qui a été prononcée dans l'intérêt présumé de certains établissements libres, leur a été plutôt nuisible que profitable. La plupart des chefs d'établissements libres la regrettent vivement, parce qu'elle prive leurs maisons de l'émulation qu'un examen fait par une personne étrangère éveille toujours chez les élèves. Aussi, loin de repousser cet examen, ils le réclament généralement; mais lorsque les inspecteurs le font à leur sollicitation, c'est à titre de bienveillance, et non plus comme un droit.

(1) Lorsqu'il s'agit de l'enseignement primaire ou de l'enseignement secondaire libre, le procès-verbal et l'ouvrage sont adressés au préfet, qui en saisit le conseil départemental.

(2) Le préfet étant aujourd'hui substitué au recteur pour tout ce qui concerne l'instruction primaire, et les inspecteurs primaires ne correspondant avec le préfet que par l'intermédiaire de l'inspecteur d'académie, il faut remplacer ces mots *au recteur* par ceux-ci : *au préfet, par l'intermédiaire de l'inspecteur d'académie* partout où les premiers se trouvent dans les différents paragraphes de l'article 43.

(3) Les secours sur lesquels les inspecteurs primaires sont appelés à donner leur avis sont non-seulement les subventions ou secours accordés aux communes pour acquisition, construction, réparation et entretien de maisons d'école et de mobilier, mais encore les subventions sollicitées par des établissements de différentes natures, la répartition des encouragements votés par les départements en faveur des instituteurs et des communes, et celle des récompenses à accorder aux instituteurs, ainsi que les secours sollicités par des instituteurs et des institutrices âgés, infirmes et dans le besoin.

ils s'assurent que les allocations accordées sont employées selon leur destination (1).

Ils font au *recteur* (2) des propositions pour la liste d'admissibilité et d'avancement des instituteurs communaux, qui doit être dressée par le *conseil académique* (3). Ils donnent au *recteur* (2) leur avis sur les nominations des instituteurs communaux [et sur les demandes d'institution] (4).

Ils assistent, avec voix délibérative, aux réunions des délégués cantonaux prescrites par le quatrième paragraphe de l'article 42 de la loi organique et à celles dont il est fait mention en l'article 46 du présent règlement.

Ils donnent leur avis au *recteur* (2) sur les demandes formées par les instituteurs communaux, et sur les déclarations faites par les instituteurs libres, à l'effet d'ouvrir un pensionnat primaire (5).

Ils inspectent les écoles normales primaires (6) et surveillent particulièrement les élèves-maîtres entretenus par le département dans les établissements d'instruction primaire (7).

(1) De cette dernière disposition du premier paragraphe de l'article 43 résultent pour les inspecteurs l'obligation et le droit de s'assurer que les travaux pour lesquels il a été alloué des subventions sont exécutés conformément aux plans et devis arrêtés par l'autorité. Ce droit existe également à l'égard de toutes les dépenses que les communes sont autorisées à faire pour les locaux et le matériel des maisons d'école.

(2) Voir la note 2 de la page 96.

(3) *Conseil départemental.*

(4) Il n'y a plus aujourd'hui d'institution ministérielle, la nomination par le préfet en tenant lieu.

(5) Les inspecteurs de l'instruction primaire sont également chargés, chacun en ce qui concerne son ressort d'inspection, de l'enquête relative aux déclarations d'ouverture d'école libre dans ce ressort. En conséquence, la déclaration est transmise, avec les pièces qui l'accompagnent, par l'inspecteur d'académie à l'inspecteur primaire de la circonscription qui doit adresser son rapport assez à temps pour que l'opposition, s'il y a lieu d'en faire, soit signifiée à la partie avant l'expiration du délai légal. Voir plus loin le chapitre 1er du règlement du 7 octobre 1850.

(6) L'inspection de l'école normale n'appartient qu'à l'inspecteur primaire dans le ressort duquel elle est située.

(7) Les établissements dont il est question dans ce paragraphe

6

Ils surveillent l'instruction donnée aux enfants admis pour le compte des communes dans les écoles libres, en exécution du quatrième paragraphe de l'article 36 de la loi organique (1).

Ils adressent tous les trois mois, au *recteur de l'Académie* (2), un rapport sur la situation de l'instruction primaire dans les communes qu'ils ont parcourues pendant le trimestre, et des notes détaillées sur le personnel des écoles.

CHAP. IV. — DES DÉLÉGUÉS CANTONAUX ET DES AUTORITÉS PRÉPOSÉES A L'ENSEIGNEMENT PRIMAIRE (3).

Art. 44. — Nul chef ou professeur dans un établissement d'instruction primaire, public ou libre (4), ne peut être

sont les écoles autorisées à recevoir des stagiaires, conformément à l'article 47 de la loi organique.

(1) Dans les écoles libres, l'inspection, en vertu de l'article 21 de la loi du 15 mars 1850, ne portant que sur la moralité, l'hygiène et la salubrité, le paragraphe 6 de l'article 43 du présent règlement confère aux inspecteurs primaires, à l'égard des enfants qui y sont placés par les communes, un droit de surveillance sur l'instruction, et par conséquent d'examen, qui ne leur appartient pas d'une manière absolue, à l'égard des autres élèves. Ce droit est une conséquence naturelle de la subvention accordée à ces écoles par les communes pour l'instruction des enfants des familles pauvres.

Il est, du reste, généralement admis qu'en recevant une subvention une école perd son caractère exclusif d'école libre. Elle a toujours plus ou moins le caractère d'une école publique, et dès lors, il devient assez difficile dans la pratique de ne pas faire porter l'examen sur tous les élèves. C'est donc aux communes à faire leurs conditions en pareil cas, et aux écoles libres que gênerait ce droit d'examen à refuser la subvention.

(2) Voir la note 2 de la page 96.

(3) Ce chapitre complète le chapitre IV du titre II de la loi organique, articles 42, 43 et 44.

Le caractère spécial des fonctions de délégués, dont la mission est bénévole et toute de confiance, a été déterminé dans l'instruction ministérielle du 24 décembre 1850, adressée aux recteurs.

(4) L'exclusion des fonctions de délégués mentionnée dans l'article 44 ne s'applique pas aux membres de l'enseignement secondaire. Cependant, il semble résulter de l'esprit de cet article, qui a pour objet de ne pas soumettre les instituteurs à la surveillance de personnes qui pourraient se trouver en concurrence avec eux,

nommé délégué du *conseil académique* (1).

Art. 45. — Les délégués ont entrée dans toutes les écoles libres ou publiques de leur circonscription ; ils les visitent au moins une fois par mois (2).

Ils communiquent aux inspecteurs de l'instruction primaire tous les renseignements utiles qu'ils ont pu recueillir (3).

Art. 46. — Sur la convocation et sous la présidence du sous-préfet, les délégués des cantons d'un arrondissement peuvent être réunis au chef-lieu de l'arrondissement (4),

que les chefs et les professeurs d'établissements d'instruction secondaire auxquels sont annexées des écoles primaires, ne sauraient convenablement être choisis pour remplir les fonctions de délégué.

(1) *Conseil départemental.*

(2) Les fonctions des délégués étant tout à fait bénévoles, la visite mensuelle dont parle l'article 45 ne saurait être considérée comme une obligation absolue. Il est cependant à désirer que MM. les délégués se conforment le plus possible à cette invitation. Plus ils visiteront les écoles, plus ils s'y intéresseront, et plus leur influence s'y fera sentir.

Une circulaire ministérielle du 3 février 1854, interprétée par une autre circulaire du 18 mars de la même année, a invité MM. les délégués à procéder deux fois chaque année à un examen détaillé de toutes les écoles publiques de leur circonscription. Ils doivent interroger les élèves ou les faire interroger par l'instituteur sur l'instruction religieuse, la lecture, l'écriture et le calcul, et consigner, à l'aide des mots : *bien*, *médiocre* ou *mal*, le résultat de cet examen, dans les différentes colonnes d'un tableau préparé à cet effet par l'instituteur.

Deux nouvelles circulaires, du 16 mai 1855, adressées l'une aux recteurs, l'autre aux préfets, décident qu'à l'avenir il sera procédé à cet examen dans la seconde quinzaine de décembre et dans la seconde quinzaine de mai.

(3) Il est également à désirer que les rapports entre les délégués et les inspecteurs soient le plus fréquents qu'il est possible. L'instruction primaire ne peut que gagner à un échange bienveillant de communications entre des personnes qui concourent au même but.

(4) Quelques personnes ont prétendu dans le principe que le droit de réunion et de présidence des délégués, accordé au sous-préfet par l'article 46, était contraire à l'esprit de la loi organique. Il a été reconnu que cette opinion était erronée, et la pratique a prouvé que ces réunions ont les plus grands avantages.

pour délibérer sur les objets qui leur sont soumis par le *recteur* (1) ou par le *conseil académique* (2).

Art. 47. — A Paris, le *conseil académique* (2) désigne, dans chaque arrondissement, un délégué au moins par quartier. Il peut désigner, en outre, dans chaque arrondissement, des délégués spéciaux pour les écoles des cultes protestant et israélite.

L'inspecteur de l'instruction primaire assiste aux réunions mensuelles des délégués de l'arrondissement, avec voix consultative (3).

Art. 48. — Lorsqu'il y a dans la commune une école spécialement affectée aux enfants d'un culte, et qu'il ne s'y trouve en résidence aucun ministre de ce culte, l'évêque ou le consistoire désigne, pour l'exécution de l'article 44 de la loi organique, le curé, le pasteur ou le délégué d'une commune voisine.

Art. 49. — Les autorités préposées par l'article 44 de la loi organique à la surveillance des écoles peuvent se réunir, sous la présidence du maire, pour convenir des avis à transmettre à l'inspecteur de l'instruction primaire et aux délégués cantonaux.

CHAP. V. — DES COMMISSIONS D'EXAMEN POUR LA DÉLIVRANCE DES BREVETS DE CAPACITÉ POUR L'ENSEIGNEMENT PRIMAIRE (4).

Art. 50. — Les commissions d'examen pour le brevet de capacité pour l'enseignement primaire tiennent au moins deux sessions par an (5).

(1) *Préfet.*
(2) *Conseil départemental.*
(3) Il est à remarquer que, tandis que l'article 43 donne voix délibérative aux inspecteurs primaires dans les départements, l'article 47 ne leur donne que voix consultative à Paris.
(4) Le programme des examens pour le brevet de capacité a été arrêté par le règlement du 15 février 1853, et par une instruction explicative du 8 mai 1855.
Le programme de l'examen pour le certificat d'aptitude à la direction des salles d'asile a été réglé par la circulaire du 14 février 1856.
(5) La convocation des commissions est faite par les préfets,

La commission ne peut délibérer régulièrement qu'autant que cinq au moins de ses membres sont présents (1).

Les délibérations sont prises à la majorité des suffrages.

En cas de partage, la voix du président est prépondérante.

La forme des brevets est réglée par le ministre de l'instruction publique.

Nul ne peut se présenter devant une commission d'examen s'il n'est âgé de dix-huit ans au moins.

CHAP. VI. — AUTORITÉS CHARGÉES DE DÉLIVRER LE BREVET DE CAPACITÉ POUR L'ENSEIGNEMENT SECONDAIRE ET LES DIPLÔMES DE DIFFÉRENTS GRADES (2).

Art. 51. — Les jurys chargés d'examiner les aspirants au brevet de capacité pour l'enseignement secondaire tien-

d'après l'instruction générale du 31 octobre 1834 sur les attributions des préfets concernant l'instruction primaire.

« Si les époques auxquelles fonctionneront les commissions, dit le ministre à ces magistrats, doivent être fixées par vous, en raison d'exigences locales que vous êtes mieux que qui que ce soit à même de connaître, c'est au recteur que doivent être adressés, par l'inspecteur d'académie, les procès-verbaux d'examen, les renseignements divers concernant les épreuves, et enfin, la liste, par ordre de mérite, des candidats aptes à recevoir le brevet de capacité. Ce sera naturellement au recteur qu'il appartiendra de délivrer ce brevet, donné au nom de l'autorité universitaire. »

Les sessions, dans les départements, ont lieu ordinairement dans le mois de février ou au commencement de mars, et dans le mois d'août. A Paris, où elles durent beaucoup plus longtemps, à cause du grand nombre de candidats, elles ont lieu, en général, dans les mois d'avril et de mai, et dans ceux d'octobre et de novembre.

(1) Une circulaire aux recteurs, du 15 octobre 1855, porte que les ministres des différents cultes « siégent dans la commission au même titre que les autres membres; ils peuvent donc examiner indistinctement les aspirants sur toutes les matières, sauf l'instruction religieuse, pour laquelle leur droit est limité par l'article 2 du règlement du 15 février 1853, aux candidats de leur culte. »

(2) Le chapitre VI, relatif à l'instruction primaire, aurait pu être omis dans ce Manuel; nous avons cru cependant devoir l'y conserver, parce que l'esprit de plusieurs des dispositions qu'il renferme peut éclairer dans quelques cas douteux.

nent quatre sessions par an, le premier lundi des **mois de** janvier, d'avril, de juillet et d'octobre.

Les jurys ne peuvent délibérer régulièrement **qu'autant** que cinq de leurs membres au moins sont présents.

Les délibérations sont prises à la majorité des suffrages.

En cas de partage, la voix du président est prépondérante.

Des registres, destinés à recevoir les inscriptions des aspirants aux brevets, sont ouverts huit jours avant chaque session au *secrétariat de l'académie* (1) et clos la veille de l'ouverture de la session.

Art. 52. — Les brevets délivrés par les jurys spéciaux font mention de l'enseignement pour lequel ils ont été obtenus.

Le brevet n'est remis au candidat que dix jours après la décision du jury.

Pendant ce temps, le recteur peut se pourvoir devant le *conseil académique* (2) pour violation des formes ou de la loi. En cas de pourvoi, le brevet n'est remis qu'après la décision du *conseil académique* (2) et, s'il y a recours, du *conseil supérieur* (3).

Les brevets sont signés par le recteur, *président du jury* (4).

Art. 53. — Pour l'examen des candidats au baccalauréat ès lettres, des professeurs ou des agrégés des Facultés des sciences, et, à défaut de professeurs ou d'agrégés, des docteurs ès sciences, sont adjoints aux professeurs des Facultés des lettres pour la partie scientifique des examens.

Art. 55. — Les délibérations prises par les diverses Fa-

---

(1) *Au bureau de l'inspecteur d'académie.*
(2) *Conseil départemental.*
(3) *Conseil impérial.*
(4) Le recteur délivre les brevets; mais, depuis la suppression des académies départementales, le jury est présidé par l'inspecteur d'académie.

En ce qui concerne l'instruction primaire, le recteur peut, sur le rapport de l'inspecteur d'académie, refuser de délivrer le brevet, et annuler l'examen, pour violation des formes ou des lois et règlements.

cultés pour la collation des grades sont transmises aux recteurs par leurs doyens respectifs.

Le diplôme n'est remis au candidat que dix jours après que la délibération de la Faculté est parvenue au recteur.

Dans les dix jours de la réception, le recteur peut se pourvoir, pour violation de formes et de la loi, devant le conseil académique du département où l'examen a été passé.

En cas de pourvoi, le diplôme n'est remis qu'après la décision du conseil supérieur.

RÈGLEMENT

RELATIF

AUX INSTITUTEURS PRIMAIRES LIBRES ET PUBLICS.

(Décret du 7 octobre 1850) (1).

CHAP. Ier. — DE L'ENSEIGNEMENT LIBRE.

Art. 1er. — Il est ouvert, dans chaque mairie, un registre spécial (2) destiné à recevoir les déclarations des institu-

(1) Le décret du 7 octobre 1850, rendu comme celui du 29 juillet, pour l'exécution de la loi du 15 mars 1850, a été modifié dans quelques-unes de ses dispositions par le décret du 9 mars 1852, par celui du 31 décembre 1853, et par la loi du 14 juin 1854. Mais, en général, ces modifications s'appliquent plutôt aux attributions des différentes autorités, avec qui les instituteurs sont en rapport, qu'aux instituteurs eux-mêmes. Ce décret conserve donc toute sa valeur; il règle, en effet, des points très-importants concernant les intérêts et les obligations des instituteurs publics et libres.

Deux instructions, en date du 24 décembre 1850, ont été adressées, l'une aux préfets, et l'autre aux recteurs, pour l'exécution de ce décret.

(2) Un modèle de ce registre a été transmis dans chaque mairie par les soins de MM. les préfets, afin que les déclarations soient partout reçues dans la même forme. L'instruction ministérielle du 24 décembre 1850, adressée aux recteurs, recommande aux inspecteurs de s'assurer, dans leurs tournées, de l'état de ce registre.

teurs qui veulent établir des écoles libres, conformément à l'article 27 de la loi organique du 15 mars 1850 (1).

Indépendamment des indications exigées par cet article, chaque déclaration doit être accompagnée :

1º De l'acte de naissance de l'instituteur ;

2º De son brevet de capacité ou du titre reconnu équivalent au brevet de capacité par le deuxième paragraphe de l'article 25 de la loi organique (2).

Cette déclaration est signée, sur le registre par l'instituteur et par le maire.

Une copie en est immédiatement affichée à la porte de la mairie et y demeure pendant un mois.

(1) L'obligation de la déclaration ne s'applique pas seulement au cas de l'ouverture d'une nouvelle école. Les mêmes formalités doivent être accomplies chaque fois qu'un établissement libre est transféré dans une autre commune ou dans un autre local de la même commune. Elles doivent l'être encore lorsqu'un instituteur succède à un autre dans la direction de la même école libre. « Il en sera de même, dit encore la circulaire aux recteurs, du 24 décembre 1850, chaque fois qu'un instituteur appartenant à une congrégation religieuse enseignante succédera à un frère du même ordre, dans la même école. L'établissement, en changeant de directeur, doit être considéré comme un établissement nouveau. »

Les dispositions de la loi et du décret étant applicables aux écoles de filles, les obligations précédentes concernent également les institutrices et les sœurs.

En cas de simple changement de local ou de directeur, les formalités doivent également être accomplies un mois avant le changement.

(2) Un décret du 31 mars 1851 a déterminé ainsi qu'il suit les écoles spéciales de l'Etat, dont un certificat d'admission peut tenir lieu du brevet de capacité :

Art. 1er. — Les certificats d'admission dans les écoles spéciales, qui suppléent aux brevets de capacité pour l'enseignement primaire, ne peuvent être délivrés, quant à présent, que par les chefs ou directeurs des établissements ci-après désignés, savoir :

L'école normale supérieure ; l'école polytechnique ; l'école militaire de Saint-Cyr ; l'école forestière ; l'école de la marine ; l'école les mineurs de Saint-Etienne et d'Alais ; l'école des chartes.

Art. 2. — Les certificats d'admission, signés par les chefs d'établissements, indiqueront la date de l'entrée et de la sortie de l'élève, qui devra signer également.

Les signatures seront légalisées par le maire.

Art. 2. — Dans les trois jours qui suivent cette déclaration, le maire adresse au *recteur* (1) les pièces jointes à ladite déclaration et le certificat d'affiche.

Dans le même délai, le maire, après avoir visité ou fait visiter le local destiné à l'école, est tenu de délivrer gratuitement à l'instituteur, en triple expédition, une copie légalisée de sa déclaration.

S'il refuse d'approuver le local, il doit faire mention de cette opposition et des motifs sur lesquels elle est fondée, au bas des copies légalisées qu'il délivre à l'instituteur (2).

Une de ces copies est remise par l'instituteur au *procureur de la république* (3), et une autre au sous-préfet, lesquels en délivrent récépissé. La troisième copie est remise au *recteur de l'Académie* (1) par l'instituteur, avec les récépissés du *procureur de la république* (3) et du sous-préfet (4).

Art. 3. — A l'expiration du délai fixé par le dernier paragraphe de l'article 27 de la loi organique, le maire transmet au *recteur* (1) les observations auxquelles la déclaration affichée peut avoir donné lieu, ou l'informe qu'il n'en a pas été reçu à la mairie (5).

(1) *Préfet.*

(2) Le droit de refuser le local, qui est attribué au maire, n'exclut pas celui qui appartient au préfet de former opposition à l'ouverture de l'école pour le même motif. Il peut arriver, en effet, qu'un local qui aurait paru convenable au maire ne soit pas jugé tel par l'inspecteur chargé de le visiter pendant le mois assigné pour l'enquête. Le préfet peut, en conséquence, former opposition pour ce motif, sur le rapport de l'inspecteur.

(3) *Procureur impérial.*

(4) Lorsque la commune, où l'instituteur veut s'établir, est située dans l'arrondissement chef-lieu, il est évident que, depuis la loi du 14 juin 1854, qui a confié l'instruction primaire aux préfets, il n'y a plus que deux copies de la déclaration à délivrer à l'instituteur, pour être remises par lui, l'une au procureur impérial, et l'autre au préfet, avec le récépissé du premier.

(5) Dans sa circulaire aux recteurs, du 24 décembre 1850, le ministre a expliqué, de la manière suivante, comment il faut entendre le commencement de cet article :

« On m'a fait observer que l'article 3 du décret du 7 octobre 1850 n'oblige le maire à faire connaître au *recteur* (préfet), s'il

Art. 4. — Si le *recteur* (1) croit devoir faire opposition à l'ouverture de l'école, par application de l'article 28 de la loi organique, il signifie son opposition à la partie par un arrêté motivé (2).

a reçu des observations par suite de la déclaration affichée, qu'à l'expiration du délai fixé par l'article 27 de la loi organique, c'est-à-dire à l'expiration du mois, et qu'il pourra arriver que le *recteur* (préfet) n'ait plus le temps de former opposition. Cette interprétation serait erronée; par ces mots : « à l'expiration du délai, » le décret n'a pas entendu dire : « lorsque le délai sera expiré, » mais seulement : « lorsqu'il approchera de sa fin. » Vous voudrez donc bien inviter MM. les maires à ne pas attendre jusqu'au dernier jour pour vous faire cette communication. Mais comme il s'agit ici d'un intérêt moral, à la conservation duquel vous êtes préposé, vous n'attendrez pas vous-même au dernier moment pour vous enquérir de l'état des choses, et vous aurez soin, soit directement, soit par l'intermédiaire de M. l'inspecteur, de provoquer, quelques jours d'avance, la communication qui doit vous être faite par le maire. »

Il a été également expliqué, par la même circulaire, que le délai d'un mois, fixé pour l'opposition du préfet, « ne court que du jour où ce fonctionnaire a reçu la déclaration, » et non du jour où elle a été faite au maire. En effet, la copie de la déclaration devant être remise au préfet par le postulant, celui-ci, en tardant à la lui remettre, le mettrait dans l'impossibilité de faire l'enquête qui doit précéder l'ouverture de l'école

(1) *Préfet.*

(2) La circulaire ministérielle, du 24 décembre 1830, recommande, dans l'intérêt de l'instruction primaire, de faire usage, avec beaucoup de fermeté, du droit d'opposition :

« Toutes les fois que vous recevrez la déclaration, soit d'un ancien instituteur, soit d'un candidat qui aura été jusque-là étranger à l'instruction primaire, vous aurez soin de prendre les plus amples informations sur ses antécédents, et si le délai devait expirer avant que les doutes sérieux que vous auriez conçus eussent pu être complétement éclaircis, vous formeriez opposition. Le conseil *académique* (départemental), qui jugera cette opposition, s'efforcera d'arriver alors plus sûrement que vous n'auriez pu le faire dans le mois à la constatation des faits. Ne craignez pas outre mesure, Monsieur le recteur, dans des situations analogues, le jugement du conseil *académique* (départemental), et ne considérez pas la levée de votre opposition, si elle devait, dans certains cas, avoir lieu, comme un échec destiné à troubler la bonne harmonie que vous devez vous efforcer de maintenir entre le conseil

Trois jours au moins avant la séance fixée pour le jugement de l'opposition, la partie est citée à comparaître devant le *conseil académique* (1).

Cette opposition est jugée par le *conseil académique* (1),
suivant les formes prescrites au chapitre II du règlement
d'administration publique du 29 juillet 1850 (2).

Copie de la décision du *conseil académique* (1) est transmise par le *recteur* (3) au maire de la commune, qui fait
transcrire cette décision en marge de la déclaration de
l'instituteur sur le registre spécial.

Art. 5. — Lorsqu'un instituteur libre a été suspendu de
l'exercice de ses fonctions, il peut être admis, par le *conseil académique* (1), à présenter un suppléant pour la direction de son école (4).

Art. 6. — Lorsque, par application des articles 29, 30 et
53 de la loi organique, un pensionnat primaire se trouve
dans le cas d'être fermé, le *recteur* et le *procureur de la*

---

académique (départemental) et vous. Votre opposition est un acte
conservatoire des intérêts moraux et religieux de la société....»

(1) *Conseil départemental.*

(2) Voir plus haut, pages 85-87.

(3) *Préfet.*

(4) La circulaire aux recteurs, du 24 décembre 1850, s'exprime
ainsi qu'il suit, au sujet de la peine de la suspension, à l'égard
des instituteurs libres :

« En autorisant le conseil *académique* (départemental) à admettre l'instituteur libre, suspendu de ses fonctions, à présenter
un suppléant pour la direction de son école, l'article 5 du décret
prévient une partie des inconvénients que je viens de rappeler.
(Voir, plus loin, la note relative à l'article 16) ; il oblige l'instituteur
suspendu à se donner un suppléant à ses frais, et lui donne, en même
temps, le délai nécessaire pour trouver un remplacement définitif.

« S'il ne reprend pas la direction de son école, elle lui laisse,
dans tous les cas, le temps de se créer ailleurs de nouvelles ressources. Mais il est bien entendu que le conseil *académique* (départemental) est seul juge de l'opportunité d'une semblable mesure, et qu'il devra, toutes les fois qu'il aura à sévir contre un
instituteur libre, déclarer si l'instituteur suspendu devra fermer
son école pendant la durée de sa peine, ou s'il sera admis à présenter un suppléant. »

Il est presque inutile de faire remarquer que le suppléant présenté devra lui-même remplir les conditions exigées pour la direction d'une école.

république (1) doivent se concerter pour que les parents ou tuteurs des élèves soient avertis, et pour que les élèves pensionnaires, dont les parents ne résident pas dans la localité, soient recueillis dans une maison convenable.

S'il se présente une personne digne de confiance qui offre de se charger des élèves pensionnaires ou externes, le *recteur* (2) peut l'y autoriser provisoirement.

Cette autorisation n'est valable que pour trois mois au plus.

CHAP. II. — DE L'ENSEIGNEMENT PUBLIC.

Section Ire. — *Des écoles primaires publiques.*

Art. 7. — Le local que la commune est tenue de fournir, en exécution de l'article 37 de la loi organique, doit être visité, avant l'ouverture de l'école, par le délégué cantonal, qui fait connaître au *conseil académique* (3) si ce local convient pour l'usage auquel il est destiné (4).

Art. 8. — Lorsque des communes demandent à se réunir pour l'entretien d'une école, le local destiné à la tenue de cette école doit être visité par l'inspecteur de l'arrondissement (5), qui transmet son rapport au *conseil académique* (6).

(1) *Le préfet et le procureur impérial.*
(2) *Préfet.*
(3) *Conseil départemental.*
(4) La visite du local de l'école publique par le délégué cantonal n'exclut pas la visite qui doit toujours être faite par l'inspecteur. L'ouverture d'une école publique ne peut jamais avoir lieu avant que l'inspecteur, à qui toutes les pièces sont transmises par l'inspecteur d'académie, ait fait son rapport sur la convenance du local, comme dans le cas prévu par l'article 8.
(5) Il est bien entendu que la convenance du local et sa situation à proximité des communes dont les enfants doivent fréquenter l'école, ne sont pas les seules conditions à remplir. La réunion de plusieurs communes ne peut jamais avoir lieu qu'après une enquête sur les avantages ou les inconvénients, et sur l'utilité ou la nécessité de cette réunion, et après un rapport spécial de l'inspecteur de l'arrondissement.
En ce qui concerne la partie du local spécialement affectée au logement de l'instituteur, l'instruction générale du 31 octobre 1854, adressée aux préfets, rappelle qu'un « ancien règlement, qui n'a pas cessé d'être en vigueur, exige que le directeur d'une école publique puisse disposer de trois pièces au moins, indépendamment de la salle de classe, et, autant qu'il est possible, d'un jardin. »
(6) *Au conseil départemental,* par l'intermédiaire de l'inspecteur d'académie.

A défaut de conventions contraires, les dépenses auxquelles l'entretien des écoles donne lieu sont réparties entre les communes réunies, proportionnellement au montant des quatre contributions directes. Cette répartition est faite par le préfet.

Art. 9. — Lorsqu'il est reconnu que le local fourni par une commune, en exécution de l'article 37 de la loi organique, ne convient pas pour l'usage auquel il est destiné, le préfet, *après s'être concerté avec le recteur* (1) et avoir pris l'avis du conseil municipal, décide s'il y a lieu, en raison des circonstances, de faire exécuter des travaux pour approprier le local à sa destination, ou bien d'en prononcer l'interdiction (2).

S'il s'agit de travaux à exécuter, il met la commune en demeure de pourvoir à la dépense nécessaire pour leur exécution dans un délai déterminé (3). A défaut d'exécution dans ce délai, il peut y pourvoir d'office.

Si l'interdiction du local a été prononcé, *le préfet et le recteur pourvoient* (4) à la tenue de l'école, soit par la lo-

---

(1) *Sur l'avis de l'inspecteur d'académie.*

(2) L'interdiction du local et le droit d'y ordonner des travaux ne s'appliquent pas seulement aux écoles nouvelles. Ils concernent toutes les écoles en activité, dont l'augmentation du nombre des élèves, l'état de dégradation, l'humidité ou d'autres causes peuvent rendre les locaux insuffisants ou impropres à leur destination actuelle. La circulaire du 24 décembre 1850 s'exprime ainsi à ce sujet :

« L'article 9 du décret arme, au surplus, MM. les préfets d'un droit qu'ils tenaient déjà de la loi de 1837 sur les attributions municipales, mais dont l'usage ne s'était pas assez généralisé. Désormais, après s'être concerté *avec vous* (avec l'inspecteur d'académie), M. le préfet devra interdire tout local qui ne convient pas à l'usage auquel il est destiné. Ainsi, les enfants ne seront plus exposés à demeurer entassés dans des pièces basses, humides, mal aérées, et dans lesquelles les inspecteurs constatent trop souvent, avec douleur, l'absence d'air vital. »

(3) Les inspecteurs de l'instruction primaire sont chargés de veiller à ce que les travaux soient exécutés conformément aux prescriptions. Voir l'article 43 du décret du 29 juillet 1850, page 97.

(4) *Le préfet, après avoir pris l'avis de l'inspecteur d'académie, pourvoit.*

7

cation d'un autre local, soit par les autres moyens prévus par l'article 36 de la loi organique.

Les dépenses occasionnées par ces mesures seront à la charge de la commune, dans les limites déterminées par la loi.

Art. 10. — Chaque année, à l'époque fixée par le recteur (1), la liste des enfants admis gratuitement dans les écoles publiques est dressée conformément à ce qui est prescrit par l'article 45 de la loi organique (2); les modifications apportées à cette liste dans le cours de l'année sont soumises aux mêmes formalités.

Art. 11. — Dans les écoles où des enfants de divers cultes sont réunis, chaque ministre procède séparément à l'examen des élèves de son culte, en ce qui concerne l'enseignement religieux.

Art. 12. — Lorsque dans une école spécialement affectée aux enfants d'un culte sont admis les enfants d'un autre culte, il est tenu par l'instituteur un registre sur lequel est inscrite la déclaration du père, ou, à son défaut, de la mère ou du tuteur, attestant que leur enfant ou pupille a été admis dans l'école sur leur demande (3).

Ladite déclaration est signée par les père, mère ou tuteur. S'ils ne savent signer, l'instituteur fait mention de cette circonstance et certifie leur déclaration.

(1) Préfet.

(2) Et par l'article 13 du décret du 31 décembre 1853.

(3) L'obligation de tenir le registre prescrit par l'article 12 concerne, sans exception, toutes les écoles spécialement affectées à un culte, ainsi qu'il résulte de la circulaire du 24 décembre 1850. Cette circulaire trace d'ailleurs des règles aux conseils départementaux, relativement à l'établissement ou à la conservation d'écoles publiques destinées spécialement à des cultes différents. Le principe posé par la loi, étant celui de la séparation des enfants, lorsque des circonstances portent à s'en écarter, il y a lieu, dit la circulaire, à résoudre par le conseil départemental les deux questions suivantes :

« 1° L'état actuel a-t-il des inconvénients sérieux dans telle ou telle localité?

« 2° La dépense résultant de la création d'une nouvelle école sera-t-elle à la charge de la commune, ou tombera-t-elle en totalité ou en partie à la charge du département ou de l'État. »

La circulaire ajoute que toutes les fois que la première question est résolue affirmativement, le conseil départemental ne doit pas hésiter à prononcer la séparation, quelles que soient les conséquences qui peuvent en résulter pour le département ou pour l'État.

Ce registre doit être représenté à toute personne préposée à la surveillance de l'école.

Section II. — *Des instituteurs publics.*

Art. 13. — Tous les ans, à l'époque déterminée par le recteur (1), le *conseil académique, dans chaque département* (2), dresse :

1° Une liste de tous les candidats qui se sont fait inscrire pour être appelés aux fonctions d'instituteur communal, et qu'ils jugent dignes d'être nommés (3);

2° La liste des instituteurs communaux du département qui, à raison de leurs services, sont jugés dignes d'avancement (4).

(1) *Préfet.*

(2) *Conseil départemental.*

(3) « Le conseil supérieur de l'instruction publique, appelé à donner son avis sur ce point, a pensé que le conseil *académique* (départemental) ne devait pas limiter le nombre des instituteurs à porter sur la liste d'admissibilité; qu'il devait être sévère sur le choix de ces candidats; mais que sa liste devait comprendre tous ceux qui lui paraîtraient dignes d'être appelés aux fonctions d'instituteur dans une commune quelconque; que des instituteurs en exercice dans le département ou ailleurs pouvaient être portés sur cette liste; mais qu'aucun instituteur ne pouvait être nommé d'emblée dans une autre commune, s'il n'était pas porté sur la liste d'admissibilité; que les candidats devaient être classés sur cette liste selon la date du titre qui leur donne le droit d'y être portés; qu'enfin, des instituteurs en exercice pouvaient figurer à la fois sur la liste d'admissibilité et sur celle d'avancement. » (Circulaire aux recteurs, du 24 décembre 1850.)

(4) A l'égard de la liste d'avancement, la circulaire ci-dessus s'exprime ainsi :

« Quant à cette dernière liste, le conseil supérieur a pensé qu'il n'était pas possible de limiter le nombre des instituteurs qu'elle devra contenir; qu'on devait s'en rapporter à cet égard au conseil *académique* (départemental); ..... qu'il fallait laisser à ce conseil le soin de décider si cette liste devra être unique, ou si elle devra être divisée en plusieurs catégories correspondantes à des catégories établies d'avance entre les communes.... »

« ..... Il faut que l'inscription sur cette liste, ajoute le ministre, soit déjà par elle-même une première récompense décernée aux bons instituteurs; mais elle ne doit pas être sollicitée par eux. Invitez le conseil *académique* (départemental) à en écarter ceux qui prétendraient s'y faire placer par d'autres moyens que

Cette dernière liste doit faire connaître le traitement don
jouissent les instituteurs qui y sont portés.

Ces deux listes peuvent être modifiées pendant toute
l'année.

[(1) Elles doivent être insérées au *Bulletin des actes administratifs de la préfecture*, et communiquées par le recteur aux conseils municipaux des communes dans lesquelles
il y a lieu de pourvoir à la nomination d'un instituteur
communal.

[Art. 14. — Aussitôt que le conseil municipal a nommé
un instituteur, le maire envoie une copie de la nomination
au recteur de l'académie, qui délivre, s'il y a lieu, à l'instituteur une autorisation provisoire, et qui propose au ministre d'accorder ou de refuser l'institution.

[L'institution doit être donnée ou refusée dans le délai
de six mois.

[Si l'institution est refusée, le recteur met immédiatement le conseil municipal en demeure de pourvoir au choix
d'un autre instituteur.

[Art. 15. — Lorsque les fonctions d'instituteur commu-

par l'accomplissement le plus exact et le plus consciencieux de
leurs devoirs, et à y placer ceux qui leur seront signalés comme
dignes de ce témoignage par MM. les inspecteurs d'arrondissement et les délégués cantonaux. »

Il convient de faire remarquer que les listes d'admissibilité et
d'avancement n'ont plus la même importance depuis que le droit
de nomination appartient d'une manière absolue aux préfets.

Une circulaire du 2 mars 1853 établit d'ailleurs que les préfets
peuvent faire usage du droit de déplacement ou de permutation
sans que les instituteurs qu'ils font permuter soient portés sur la
liste d'admissibilité.

(1) Le dernier paragraphe de l'article 13 et les articles 14 et 15
ont été abrogés par l'article 4 du décret du 9 mars 1852, et par
l'article 8 de la loi du 14 juin 1854, qui ont retiré aux conseils
municipaux le droit de nomination des instituteurs, et l'ont attribué aux préfets.

Quant à l'institution mentionnée à l'article 14, elle a été rendue
inutile par l'article 4 du décret précité, ainsi que cela résulte
d'une circulaire explicative du 3 avril 1852. « Vous pourrez, toutefois, comme par le passé, est-il ajouté dans cette circulaire, ne
délivrer aux instituteurs que des autorisations provisoires, et suspendre pendant six mois leur nomination définitive. »

nal viennent à vaquer par suite de décès, de démission ou autrement, le recteur pourvoit à la direction de l'école, en attendant le remplacement de l'instituteur.]

Art 16. — Le *recteur* (1) pourvoit également à la direction de l'école lorsque l'instituteur se trouve frappé de suspension par application de l'article 33 de la loi organique, ou lorsque, en attendant une instruction plus complète sur une demande en révocation, l'instituteur a été provisoirement suspendu de ses fonctions.

Dans ce cas, le *recteur* (1) fixe la portion de traitement qui peut être laissée au titulaire et celle qui est attribuée à son suppléant, et il décide si le suppléant doit jouir en totalité ou en partie du logement affecté à l'instituteur communal (2).

Art. 17. — Lorsqu'un maire croit devoir suspendre, en cas d'urgence, un instituteur communal, il en informe immédiatement l'inspecteur de l'instruction primaire, sans préjudice du compte qu'il doit rendre dans les deux jours au *recteur* (1).

Art. 18. — Chaque année, trois jours avant la session de février des conseils municipaux, le receveur municipal remet

_____

(1) *Préfet.*

(2) La circulaire aux recteurs, du 24 décembre 1850, s'exprime ainsi, au sujet de la suspension infligée aux instituteurs publics :

« L'expérience a prouvé que cette peine qui, d'après la loi de 1833, pouvait être infligée aux instituteurs communaux, était difficilement, et, par conséquent, peu souvent appliquée, parce qu'elle était rarement proportionnée au délit qu'il s'agissait de punir. Quel était, en effet le résultat immédiat de cette peine ? La fermeture d'une école pendant un certain temps, et, par conséquent, un dommage réel pour les familles. Si la suspension était prononcée sans privation de traitement, l'instituteur n'éprouvait aucune perte, et la perte qu'il subissait se réduisait, en définitive, à quelques jours de repos ; si elle était accompagnée de la privation de traitement, elle avait pour l'instituteur, déjà très-faiblement rétribué, des conséquences douloureuses, puisqu'elle l'atteignait dans ses moyens d'existence. Dans tous les cas, l'instituteur suspendu ne rentrait jamais dans l'exercice de ses fonctions sans avoir perdu presque toute considération. »

au maire de la commune *le rôle* (1) de la rétribution scolaire de l'année précédente.

Art. 19. — Les conseils municipaux délibèrent, chaque année, dans leur session du mois de février, pour l'année suivante :

Sur le taux de la rétribution scolaire;

Sur le traitement de l'instituteur;

Sur les centimes spéciaux qu'ils doivent voter, à défaut de leurs revenus ordinaires, 1° pour assurer le traitement fixe de l'instituteur au minimum de 200 fr. (2); 2° pour élever au minimum de 600 fr. le traitement de l'instituteur, quand son traitement fixe, joint au produit de la rétribution scolaire, n'atteint pas cette somme.

Les délibérations des conseils municipaux relatives aux écoles sont envoyées, avant le 1er mai, pour l'arrondissement chef-lieu au préfet, et pour les autres arrondissements aux sous-préfets, qui les transmettent dans les dix jours au préfet, avec leur propre avis, celui des délégués cantonaux et celui de l'inspecteur primaire.

Art. 20. — Le préfet soumet au *conseil académique* (3) les délibérations des conseils municipaux relatives au taux de la rétribution scolaire dans leur commune.

Le *conseil académique* (3) fixe définitivement le taux de

_____

(1) « *Les rôles trimestriels.* » Ceci résulte de l'article 14 du décret du 31 décembre 1853 (voir page 65), qui prescrit de dresser, à la fin de chaque trimestre, le rôle de la rétribution, qui auparavant était annuel.

(2) Le traitement fixe de 200 fr. est garanti par la loi à tous les instituteurs, sans exception, et doit leur être voté par les conseils municipaux, quel que soit le produit de la rétribution, et lors même que ce produit, dépassant 400 fr., élèverait le revenu de l'instituteur au-dessus du minimum de 600 fr. assuré par la loi.

Les communes, qui n'ont que des instituteurs suppléants de 1re ou de 2e classe, n'en sont pas moins tenues de leur fournir, jusqu'à concurrence de leurs ressources, le traitement fixe de 200 fr.

Le fait d'avoir un instituteur suppléant, au lieu d'un instituteur titulaire, ne doit rien changer au vote de la commune, ce fait étant une circonstance passagère, qui peut cesser, d'un instant à l'autre, par une décision du préfet, tandis que le budget de la commune est réglé pour l'année entière.

(3) *Conseil départemental.*

cette rétribution scolaire, et en informe le préfet, qui présente les résultats de ces diverses délibérations au conseil général, dans sa session ordinaire, à l'appui de la proposition des crédits à allouer pour les dépenses de l'instruction publique primaire dans le budget départemental.

Art. 21. — La rétribution scolaire est due par tous les élèves externes et pensionnaires (1) qui suivent les classes de l'école, et qui ne sont pas portés sur la liste dressée en exécution de l'article 45 de la loi organique.

Art. 22.—*Le rôle de la rétribution scolaire est annuel* (2).

Dans le courant de janvier (3), l'instituteur communal dresse et remet au maire, 1° le rôle des enfants présents dans son école *au commencement du mois* (3), avec l'indication du nom des redevables qui doivent acquitter la rétribution, et du montant de la rétribution due par chacun d'eux; 2° des extraits individuels dudit rôle, pour être ultérieurement remis aux redevables à titre d'avertissements.

Il n'est ouvert dans le rôle qu'un seul article au père, à la mère ou au tuteur qui a plusieurs enfants à l'école.

Le maire vise le rôle, après s'être assuré qu'il ne com-

(1) La rétribution scolaire, due par les élèves pensionnaires, est tout à fait indépendante du prix que ces élèves paient pour leur pension. La rétribution fait partie des ressources municipales et sert à former le traitement de l'instituteur. Le prix de la pension, qui se règle de gré à gré avec les familles, est en dehors du traitement et se paie entre les mains de l'instituteur.

(2) Le 1er paragraphe de l'article 22 a été abrogé, et le reste de l'article a été considérablement modifié par l'article 14 du décret du 31 décembre 1853 (voir page 63), qui a remplacé le rôle annuel par des rôles trimestriels.

Par suite de ce changement, les instructions relatives au traitement des instituteurs et au recouvrement de la rétribution scolaire, qui faisaient partie de la circulaire aux préfets, du 21 décembre 1850, ont été annulées. Ces instructions ont été remplacées par celles du 31 janvier 1854, dont nous donnons le texte plus loin.

(3) Aujourd'hui, aux termes de l'instruction précitée, du 31 janvier 1854, c'est *dans les cinq premiers jours du dernier mois de chaque trimestre*, que l'instituteur remet au maire le rôle des enfants qui ont fréquenté l'école *pendant le trimestre*, et qui doivent acquitter la rétribution.

prend pas d'enfants dispensés du payement de la rétribution; qu'il contient tous ceux qui y sont soumis; en outre,
que la cotisation est établie d'après le taux fixé par le *conseil académique* (1).

Il l'adresse ensuite au sous-préfet, qui le communique à
l'inspecteur, pour qu'il puisse fournir des observations.

Le préfet, ou le sous-préfet par délégation, rend le rôle
exécutoire et le transmet au receveur des finances, qui le
fait parvenir au receveur municipal.

Art. 23. — La rétribution scolaire est payée par douzièmes (2).

Art. 24. — [Un rôle supplémentaire est établi, à la fin
de chaque trimestre, pour les enfants admis à l'école dans
le courant du trimestre. Dans ce cas, la rétribution est
due à partir du premier jour du mois dans lequel l'enfant
a été admis] (3).

Art. 25. — Lorsque plusieurs communes sont réunies
pour l'entretien d'une même école, l'instituteur dresse un
rôle spécial pour chaque commune.

Art. 26. — [Tout enfant qui vient à quitter l'école postérieurement à l'émission du rôle est affranchi de la rétribution à partir du premier jour du mois suivant. Avis de son
départ est immédiatement donné par l'instituteur et par les

---

(1) *Conseil départemental.*

(2) Pour faciliter aux familles le paiement de la rétribution,
l'instituteur, d'après le paragraphe IX de l'instruction du 31 janvier 1854, remet chaque mois au maire un extrait du registre matricule, indiquant les enfants présents à l'école pendant le mois
écoulé, et qui seront compris au rôle trimestriel. Cet extrait sert
au receveur municipal pour la perception des sommes qui lui sont
offertes par les parents avant l'émission du rôle.

D'après l'article 14, du 31 décembre 1853, il n'est tenu compte,
dans le rôle trimestriel, d'aucune fraction de douzième, tout mois
commencé étant dû en entier.

(3) L'article 24 se trouve remplacé aujourd'hui par les dispositions de l'article 14 du décret du 31 décembre 1853. Les rôles
trimestriels prescrits par ce dernier décret rendent inutiles les
rôles supplémentaires qu'il y avait lieu de dresser à la fin de chaque
trimestre, quand le rôle était annuel et devait être dressé dans le
courant de janvier.

parents au maire, qui, après avoir vérifié le fait, en informe le receveur municipal.] (1).

Art. 27. — En fin d'année, il est procédé à un décompte, à l'effet de constater si l'instituteur communal a reçu le minimum de traitement qui lui est garanti par l'article 37 de la loi organique.

Ce décompte est établi d'après le nombre des élèves portés *soit au rôle général, soit aux rôles supplémentaires* (2). Sur le montant des rôles, il est fait déduction des non-valeurs résultant [*soit des sorties d'élèves dans le cours de l'année, soit*] (3) des dégrèvements prononcés.

Art. 28. — Les remises des receveurs municipaux sont calculées conformément à l'article 5 de la loi du 20 juillet 1837, sur le total des sommes portées *aux rôles généraux et supplémentaires* (4) de la rétribution scolaire.

Art. 29. — Les remises dues au percepteur et les cotes qui deviendraient irrecouvrables sont déclarées charges communales, et, comme telles, placées au nombre des dépenses obligatoires des communes (5).

Art. 30. — Les réclamations auxquelles la confection des rôles peut donner lieu sont rédigées sur papier libre et déposées au secrétariat de la sous-préfecture.

Lorsqu'il s'agit de décharges ou réductions, il est statué

(1) L'article 26 est devenu superflu depuis la rédaction des rôles trimestriels. Ces rôles étant dressés à la fin de chaque trimestre, et tout mois commencé étant dû en entier, il n'y a pas lieu d'informer le receveur municipal du départ de l'enfant, puisqu'il ne sera pas porté sur le rôle du trimestre suivant.

(2) *Aux rôles trimestriels.*

(3) Les rôles étant dressés à la fin de chaque trimestre, et ne comprenant que les élèves présents à l'école dans le trimestre, il n'y a plus de déductions à faire pour les élèves sortis dans le cours de l'année. Il n'y a d'autres déductions que celles qui peuvent résulter des dégrèvements.

(4) « *Aux rôles trimestriels:* » « Les remises des receveurs municipaux sur le produit des rôles de la rétribution scolaire sont calculées à raison de 3 p. % du total des sommes recouvrées.... Il n'est dû aucune remise au receveur municipal sur la dépense résultant de l'emploi de la rétribution scolaire comme l'un des éléments du traitement de l'instituteur.... » (Instruction du 31 janvier 1854.)

(5) Voir l'instruction du 31 janvier 1854, paragraphes XI, XII et XVI.

par le conseil de préfecture, sur l'avis du maire, du délégué cantonal et du sous-préfet.

Il est prononcé sur les demandes en remise par le préfet, après avis du conseil municipal et du sous-préfet.

Art. 31. — Lorsque le *conseil académique* (1) autorise un instituteur à percevoir lui-même le montant de la rétribution scolaire, en exécution du deuxième paragraphe de l'article 41 de la loi organique, le *recteur* (2) en informe, immédiatement le receveur particulier de l'arrondissement, qui en donne avis au receveur municipal.

Dans ce cas, le rôle de la rétribution est dressé et arrêté ainsi qu'il a été dit à l'article 22 du présent règlement (3).

Art. 32. — Le ministre de l'instruction publique et des cultes et le ministre des finances sont chargés, chacun en ce qui le concerne, de l'exécution du présent décret.

RÈGLEMENT

RELATIF

AUX CONDITIONS IMPOSÉES AUX ÉTRANGERS POUR ÊTRE ADMIS A ENSEIGNER (4).

(Décret du 5 décembre 1850.)

§ 1er. — *Des étrangers dans les établissements libres d'instruction primaire et secondaire.*

Art. 1er. —Pour ouvrir et diriger une école primaire ou

(1) *Conseil départemental.*
(2) *Préfet.*
(3) Le recouvrement de la rétribution scolaire, lorsque l'instituteur est *autorisé à en percevoir lui-même le montant,* se fait aujourd'hui conformément au paragraphe XVI de l'instruction ministérielle du 30 janvier. (Voir, plus loin, le texte de cette instruction.)
(4) Ce règlement a été interprété par trois circulaires des 17 février, 14 mai et 7 juin 1851, dont nous faisons connaître successivement les dispositions principales.

secondaire libre, tout étranger admis à jouir des droits civils en France (1) est soumis aux mêmes obligations que
les nationaux. Il devra, en outre, avoir préalablement obtenu et produire une autorisation spéciale du ministre de
l'instruction publique, accordée après avis du *conseil supérieur* (2).

(1) Pour être admis à jouir des droits civils en France, les
étrangers doivent adresser au ministre de la justice, sous le couvert du préfet, une demande d'*admission à domicile*, en y joi-
gnant leur acte de naissance, et en l'appuyant, en ce qui concerne
l'enseignement, de leur intention d'ouvrir une école ou de rem
plir dans une école des fonctions de surveillance ou d'enseigne
ment. L'admission à domicile confère la jouissance des droits
civils; elle est révocable pendant dix ans, et permet, si elle n'a
pas été retirée, d'obtenir, au bout de ce terme, des lettres de naturalisation.

(2) *Conseil impérial.* — « Les demandes de ce genre ne seront
soumises à l'examen du conseil *supérieur* (impérial) que si elles
sont accompagnées :

« 1º D'un certificat constatant que le postulant a été admis à
jouir des droits civils en France ;

« 2º Des pièces exigées par l'article 25 ou par l'article 60 de la
loi du 15 mars, s'il se propose de diriger un établissement d'instruction primaire ou secondaire.

« Si le postulant se propose d'exercer des fonctions de surveillance ou d'enseignement dans un établissement particulier d'instruction, il devra fournir l'indication des lieux où il a résidé et
des professions qu'il a exercées pendant les dix dernières années :
le tout appuyé d'attestations émanées, soit des autorités de son
pays, soit des autorités françaises, et pouvant prouver la sincérité
de ses déclarations;

« 3º D'un rapport motivé du *recteur* (de l'inspecteur d'académie). » — *Circulaire* du 14 mai 1851.

Dans une circulaire subséquente, du 7 juin 1851, le ministre
complète les instructions qui précèdent, en disant « que, dans
certains cas, il pourrait paraître excessif d'exiger d'une manière
inflexible et absolue des étrangers qui sollicitent l'autorisation
d'exercer des fonctions de surveillance ou d'enseignement la
preuve qu'ils sont admis à jouir des droits civils. Éloigné tout à
coup de son pays, par suite de révolutions politiques ou de circonstances de force majeure, et obligé de chercher dans l'instruction qu'il possède des ressources immédiates, un étranger,
sans avoir justifié de l'admission à la jouissance des droits civils,

Cette dernière condition est imposée à tout étranger appelé à remplir dans un établissement d'instruction primaire ou secondaire libre une fonction de surveillance ou d'enseignement (1).

L'autorisation accordée par le ministre, après avis du *conseil supérieur* (2), pourra toujours être retirée dans les mêmes formes.

Art. 2. — Dans le cas particulier d'écoles primaires ou d'établissements secondaires spécialement autorisés, conformément à l'article précédent, et uniquement destinés à des enfants étrangers résidant en France, des dispenses de brevet de capacité ou de grade pourront être accordées par le ministre de l'instruction publique, après avis du *conseil supérieur* (2).

Art. 3. — Le ministre de l'instruction publique pourra,

peut offrir, par ses antécédents, par son caractère, par le nom seul qu'il porte, des garanties suffisantes. Des actes émanés des autorités françaises, comme la concession d'un secours, la permission régulièrement accordée d'exercer le ministère ecclésiastique, ou toute autre délégation authentique, sembleraient, en effet, pouvoir suppléer au certificat de jouissance des droits civils. C'est, du moins, ce qu'il faut laisser à l'appréciation du ministre et du conseil *supérieur* (impérial), à qui il appartient de résoudre ces questions délicates.

« D'après ces considérations, vous comprendrez qu'il vaut mieux référer de toutes ces affaires à l'autorité supérieure, en lui transmettant les demandes et pièces avec vos observations. Elle prendra telle décision qu'il appartiendra. »

(1) Les chefs d'établissements libres sont ainsi tenus de n'employer que des étrangers ayant obtenu l'autorisation spéciale mentionnée dans le premier paragraphe de l'article, la présence dans l'établissement d'un étranger qui n'en serait pas pourvu et qui n'offrirait aucune des garanties que le Gouvernement a eu le devoir d'exiger de ceux qui ont obtenu de lui l'autorisation d'enseigner en France, pouvant entraîner une lourde responsabilité pour le chef qui les emploierait imprudemment. « Aussi serait-il permis de considérer comme un désordre grave, dans le régime intérieur d'un établissement d'instruction, la violation du règlement du 5 décembre sur ce point important, et de déférer au conseil *académique* (départemental) le chef ou directeur qui s'en serait rendu coupable. » — Circulaire du 17 février 1851.

(2) *Conseil impérial.*

après avoir pris l'avis du *conseil supérieur* (1), déclarer équivalents aux brevets ou diplômes nationaux exigés par la loi tous brevets et grades obtenus par l'étranger des autorités scolaires de son pays.

Art. 4. — Pourront être également accordées par le ministre, en *conseil supérieur* (1), des dispenses de brevets et de grades aux étrangers qui se seraient fait connaître par des ouvrages dont le mérite aura été reconnu par le conseil de l'instruction publique.

Art. 5. — Les chefs ou directeurs étrangers d'établissements d'instruction secondaire ou primaire libres, régulièrement autorisés avant le 1er septembre 1850, continueront d'exercer leur profession sans être soumis aux prescriptions de l'article 1er du présent décret.

§ 2. — *Cours publics.*

Art. 6. — L'autorisation et les dispenses laissées à la discrétion des *conseils académiques* (2) par l'article 77 de la loi du 17 mars 1850 ne pourront, quand il s'agira d'étrangers admis à jouir des droits civils, être accordées que par le ministre de l'instruction publique, en *conseil supérieur* (1); lesdites autorisations et dispenses sont toujours révocables dans les mêmes formes.

§ 3. — *Des étrangers dans les écoles et établissements publics.*

Art. 7. — Nul étranger ne pourra être nommé instituteur communal ou instituteur adjoint dans une école publique, inspecteur primaire, directeur ou maître adjoint dans une école normale primaire, s'il n'a préalablement obtenu des lettres de naturalisation (3).

---

(1) *Conseil impérial.*
(2) *Conseils départementaux.*
(3) « Vous remarquerez qu'il peut suffire, dans certains cas, à un étranger d'être admis à jouir des droits civils pour obtenir l'autorisation de diriger un établissement particulier d'instruction, ou d'y être employé; mais le règlement (art. 7) a été beaucoup plus loin, lorsqu'il a eu en vue les établissements publics. Il n'a pas permis que l'étranger non naturalisé pût être nommé instituteur

Il en sera de même pour toute fonction à titre définitif
dans les établissements d'instruction secondaire.

RÈGLEMENT
CONCERNANT LES CERTIFICATS DE STAGE (1).
(Décret du 20 décembre 1850.)

Art. 1er. — Les certificats de stage délivrés par les *conseils académiques* (2) en vertu de l'article 61 de la loi du
15 mars 1850, doivent énoncer :

1° Les nom, prénoms, âge et lieu de naissance du postulant ;

2° L'époque où le stage a commencé, la nature des fonc-

communal ou instituteur adjoint dans une école publique, directeur ou maître adjoint dans une école normale; il lui interdit également la faculté d'obtenir une fonction quelconque à titre définitif dans les établissements publics d'instruction secondaire.
L'État, en effet, ne doit admettre, dans les établissements qui lui
appartiennent, que des fonctionnaires ayant le caractère et tous les
priviléges du citoyen français. » — *Circulaire* du 17 février 1851.

(1) Le règlement du 20 décembre 1850 concerne essentiellement l'instruction secondaire ; cependant, ainsi que nous l'avons
fait connaître (page 32), à propos de l'article 60 de la loi du 15 mars
1850, il résulte de décisions prises déjà dans plusieurs circonstances, par l'autorité supérieure, que la faculté d'accorder des dispenses de stage, établie pour l'instruction secondaire par le dernier paragraphe de cet article, s'applique également à l'instruction
primaire. Nous croyons, en conséquence, devoir donner ici le
présent règlement, qui indique à la fois la forme de l'attestation
de stage à produire lorsque l'on veut ouvrir un pensionnat primaire, et les formalités à remplir pour obtenir, dans un certain
cas, la dispense du stage exigé.

Il ne faut pas confondre le certificat qu'il est nécessaire de présenter pour justifier du stage, ou des cinq années d'exercice exigées
de ceux qui veulent ouvrir un pensionnat primaire, avec le certificat
de stage dont il est question dans l'art. 47 de la loi du 15 mars,
et qui, aux termes de l'art. 25, peut tenir lieu du brevet de capacité.
Ce dernier certificat ne se délivre qu'aux personnes qui ont enseigné
pendant trois ans au moins dans une école autorisée à recevoir
des stagiaires.

(2) *Conseils départementaux.*

tions remplies et la durée du stage, attestées par le chef de l'établissement où le stage aura été accompli (1).

Lorsque le chef de l'établissement est décédé, absent ou empêché, son attestation peut être suppléée par un acte de notoriété publique.

Art. 2. — Les attestations sont écrites sur papier timbré, et les signatures en sont légalisées.

Art. 3. — Le stage, pour être valable, doit avoir été accompli en France.

Art. 4. — Le certificat de stage est délivré par le *conseil académique* du département où le postulant se propose d'ouvrir un établissement.

Art. 5. — Les délibérations des *conseils académiques* (2) portant proposition de dispense de stage doivent être motivées ; elles sont accompagnées de la demande du postulant et de toutes les pièces par lui produites.

RÈGLEMENT

RELATIF AUX PENSIONNATS PRIMAIRES (3).

(Décret du 30 décembre 1850.)

TITRE Ier.

DES INSTITUTEURS LIBRES.

Art. 1er. — Tout instituteur libre qui veut ouvrir un pensionnat primaire devra justifier qu'il s'est soumis aux

(1) Lorsque le stage exigé a été accompli dans plusieurs établissements, l'attestation doit être délivrée par le chef de chacun de ces établissements.

(2) *Conseils départementaux.*

(3) Les conditions exigées pour tenir un pensionnat primaire sont énumérées dans l'article 53 de la loi du 15 mars 1850, relatif

prescriptions des articles 27 et 28 de la loi du 15 mars 1850. Il devra, en outre, déposer entre les mains du maire la déclaration exigée par le paragraphe 1er de l'article 53 de ladite loi.

Cette déclaration doit être accompagnée :

1º De l'acte de naissance de l'instituteur, et, s'il est marié, de son acte de mariage (1) ;

2º D'un certificat dûment légalisé, attestant que le postulant a exercé pendant cinq ans au moins, soit comme instituteur, soit comme maître dans un pensionnat primaire (2) ;

à ces établissements, et dans l'article 25, qui indique les conditions générales pour exercer la profession d'instituteur.

Ces conditions sont :

1º D'être pourvu d'un brevet de capacité, ou d'un titre qui en tienne lieu (voir l'article 25 et la note 2 de la page 104);

2º D'être âgé de 25 ans;

3º D'avoir cinq années d'exercice comme instituteur ayant dirigé un externat, ou comme maître dans un pensionnat primaire ;

4º De n'être atteint d'aucune des incapacités prévues par l'article 26 de la loi du 15 mars.

Il est bien entendu que les cinq années d'exercice ou de stage peuvent se former en ajoutant le temps pendant lequel on aurait dirigé un externat, et celui pendant lequel on aurait été employé dans un pensionnat primaire. Mais, comme on ne peut diriger une école qu'à 21 ans, il en résulte que les personnes qui n'ont pas été employées dans un pensionnat primaire, ne peuvent, à moins de la dispense de stage, mentionnée pages 32 et 122, ouvrir un pensionnat avant l'âge de 26 ans.

Les dispositions du présent décret sont également applicables aux pensionnats de filles, conjointement avec celles du titre II du décret du 31 décembre 1853, concernant les écoles de filles (voir page 60).

(1) L'acte de naissance étant visé dans l'acte de mariage, lorsque le déclarant est marié, la production du premier acte deviendra superflue ; aussi elle n'est pas exigée habituellement.

(2) Lorsque le postulant a été instituteur, le certificat attestant le temps pendant lequel il a dirigé une école doit être délivré par le maire de la commune ou par les maires des différentes communes où il a exercé. Lorsqu'il a été employé dans un pensionnat primaire, le certificat doit être délivré conformément aux dispositions des articles 1 et 2 du décret du 20 décembre 1850, page 122.

3º Du programme de son enseignement (1);

4º Du plan du local dans lequel le pensionnat doit être établi (2);

5º De l'indication du nombre maximum des pensionnaires qu'il se propose de recevoir (3);

6º De l'indication des noms, prénoms, date et lieu de naissance des maîtres et employés qu'il s'est adjoints pour la surveillance du pensionnat (4).

(1) Le programme de l'enseignement doit naturellement être accompagné de la liste des livres qu'on se propose de mettre entre les mains des élèves pour chaque partie du programme. Cette liste ne doit pas seulement contenir le titre de chaque ouvrage, elle doit aussi faire connaître le nom de l'auteur.

(2) « Le plan qui devra accompagner la déclaration devra être certifié conforme au local par le maire ou par un agent voyer; il devra indiquer avec précision la destination de chacune des pièces affectées au pensionnat, ainsi que les dimensions desdites pièces, en élévation comme en superficie. Vous vous assurerez surtout que, dans les pièces consacrées aux dortoirs, les lits pourront être espacés en tous sens d'un mètre au moins, que ces pièces contiendront au moins quinze mètres cubes d'air par élève, et qu'elles seront surveillées pendant la nuit, soit par l'instituteur lui-même, soit par un maître adjoint. Vous vous assurerez, enfin, qu'aucun voisinage dangereux ne pourra compromettre, soit la santé, soit les mœurs des élèves. Dans le cas où ces conditions ne se trouveraient pas réunies, vous auriez à faire opposition à l'ouverture du pensionnat, conformément aux dispositions de l'article 28 de la loi, rendues par l'article 53 applicables aux pensionnats primaires. » — *Circulaire* du 31 août 1850.

(3) Le nombre des élèves à placer dans chaque dortoir, et par suite celui qu'on peut recevoir dans l'établissement, se trouvent déterminés dans la circulaire précédente, qui exige quinze mètres cubes au moins par élève. Si ces limites étaient dépassées dans la déclaration, le nombre d'élèves qu'on serait autorisé à recevoir serait nécessairement réduit par le conseil départemental.

(4) Quelques personnes, en faisant une déclaration d'ouverture de pensionnat, croient pouvoir se dispenser de faire connaître les noms de celles qu'elles se sont adjointes pour la surveillance, en se fondant sur ce fait qu'elles n'ont pas encore de pensionnaires ou qu'elles n'en ont que quelques-uns. Cette omission d'une formalité prescrite par le décret ne semble pas pouvoir être tolérée. Il n'en est pas d'un pensionnat comme d'un externat qu'on peut

Art. 2. — Tout Français qui, après avoir exercé pendant cinq ans comme maître dans un pensionnat primaire, voudra ouvrir à la fois une école libre et un pensionnat primaire, pourra accomplir simultanément les formalités prescrites par les articles 27 et 28 de la loi du 15 mars et par l'article 1er ci-dessus (1).

Art. 3. — Le maire inscrit sur un registre spécial la déclaration de l'instituteur (2).

Dans les trois jours qui suivent la déclaration, le maire, après avoir visité ou fait visiter le local destiné au pensionnat, vise en triple expédition la déclaration de l'instituteur et la lui remet avec son visa (3).

S'il refuse d'approuver le local, il fait mention de son opposition et des motifs sur lesquels elle est fondée, en marge de la déclaration.

Cette déclaration, accompagnée des pièces prescrites par l'article 1er du présent règlement, est transmise au *recteur de l'Académie* (4), au *procureur de la république* (5) et au sous-préfet par le postulant.

Art. 4. — Si le *recteur* (4) fait opposition à l'ouverture du pensionnat, soit dans l'intérêt de la moralité ou de la santé des élèves, soit pour inobservation des formes et con-

diriger seul. Du moment qu'on ouvre un pensionnat, il faut offrir aux familles toutes les garanties qu'elles doivent désirer. Or, la première garantie est celle d'une surveillance continue, et, n'y eût-il qu'un seul élève, cette surveillance ne peut être continue si le chef du pensionnat n'a pas quelqu'un pour le remplacer lorsqu'il est obligé de sortir de chez lui.

(1) Lorsque l'instituteur tient déjà un externat, et qu'il veut y joindre un pensionnat dans le même local, ou lorsqu'il veut transférer son établissement dans un autre local, en y annexant un pensionnat, il doit, comme s'il n'était pas déjà établi, faire la déclaration et produire toutes les pièces exigées par l'article 1er.

(2) Ce registre peut être le même que celui qui sert aux déclarations d'ouverture d'écoles; mais la déclaration doit mentionner la production de toutes les pièces exigées.

(3) Comme pour les externats (voir la note 4, de la page 105), il suffit aujourd'hui de deux expéditions de la déclaration dans l'arrondissement chef lieu.

(4) *Préfet.*

(5) *Procureur impérial.*

ditions prescrites par la loi, il signifie son opposition à la partie par un arrêté motivé.

Trois jours au moins après la séance fixée pour le jugement de l'opposition, l'instituteur est appelé devant le *conseil académique* (1).

Cette opposition est jugée par le *conseil académique* (1) suivant les formes prescrites au chapitre II du règlement d'administration publique, en date du 29 juillet 1850 (art. 25, 27 et 28) (2).

Copie de la décision du *conseil académique* (1) est transmise par le *recteur* (3) au maire de la commune, qui fait transcrire cette décision, en marge de la déclaration de l'instituteur, sur le registre spécial (4).

A défaut d'opposition à l'ouverture du pensionnat, et dans le cas où il est donné mainlevée de l'opposition qui aurait été formée, le *conseil académique* (1) détermine le nombre d'élèves qui peuvent être admis sans inconvénient dans le local affecté au pensionnat, et le nombre des maîtres et employés nécessaire pour la surveillance des élèves (5). Mention est faite par le *recteur* (3) sur le plan du local. L'instituteur est tenu de représenter ledit plan aux autorités préposées à la surveillance des écoles, chaque fois qu'il en est requis (6).

(1) *Conseil départemental.*
(2) Voir page 86.
(3) *Préfet.*
(4) Pour les cas où il y aurait lieu de faire fermer un pensionnat déjà existant, voir les articles 29, 30 et 33 de la loi du 15 mars 1850, et pour les mesures à prendre en pareil cas, voir l'article 6 du décret du 7 octobre, page 108.
(5) Il résulte de cette disposition du dernier paragraphe de l'article 4 que, tandis que les conseils départementaux n'ont à s'occuper de l'ouverture des externats qu'en cas d'opposition, ils sont toujours appelés à statuer sur les déclarations d'ouverture de pensionnats, pour approuver le local, déterminer le nombre des élèves à y recevoir, et fixer celui des maîtres ou maîtresses qui doivent nécessairement y être employés.
(6) Les autorités préposées à la surveillance des pensionnats de garçons sont les mêmes que celles qui sont chargées, en général, de la surveillance des écoles publiques ou libres.
En ce qui concerne la surveillance des écoles de filles, soit

TITRE II. — DES INSTITUTEURS PUBLICS.

Art. 5. — Les dispositions des articles 1 et 3 **du présent** règlement sont applicables à l'instituteur public qui veut établir un pensionnat primaire.

La déclaration de l'instituteur est soumise par le maire au conseil municipal dans sa plus prochaine réunion.

Le conseil municipal, avant de donner son avis sur la demande, s'assure que le local est approprié à sa destination (1) et que la tenue de l'école communale n'aura pas à souffrir de l'établissement projeté.

Art. 6. — L'autorisation donnée par le *conseil académique* (2) mentionne le nombre des élèves pensionnaires que l'instituteur peut recevoir. Cette autorisation mentionne également le nombre des maîtres et employés qui devront partager avec l'instituteur la surveillance du pensionnat (3).

Le plan du local visé par le *recteur* (4) et l'autorisation délivrée par le *conseil académique* (2) doivent être représentés par l'instituteur aux autorités préposées à la surveillance des écoles.

Art. 7. — Le régime intérieur des pensionnats primaires sera réglé par le *recteur* (4) en *conseil académique* (2), sauf révision par le ministre en *conseil supérieur* (5) de l'instruction publque.

---

externats, soit pensionnats, la manière dont elle doit s'exercer a été réglée par les articles 10, 11 et 12 du décret du 31 décembre 1853, par deux circulaires, en date du 26 janvier 1854, adressées, l'une aux évêques, l'autre aux recteurs, et par une instruction du 20 décembre 1854, adressée aux ecclésiastiques chargés de l'inspection des pensionnats de filles tenus par des religieuses. (Voir, plus loin, l'analyse et le texte des dispositions principales de ces instructions et circulaires.)

(1) Il s'agit ici du local destiné au pensionnat. Voir plus loin l'article 14 et les notes qui s'y rapportent.

(2) *Conseil départemental.*

(3) Voir la note 4 de la page 125.

(4) *Préfet.*

(5) *Conseil impérial.*

TITRE III. — DES CONDITIONS COMMUNES AUX INSTITUTEURS PUBLICS ET LIBRES.

Art. 8. — Si l'instituteur ne s'est pas conformé aux mesures prescrites par le *conseil académique* (1), dans l'intérêt des mœurs et de la santé des élèves, il pourra être traduit devant ledit conseil pour subir l'application des dispositions de l'article 30 de la loi du 15 mars 1850, s'il appartient à l'enseignement libre ; s'il est instituteur communal, il lui sera fait application des peines énoncées en l'article 33 de ladite loi.

Art. 9. — Tout instituteur qui reçoit des pensionnaires doit tenir un registre sur lequel il inscrit les noms, prénoms et l'âge de ses élèves pensionnaires, la date de leur entrée et celle de leur sortie.

Chaque année il transmet, avant le 1er novembre, au *recteur de l'académie* (2) un rapport sur la situation et le personnel de son établissement.

Art. 10. — Tout instituteur dirigeant un pensionnat, qui change de commune ou qui, sans changer de commune, change de local ou apporte au local affecté à son pensionnat des modifications graves, doit en faire la déclaration au *recteur* (2) et au maire de la commune (3), et se pourvoir de nouveau devant le *conseil académique* (1).

La nouvelle déclaration devra être accompagnée du plan du local et devra mentionner les indications énoncées au paragraphe 5 de l'article 4 du présent règlement.

Art. 11. — Il est ouvert, dans chaque pensionnat, un registre spécial destiné à recevoir les noms, prénoms, date et lieu de naissance des maîtres et employés, et l'indication des emplois qu'ils occupaient précédemment et des lieux où ils ont résidé, ainsi que la date des brevets, diplômes ou certificats de stage dont ils seraient pourvus.

---

(1) *Conseil départemental.*
(2) *Préfet.*
(3) L'obligation d'une déclaration au maire concerne aussi les instituteurs dirigeant un externat, qui apportent à leur local des modifications de nature à en changer gravement la disposition, ou qui changent de local tout en restant dans la même maison.

Les autorités préposées à la surveillance de l'instruction primaire devront toujours se faire représenter ces registres quand elles inspecteront les écoles.

Art. 12. — Aucun pensionnat primaire ne pourra être établi dans des locaux dont le voisinage serait reconnu dangereux sous le rapport de la moralité et de la santé des élèves.

Art. 13. — Aucun pensionnat ne peut être annexé à une école primaire qui reçoit des enfants des deux sexes.

Art. 14. — Les dortoirs doivent être spacieux, aérés et dans des dimensions qui soient en rapport avec le nombre des pensionnaires (1).

Ils doivent être surveillés et éclairés pendant la nuit (2).

Une pièce spéciale doit être affectée au réfectoire.

Art. 15. — Le ministre de l'instruction publique est chargé de l'exécution du présent décret.

---

(1) Une circulaire ministérielle du 31 août 1850, rapportée plus haut (page 125), exige que les lits soient espacés dans tous les sens d'un mètre au moins, et que chaque dortoir contienne au moins quinze mètres cubes d'air par élève.

(2) La surveillance dont il est question au deuxième paragraphe de l'article 14 s'entend d'une surveillance continue. Pour que le but soit atteint, il est indispensable que la personne chargée de la surveillance ait son lit dans le dortoir. Lorsque les dortoirs ont une grande dimension et contiennent un grand nombre de lits, il devient même nécessaire de partager la surveillance entre deux personnes placées aux deux extrémités, ou l'une d'elles au milieu. Des raisons de convenance exigent aussi que les lits des maîtres ou maîtresses se distinguent un peu de ceux des élèves, et qu'ils soient entourés de rideaux pour que ces personnes puissent s'habiller sans être vues.

Pour faciliter la surveillance, une lampe au moins, selon la grandeur de chaque dortoir, doit y brûler toute la nuit.

RÈGLEMENT

RELATIF AUX ÉTABLISSEMENTS LIBRES
D'INSTRUCTION SECONDAIRE.

(Décret du 20 décembre 1850.) (1).

Art. 1er. — Lorsque le *recteur* (2), le préfet ou le *procureur de la république* (3) croiront devoir user du droit d'opposition qui leur est conféré par l'article 64 de la loi organique de l'instruction publique, l'opposition sera motivée, signée de son auteur et écrite sur papier libre.

Elle sera déposée au *secrétariat de l'académie* (4) et notifiée à la personne ou au domicile de la partie intéressée, à la diligence *du recteur de l'académie* (5), en la forme administrative.

Art. 2. — Dans la quinzaine qui suivra la notification de l'opposition, il y sera statué par le *conseil académique* (6). Trois jours avant (7) la séance fixée pour le jugement de l'opposition, la partie intéressée sera citée à comparaître devant le *conseil académique* (6), à la diligence du *recteur de l'académie* (8).

Le jugement est notifié dans le délai d'un mois par le *recteur* (8) à la partie intéressée, et au *procureur de la république* (3) ou *au préfet* (9), s'ils ont formé opposition.

Si, dans la quinzaine, à dater du jour de la dernière notification, il n'est interjeté appel ni par le *recteur* (2), ni

---

1) Nous reproduisons le décret du 20 décembre 1850, relatif aux établissements libres d'instruction secondaire, parce que la plupart des dispositions qu'il renferme s'appliquent également à l'instruction primaire. Il complète, à certains égards, le décret précédent relatif aux pensionnats primaires.

(2) *L'inspecteur d'académie.*

(3) *Procureur impérial.*

(4) *Au bureau de l'inspecteur d'académie.*

(5) *De l'inspecteur d'académie.*

(6) *Conseil départemental.*

(7) Une erreur s'est glissée à l'article 4 du décret précédent, où l'on a mis (page 127) *après* au lieu d'*avant*.

(8) *Préfet.*

(9) *A l'inspecteur d'académie.*

par la partie intéressée, le jugement sera réputé définitif.

Art. 3. — Les jugements des *conseils académiques* (1) portant réprimande avec publicité seront insérés, par extrait, dans le Recueil des actes administratifs de la préfecture et dans un journal du département désigné par le jugement.

Art. 4. — Lorsque, par l'application des articles 66 et 68 de la loi organique, un établissement particulier d'instruction secondaire se trouve dans le cas d'être fermé, *le recteur* (2) et le *procureur de la république* (3) doivent se concerter pour que les parents ou tuteurs des élèves soient avertis, et pour que les élèves pensionnaires dont les parents ne résident pas dans la localité soient recueillis dans une maison convenable.

S'il se présente une personne digne de confiance qui offre de se charger des élèves pensionnaires ou externes, *le recteur* (2) pourra l'y autoriser provisoirement; il en informera immédiatement le *conseil académique* (4), qui examinera s'il y a lieu de maintenir l'autorisation accordée. Cette autorisation ne sera valable que pour trois mois au plus.

Art. 5. — Les ministres des cultes qui auraient été interdits ou révoqués ne peuvent profiter de la faculté accordée par le troisième paragraphe de l'article 66 de la loi organique.

Art. 6. — Chaque chef d'établissement particulier d'instruction secondaire est tenu d'inscrire sur un registre spécial les noms, prénoms, date et lieu de naissance des répétiteurs ou surveillants qu'il emploie, avec l'indication des fonctions qu'ils remplissent.

Ce registre doit être communiqué à toute réquisition des autorités préposées à la surveillance et à l'inspection.

(1) *Conseils départementaux.*
(2) *L'inspecteur d'académie.*
(3) *Procureur impérial.*
(4) *Conseil départemental.*

RÈGLEMENT

relatif

AUX DISTINCTIONS HONORIFIQUES DES MEMBRES DE L'ENSEIGNEMENT PUBLIC ET LIBRE.

(Décret du 9 décembre 1850.) (1).

Art. 1er. — Les distinctions honorifiques, spécialement attribuées aux membres de l'enseignement public et de l'enseignement libre, sont au nombre de deux :

Celle d'officier d'académie ;

Celle d'officier de l'instruction publique.

La palme sera brodée en soie bleue et blanche pour les officiers d'académie ;

(1) Outre les distinctions dont il est question dans le présent décret, il est accordé, conformément à des règlements antérieurs, des récompenses spéciales aux instituteurs et institutrices.

Ainsi, d'après un arrêté du 28 avril 1837, encore en vigueur à ce jour (décembre 1837), il est accordé chaque année, à titre de récompenses, aux instituteurs et aux institutrices, et sur la proposition des conseils départementaux et des préfets, des médailles d'argent, des médailles de bronze et des mentions honorables.

Le nombre des récompenses qui peuvent être accordées dans chaque département est fixé par cet arrêté à une médaille d'argent, trois médailles de bronze et six mentions honorables, tant pour les instituteurs que pour les institutrices.

Un arrêté du 9 février 1838 a étendu aux directrices d'asile le droit à obtenir des récompenses de la même nature, et il en a fixé le nombre à une médaille d'argent, deux médailles de bronze et quatre mentions honorables.

Ces récompenses sont décernées sur la proposition des préfets et des conseils départementaux, conformément aux dispositions de l'article 15 de la loi du 15 mars 1853 et des articles 7 et 8 de la loi du 14 juin 1854.

Une décision du 17 novembre 1843 établit qu'un maître de pension, autorisé à tenir en même temps une école primaire, ne peut pas concourir avec les instituteurs pour les récompenses honorifiques affectées à l'instruction primaire.

8

Elle sera brodée en argent pour les officiers de l'instruction publique.

Art. 2. — Peuvent être nommés officiers d'académie les membres de l'enseignement primaire après quinze ans de services (1), et les membres de l'enseignement secondaire et supérieur, ainsi que les fonctionnaires de l'administration et de l'inspection, après cinq ans de services (2).

Peuvent être nommés officiers de l'instruction publique les officiers d'académie pourvus de ce titre depuis cinq ans au moins.

Art. 3. — Les distinctions honorifiques, attribuées aux membres de l'enseignement public et de l'enseignement libre, sont conférées par le ministre de l'instruction publique, sur la proposition des recteurs et l'avis des conseils académiques (3).

(1) Une décision, rendue sous l'empire de la loi du 28 juin 1833, et à laquelle l'administration se conforme encore, sauf le cas de services exceptionnels, porte que, pour obtenir le titre d'officier d'académie, les instituteurs doivent avoir obtenu auparavant la médaille d'argent.

(2) En vertu de la dernière partie de l'article 2, MM. les maires, les curés et les délégués cantonaux et communaux peuvent être nommés officiers d'académie après cinq ans de services.

(3) Un décret du 10 janvier 1851, composé de deux articles seulement, contient les dispositions complémentaires suivantes :

« Art. 1er. — Les distinctions honorifiques, mentionnées en l'article 1er du décret ci-dessus visé, sont directement accordées par le ministre de l'instruction publique, lorsqu'il s'agit des membres des conseils académiques ou de l'administration supérieure.

« Art. 2. — Sont maintenues les dispositions du décret du 9 décembre 1850, qui ne sont pas contraires au présent décret. »

Une circulaire du 22 avril 1857, adressée aux préfets, règle la manière dont les propositions de distinctions honorifiques doivent être faites en ce qui concerne les instituteurs :

« Monsieur le Préfet, l'usage s'est établi, dans plusieurs départements, d'adresser à l'administration supérieure des propositions délibérées en conseil départemental et ayant pour objet de faire décerner à des instituteurs primaires des titres d'officier d'académie et d'officier de l'instruction publique. On a assimilé ces distinctions universitaires aux médailles et aux mentions

Art. 4. — Les officiers d'académie pourvus de ce titre par une nomination spéciale, ou qui l'étaient de droit en vertu de leurs fonctions, restent de droit officiers d'académie.

Les officiers de l'Université pourvus de ce titre par une nomination spéciale, ou qui l'étaient de droit en vertu de leurs fonctions, sont de droit officiers de l'instruction publique.

honorables décernées chaque année, sur la proposition de MM. les préfets et des conseils départementaux, par application de l'article 15, §§ 4 et 5 de la loi du 15 mars 1850, combinés avec les articles 7 et 8 de la loi du 14 juin 1854.

« Cette assimilation, veuillez le remarquer, ne ressort nullement des termes des dispositions précitées. En effet, d'après les paragraphes 4 et 5 de l'article 15, le préfet adresse des propositions au ministre, après avis du conseil départemental, « sur les récompenses à accorder aux instituteurs primaires. » L'intention du législateur a été, vous le voyez, de distinguer entre les récompenses exclusivement réservées aux membres de l'instruction primaire et celles auxquelles peuvent prétendre indistinctement les fonctionnaires des trois ordres d'enseignement. Lorsqu'il s'agit d'examiner les droits que peut avoir un instituteur aux titres d'officier d'académie ou d'officier de l'instruction publique, l'avis préalable du préfet et de l'assemblée départementale, est sans doute, un élément très-utile d'appréciation: mais ces titres étant essentiellement universitaires, c'est au recteur qu'il appartient d'arrêter les propositions en conseil académique, en vertu du décret du 9 décembre 1850, décret dont la lettre n'a point été modifiée. Je vous prie donc, Monsieur le Préfet, de vouloir bien, à l'avenir, communiquer à M. le recteur de l'académie toute proposition tendant à faire accorder à un instituteur de votre département l'une des distinctions dont il s'agit. M. le recteur me transmettra cette proposition avec son avis personnel et la délibération du conseil académique.

« Je dois vous dire à ce sujet que, sauf les circonstances de nature à motiver une décision particulière, les distributions de récompenses universitaires n'ont lieu que deux fois par an, savoir: au 1er janvier et à la fête de l'Empereur. »

RÈGLEMENT

FIXANT LE TRAITEMENT DES INSTITUTEURS ET INSTITUTRICES DE L'ALGÉRIE.

(Arrêté du 30 décembre 1853.) (1).

Art. 1er. — A partir du 1er janvier 1854, le traitement des instituteurs et institutrices publics (2), établis dans les localités de l'Algérie, non érigées en communes (3), est fixé ainsi qu'il suit :

Instituteurs.............. 1,200 fr.
Institutrices.............. 1,000   (4).

(1) Le présent arrêté, en raison de l'organisation actuelle de l'Algérie, a été pris en commun par le ministre de la guerre et par le ministre de l'instruction publique.

(2) Pour obtenir un emploi d'instituteur public en Algérie, il faut en adresser la demande au recteur de l'académie d'Alger, en indiquant la date et le lieu de sa naissance, la nature et la date du brevet qn'on possède. Bien que l'autorité, avant d'accorder aucun emploi, fasse procéder à une enquête sur le candidat, dans les divers lieux où il a résidé, il est utile de joindre à la demande, outre l'indication de ses différentes résidences et des fonctions qu'on a remplies, toutes les pièces et les certificats qui peuvent permettre d'apprécier la moralité et l'aptitude de la personne.

Les instituteurs pourvus d'une nomination régulière à un emploi public en Algérie peuvent obtenir le passage gratuit sur un paquebot de l'Etat, en en adressant la demande au ministre.

(3) Les localités de l'Algérie, non érigées en communes, ne sont pas pourvues d'une administration municipale, comme les communes de France; elles n'ont pas un budget communal voté de la même manière par un conseil municipal élu par les habitants.

M. le ministre de la guerre, dans un rapport de 1857, sur la situation de l'Algérie, dit que, dans le territoire militaire, « l'enseignement primaire est à peu près nul, par suite des méthodes vicieuses de maîtres peu instruits. »

(4) L'élévation du traitement des instituteurs en Algérie est motivée par le prix de tous les objets dans ce pays, où la vie est au moins aussi chère qu'à Paris. Le traitement des instituteurs dans cette colonie n'est donc, malgré son chiffre, que l'équivalent de celui dont ils jouissent en France. Les traitements ci-dessus ne con-

Ils cumuleront avec ce traitement le produit de la rétribution scolaire, fixée à deux francs par élève et par mois. Cette rétribution sera perçue directement par les ayants droit (1).

Pour les écoles gratuites tenues par des personnes appartenant à des congrégations religieuses, les traitements des frères et sœurs chargés de l'enseignement seront fixés par des traités spéciaux passés avec les supérieurs des communautés et approuvés par le ministre de la guerre.

Art. 2. — A la fin de chaque année, le préfet pour le territoire civil et le commandant de la division pour le territoire militaire fixent, sur l'avis de l'inspecteur de l'enseignement primaire, le nombre maximum des enfants qui pourront être admis gratuitement dans chaque école publique pendant le cours de l'année suivante.

La désignation des enfants à recevoir gratuitement est faite dans chaque localité par le maire ou celui qui en remplit les fonctions, de concert avec les ministres des différents cultes. Cette liste, ainsi dressée, est arrêtée par le préfet ou par le commandant de la division.

Art. 3. — Le traitement fixe des instituteurs et institutrices publics, désigné dans l'article 1er, sera acquitté par douzièmes sur les fonds de la caisse locale et municipale, sauf abandon à ladite caisse du crédit porté annuellement au budget de l'Etat pour l'enseignement primaire en Algérie.

Art. 4. — Dans les localités érigées en communes, le traitement des instituteurs et institutrices est fixé par le conseil municipal, sauf approbation de l'autorité supérieure (2).

---

cernent du reste que les localités non érigées en communes. Dans les autres localités le traitement est réglé comme il est dit plus loin à l'article 4.

(1) Il résulte de cet article que, dans les localités dont il s'agit, les dispositions de l'article 41 de la loi du 15 mars 1850 ne sont pas appliquées, et que les instituteurs n'ont pas besoin de l'autorisation du conseil départemental pour percevoir la rétribution.

(2) On voit, par cet article, que le traitement des instituteurs n'a rien de fixe dans les localités qui ont une administration mu-

Ce traitement est exclusivement à la charge du budget communal.

Art. 5. — La décision ministérielle du 15 novembre 1844 est rapportée.

Art. 6. — Le gouverneur général et le recteur de l'Algérie sont chargés, chacun pour ce qui le concerne, de l'exécution du présent arrêté.

RÈGLEMENT

CONCERNANT LES ÉCOLES MUSULMANES FRANÇAISES EN ALGÉRIE.

(Décret du 14 juillet 1850.) (1).

CHAPITRE 1er. — ÉCOLES PRIMAIRES.

§ 1er. — *Ecoles de garçons.*

Art. 1er. — Il est établi, dans chacune des villes d'Alger, Constantine, Bone, Oran, Blidah, Mostaganem, une école

nicipale analogue à celle des communes de France. Dans ces localités, le traitement étant voté par la commune dépend de la générosité du conseil municipal. Il y a lieu toutefois de faire remarquer que les dispositions de l'art. 38 de la loi du 15 mars 1850, relatives au traitement des instituteurs, ne sont pas applicables à l'Algérie.

(1) Les écoles musulmanes françaises auxquelles s'applique le présent règlement ne répondent pas aux écoles primaires telles qu'elles sont organisées en France. Ce sont des écoles qui ont principalement pour but d'apprendre le français à la population arabe. Mais ces écoles ayant toutes un directeur français, et les instituteurs primaires, pourvus du brevet de capacité, étant aptes à remplir ces fonctions, à la seule condition de posséder le certificat d'aptitude mentionné à l'art. 5, ces écoles sont de véritables écoles primaires, ainsi qu'elles en portent le nom. A ce double titre, le décret du 14 juillet 1850 devait trouver ici sa place.

primaire pour le double enseignement de l'arabe et du français aux enfants musulmans.

L'établissement de ces écoles sera étendu successivement aux villes où l'utilité publique en sera reconnue par le gouverneur général, sur la proposition du préfet.

Art. 2. — L'enseignement primaire est gratuit.

Il comprend :

La lecture et l'écriture de l'arabe ;

Les éléments de la langue française, la lecture et l'écriture du français ;

Les éléments du calcul et le système légal des poids et mesures (1).

Art. 3. — Le personnel de chaque école se compose d'un directeur français et d'un maître adjoint musulman, choisi parmi les Tolbas.

Art. 4. — Les directeurs et les maîtres adjoints sont nommés par le gouverneur général, sur la proposition du préfet.

Ils peuvent être suspendus par le préfet; ils sont révoqués par le gouverneur général.

Art. 5. — Nul ne peut être nommé directeur, s'il n'est pourvu du brevet de capacité exigé pour les instituteurs primaires, et d'un certificat d'aptitude pour l'enseignement de la langue arabe, délivré par le jury d'examen des interprètes militaires (2).

Les maîtres adjoints sont présentés par le préfet, le muphti ou le cadi consulté.

Art. 6. — Les directeurs reçoivent un traitement fixe de 1,200 francs, et les maîtres adjoints de 600 francs.

_____

(1) L'enseignement dans les écoles musulmanes françaises ne diffère, comme on voit, de celui des écoles primaires ordinaires que par la suppression de l'enseignement religieux et parce qu'on y enseigne la lecture et l'écriture de l'arabe.

(2) Tous les instituteurs pourvus du brevet de capacité sont aptes, en conséquence, à diriger une école musulmane, pourvu qu'ils aient le certificat d'aptitude pour l'enseignement de la langue. Il est d'ailleurs évident que ce certificat ne peut guère être obtenu que par les instituteurs qui ont résidé quelque temps en Algérie.

Il leur est, en outre, alloué :

1° Une gratification annuelle dont le chiffre, déterminé par le gouverneur général, ne peut jamais s'élever au-dessus de la moitié du traitement fixe ;

2° Une rétribution mensuelle de 1 franc par élève, et répartie, savoir :

Les deux tiers au directeur ;

Et le tiers aux maîtres adjoints (1).

§ 2. — *Ecoles de filles.*

Art. 7. — Il est établi une école primaire de jeunes filles musulmanes dans les villes d'Alger, Constantine, Oran et Bone.

Cette institution sera successivement étendue aux villes où l'utilité publique en sera reconnue par le gouverneur général, sur la proposition du préfet.

Art. 8. — L'instruction est gratuite.

Elle comprend :

1° La lecture et l'écriture de l'arabe ;

2° La lecture et l'écriture du français ; les éléments de la langue française et les éléments du calcul ;

3° Les travaux à l'aiguille.

Art. 9. — Le personnel de chaque école se compose d'une directrice française et d'une sous-maîtresse musulmane.

Art. 10. — La nomination, la suspension et la révocation des directrices et des sous-maîtresses ont lieu conformément à l'article 4 ci-dessus.

Les dispositions du paragraphe 1er de l'article 5 sont également applicables aux directrices (2).

Art. 11. — Les directrices reçoivent un traitement fixe de 1,000 francs, et les sous-maîtresses un traitement fixe de 500 francs.

---

(1) Voir, au sujet de ces traitements, la note 4, page 136, relative au règlement du 30 décembre 1853.

(2) D'après cet article, les institutrices primaires, pourvues du brevet de capacité, et possédant le certificat d'aptitude pour l'enseignement de la langue arabe, peuvent obtenir la direction d'une école musulmane arabe. (Voir la note 2, page 139.)

Les dispositions des deux derniers paragraphes de l'article 6 leur sont applicables.

CHAP. II. — *Ecoles d'adultes.*

Art. 12. — Un enseignement français pour les adultes indigènes est établi dans les villes d'Alger, Oran, Constantine, et sera étendu successivement dans les villes où l'utilité en sera reconnue par le gouverneur général, sur la proposition du préfet.

Cet enseignement est gratuit; il est confié aux professeurs du cours public d'arabe dans les villes où ces cours sont établis, et dans les autres villes, à des maîtres désignés par le gouverneur général, conformément à l'article 4 ci-dessus.

Ces maîtres doivent remplir les conditions exigées par le paragraphe 1er de l'article 5 (3).

Art. 13. — Une indemnité de 600 à 1,000 francs est allouée au professeur ou au maître.

Art. 14. — L'enseignement comprend les éléments de la langue française, du calcul, de l'histoire et de la géographie.

Les cours ont lieu trois fois au moins par semaine.

Art. 15. — Des gratifications peuvent être accordées par le préfet aux élèves qui se font remarquer par leur assiduité, leur application et leurs progrès.

CHAPITRE III. — SURVEILLANCE ET INSPECTION.

Art. 16. — Les écoles primaires de garçons sont placées sous la surveillance d'un comité local institué dans chaque ville et composé :

Du maire ou du juge de paix dans les villes où les municipalités ne sont pas instituées ;

Du muphti ou du cadi, } désignés par le préfet.
Et d'un fonctionnaire, }

Art. 17. — Les écoles primaires et les écoles d'adultes

---

(1) Il résulte du 3e paragraphe de l'article 12 que la direction des classes d'adultes, destinées aux indigènes de l'Algérie, peut aussi être confiée aux instituteurs primaires, sous la seule réserve de remplir les conditions prescrites par l'article 5.

sont inspectées par un fonctionnaire ou un officier français choisi, pour chaque localité, par le préfet, et assisté d'un fonctionnaire indigène.

Art. 18. —Les écoles de filles sont surveillées et inspectées par des dames inspectrices, désignées par le préfet.

Art. 19. — Les écoles primaires de filles et de garçons et les écoles d'adultes sont placées sous l'autorité du préfet.

Tous les trois mois, le préfet adresse au gouverneur général un rapport sur la situation de ces divers établissements. Ce rapport est transmis au ministre de la guerre (1).

CHAP. IV. — JURYS D'EXAMEN ET BREVETS D'APTITUDE.

Art. 20. — Il est institué par le gouverneur général, dans le chef-lieu de chaque province, un jury d'examen chargé de délivrer aux jeunes indigènes des brevets constatant leur aptitude.

Art. 21. — Les brevets sont de trois degrés :

Le brevet de troisième degré est accordé au candidat sachant parler français.

Le brevet de deuxième degré, à celui qui sait lire et écrire le français.

Le brevet de premier degré, à celui qui possède les matières d'enseignement indiquées dans l'article 14.

(1) Le chapitre Ier d'un décret postérieur, du 30 septembre 1850, relatif à l'instruction primaire et secondaire dans les écoles musulmanes de l'Algérie, complète ainsi qu'il suit le décret du 14 juillet :

« Art. Ier. L'instruction primaire et l'instruction secondaire, données dans les écoles musulmanes, sont placées sous la haute surveillance du gouverneur général, qui s'exercera par l'intermédiaire des préfets dans les territoires civils, et dans les territoires militaires par les généraux commandant les divisions.

« Il n'est apporté aucune modification aux conditions d'existence et au mode d'instruction actuellement en usage.

« Art. 2. Un fonds annuel, inscrit au budget de l'Etat, sera affecté à accorder des gratifications aux instituteurs qui se seront fait remarquer et aux élèves les plus méritants.

« Le gouverneur général de l'Algérie arrêtera la répartition de ces fonds sur les propositions qui lui seront faites par les généraux commandant les divisions et les préfets. Il en rendra compte au ministre de la guerre. »

Art. 22. — Les emplois auxquels peuvent prétendre les indigènes sont donnés de préférence aux candidats pourvus du brevet du degré le plus élevé.

CHAP. V. — DISPOSITIONS GÉNÉRALES.

Art. 23. — Un règlement ministériel déterminera :

1° Le choix des livres destinés à l'enseignement des écoles instituées conformément au présent décret ;

2° L'âge d'admission des élèves dans ces écoles et l'âge où ils en sortiront.

Art. 24. — Des arrêtés préfectoraux détermineront les heures d'ouverture et de clôture des classes, le montant des gratifications à accorder conformément à l'article 15, et généralement ce qui tient au régime intérieur et à la discipline des écoles.

Art. 25. — Toutes les dépenses relatives au personnel et au matériel des établissements institués conformément au présent décret, sont mises à la charge du budget départemental, et pour les localités situées en dehors des départements, à la charge du budget local et municipal.

Art. 26. — Les attributions conférées au préfet par le présent décret sont exercées en territoire militaire par le général commandant la division.

RÈGLEMENT

RELATIF AUX ÉCOLES NORMALES PRIMAIRES.

(Décret du 24 mars 1851.) (1).

TITRE Ier.

DES OBJETS DE L'ENSEIGNEMENT DANS LES ÉCOLES NORMALES PRIMAIRES.

Art. 1er. — L'enseignement dans les écoles normales primaires comprend :

L'instruction morale et religieuse ;

(1) Outre le règlement général du 24 mars 1851, il existe, pour les écoles normales, un règlement particulier du 26 décembre 1855.

La lecture;

L'écriture;

relatif à l'administration et à la comptabilité de ces établissements. Nous en donnons plus loin le titre Ier, qui a seul de l'intérêt en dehors des écoles normales, le titre II ayant exclusivement trait à la comptabilité intérieure confiée aux directeurs.

Le décret du 24 mars 1851 a été commenté dans la circulaire ministérielle suivante, du 24 avril 1851, adressée aux recteurs, et dont nous retranchons seulement la fin qui s'appliquait à des besoins du moment :

« Monsieur le recteur, j'ai l'honneur de vous envoyer quelques exemplaires d'un décret, en date du 24 mars dernier, portant règlement des écoles normales primaires.

« Ces établissements ont été l'objet des plus vives préoccupations de la part des pouvoirs publics. Le but du règlement est de leur donner une organisation parfaitement en rapport avec leur destination, et d'offrir par conséquent à la société de nouveaux gages de sécurité.

« Je vous invite, Monsieur le recteur, à bien vous pénétrer de l'esprit de ce nouveau règlement.

« Trois questions principales, qui ont fixé tout d'abord l'attention du Conseil supérieur, y sont résolues, savoir :

« La durée du cours d'études ; le personnel enseignant ; les conditions d'admission des élèves-maîtres.

« Dans un certain nombre d'écoles normales primaires, la durée du cours d'études n'est encore que de deux ans. Le Conseil supérieur a été d'avis de la fixer à trois ans. Sans doute. on pourrait craindre qu'en retenant pendant trois ans quelques élèves dans un établissement où, malgré la simplicité du régime. ils trouvent encore un bien-être supérieur à celui dont ils jouissaient dans leur famille, ils n'y contractassent des habitudes telles que la modeste position à laquelle ils se destinent ne répondît plus à leurs espérances. En élevant à trois ans la durée du cours d'études, ne donnerait-on pas à l'enseignement une extension qui dépasserait les nécessités du service? Le Conseil supérieur n'en a pas jugé ainsi; il ne lui a pas été démontré que les élèves-maîtres. formés dans les écoles normales primaires, où la durée du cours d'études est de trois ans, fussent moins modestes que les autres. Il a reconnu, d'un autre côté, que la troisième année d'études n'est point généralement destinée à ajouter de nouvelles connaissances à celles que les élèves ont acquises dans les deux années précédentes, mais à fortifier ces connaissances, et surtout à former ces jeunes gens à l'art difficile de l'enseignement. Et d'ailleurs, les instituteurs ne seront pas, comme par le passé,

Les éléments de la langue française;
Le calcul et le système légal des poids et mesures;

exposés à de dures privations; assurés partout d'un traitement minimum de 600 fr., ils seront généralement plus satisfaits de leur sort et moins enclins à manifester du mécontentement ou des regrets. Une dernière considération a enfin prévalu. Les jeunes gens qui arrivent dans les écoles normales sont presque tous peu préparés à la carrière à laquelle ils se destinent. Il faut corriger l'imperfection de leur éducation première, réformer certaines habitudes, leur inspirer les sentiments religieux et moraux qui doivent être la base de leur enseignement et la règle de toute leur vie; or, si par une aberration déplorable une école normale s'écartait du but qu'on veut atteindre, ce serait déjà trop que deux années de séjour dans un semblable établissement; mais aussi trois années passées dans un établissement parfaitement dirigé seraient à peine suffisantes pour développer ou raffermir chez des jeunes gens les vertus et les qualités diverses qu'exige leur état.

« A l'égard du personnel enseignant, il a été reconnu qu'il était indispensable de le réduire en le transformant. C'est dans cette transformation surtout que le Conseil supérieur a cherché une garantie contre toute extension excessive de l'enseignement. Il importe surtout que les élèves-maîtres apprennent parfaitement tout ce qu'ils doivent enseigner. Ils ne seront point un jour appelés à préparer directement des candidats pour toutes les carrières, mais seulement à donner aux enfants cette première instruction qui leur permettra d'exercer utilement les diverses professions auxquelles leur vocation et le vœu de leur famille les appelleront. Le programme d'enseignement primaire est déterminé par la loi. Il indique le caractère et les bornes du programme de l'enseignement dans les écoles normales; il est de nature à donner aux intelligences un sage développement, et une connaissance approfondie des matières qu'il renferme ne sera pas commune et facile. Ainsi limité, il a paru que cet enseignement ne devait plus être confié à des maîtres externes qui, livrés en dehors à d'autres occupations. ne vivant pas au milieu des élèves-maîtres, ne pouvant par conséquent s'identifier avec leurs besoins intellectuels, ne pourraient remplir complétement la mission qui leur serait confiée. Ce ne sont plus des professeurs qui viendront seulement en classe donner aux élèves-maîtres des leçons plus ou moins élémentaires sur les diverses parties du programme; ce seront des maîtres internes, au nombre de deux au plus, qui se partageront avec le directeur, non-seulement l'enseignement, mais encore la direction morale et la surveillance des élèves, et qui, par conséquent, devront vivre sans cesse au milieu d'eux; qui

9

Le chant religieux.
Il peut comprendre en outre :

ajouteront à leurs leçons de bons conseils ; qui étudieront constamment leur caractère et s'attacheront à en réformer successivement les défauts. Cette tâche, qui est avant tout celle du directeur, est difficile, car elle exige une vie entière d'abnégation et
de dévouement, beaucoup de discernement et de pratique. L'expérience nous a prouvé que les hommes capables de la bien remplir
ne sont pas impossibles à rencontrer.

« Il résulte implicitement de l'article 8 du décret du 24 mars
que l'aumônier de l'école normale est nommé par le ministre, sur
la proposition du recteur de l'académie. Je dois ajouter que cette
proposition doit toujours être concertée entre Mgr l'évêque et vous.
Il est désirable que l'aumônier réside dans l'intérieur de l'établissement, afin qu'il puisse, indépendamment des exercices et de
l'enseignement religieux proprement dit, concourir à l'éducation
des élèves-maîtres. Le règlement particulier de l'école pourra
rendre ce concours facile, en limitant convenablement les attributions de chacun, de telle sorte que l'autorité, et par conséquent
la responsabilité du directeur ne cessent pas d'être réelles.

« L'admission des élèves-maîtres ne doit plus résulter d'un
examen, et encore moins d'un concours. Le candidat qui, au début de la carrière, répond le mieux à des questions très-élémen-
taires, n'est pas toujours celui qui a le plus d'aptitude aux fonctions laborieuses de l'enseignement primaire. C'est le caractère
du candidat, ce sont ses antécédents, sa conduite ordinaire, son
aptitude, en un mot, sa vocation, qui doivent surtout déterminer
la préférence en sa faveur. Le règlement indique par quels
moyens on arrivera à cette connaissance parfaite des titres de
chaque candidat ; mais la lettre du règlement serait impuissante
à cet égard, si, pour en assurer l'exécution, vous ne trouviez dans
son esprit les inspirations qu'il est impossible de formuler, et
qu'un administrateur habile et dignement secondé sait heureusement mettre en œuvre.

« Vous avez le règlement sous les yeux. Je n'ai point, dès lors,
Monsieur le recteur, à énumérer ici les diverses dispositions
qu'il contient, et qui toutes se rattachent plus ou moins directement aux questions principales sur lesquelles je viens d'appeler
votre attention. Vous y verrez qu'une commission doit être chargée, comme par le passé, de la surveillance de l'école normale,
et que vous aurez à nommer cette commission, sur la proposition
du conseil *académique* (départemental). C'est là, Monsieur le
recteur, une attribution importante, et dont l'exercice entraîne
pour vous une grave responsabilité. Le choix de cette commission

L'arithmétique appliquée aux opérations pratiques;

importe au plus haut degré à la bonne direction de l'établissement, les hommes qui consentiront à en faire partie seront appelés à rendre d'utiles services à la société, il faut donc qu'ils soient tous pénétrés de l'importance de l'obligation qu'ils contracteront. Dévoués aux intérêts de l'instruction primaire, animés du vif désir d'améliorer les mœurs par l'éducation, ils doivent contribuer de tout leur pouvoir à former des instituteurs religieux et capables de propager, par leur exemple non moins que par leurs leçons, les plus saines doctrines de morale; ils doivent les préparer aux devoirs qu'ils ont à remplir envers la famille et le pays. La commission a de plus une grave mission à remplir; elle doit vous éclairer, ainsi que le Ministre, sur le mérite des fonctionnaires employés dans l'établissement. Le conseil *académique* (départemental) ne saurait donc apporter trop de soin dans les propositions qu'il aura à vous faire, et vous ne sauriez prendre vous-même trop de précautions pour arrêter définitivement vos choix.

« Il me reste, Monsieur le recteur, à appeler votre attention sur l'exécution même du règlement. Il convient que cette exécution ne soit pas différée, et que les écoles normales primaires puissent être réorganisées assez promptement pour que la commission de surveillance et le directeur aient le temps de préparer les rapports mentionnés en l'article 14 dudit règlement.

« Veuillez, à cet égard, prendre l'avis du conseil *académique* (départemental), conformément à l'article 6 du règlement, et m'adresser le plus promptement possible une proposition pour les fonctions du directeur de l'école normale établie dans votre académie. Si cette nouvelle épreuve, à laquelle vont être soumis les directeurs des écoles normales primaires, leur est favorable, comme je l'espère, elle sera d'autant plus honorable pour eux que le conseil *académique* (départemental) ne devra se préoccuper que des intérêts d'un établissement dont la bonne administration doit influer essentiellement sur la salutaire direction des écoles primaires. Ces fonctionnaires sauront mesurer l'importance de ces nouveaux devoirs. Aidés de deux maîtres-adjoints, au plus, non compris l'aumônier et le maître de chant, ils devront pourvoir à tous les besoins de l'enseignement, de la surveillance et de l'administration. C'est vous dire assez que, pour se réserver, comme le veut l'article 7 du règlement, la principale partie de l'enseignement, il importe qu'ils soient puissamment secondés par les maîtres-adjoints dans tous les détails de l'administration. Les maîtres-adjoints devront donc, indépendamment des leçons,

Les éléments d'histoire et de géographie;

prendre part aux travaux de la surveillance, et même à ceux de l'économat.

« Cette division du travail pourra être prévue dans le règlement particulier que la commission de surveillance devra rédiger, et qui devra être approuvé par vous en conseil académique, aux termes de l'article 11 du décret. Je ne pourrais même voir qu'avec satisfaction la commission recourir, pour quelques écritures, et en cas d'urgence, aux services de ceux des élèves de troisième année, qui se seraient fait remarquer par la sagesse de leur conduite et la maturité de leur esprit. »

Pour compléter les instructions contenues dans cette circulaire, nous donnons ici les passages suivants de deux autres circulaires adressées, la première aux préfets, la seconde aux recteurs :

« Il ne suffit pas d'avoir pourvu à la bonne tenue et à une salutaire répartition des écoles. Pour mener à bien l'œuvre si importante de l'éducation du peuple, le Gouvernement doit surtout se préoccuper du recrutement des maîtres qu'il lui donne. Il persiste à penser que les écoles normales primaires sont une indispensable garantie de l'accomplissement de cette partie délicate de sa mission.

« Il faut s'applaudir de n'avoir plus à défendre ces écoles contre des préventions que les circonstances pouvaient expliquer, il y a quelques années; mais qui n'auraient plus aujourd'hui de prétextes sérieux. Il est incontestable que le régime simple et grave des écoles normales est infiniment préférable, pour les maîtres futurs, à la vie indépendante et dissipée du dehors; que pour former des instituteurs dignes de ce nom, des maîtres capables d'entretenir dans l'âme des enfants confiés à leurs soins le sentiment de leur dignité d'hommes et de chrétiens, ce n'est pas trop d'un séjour de deux ou trois années dans un établissement spécial dont le but est de développer les bons instincts en cultivant les vocations. Réclamées par la dignité, autant que par le recrutement du corps des instituteurs, les écoles normales ont, d'ailleurs, été considérablement améliorées dans leur régime, aussi bien que dans leurs études, par le décret du 24 mars 1851. Ne vous relâchez donc en rien de ce qui peut contribuer au perfectionnement de l'enseignement laïque. Pour répondre aux personnes qui, touchées de l'excellente éducation donnée par les écoles de frères, regarderaient encore les écoles normales primaires comme un obstacle à la propagation de ces établissements, il suffit de faire observer que, malgré les efforts faits depuis plus de quarante ans, malgré tous les encouragements de l'État, qui a activement secondé leur développement, les congrégations reli-

Des notions des sciences physiques et d'histoire naturelle, applicables aux usages de la vie ;

gieuses dirigent à peine 1,700 écoles publiques ou libres sur les 43,000 écoles qui existent en ce moment en France. Ces chiffres diront suffisamment combien le Gouvernement doit avoir à cœur de maintenir un système qui, en assurant l'amélioration graduelle des écoles laïques, permet aux bons instituteurs de compter sur une égale estime, sur une égale protection de la part de l'Etat.

« Il y a donc un intérêt social du premier ordre à ce que les écoles normales ne cessent point de préparer de sages instituteurs, sous la surveillance du recteur de l'Académie. Mais ces écoles ne continueront de produire d'heureux résultats que si les maîtres qui me seront proposés par les recteurs se montrent pénétrés de la gravité de leur mission, et si le personnel des élèves est composé avec le soin le plus vigilant. Or, c'est à vous, Monsieur le préfet, qu'est aujourd'hui attribué, conformément à l'article 17 du règlement général des écoles normales, le droit de prononcer, chaque année, en conseil départemental, sur l'admission des candidats à l'école; c'est à vous aussi qu'il appartient, aux termes de l'article 18 du même règlement, d'accorder, en conseil départemental, les bourses ou portions de bourses entretenues soit par l'Etat, soit par les départements. Permettez-moi de vous le faire remarquer, c'est dans le choix de ces candidats, c'est dans la distribution de ces secours que vous avez à attendre de l'inspecteur d'Académie l'appui d'une clairvoyante et consciencieuse coopération. » (*Instruction générale sur les attributions des préfets concernant l'instruction primaire. 31 octobre 1854.*)

« Les écoles normales primaires, destinées à former des instituteurs et des institutrices, doivent surtout fixer votre attention. Ces établissements ont été pendant quelques années l'objet de défiances que rien ne justifierait aujourd'hui. On a pu pendant un temps les rendre responsables des fautes de quelques jeunes gens, égarés bien plus par les coupables excitations qu'on leur a adressées que par l'éducation qu'ils avaient reçue; mais de toutes parts, on revient à leur égard à une appréciation plus juste. Tout le monde, d'ailleurs, s'accorde à reconnaître que le régime de ces maisons et la direction de leurs études ont été considérablement améliorés pa. le décret du 24 mars 1851.

« Vous devez, Monsieur le recteur, faire scrupuleusement respecter partout l'esprit de ce décret. Veillez à ce que les écoles normales forment des instituteurs sages et modestes. Ayez soin que les maîtres chargés de préparer les jeunes gens

Des instructions élémentaires sur l'agriculture (1), l'industrie et l'hygiène;

L'arpentage, le nivellement et le dessin linéaire ;

aux pénibles fonctions de l'enseignement primaire ne dirigent leurs études que vers le but auquel elles doivent tendre. Il importe non-seulement que ces jeunes gens possèdent exactement, mais encore qu'ils sachent parfaitement enseigner les matières comprises dans la partie obligatoire de l'enseignement primaire. Ne les excitez pas à sortir de ce cercle, qui est encore assez vaste, et faites en sorte que ceux qui le franchiront cèdent à des dispositions véritables et non à des prétentions peu justifiées. Faites-vous rendre compte fréquemment, et rendez-vous compte par vous-même des principes qui révèlent les travaux demandés aux élèves-maîtres. Le programme d'enseignement adopté le 31 juillet 1851 s'est proposé un double but : 1º de s'assurer que rien d'essentiel ne sera omis dans la préparation des futurs instituteurs; 2º s'opposer au développement exagéré que quelques professeurs pourraient être tentés de donner à des parties d'enseignement qui leur seraient plus familières. Mais rien n'est plus facile que d'abuser d'un programme; il vous appartient d'empêcher résolûment cet abus. Mes recommandations se réduisent à peu de mots; obtenir que les leçons de l'école normale soient distribuées de manière que les divers objets d'enseignement, ayant été étudiés dans les deux premières années, la troisième année soit employée moins à acquérir de nouvelles connaissances qu'à fortifier les connaissances acquises, et surtout à mettre en œuvre, par l'application et par les exercices de l'école annexe, les principes pédagogiques puisés dans les cours intérieurs. Il ne suffit pas que les élèves des écoles normales soient instruits, il faut qu'ils soient en état de communiquer ce qu'ils savent, et, à vrai dire, ce qui fait le véritable instituteur, ce n'est pas le *brevet* que tout le monde peut conquérir, c'est l'art de diriger les esprits et la pratique de l'éducation. C'est là ce que doivent apprendre dans les écoles normales primaires les jeunes maîtres à qui vont être confiés les intérêts moraux et intellectuels de la génération qui s'élève. » (*Instruction générale sur les attributions des recteurs concernant l'instruction primaire.* 31 octobre 1854.)

(1) Par une circulaire spéciale, adressée aux recteurs le 18 avril 1855, le ministre de l'instruction publique a provoqué l'organisation d'un enseignement pratique de l'agriculture dans les écoles normales, et il a encouragé la location ou l'acquisition d'un terrain convenable dans le cas où les écoles normales ne posséderaient pas un jardin suffisant.

La gymnastique (1).

Art. 2. — La durée du cours d'études est de trois ans.

Art. 3. — A la fin de la seconde année, le *conseil académique* (2) désigne, sur le rapport de la commission de surveillance, les élèves qui pourront recevoir tout ou partie de l'enseignement des matières indiquées aux paragraphes 9, 10, 11, 12 et 13 de l'article 1er du présent règlement.

Art. 4. — Les élèves-maîtres seront exercés à la pratique des méthodes d'enseignement dans les écoles primaires qui seraient annexées aux écoles normales.

L'instituteur qui dirige l'école annexe est considéré comme maître adjoint, et nommé conformément aux dispositions de l'article 9 ci-après.

Art. 5. — Chaque année, le conseil académique désigne les livres qui seront mis à la disposition des élèves (3). Ces livres sont exclusivement choisis parmi ceux dont l'introduction aura été autorisée conformément à l'article 5 de la loi du 15 mars 1850.

TITRE II.

DE LA DIRECTION ET DE LA SURVEILLANCE.

CHAP. Ier. — DE LA DIRECTION.

Art. 6. — Le directeur de l école est nommé par le mi-

---

(1) Les deux parties que comprend l'enseignement ci-dessus correspondent à la division de l'enseignement primaire, en enseignement obligatoire et en enseignement facultatif, telle qu'elle a été établie par l'article 23 de la loi du 15 mars 1850.

Les différents programmes d enseignement pour les écoles normales ont été réglés par un arrêté du 31 juillet 1851, qui a également déterminé le nombre des leçons par semaine dans chaque division.

(2) *Conseil départemental.*

(3) Il ne faut pas confondre les attributions réservées dans ce décret au conseil académique, avec celles qui sont conférées aux conseils départementaux actuels par l'article 3 et par quelques-uns des articles suivants.

nistre de l'instruction publique, [*après avis du conseil académique*] (1).

Art. 7. — Le directeur est chargé de la principale partie de l'enseignement.

Art. 8. — Le directeur est secondé, pour l'enseignement et la surveillance, par des maîtres adjoints (2) nommés par le ministre sur la proposition du recteur de l'Académie (3).

Ces maîtres résident dans l'établissement ; ils sont au nombre de deux au plus, non compris l'aumônier.

Il ne pourra être attaché de maître externe aux écoles normales que pour le chant (4). Ce maître est proposé par le directeur et agréé par le recteur.

Art. 9. — L'instruction religieuse est donnée aux élèves-maîtres, suivant la religion qu'ils professent, par les ministres des différents cultes reconnus par l'État.

CHAP. II. — DE LA COMMISSION DE SURVEILLANCE ET DE SES ATTRIBUTIONS.

Art. 10. — La surveillance de l'école normale est confiée

(1) Conformément au décret du 9 mars 1852, les fonctionnaires des écoles normales primaires sont nommés aujourd'hui par le ministre de l'instruction publique, sur la présentation du recteur de l'académie. « Ce sera, au surplus, sur votre proposition que je nommerai les fonctionnaires des écoles normales, et vous aurez ainsi sur eux une action directe et salutaire. » (Circulaire ministérielle aux recteurs, du 31 octobre 1854.)

(2) « N'oubliez pas, d'ailleurs, que les directeurs et les maîtres adjoints doivent se partager l'enseignement et la surveillance, et que les élèves des écoles normales doivent recevoir d'eux non-seulement les leçons que, comme professeurs, ils sont obligés de donner à leurs élèves, mais encore ces avertissements et ces conseils affectueux dont la vie en commun doit amener l'occasion si fréquemment, et que les jeunes gens bien élevés sont toujours assurés de trouver dans une bonne et honorable famille. » (Circul. précitée, du 31 octobre 1854.)

(3) Voir, pour le traitement des fonctionnaires des écoles normales, selon la classe à laquelle ils appartiennent, les articles 1, 2, 3 et 4 du décret du 26 décembre 1855, à la suite de celui-ci.

(4) Une circulaire aux recteurs, du 18 avril 1855, relative à l'enseignement pratique de l'agriculture dans les écoles normales, prévoit le cas où il serait nécessaire de confier cet enseignement à un nouveau maître externe.

à une commission de cinq membres, nommés pour trois ans par le recteur, sur la proposition du *conseil académique* (1).

Le président de la commission est nommé par le recteur.

Le directeur assiste aux délibérations de la commission avec voix délibérative, hors les cas où elle a à statuer sur des questions qui intéressent sa gestion.

Art. 11. — La commission de surveillance est chargée :

1° De préparer la liste des candidats à l'école normale, dont elle aura constaté, dans les formes indiquées ci-après, l'aptitude intellectuelle et morale ;

2° De rédiger le règlement particulier de l'école : ce règlement devra être approuvé par le recteur en conseil académique ;

3° De désigner, à la fin de la première année, ceux des élèves qui seront admis aux cours de deuxième année, et, à la fin de la seconde année, ceux qui pourront passer en troisième année ;

Dans le cas de maladie prolongée ou d'absence légitime, la commission peut autoriser un élève à redoubler le cours de première ou de deuxième année ;

4° De dresser, chaque année, le budget et d'examiner les comptes qui lui sont présentés par la direction de l'école, et de consigner ses observations dans un rapport spécial.

Art. 12. — Il est tenu dans chaque école par le directeur, assisté des maîtres adjoints, un registre sur lequel sont consignées les notes trimestrielles sur la conduite et le travail des élèves-maîtres. A la fin du cours d'études, il est fait pour chaque élève un résumé de ces notes dans l'ordre suivant :

1° Devoirs religieux ;

2° Conduite ;

3° Caractère ;

(1) *Conseil départemental.* D'après un arrêté ministériel du 30 juin 1851, « le nombre des candidats à présenter aux recteurs par les *conseils académiques* (aujourd'hui conseils départementaux) pour la nomination des membres des commissions de surveillance des écoles normales primaires devra être égal au nombre des membres dont se composent ces commissions. »

4º Aptitude;

5º Progrès.

Ces résumés sont mis à la disposition des *conseils acadé-miques* (1) pour leur servir à dresser la liste d'admissi-bilité prescrite par l'article 31 de la loi du 15 mars 1850.

Art. 13. — Les membres de la commission font, au moins une fois tous les trois mois, la visite de l'école; ils prennent connaissance des registres sur lesquels doivent être consi-gnées, par le directeur, les notes relatives à la conduite, au caractère et au travail de chaque élève.

Ils examinent les classes et interrogent les élèves.

Art. 14. — Tous les ans, au mois de juillet, la commis-sion de surveillance adresse au recteur de l'Académie, sur l'état et le personnel de l'école, un rapport qui sera trans-mis au ministre.

Elle reçoit du directeur, à la même époque, un rapport sur tout ce qui concerne les élèves et la discipline. Elle transmet ce rapport, avec ses observations, au préfet, qui le place sous les yeux du conseil général, et au recteur, qui en envoie au ministre une expédition accompagnée de ses observations.

TITRE III.

DE L'ADMISSION DES ÉLÈVES-MAÎTRES (2).

Art. 15. — Chaque année, le ministre détermine, sur l'a-vis du *conseil académique* (3), le nombre des élèves-maîtres qui peuvent être admis à l'École normale, soit à leurs frais, soit aux frais du département ou des communes, soit aux frais de l'État.

(1) *Conseils départementaux.*

(2) Depuis la loi du 15 mars 1850, l'admission des élèves-maîtres dans les écoles normales a été l'objet de plusieurs circu-laires adressées aux recteurs : le 16 septembre et le 8 octobre 1850, relativement à l'âge d'admission dans les écoles normales d'instituteurs et d'institutrices, le 25 septembre 1850 et le 2 fé-vrier 1853, relativement à l'enquête préalable et à l'examen d'ad-mission. Nous en ferons connaître successivement les dispositions.

(3) *Conseil départemental.*

Art. 16 — Les inscriptions des candidats auront lieu du
1er au 15 janvier; un registre est ouvert à cet effet au *secrétariat de l'académie* (1). Aucune inscription ne sera reçue
que le candidat n'ait déposé les pièces suivantes :

2o Son acte de naissance, constatant que, au 1er septembre de l'année pendant laquelle il se présente, il aura
18 ans accomplis au moins et 22 ans au plus (2);

(1) *Au bureau de l'inspecteur d'académie.*
(2) L'âge d'admission dans les écoles normales, fixé à 16 ans
au moins sous l'empire de la loi du 28 juin 1833 et du règlement
du 14 décembre 1832, avait été élevé d'abord à 17 ans, après la
loi de 1850, d'après les motifs exposés dans la circulaire suivante
du 16 septembre 1850 :

« L'article 25 de la loi du 15 mars 1850 ayant fixé à vingt et
un ans accompli l'âge avant lequel nul ne peut exercer la profession d'instituteur, il était nécessaire de modifier le règlement
des écoles normales primaires, en ce qui concerne l'âge d'admission des élèves-maîtres, de telle sorte qu'il ne s'écoulât pas un
trop long espace de temps entre la sortie de ces jeunes gens, à
l'expiration de leur cours d'études, et l'époque où ils pourront
exercer comme instituteurs. Après avoir consulté le conseil supérieur, j'ai décidé que cette année il ne sera admis dans les écoles
normales primaires que des élèves-maîtres âgés de dix-sept ans
accomplis. »

Par une circulaire du 8 octobre 1850, le ministre a étendu aux
aspirantes institutrices la mesure de la circulaire précédente, et il
a décidé qu'aucune élève-maîtresse ne sera admise dans les écoles
normales et cours préparatoires avant l'âge de 17 ans accomplis.

Depuis lors est intervenu le décret du 24 mars 1851 sur les
écoles normales, dont le présent article 16 fixe à 18 ans l'âge au-
dessous duquel les élèves-maîtres ne peuvent être admis dans ces
établissements. Mais l'expérience a montré que cette limite d'âge
était trop élevée pour beaucoup d'aspirants, et qu'elle avait l'inconvénient de nuire au recrutement des écoles normales. Il
s'écoule, en effet, un temps considérable entre l'époque où les
aspirants achèvent leur instruction dans les écoles primaires
et l'âge où ils peuvent être admis dans les écoles normales; la
position des familles ne leur permet pas toujours de garder leurs
enfants pendant cet intervalle, sans les occuper à un travail lu-
cratif qui souvent ensuite les détourne de la carrière de l'enseignement. L'autorité s'est décidée, en conséquence, à donner des
dispenses d'âge, qu'elle accorde avec facilité à partir de l'âge de
17 ans, et même dès l'âge de 16 ans accomplis, lorsque, d'ail-

1° Un certificat du médecin constatant qu'il a été vacciné ou qu'il a eu la petite vérole, et qu'il n'est atteint d'aucune infirmité ou d'aucun vice de constitution qui le rende impropre à l'enseignement;

3° L'engagement légalisé de servir pendant dix ans au moins dans l'instruction ' rimaire publique (1).

S'il est mineur, le candidat produira en outre une déclaration, aussi légalisée, de son père ou de son tuteur l'autorisant à contracter cet engagement;

4° Une note signée de lui, indiquant le lieu ou les lieux qu'il a habités depuis l'âge de quinze ans;

5° Des certificats de moralité délivrés, tant par les chefs des écoles auxquelles il aura appartenu, soit comme élève, soit comme sous-maître, que par chacune des autorités locales préposées à la surveillance et à la direction morale de l'enseignement, conformément à l'article 44 de la loi du 15 mars 1850.

Art. 17. — Une enquête est faite par les soins du *recteur* (2) et des inspecteurs de l'instruction primaire, sur la conduite et les antécédents des candidats.

Au vu des pièces exigées, et d'après les résultats de l'enquête, la commission de surveillance dresse, du 1er au 15 août, la liste mentionnée en l'article 11.

Sur la production de cette liste et des pièces qui l'accompagnent, ainsi que des demandes présentées par les candidats, le *recteur* (3), en *conseil académique* (4), prononce,

---

leurs, les renseignements recueillis sur l'aspirant sont de tous points satisfaisants. Pour obtenir une dispense de ce genre, il faut en faire la demande en remplissant les autres formalités prescrites par l'article 16.

(1) L'engagement de servir pendant dix ans au moins dans l'instruction primaire publique, dont il est question au 4e paragraphe de l'article 16, est indépendant de l'engagement décennal destiné à exempter du service militaire. et qui doit être souscrit par les instituteurs avant l'époque fixée officiellement pour le tirage au sort de la classe dont ils font partie, conformément à l'article 79 de la loi du 15 mars 1850. (Voir, plus loin ce qui a rapport à l'engagement décennal.)

(2) *De l'inspecteur d'académie.*

(3) *Préfet.*

(4) *Conseil départemental.*

s'il y a lieu, l'admissibilité des candidats à l'Ecole normale (1).

(1) Les élèves des écoles normales, sous l'empire du règlement du 14 décembre 1832, n'étaient admis qu'après un examen et un concours portant sur la capacité et l'instruction des candidats. Toutefois, le dernier paragraphe de l'article 11, rappelé dans une circulaire du 25 septembre 1850, portait : « Les examinateurs et les juges ne se bornent pas à constater jusqu'à quel point les candidats possèdent les connaissances exigées ; ils s'attachent aussi à connaître les dispositions des candidats, leur caractère, leur degré d'intelligence et d'aptitude. »

Mais le règlement du 24 mars 1851 a supprimé non-seulement le concours, mais encore l'examen, ainsi que cela résulte de l'article 17 et d'un passage de la circulaire explicative du 24 avril 1851. (Voir page 146.)

Depuis cette époque, l'expérience a prouvé que la suppression de toute espèce d'examen avait de graves inconvénients. Les renseignements sur la conduite et les antécédents des candidats, quelque satisfaisants qu'ils fussent d'ailleurs, ne faisaient pas assez connaître leur degré d'instruction et leur aptitude à profiter de l'enseignement de l'école normale. Beaucoup arrivaient possédant à peine les premiers éléments de l'instruction, et nullement préparés pour pouvoir suivre avec fruit les cours de l'école. Il en résultait un affaiblissement des études dangereux pour l'avenir de l'instruction primaire.

Pour remédier à ce mal, le ministre de l'instruction publique a adressé aux recteurs, le 2 février 1855, une circulaire relative à l'admission dans les écoles normales, qui, sans rétablir le concours et les examens simultanés, rétablit du moins pour les candidats de véritables examens individuels. Voir le texte de cette circulaire, qui régit aujourd'hui la question :

« Monsieur le recteur, aux termes du règlement en date du 24 mars 1851, les candidats aux écoles normales primaires ont dû s'inscrire depuis le 1er jusqu'au 15 janvier. Il vous appartient de rappeler à MM. les inspecteurs d'académie, placés sous vos ordres, que le moment est venu où ils ont, conformément à l'article 17 du règlement précité, à se livrer aux enquêtes dont le but est de mettre MM. les préfets en mesure de prononcer sur l'admission de chacun des aspirants.

« Suivant les prescriptions de l'article qui vient d'être rappelé, l'enquête doit porter « sur la conduite et les antécédents des candidats. » C'est assez faire entendre que l'admission des élèves-maîtres ne doit point résulter d'un concours.

« Ce qu'il importe vant tout, c'est, en effet, de s'assurer de la

Art. 18. — Les bourses ou portions de bourses entrete-

bonne conduite, des dispositions intimes, des garanties que, dans
l'ordre religieux et moral, le futur instituteur peut offrir à la société, et, pour tout dire en un mot, de la vocation du candidat.
Mais, vous le comprenez, Monsieur le recteur, ces garanties fondamentales une fois données aux familles et à l'administration
supérieure, il est indispensable, et pour la bonne renommée d'établissements placés sous le patronage des pouvoirs publics, et dans
l'intérêt général de l'enseignement, de n'admettre dans les écoles
normales que des jeunes gens capables d'en suivre les cours.

« Il serait très-fâcheux que MM. les inspecteurs n'usassent pas
des moyens qui sont entre leurs mains pour arrêter sur le seuil
des écoles normales les ignorants et les présomptueux. Il pourrait arriver qu'après un séjour d'un an peut-
être à l'école, des élèves, en raison d'un manque absolu d'aptitude, se vissent obligés de quitter l'établissement. Les sacrifices
du département ou de l'État auraient alors été faits en pure perte.
Il pourrait arriver aussi que les élèves-maîtres trop facilement admis fussent un obstacle insurmontable à la marche de condisciples
capables de profiter des leçons, et rendissent ainsi impossible le
développement des études. Si l'on veut qu'un cours porte des
fruits, la première condition est de n'y admettre que des élèves
d'une force à peu près équivalente. Le succès d'un enseignement
suppose, au point de départ, une certaine égalité de connaissances
acquises; sinon, quel sera le lien des intelligences, et où trouver
le terrain sur lequel pourront se rencontrer les esprits?

« Enfin, le niveau des études dans les écoles normales établissant presque toujours, par la force même des choses, le niveau
des épreuves dans les examens pour le brevet de capacité, on
s'exposerait, en admettant des élèves-maîtres évidemment incapables, à faire descendre les examens eux-mêmes au-dessous du
degré auquel l'administration supérieure a le devoir de les maintenir.

« Il importe beaucoup, Monsieur le recteur, de ne pas se mé-
prendre sur la mission des écoles normales. La tâche de ces établissements n'est pas d'initier de jeunes hommes tout à fait ignorants aux premiers éléments des connaissances les plus élémentaires; c'est là le but des écoles primaires. Elle n'est pas même,
à proprement parler, de mettre des candidats débiles en état d'af-
fronter un examen; c'est là le rôle des répétiteurs vulgaires. La
mission de l'école normale est plus haute; elle consiste à compléter
et à féconder les études premières, et surtout, ainsi que je le
disais dans ma circulaire du 31 octobre dernier, à mettre les futurs instituteurs en état de communiquer ce qu'ils savent. Il faut

nues, soit par l'Etat, soit par les départements, sont accordées par le *recteur* (1), en *conseil académique* (2).

Les boursiers, qui n'obtiennent que des portions de bour-

se pénétrer de ce principe que le but de l'école normale n'est pas, à vrai dire, la conquête du brevet; le brevet peut être obtenu par un maître qui ne posséderait pas les qualités les plus nécessaires à un maître de la jeunesse. Ce qui fait le véritable instituteur, ce qui doit être l'objet spécial des études dans les écoles normales, c'est la science pratique de l'éducation et l'art si difficile de diriger les esprits. Or, pour parvenir à ce but, il faut pouvoir opérer sur un fonds déjà suffisant de connaissances premières, et consacrer ses soins à des applications ultérieures, au lieu de consumer ses forces dans les stériles efforts d'un enseignement sans portée.

« Vous le voyez donc, Monsieur le recteur, si, pour l'admission des élèves dans l'école normale, la condition de moralité est la première, elle ne dispense pas des autres. La condition de capacité vient sans doute en second ordre; mais il serait inacceptable qu'on n'en tînt pas le compte qu'elle mérite.

« Vous voudrez bien rappeler ce principe à MM. les inspecteurs d'académie placés sous vos ordres. Il importe que ces fonctionnaires fassent porter l'enquête qu'ils sont chargés de diriger, non-seulement sur les dispositions morales des futurs élèves-maîtres, mais aussi sur leur aptitude, et qu'ils s'informent, au moyen d'examens individuels, de l'état de l'instruction de chacun des candidats.

« Les examens dont il s'agit devront constater à l'avenir :

« 1º Que le candidat lit et écrit couramment ;

« 2º Qu'il observe les règles principales de l'orthographe ;

« 3º Qu'il possède la pratique des quatre règles ;

« 4º Qu'il peut répondre aux questions qui lui sont adressées sur le catéchisme et sur l'histoire sainte.

« Un certificat attestant que l'aspirant a subi cet examen, et signé de l'inspecteur d'académie, sera joint aux pièces, sur le vu desquelles doit être prononcée l'admission. L'application de la mesure prescrite par la présente circulaire offrira d'autant moins de difficultés que l'admission des élèves-maîtres ne doit avoir lieu que du 1er au 15 août, et que, par conséquent, plus de six mois sont accordés aux inspecteurs d'académie pour procéder aux examens dont il est question, soit par eux-mêmes, soit par l'intermédiaire de MM. les inspecteurs de l'instruction primaire. »

(1) *Préfet.*

(2) *Conseil départemental.*

ses, s'engagent à payer la portion qui reste à leur charge (1). Les boursiers départementaux prennent en outre l'engagement de servir pendant dix ans dans le département qui paie leur pension (2).

Ils peuvent être affranchis en tout ou en partie de ces engagements par une dispense du *recteur* (3), sur l'avis conforme du *conseil académique* (4).

Les engagements dont il vient d'être question seront légalisés, et, s'il y a lieu, autorisés, comme il est dit au cinquième paragraphe de l'article 16 du présent règlement.

Art. 19. — Les boursiers qui, par leur fait, sortiraient de l'école avant la fin du cours, ou qui refuseraient d'accomplir leur engagement décennal, seront tenus de restituer à l'État ou au département le prix de la pension dont ils auront joui (5).

Toutefois, ils pourront être dispensés de cette obligation par le ministre, sur l'avis du *conseil académique* (4).

Le montant des restitutions fera retour au fonds sur lequel les bourses étaient payées.

La dispense du service militaire cesse à dater du jour où l'engagement a été rompu.

---

(1) Voir, pour tout ce qui a rapport aux bourses et portions de bourses, les articles 5, 6, 7, 10, 11 et 12 du titre 1er du règlement du 26 décembre 1855, relatif à l'administration et à la comptabilité intérieure des écoles normales, imprimé à la suite de celui-ci.

(2) Tandis que les élèves-maîtres qui obtiennent une bourse de l'État s'engagent seulement à servir pendant dix ans dans l'instruction primaire publique, et que leur engagement peut être accompli sur tous les points du territoire français, les boursiers départementaux s'engagent, en outre, à servir pendant dix ans dans le département dont ils ont reçu une bourse ou portion de bourse, et qui a fait les frais de leur instruction. (Voir, du reste, plus loin, pour tout ce qui a rapport à l'engagement décennal.)

(3) *Préfet.*

(4) *Conseil départemental.*

(5) Les élèves-maîtres qui obtiennent une bourse ou portion de bourse contractent en conséquence, en entrant à l'école, l'engagement de rembourser cette bourse ou portion de bourse, dans le cas où, par leur fait, ils sortiraient volontairement de l'école avant la fin du cours, ou ne rempliraient pas leur engagement décennal.

TITRE IV.

DU RÉGIME INTÉRIEUR (1).

Art. 20. — Les journées commencent et finissent par une prière commune.

La prière du matin et du soir est suivie d'une lecture de piété.

Les jours de dimanche et de fêtes légalement reconnues, les élèves sont conduits aux offices publics par le directeur, assisté des maîtres adjoints.

Art. 21. — Les vacances durent quinze jours au plus (2).

Tout congé, toute sortie particulière, hors le cas d'une circonstance exceptionnelle dont le directeur est juge, sont formellement interdits pendant la durée du cours d'études.

Les élèves seront toujours conduits en promenade par le directeur ou les maîtres adjoints.

Art. 22. — Chaque année, lorsque les besoins du service le permettent, le recteur peut accorder au directeur et maîtres adjoints internes un congé dont la durée ne peut excéder un mois. Ces congés ne pourront être accordés à plusieurs maîtres à la fois (3).

Art. 23. — Les élèves-maîtres sont chargés du service de propreté dans l'intérieur de l'école.

(1) Voir, page 167, pour quelques points du régime intérieur des écoles normales, la section III du titre Ier du règlement du 26 décembre 1855, relatif à l'administration et à la comptabilité intérieure.

(2) L'expérience a forcé de s'écarter presque partout de la sévérité de cet article. Aujourd'hui, on donne généralement, en vertu d'autorisations accordées sur la demande des recteurs et l'avis des commissions de surveillance, des vacances qui commencent après les examens du mois d'août, et qui durent au moins un mois. On accorde aussi à Pâques, dans la plupart des écoles normales, un congé de huit jours, qui commence ordinairement le lundi de Pâques et finit le lundi suivant.

(3) Les congés, qui étaient motivés par la réduction des vacances, ne le sont plus de la même manière, aujourd'hui qu'elles ont presque partout une durée d'un mois au moins.

TITRE V.

DE LA DISCIPLINE (1).

Art. 24. — Les punitions qui peuvent être infligées aux élèves, suivant la gravité des fautes, sont :

La retenue ;

La réprimande ;

L'exclusion.

Le directeur prononce la retenue.

La réprimande est prononcée, suivant les cas, par le directeur, la commission de surveillance ou le *recteur* (2).

L'exclusion est prononcée par le *recteur* (3), sur l'avis du directeur, la commission de surveillance entendue (4).

(1) Le caractère de la discipline dans les écoles normales a été déterminé dans le passage suivant, extrait de l'instruction générale, du 31 octobre 1854, sur les attributions des recteurs concernant l'instruction primaire :

« La discipline des écoles normales primaires ne sera pas assombrie par un grand nombre de punitions. Les jeunes gens qui ne respecteraient la règle que par crainte apporteraient plus tard, dans les fonctions de l'enseignement, un esprit entièrement opposé à celui qui doit les animer. Dans les leçons pédagogiques qu'ils reçoivent, ils puisent des règles de conduite dont ils doivent se faire la première application à eux-mêmes ; il faut qu'ils apprennent à être leurs propres juges. Les élèves-maîtres qu'on serait obligé de rappeler fréquemment au bon ordre, qui montreraient quelque penchant à l'indiscipline ou un caractère habituellement frondeur, feraient un jour de mauvais instituteurs ; dans l'intérêt de la société, non moins que pour leur propre avantage, il y aurait lieu de les rendre à leurs familles et aux autres professions qu'ils exerceront plus utilement. C'est le préfet du département qui est chargé d'autoriser l'admission des élèves-maîtres dans les écoles normales primaires, et qui a, par conséquent, le droit de prononcer, lorsqu'il y a lieu, leur renvoi. Mais comme rien de ce qui peut contribuer à l'avenir de l'instruction primaire ne doit vous être indifférent, j'ai dû appeler votre attention sur ces divers points, afin que vous puissiez les signaler aux inspecteurs d'Académie, qui feront, le cas échéant, telles propositions que de droit à MM. les préfets et à la commission de surveillance. »

(2) *Préfet.*

(3) *Préfet.* (Voir ci-dessus le passage de l'instruction du 31 octobre 1854.

(4) Lorsqu'il s'agit de l'exclusion d'un élève-maître, l'inspecteur

En cas de faute grave, le directeur peut prononcer l'exclusion provisoire.

Lorsque l'exclusion est prononcée, le ministre en est immédiatement informé.

Art. 25. — Tout élève qui, à la fin de l'année, n'est pas jugé en état de passer au cours supérieur, cesse de faire partie de l'école.

EXTRAIT DU RÈGLEMENT

RELATIF A L'ADMINISTRATION ET A LA COMPTABILITÉ INTÉRIEURE DES ÉCOLES NORMALES.

(Décret du 26 décembre 1855) (1).

TITRE Ier.

DE L'ADMINISTRATION DES ÉCOLES NORMALES PRIMAIRES.

SECTION Ire. — *Traitement des directeurs et des maîtres adjoints.*

Art. 1er. — Les directeurs des écoles normales primaires

d'académie doit donner son avis, ou faire ses propositions au préfet ainsi qu'à la commission de surveillance, si celle-ci ne lui a déjà fait elle-même un rapport.

(1) Le règlement du 26 décembre 1855 se compose de deux titres, relatifs, l'un à l'administration des écoles normales primaires, l'autre, à la comptabilité intérieure. Le premier, concernant le traitement des directeurs et des maîtres adjoints, le payement des bourses et des pensions, le régime intérieur et les prestations en nature, intéresse les directeurs, les maîtres adjoints et tous ceux qui aspirent à le devenir, les élèves-maîtres et leurs parents, ainsi que les instituteurs qui préparent des élèves pour ces écoles; nous devions donc le publier en entier. Quant au titre II, quatre fois plus étendu, nous n'avons pas cru devoir l'insérer dans ce recueil, qu'il aurait grossi inutilement, attendu qu'il ne pourrait guère être compris que des personnes qui, étant déjà attachées aux écoles normales, ont une idée de la comptabilité de ces établissements. Or, ces personnes possèdent ce règlement ou le trouveront à l'école.

et les maîtres adjoints, désignés en l'article 8 du décret du 24 mars 1851, sont partagés en trois classes (1).

Les traitements affectés à chaque classe sont fixés ainsi qu'il suit :

Directeurs de 1re classe de....... 2,800 à 3,000 fr.
—   de 2e classe de....... 2,500 à 2,700
—   de 3e classe de....... 2,200 à 2,400
Maîtres adjoints de 1re classe de.. 1,600 à 1,800
—   de 2e classe de.. 1,300 à 1,500
—   de 3e classe de.. 1,000 à 1,200 (2).

Art. 2. — Le ministre de l'instruction publique fixe la classe et le traitement des directeurs et des maîtres adjoints, ainsi que le traitement des autres maîtres attachés aux écoles normales primaires (3).

Art. 3. — Tout fonctionnaire appelé pour la première fois à l'emploi de directeur ou de maître adjoint est nécessairement de la troisième classe.

Art. 4. — Le nombre de fonctionnaires des deux premières classes est fixé comme il suit :

Directeurs de 1re classe.................... 20
—   de 2e classe.................... 25

(1) La classe est attachée à la personne, et indépendante de la résidence.

(2) Les traitements fixés dans ce tableau n'ont rien d'absolu. Dans les départements qui pourvoient à toutes les dépenses de l'instruction primaire avec leurs propres ressources, et sans avoir besoin des secours de l'État, les conseils généraux peuvent allouer au directeur de l'école normale et aux maîtres-adjoints un traitement supérieur à celui de leur classe.

(3) Le classement des directeurs et des maîtres-adjoints, en exercice, a été fixé pour la première fois, par un arrêté ministériel du 7 octobre 1856. (Voir cet arrêté dans le *Bulletin de l'instruction primaire*, octobre 1856. page 529.) Les directeurs et les maîtres adjoints qui recevaient, antérieurement à cet arrêté, un traitement supérieur à celui de la classe dans laquelle ils ont été placés, ont continué à le toucher ; ceux qui en recevaient un inférieur ont reçu dès lors celui de la classe à laquelle ils appartenaient.

Maîtres adjoints de 1re classe.............. 20
— de 2e classe.............. 40 (1). •

SECTION II. — *Des bourses et pensions.*

Art. 5. — Les bourses entretenues par l'Etat, les départements, les communes, les associations charitables et les particuliers, en faveur des élèves-maîtres, sont entières ou divisées par quarts. Il ne peut être donné moins d'un quart de bourse.

Art. 6. — Le prix de la bourse ou pension est fixé chaque année par le ministre, sur la proposition de la commission de surveillance, du recteur et du préfet (2).

Une rétribution annuelle de 20 francs est ajoutée au prix de la pension des pensionnaires libres pour fournitures de livres classiques, papier, plumes, encre, etc.

Art. 7. — Les bourses, compléments de bourses, pensions et rétributions annuelles pour livres classiques, etc., sont payés d'avance et par termes de deux dixièmes, ainsi qu'il suit :

En janvier, pour les mois de janvier et de février;

En mars, pour les mois de mars et d'avril;

En mai, pour les mois de mai et de juin ;

En juillet, pour les mois de juillet, d'août et de septembre ;

En octobre, pour les mois d'octobre, novembre et décembre.

La pension est due à partir du commencement du terme pendant lequel l'élève-maître est entré à l'école.

Art. 8. — Les bourses et portions de bourses à la charge des départements réunis, des communes, des associations

(1) Le nombre des fonctionnaires appartenant à la 3e classe est nécessairement illimité; il peut varier avec le nombre des écoles normales, et avec celui des maîtres adjoints qui y sont attachés. Lors du classement du 7 octobre 1856, le nombre des directeurs de la 3e classe était de 24, et celui des maîtres adjoints, de 77.

(2) Le prix de la bourse ou de la pension varie en général de 300 à 400 fr., selon les départements et le lieu où l'école est établie. Il n'est nulle part au-dessous de 300 fr., et il ne dépasse guère 400.

charitables et des particuliers, les compléments de bourses
à la charge des familles, les pensions et les rétributions
annuelles pour livres classiques, etc., sont centralisés au
trésor par l'intermédiaire du receveur général, ainsi que
les produits énumérés aux §§ 11, 12, 13 et 14 de l'article 29.

Art. 9. — Il n'y a pas lieu à remise sur le terme de la
pension pour les élèves-maîtres qui sortent volontairement
de l'école ou qui sont renvoyés pour cause d'inconduite.
Le directeur informe de cette règle les parents ou tuteurs
de l'élève-maître.

Art. 10. — Chaque élève-maître est tenu de remettre au
directeur, lors de son entrée à l'école, un double engagement sur papier timbré.

Le premier de ces engagements, souscrit par le père, la
mère ou le tuteur, oblige le contractant à payer d'avance,
aux termes fixés, la bourse ou la portion qui est à sa
charge.

Le second de ces engagements souscrit par l'élève-
maître, l'oblige à rembourser, à moins d'une dispense régulièrement obtenue du ministre, soit le prix de la bourse
dont il a joui, soit les frais d'études fixés à 60 francs par an,
s'il a été pensionnaire, dans le cas où il n'exercerait pas
pendant dix ans les fonctions d'instituteur public dans le
département qui a fait les frais de son instruction (1). Ce
second engagement est ratifié, si l'élève-maître est mineur,
par le père, la mère ou le tuteur, qui s'engage solidaire-
ment avec lui au remboursement.

Les signatures des contractants sont légalisées par les
autorités compétentes.

Art. 11. — Les élèves-maîtres qui ont été plus d'un
mois absents de l'école pour cause de maladie peuvent obtenir du ministre, sur la proposition de la commission de
surveillance et l'avis du préfet, le remboursement d'une partie de la pension ou de la portion de bourse à leur charge,
dont ils ont versé le montant à la recette générale.

---

(1) L'obligation de servir pendant dix ans le département ne
concerne pas les élèves-maîtres qui obtiennent une bourse de
l'État. Pour ceux-ci, l'engagement décennal peut être accompli
dans un département quelconque.

Le remboursement est de droit en cas de décès d'un élève-maître.

Art. 12. — L'élève-maître promu à une bourse entière ou à une portion de bourse supérieure à celle dont il jouissait, le pensionnaire libre appelé à la jouissance d'une bourse ou d'une portion de bourse, ont également droit au remboursement de la somme que la famille a payée d'avance. Le décompte part du jour de l'entrée en jouissance de la bourse.

SECTION III. — *Du régime intérieur. — Des prestations en nature.*

Art. 13. — Le nombre des repas des élèves-maîtres est fixé à quatre par jour, le déjeuner, le dîner, le goûter et le souper. Le dîner est seul composé de deux plats, outre le potage. Un plat de dessert peut être ajouté au souper, les jeudis, les dimanches et les jours de grandes fêtes.

Les jours qui ne sont pas d'abstinence, il y a toujours un plat de viande au dîner ou au souper.

Art. 14. — Un menu des deux repas principaux est dressé tous les huit jours, pour chaque jour de la semaine, par le directeur, et demeure affiché dans un cadre à la cuisine ou à la dépense.

Art. 15. — Les quantités *maximum* pour les trois principales denrées sont fixées comme il suit, par jour et par tête d'élève ou de maître, savoir :

Pain (de 2e qualité autant que possible), 1 kilogramme, y compris le pain de la soupe;

Viande (cuite et désossée), 125 grammes;

Boisson (vin mélangé de 2/3 d'eau, cidre ou bière mélangés de 2/3 d'eau), 1 litre par élève; pour les maîtres, 65 centilitres de vin ou 130 centilitres de cidre ou de bière.

Art. 16. — La commission de surveillance règle les quantités des autres denrées suivant les usages locaux et sur la proposition du directeur.

Elle règle aussi les quantités de combustible et de luminaire qui sont nécessaires au service de l'école pour les élèves-maîtres.

Art. 17. — La commission de surveillance décide si les approvisionnements de l'école ont lieu par voie d'adjudication ou de marchés à l'amiable. Elle désigne ceux des articles de consommation qui, ne pouvant être l'objet d'un marché préalable, seront acquis au comptant par le directeur.

Les marchés à l'amiable sont passés chaque année par le directeur et approuvés par la commission de surveillance. Ils sont calculés de manière que les fournitures n'aient lieu qu'au fur et à mesure des besoins. En aucun cas, les approvisionnements ne peuvent excéder les besoins de la consommation moyenne d'une année.

Art. 18. — Il est établi dans chaque école une salle commune gratuite pour les maîtres adjoints mentionnés en l'article 8 du décret du 24 mars 1851 (1).

La table commune est servie dans le réfectoire commun, aux mêmes heures et de la même façon que celle des élèves-maîtres. Il est seulement ajouté un dessert à l'ordinaire de chaque repas.

Art. 19. — Aucun autre fonctionnaire de l'école, s'il est marié ou s'il a des membres de sa famille auprès de lui, aucune personne étrangère à l'établissement, ne peuvent être autorisés à prendre leurs repas à la salle commune.

Art. 20. — Le directeur, l'aumônier et le maître chargé de l'école annexe sont les seuls fonctionnaires de l'école qui puissent être admis individuellement à la table commune, sur leur demande et moyennant pension.

Le prix d'admission à la table commune est égal au prix de la pension des élèves-maîtres; il ne peut subir aucune réduction pour cause d'absence, même pendant les vacances, qui sont facultatives.

Art. 21. — La nourriture ne peut être payée en argent à aucun maître de l'établissement, même dans le cas de maladie.

Art. 22. — Le blanchissage, s'il n'est pas fait dans l'établissement, et le raccommodage peuvent être l'objet d'un

(1) Les maîtres dont il est question dans cet article, comme pouvant être admis à la table commune, sont uniquement les maîtres internes.

marché, soit au mois, soit à l'année, soit à la pièce. Les
élèves-maîtres et les gens de service sont seuls blanchis au
compte de l'école. Les élèves ont seuls droit au menu raccommodage de leur linge et de leurs effets d'habillements.

La fourniture du trousseau et du vêtement uniforme est
à la charge des familles.

Art. 23. — Les dépenses d'infirmerie ne sont applicables
qu'aux élèves-maîtres et aux maîtres adjoints internes. Il
n'est dû de chauffage et d'éclairage particuliers que pour le
cabinet du directeur et pour la salle des réunions de la
commission de surveillance.

Art. 24. — La prestation en nature du combustible et
du luminaire, pour les deux services indiqués dans l'article
précédent, est réglée comme il suit : dans le ressort des
académies de Paris, Caen, Douai, Nancy, Strasbourg, Besançon et Dijon, huit stères de bois ou trente-six hectoli-
tres de houille, trente-six kilogrammes de chandelles ou
cinquante kilogrammes d'huile ;

Dans le ressort des académies de Rennes, Poitiers, Clermont, Lyon et Grenoble, sept stères de bois ou trente hec-
tolitres de houille, et trente-six kilogrammes de chandelles
ou cinquante kilogrammes d'huile ;

Dans le ressort des académies de Bordeaux, Toulouse,
Montpellier et Aix, six stères de bois ou vingt-quatre hec-
tolitres de houille, et trente-six kilogrammes de chandelles
ou cinquante kilogrammes d'huile.

Art. 25. — Aucune prestation en nature n'est autorisée,
si ce n'est celle de draps et de serviettes de toilette pour les
maîtres adjoints internes, et celle du linge de table qui est
fourni à tous les maîtres admis à la table commune.

Art. 26. — Le nombre des gens de service est fixé à deux
au maximum pour toute école où le nombre des élèves ne
dépasse pas cinquante.

Art. 27. — Le jardin dépendant de l'école est affecté
exclusivement aux besoins de l'établissement. Il est consacré soit à la promenade, soit aux récréations et aux travaux
d'horticulture des élèves-maîtres, soit à la production de
légumes et de fruits, qui sont consommés à la table des
élèves et des maîtres ou vendus au profit de l'établissement.

DÉCRET

RELATIF A L'INSTITUTION D'UN COMITÉ CENTRAL DE PATRONAGE POUR LES SALLES D'ASILE.

(16 mai 1854) (1).

Art. 1er. — Un comité central de patronage, placé sous les auspices de l'Impératrice, est institué près le ministère de l'instruction publique et des cultes, pour la propagation et la surveillance des salles d'asile en France.

Art. 2. — Le comité central de patronage donnera tous ses soins à la propagation des salles d'asile.

Il veillera au maintien des bons procédés d'éducation et de premier enseignement dans ces établissements.

Il proposera les mesures propres à en améliorer le régime.

Il donnera son avis sur les livres ou objets qui pourront y être utilement employés.

Il recueillera et distribuera les offrandes qui lui seront faites pour l'entretien des enfants pauvres admis dans les salles d'asile.

Il distribuera dans le même but la subvention qui sera mise, chaque année, à sa disposition, sur les fonds de l'Etat, par notre ministre de l'instruction publique et des cultes.

Il pourra être appelé à donner son avis sur les concessions de secours demandés à l'Etat pour l'établissement et l'entretien des salles d'asile, et recevra communication des rapports des inspecteurs et des déléguées générales.

_____

(1) Par un décret du même jour, en un seul article, « les salles d'asile de l'enfance sont placées sous la protection de l'Impératrice. »

Art. 3. — Chaque année, notre ministre de l'instruction publique et des cultes présentera à l'Impératrice un rapport du comité central de patronage, constatant la situation et les besoins des salles d'asile en France.

Art. 4. — Le comité central de patronage des salles d'asile est composé ainsi qu'il suit :

Mgr le cardinal Morlot, archevêque de Tours, président (1);

M. Amédée Thayer, sénateur, vice-président;

M. Gustave Pillet, chef de division au ministère de l'instruction publique et des cultes, secrétaire; M. Doubet, secrétaire adjoint; Mme la comtesse de Bar; Mme Baroche; Mme la duchesse de Bassano, dame d'honneur de l'Impératrice; Mme Billault; Mme la duchesse de Cambacérès; Mme Caussin de Perceval; Mme Dumas; Mme la princesse d'Essling, grande-maîtresse de la maison de l'Impératrice; Mme Feray d'Isly; Mme Fortoul; Mme Achille Fould; Mme la marquise de la Grange; Mme la baronne de Mackau; Mme la baronne de Malaret, dame du palais de l'Impératrice; Mme la comtesse de Montebello, dame du palais de l'Impératrice; Mme Edouard Odier; Mme de Parieu; Mme la marquise de Pastoret; Mme la comtesse de Persigny; Mme la baronne de Serlay, dame de S. A. I. la princesse Mathilde; Mme la baronne Thénard; Mme Troplong; Mme la baronne de Varaigne.

Art. 5. — Le président de la commission d'examen des asiles du département de la Seine, fait partie du comité central de patronage.

Art. 6. — Les inspectrices des salles d'asile et la directrice du cours pratique (2) peuvent être appelées au sein du comité central pour y donner verbalement des explications et leurs avis, soit sur les affaires dont l'examen leur aura été renvoyé, soit sur des questions d'intérêt général concernant les salles d'asile.

---

(1) Mgr le cardinal Morlot est aujourd'hui archevêque de Paris.
(2) Voir plus loin, page 177, la note relative au *Cours pratique*.

DÉCRET ORGANIQUE

CONCERNANT LES SALLES D'ASILE.

(21 mars 1855) (1).

TITRE Ier

DISPOSITIONS GÉNÉRALES CONCERNANT L'ÉTABLISSEMENT DES SALLES D'ASILE ET LE PROGRAMME DE L'ENSEIGNEMENT.

Art. 1er. — Les salles d'asile, publiques ou libres, sont

---

(1) Antérieurement à ce décret, les salles d'asile etaient régies par l'ordonnance du 22 décembre 1837, et par le règlement du 24 avril 1838.

Le décret organique du 21 mars 1855 a été précédé d'un rapport à l'Empereur sur les salles d'asile, qui explique et justifie les dispositions principales du décret, et qui, en conséquence, doit être reproduit en entier :

« Sire, j'ai l'honneur de présenter à Votre Majesté un projet de décret préparé par le comité central de patronage des salles d'asile, et qui a été adopté par le conseil impérial de l'instruction publique, en exécution de l'art. 57 de la loi du 15 mars 1850. Ce projet a pour but de régler tout ce qui se rapporte à la surveillance et à l'inspection des salles d'asile, aux conditions d'âge, d'aptitude et de moralité des personnes qui y seront chargées de la direction et du service, ainsi qu'au traitement qui leur sera assuré.

« En plaçant les salles d'asile de l'enfance sous un régime spécial, le législateur a parfaitement compris la différence qu'il y a entre les écoles et les salles d'asile. Ces derniers établissements ne sont, en réalité, que des maisons de première éducation. On s'y applique moins à instruire les enfants qu'à former leur cœur, à leur inspirer de bons principes, de bonnes habitudes, à leur faire contracter le goût du travail, à développer, sans la fatiguer, leur jeune intelligence, tout en leur donnant les soins physiques que réclame leur faible constitution, et que la plupart d'entre eux ne recevraient pas de familles retenues au loin pendant la journée par d'impérieuses nécessités.

« De semblables établissements ne peuvent se soutenir et se propager que par les efforts réunis de la charité publique et de la

des établissements d'éducation où les enfants des deux

charité privée. Si, d'une part, il importe qu'ils soient adoptés par les administrations municipales, sans le concours desquelles l'Etat serait impuissant à les fonder, il est, d'un autre côté, essentiel qu'ils ne perdent pas, en recevant un caractère public, cet autre caractère si doux et si attrayant qu'ils tiennent de l'intervention charitable des mères de famille.

» C'est ce que le comité central est parvenu à établir en proposant d'organiser, partout où il y aura utilité et possibilité, des comités locaux de patronage composés de dames dévouées aux intérêts de l'enfance, comités présidés par le maire, et dont le curé fait partie de droit. Nul doute que dans des réunions où l'administration, la religion et la charité maternelle ont ainsi leurs représentants naturels, les salles d'asile ne trouvent tout à la fois des surveillants et des protecteurs. Ces comités, qui correspondront avec les dames déléguées par le ministre, dans chaque académie, se rattacheront au comité central de patronage, de qui ils recevront une haute et salutaire impulsion. Par leurs soins, rien d'important ne passera inaperçu; aucune amélioration réelle ne sera constatée dans une salle d'asile, quelque éloignée qu'elle soit de Paris, que le comité central ne puisse être en mesure d'en recommander l'introduction dans tous les autres établissements du même genre.

« Les comités locaux de patronage ne sont cependant pas substitués aux autorités instituées par la loi du 15 mars 1850; ainsi, les inspecteurs de l'instruction primaire, les délégués cantonaux, les ministres des différents cultes reconnus conserveront toujours la surveillance prescrite par l'article 44 de la loi.

« La gratuité absolue a généralement prévalu dans les salles d'asile. Peut-être était-il nécessaire qu'il en fût ainsi dès le principe pour déterminer les familles à envoyer leurs enfants dans ces établissements; mais, tout en respectant les usages reçus, il importait de n'en admettre le principe qu'à titre exceptionnel. Les salles d'asile, comme les écoles, reçoivent beaucoup d'enfants dont les familles sont en état de payer une rétribution. Quelque faible qu'elle soit, cette rétribution, versée par un grand nombre d'enfants, est une ressource trop importante pour qu'un gouvernement prévoyant n'en doive pas tenir compte. Pour en organiser la perception avec tous les ménagements nécessaires, il a paru utile d'exiger qu'aucun enfant ne fût définitivement reçu dans une salle d'asile sans un billet d'admission délivré par le maire; toutefois, ce billet ne ferait aucune distinction entre les enfants payants et les enfants admis gratuitement. La directrice de l'asile

sexes, de deux à sept ans, reçoivent les soins que réclame leur développement moral et physique (1).

recevrait tous les enfants qui lui seraient présentés par les familles, sans s'informer si elles sont en état de payer une rétribution ; mais elle leur ferait savoir que, dans la huitaine, elles devraient obtenir du maire un billet d'admission définitive, et celui-ci délivrerait ce billet, soit à titre gratuit, soit à titre onéreux. Ainsi, la directrice qui ne serait pas chargée de recevoir la rétribution, et qui ignorerait elle-même les conditions auxquelles les enfants sont reçus dans son asile, ne serait jamais exposée même au soupçon de partialité.

« Les conditions d'ouverture des salles d'asile publiques ou libres sont à peu près celles qu'exige la loi du 15 mars 1850, modifiées par le décret du 9 mars 1852. L'autorité des préfets s'étendra sur les salles d'asile publiques, comme sur les écoles, et la liberté laissée aux fondateurs d'écoles libres sera également laissée aux fondateurs des salles d'asile ; enfin, le conseil départemental aura sur les salles d'asiles publiques et libres la même juridiction que sur les écoles.

« Les traitements des directrices et des sous-directrices des salles d'asile devront être prélevés d'abord sur le produit de la rétribution mensuelle payée pour les enfants, laquelle sera perçue, pour le compte de la commune par le receveur municipal. A défaut de cette rétribution, le conseil municipal devra aviser aux moyens de compléter le minimum du traitement prescrit, soit sur ses revenus ordinaires, soit sur le restant disponible des trois centimes spéciaux affectés à l'instruction primaire, soit enfin par le vote d'une imposition spéciale. Quant aux départements, qui ne peuvent être obligés d'intervenir dans cette dépense, il leur sera loisible de secourir les communes pauvres, soit sur le restant disponible de leurs deux centimes spéciaux, soit par des fonds qu'ils voteraient en vue de cette dépense. L'Etat lui-même ne pourrait, sans de grands inconvénients pour l'ordre de ses finances, parfaire le traitement des asiles, comme il complète celui des maîtres d'école. Son intervention serait ici, en quelque sorte, le signal donné partout de rendre les salles d'asile gratuites. Elle aurait donc le double danger de lui imposer pour le présent une dépense considérable, et pour l'avenir un fardeau dont le poids ne pourrait être calculé avec certitude. Il ne faut pas perdre de vue, d'ailleurs, que l'Etat consacre déjà annuellement à la propagation des salles d'asile une somme de 400,000 fr., et il y a lieu d'espérer que cette subvention continuera de figurer chaque année à son budget. »

(1) Le caractère de l'institution des salles d'asile a été nettement déterminé dans un passage de l'instruction aux préfets, du 18 mai 1855, qu'on trouvera plus loin.

Art. 2. — L'enseignement, dans les salles d'asile publiques et libres, comprend :

1º Les premiers principes de l'instruction religieuse, de la lecture, de l'écriture, du calcul verbal et du dessin linéaire ;

2º Des connaissances usuelles à la portée des enfants ;

3º Des ouvrages manuels appropriés à l'âge des enfants ;

4º Des chants religieux, des exercices moraux et des exercices corporels.

Les leçons et les exercices moraux ne durent jamais plus de dix à quinze minutes, et sont toujours entremêlés d'exercices corporels (1).

Art. 3. — L'instruction religieuse est donnée, sous l'autorité de l'évêque, dans les salles d'asile catholiques.

Les ministres des cultes catholiques reconnus président à l'instruction religieuse dans les salles d'asile de leur culte.

Art. 4. — Les salles d'asile sont situées au rez-de-chaussée ; elles sont planchéiées et éclairées, autant que possible, de deux côtés, par des fenêtres fermées avec deux châssis mobiles.

Les dimensions des salles d'exercice doivent être calculées de manière qu'il y ait au moins deux mètres cubes d'air pour chaque enfant admis.

A côté de la salle d'exercices, il y a un préau destiné aux repas et aux récréations.

Art. 5. — Nulle salle d'asile ne peut être ouverte avant que l'inspecteur d'académie n'ait reconnu qu'elle réunit les conditions de salubrité ci-dessus prescrites (2).

(1) Ce qui a rapport à l'enseignement donné dans les salles d'asile est réglé avec plus de détail par les articles 8 à 19 de l'arrêté du 22 mars 1855, relatif au régime intérieur des salles d'asile, qui est imprimé à la suite de ce décret.

(2) Il est presque inutile de faire remarquer que l'article 5 n'entraîne pas pour l'inspecteur d'académie l'obligation de visiter par lui-même les salles d'asile qu'il est question d'ouvrir, ce qui lui serait le plus souvent impossible à l'égard de toutes celles qui ne sont pas établies au lieu de sa résidence. Il suffit qu'il les fasse visiter par l'inspecteur de l'arrondissement, et qu'il reconnaisse d'après son rapport qu'elles réunissent les conditions prescrites.

Art. 6. — Il y a dans chaque salle d'asile publique du culte catholique (1) :

Un crucifix,

Une image de la sainte Vierge.

Art. 7. — Il y a, dans toutes les salles d'asiles, un portrait de l'Impératrice, protectrice de l'institution.

Art. 8. — Le titre de *salle d'asile modèle* peut être conféré par le ministre de l'instruction publique, sur la proposition du comité central de patronage, à celles des salles d'asile qui auraient été signalées par les déléguées spéciales pour la bonne disposition du local, l'état satisfaisant du mobilier, les soins donnés aux enfants, ainsi que pour l'emploi judicieux et intelligent des meilleurs moyens d'éducation et de premier enseignement (2).

---

(1) Il semble que le mot *publique* ait été introduit par erreur dans le premier paragraphe de l'article 6. Cela semble surtout ressortir de la comparaison de ce paragraphe avec l'article 7, où le même mot a été omis, bien qu'il s'agisse d'une prescription analogue. On ne comprendrait pas, du reste, qu'il n'y eut pas de crucifix dans les salles d'asile libres du culte catholique.

(2) Un arrêté du 28 mars 1857 a réglé ainsi qu'il suit ce qui concerne les *salles d'asile modèles :*

« Art. 1er. — Nulle salle d'asile ne pourra prendre le titre de *salle d'asile modèle*, si ce titre ne lui est conféré par un arrêté spécial du ministre de l'instruction publique et des cultes, rendu sur la proposition du comité central de patronage des salles d'asile, en vertu de l'article 8 du décret du 21 mars 1855.

« Art. 2 — Il n'y aura par département qu'une ou deux *salles d'asile modèles* au plus.

« Art. 3. — Lorsqu'il y aura lieu à déclarer une salle d'asile *salle d'asile modèle*, le recteur de l'Académie fera parvenir au ministre, avec sa proposition, une copie du rapport qui lui aura été adressé par Madame la déléguée spéciale, constatant que toutes les conditions prescrites par l'article 8 du décret du 21 mars 1855 sont remplies. Au rapport seront joints : 1° un tableau de l'emploi du temps ; 2° un plan certifié de l'établissement, y compris le logement de la directrice ; 3° un état détaillé des recettes et des dépenses de la salle d'asile, indiquant le taux du traitement et la quotité de la rétribution mensuelle.

« Art. 4. — Aucune maîtresse ne pourra être appelée à diriger une salle d'asile modèle, si elle n'a exercé comme directrice, pen-

Il y a à Paris un cours pratique avec pensionnat, destiné :
1º à former, pour Paris et les départements, des directrices
et des sous-directrices de salles d'asile ; 2º à conserver les
principes de la méthode établie ; 3º à expérimenter les
nouveaux procédés d'éducation et de premier enseignement
dont l'essai serait recommandé par le comité central de
patronage (1).

dant un an au moins, dans un établissement public, ou pendant
deux ans dans un établissement libre.

« Art. 5. — Sur le rapport du recteur de l'académie, le titre de *salle d'asile modèle* pourra être retiré par le ministre,
après avis de la dame déléguée spéciale, et sur la proposition du
comité central de patronage, aux salles d'asile qui cesseraient de
remplir les conditions déterminées ci-dessus. »

L'arrêté du 28 mars 1857 a eu pour but de mettre fin à un
abus qui se produisait dans différents départements, où le titre de
salle d'asile modèle était décerné à certains établissements par des
personnes qui n'avaient pas qualité pour cela. Il était d'autant plus
urgent de faire cesser cet abus, qu'un privilège très-important est
attaché à ce titre par l'article 31 du décret du 21 mars 1855, puisque c'est sur la déclaration de la directrice d'un établissement
modèle, que peut être délivré le certificat de stage créé par l'article 26, et qui peut, dans certains cas, tenir lieu du certificat
d'aptitude.

(Voir aussi, au sujet des salles d'asile modèles, un passage de
l'*instruction aux préfets*, du 18 mai 1855.)

(1) Le *Cours pratique des salles d'asile*, qui portait d'abord le
nom d'*École normale*, est un établissement destiné à former des
directrices de salles d'asile. Créé par M. de Salvandy, il est situé
à Paris, rue des Ursulines, 10, dans un immeuble acquis par
l'État, et reçoit chaque année, de toutes les parties de la France,
des élèves pensionnaires ou boursières, soit laïques, soit appartenant à des communautés religieuses. L'utilité et l'organisation
de cette institution sont exposées dans le passage suivant d'une
circulaire adressée aux préfets le 19 août 1850 :

« En ce qui concerne le recrutement des directrices de salles
d'asile, je vous ferai observer, Monsieur le préfet, que les renseignements qui me parviennent de tous côtés m'apprennent que,
en général, les directrices de ces établissements ne connaissent
pas suffisamment ces méthodes spéciales de la salle d'asile, si
bien appropriées à tous les besoins de l'enfance ; qu'il suit de là
que trop souvent les salles d'asile dégénèrent en *petites écoles*
ou en *garderies*, et n'ont dès lors d'autre avantage que de pré-

Art. 9. — Un règlement, arrêté par le ministre de l'instruction publique, sur la proposition du comité central de patronage, déterminera, sous l'approbation de l'Impératrice, tout ce qui se rapporte aux procédés d'éducation et d'enseignement employés dans les salles d'asile publiques, ainsi qu'aux soins matériels qui doivent y être observés (1).

munir les enfants contre les dangers matériels de la rue. Cette insuffisance dans la direction de ces établissements avait frappé, il y a déjà plusieurs années, l'un de mes prédécesseurs, qui avait cherché à y remédier, en fondant à Paris une maison d'études où seraient formées des surveillantes appelées ultérieurement à la direction des salles d'asile dans les départements. Cette utile pensée a produit ce qu'on devait en attendre ; et la maison d'études, devenue école normale, est aujourd'hui disposée pour recevoir les élèves que les conseils généraux ou les conseils municipaux des grandes villes croiraient devoir y envoyer. Il s'y fait deux cours par an ; chaque cours dure quatre mois, de janvier en mai, de juillet en novembre. Le prix de la pension, tous frais compris, est de 60 fr. par mois, ou 240 fr. pour les quatre mois d'un cours. Pour cette somme, le conseil général pourrait donc introduire dans votre département toutes les améliorations que comporte l'administration d'une salle d'asile, et je ne crains pas de vous affirmer que le meilleur, le plus sûr moyen de propagation est la vue d'un établissement bien tenu. Les résultats obtenus pour l'éducation de l'enfance y sont si évidents que nul ne peut se refuser à les apprécier, et que tous ceux qui ont visité une véritable salle d'asile deviennent bientôt d'ardents propagateurs de l'institution. J'insiste donc particulièrement sur ce point ; et si le conseil général de votre département ne pouvait voter qu'une partie de la dépense qu'entraînerait la présence d'une boursière à l'école normale, j'accorderais volontiers de mon côté, sur les fonds de l'Etat, la somme qui serait nécessaire pour compléter le prix de la bourse. »

Outre les élèves pensionnaires ou boursières, soit à bourse entière, soit à demi-bourse, des élèves externes peuvent être admises à suivre gratuitement les cours de l'établissement. Les unes et les autres doivent être âgées de 24 ans au moins, sauf le cas de dispenses qui sont accordées facilement, et prouver, par un examen spécial, qu'elles sont en état de suivre les cours avec fruit. Les femmes mariées ou veuves peuvent être admises, comme pensionnaires ou comme externes, en produisant ou l'acte de mariage et l'autorisation du mari, ou son acte de décès. (Règlement de l'école normale des salles d'asile du 13 avril 1849.)

(1) Voir ce règlement, en date du 22 mars 1855, à la suite de ce décret, page 188.

TITRE II.

DE L'ADMISSION DES ENFANTS DANS LES ASILES (1).

Art. 10. — Aucun enfant n'est reçu, même provisoirement, par la directrice, dans une salle d'asile publique ou libre, s'il n'est pourvu d'un certificat de médecin, dûment légalisé, constatant qu'il n'est atteint d'aucune maladie contagieuse et qu'il a été vacciné.

L'admission des enfants dans les salles d'asile publiques ne devient définitive qu'autant qu'elle a été ratifiée par le maire.

Dans les huit jours qui suivent l'admission provisoire d'un enfant dans une salle d'asile publique, les parents sont tenus de présenter à la directrice un billet d'admission délivré par le maire (2).

Art. 11. — Les salles d'asile publiques sont ouvertes gratuitement à tous les enfants dont les familles sont reconnues hors d'état de payer la rétribution mensuelle.

Art. 12. — Le maire, de concert avec les ministres des différents cultes reconnus, dresse la liste des enfants qui doivent être admis gratuitement dans les salles d'asile publiques. Cette liste est définitivement arrêtée par le conseil municipal (3).

Art. 13. — Les billets d'admission délivrés par les maires ne font aucune distinction entre les enfants payants et les enfants admis gratuitement.

TITRE III.

DE LA SURVEILLANCE ET DE L'INSPECTION DES SALLES D'ASILE.

Art. 14. — Indépendamment des autorités instituées pour la surveillance et l'inspection des écoles par les articles 18,

(1) Voir, plus loin, le règlement du 22 mars 1855, concernant le régime intérieur des salles d'asile, titre Ier, relatif à l'admission des enfants dans les salles d'asile publiques, articles 1 à 7.

(2) Les dispositions des paragraphes 2 et 3 de l'article 10 sont en rapport avec les prescriptions du décret du 31 décembre 1853.

(3) L'article 12 est la reproduction presque textuelle de l'article 45 de la loi du 15 mars 1850.

20, 42 et 44 de la loi du 15 mars 1850 (1), il peut être
établi dans chaque commune où il existe des salles d'asile,
et à Paris dans chaque arrondissement, un comité local de
patronage nommé par le préfet.

Ce comité local, dont le curé fait partie de droit et qui
est présidé par le maire, est composé de dames qui se par-
tagent la protection des salles d'asile du ressort (2).

Art. 15. — Le comité local de patronage est chargé de
recueillir les offrandes de la charité publique en faveur
des salles d'asile de son ressort, de veiller au bon emploi
des fonds alloués à ces établissements par la commune, le
département ou l'Etat, et au maintien des méthodes adoptées pour les salles d'asile publiques. Il délibère sur tous
les objets qu'il juge dignes de fixer l'attention du comité
central.

Il se réunit au moins une fois par mois.

Art. 16. — Un où plusieurs médecins, nommés par le
maire, visitent, au moins une fois par semaine, les salles
d'asile publiques.

Chaque médecin inscrit ses observations et ses prescriptions sur un registre particulier.

Art. 17. — Le ministre de l'instruction publique et des
cultes peut, suivant les besoins du service, déléguer, pour
l'inspection des salles d'asile dans chaque Académie, une
dame rétribuée sur les fonds de l'Etat (3).

---

(1) Les autorités instituées par la loi du 15 mars 1850 (modifiée par le décret du 9 mars 1852 et la loi du 14 juin 1854), et ayant
par conséquent droit d'inspection et de surveillance sur les salles
d'asile, sont les inspecteurs généraux, les recteurs, les inspecteurs
d'académie et les inspecteurs primaires, les préfets, les sous-
préfets, les maires, les curés et les délégués cantonaux et communaux. Les articles 14, 15, 17 et 18, y ajoutent les membres des
comités locaux de patronage, les déléguées spéciales et les déléguées générales, institués par ce décret.

(2) Voir, sur les attributions des comités locaux, sur leur
composition et sur les services qu'ils sont appelés à rendre, plusieurs passages du *Rapport à l'Empereur* (page 173) et de l'*Instruction aux préfets*, du 18 mai 1855, imprimée ci-après.

(3) Des déléguées spéciales pour chacune des Académies ont été
nommées, pour la première fois, par arrêté du 11 juillet 1855.

Nulle ne peut être nommée déléguée spéciale si elle n'est pourvue du brevet d'aptitude (1).

Le recteur de l'Académie détermine l'ordre des tournées des dames déléguées spéciales et en règle l'itinéraire (2). Il transmet au ministre, avec son avis, les rapports généraux que les dames lui adressent. Le ministre place ce rapport sous les yeux du comité central de patronage.

Les déléguées spéciales correspondent directement avec les comités de patronage de leur circonscription, et envoient à chaque inspecteur d'académie un rapport spécial sur les salles d'asile du département.

Art. 18. — Il y a près du comité central de patronage

(1) La nature des fonctions des déléguées spéciales, leurs attributions et les obligations qui leur sont imposées, ont été déterminées dans plusieurs passages de l'*Instruction aux préfets*, du 18 mai 1855, et de l'*Instruction aux recteurs*, du 16 juin 1855. (Voir plus loin le texte de ces instructions.)

La position et le traitement des déléguées spéciales ont été réglés par l'arrêté suivant, du 9 juillet 1855 :

« Art. 1er. — Les déléguées spéciales pour l'inspection des salles d'asile sont partagées en trois classes.

« La classe est attachée à la personne et non à la résidence.

« Les personnes appelées pour la première fois aux fonctions de déléguées spéciales sont nécessairement de la dernière classe.

« Art. 2. Les traitements affectés à chaque classe sont fixés ainsi qu'il suit :

• Cinq déléguées spéciales de 1re classe, à 2,000 fr. ;
• Cinq déléguées spéciales de 2e classe, à 1,800 fr. ;
• Six déléguées spéciales de 3e classe, à 1,600 fr. »

(2) Un arrêté du 14 août 1855 a réglé de la manière suivante les frais de tournées de MMmes les déléguées spéciales :

« Art. 1er. — Les frais de tournées de MMmes les déléguées spéciales pour l'inspection des salles d'asile, hors du lieu de leur résidence, seront liquidés d'après les bases ci-après :

« 1o Six francs par chaque jour d'absence de la résidence ;
« 2o Quatre francs par myriamètre parcouru.

« Art. 2. — Au commencement de chaque tournée, une avance de trois cents francs sera mise à la disposition de chaque dame déléguée sur la proposition du recteur de l'Académie.

« Le solde des frais sera payé sur la production d'un état, en double expédition, visé, arrêté et transmis au ministre par le recteur de l'Académie. »

11

des salles d'asile deux déléguées générales rétribuées sur les fonds de l'Etat et nommées par le ministre de l'instruction publique.

Les déléguées générales sont envoyées par le ministre de l'instruction publique partout où leur présence est jugée nécessaire ; elles s'entendent avec les déléguées spéciales et provoquent, s'il y a lieu, les réunions des comités locaux de patronage ; elles rendent compte au ministre et au comité central, et ne décident rien par elles-mêmes (1).

TITRE IV.

DES CONDITIONS D'AGE, DE MORALITÉ ET D'APTITUDE DES DIRECTRICES DE SALLES D'ASILE.

Art. 19. — Les salles d'asile publiques et libres seront à l'avenir exclusivement dirigées par des femmes.

Art. 20. — Nulle ne peut diriger une salle, publique ou libre, avant l'âge de vingt-quatre ans accomplis, et si elle ne justifie d'un certificat d'aptitude.

Les lettres d'obédience délivrées par les supérieures des communautés religieuses régulièrement reconnues, et attestant que les postulantes ont été particulièrement exercées à la direction d'une salle d'asile, leur tiennent lieu de certificat d'aptitude (2).

Peuvent toutefois être admises à diriger provisoirement, dès l'âge de vingt et un ans, une salle d'asile publique ou libre, qui ne reçoit pas plus de trente à quarante enfants, les directrices pourvues du certificat mentionné en l'article 31 du présent décret, et les membres de communautés religieuses pourvues d'une lettre d'obédience.

---

(1) Voir, plus loin, sur les attributions et les fonctions de MM^mes les déléguées générales, l'instruction aux préfets du 18 mai 1855.

(2) Le deuxième paragraphe de l'article 20, en prescrivant que les lettres d'obédience attestent que les postulantes ont été particulièrement exercées à la direction d'une salle d'asile, exige pour ces établissements une garantie qui n'est pas demandée pour les écoles de filles par l'article 49 de la loi du 15 mars 1850.

Art. 21. — Sont incapables de tenir une salle d'asile publique ou libre les personnes qui se trouvent dans les cas prévus par l'article 26 de la loi du 15 mars 1850 (1).

Art. 22. — Quiconque veut diriger une salle d'asile libre doit se conformer préalablement aux dispositions prescrites par les articles 25 et 27 de la loi du 15 mars 1850, et 1, 2 et 3 du décret du 7 octobre 1850 (2).

L'inspecteur d'académie peut faire opposition à l'ouverture de la salle dans les cas prévus par l'article 28 de la loi du 15 mars 1850 et par l'article 5 du présent décret (3). L'opposition est jugée par le conseil départemental contradictoirement et sans recours.

A défaut d'opposition, la salle d'asile peut être ouverte à l'expiration du mois (4).

Art. 23. — Les directrices des salles d'asile publiques sont nommées et révoquées par les préfets, sur la proposition de l'inspecteur d'académie; elles sont choisies après avis du comité local de patronage (5), soit parmi les mem-

(1) Voir, page 18, l'article 26 et la note qui s'y rapporte.

(2) Voir, page 18, les articles 25 et 27 de la loi du 15 mars 1850 relatives aux conditions nécessaires pour pouvoir ouvrir une école et aux formalités à remplir, et pages 103 à 105 les articles 1, 2 et 3 du décret du 7 octobre 1850, relatif aux déclarations et justifications exigées pour l'ouverture d'une école.

Les obligations sont exactement les mêmes pour l'ouverture d'une salle d'asile, sauf les conditions d'âge et de brevet.

(3) Il est à remarquer que, tandis que le droit de faire opposition à l'ouverture d'une école libre appartient au préfet, en vertu de l'article 28 de la loi du 15 mars 1850, modifiée par celle du 14 juin 1854, le deuxième paragraphe de l'article 22 du décret du 21 mars 1855 confère à l'inspecteur d'académie le droit de faire opposition à l'ouverture d'une salle d'asile libre.

(4) Il importe de remarquer que, de même que pour les écoles, le délai légal d'un mois pour l'ouverture d'une salle d'asile ne part pas du jour de la déclaration faite au maire, mais du jour où toutes les pièces ont été remises entre les mains de l'inspecteur d'académie. (Voir le *Bulletin de l'instruction primaire*. 1856, page 577.

(5) L'avis du comité local de patronage dont il est question dans l'article 23 ne concerne pas le choix des personnes, qui appartient d'une manière absolue aux préfets ou aux supérieurs des communautés religieuses : il s'applique seulement à la préférence

bres des congrégations religieuses, soit parmi les laïques,
et, dans ce dernier cas, autant que possible, parmi les sous-
directrices.

Art. 24. — Le conseil départemental peut, dans les formes prescrites par les articles 30 et 33 de la loi du 15 mars
1850, interdire de l'exercice de sa profession, dans la commune où elle réside, une directrice de salle d'asile libre

Il peut frapper d'interdiction absolue une directrice de
salle d'asile libre ou publique, sauf appel devant le conseil
impérial de l'instruction publique.

Art. 25. — Dans toute salle d'asile publique qui reçoit
plus de quatre-vingts enfants, la directrice est aidée par
une sous-directrice.

Art. 26. — Nulle ne peut être nommée sous-directrice
dans une salle d'asile publique avant l'âge de vingt ans, et
si elle n'est pourvue d'un certificat de stage délivré ainsi
qu'il est dit à l'article 31 du présent décret (1).

Les sous-directrices dans les salles d'asile publiques sont
nommées et révoquées par les maires, sur la proposition
du comité de patronage (2).

Art. 27. — Il y a dans chaque département une commission d'examen chagée de constater l'aptitude des personnes
qui aspirent à diriger les salles d'asile.

La commission tient une ou deux sessions par an (3).

à donner à une directrice laïque ou appartenant à une communauté religieuse. Il est bien entendu que le maire, qui préside le
comité local de patronage, aura au préalable consulté à ce sujet le
conseil municipal.

(1) « Ce certificat donnera le droit, d'un côté, de diriger, dès
l'âge de vingt et un ans, une salle d'asile ne recevant pas plus de
quarante enfants ; de l'autre, d'être nommée, dès l'âge de vingt
ans, sous-directrice dans une salle d'asile publique. » (*Instruction
aux préfets*, 18 mai 1855.)

(2) Il y a ainsi cette différence entre les sous-directrices des
salles d'asile et les instituteurs adjoints et les institutrices adjointes que, tandis que ces derniers sont nommés et révoqués par
l'instituteur ou l'institutrice, avec l'agrément du préfet, le droit
de nomination et de révocation des sous-directrices appartient
au maire. A Paris, ce droit est exercé par le préfet de la Seine,
faisant fonction de maire général de la ville.

(3) La commission tient habituellement sa session chaque an-

Les membres de la commission d'examen sont nommés pour trois ans par le préfet, sur la proposition du conseil départemental de l'instruction publique.

La commission d'examen se compose :

De l'inspecteur d'académie, président;

D'un ministre du culte professé par la postulante;

D'un membre de l'enseignement public ou libre;

De deux dames patronesses des asiles;

D'un inspecteur de l'instruction primaire, faisant fonction de secrétaire.

A Paris, la commission est nommée, sur la proposition du préfet, par le ministre de l'instruction publique, qui fixe le nombre des membres dont elle doit être composée (1).

Art. 28. — Les certificats d'aptitude sont délivrés au nom du recteur par l'inspecteur d'académie dans les départements, et à Paris par le vice-recteur.

Art. 29. — Nulle n'est admise devant une commission d'examen avant l'âge de vingt et un ans, et si elle n'a déposé entre les mains de l'inspecteur d'académie, un mois avant l'ouverture de la session :

1º Son acte de naissance ;

2º Des certificats attestant sa moralité et indiquant les lieux où elle a résidé et les occupations auxquelles elle s'est livrée depuis cinq ans au moins.

La veille de la session, l'inspecteur d'académie arrête, sur la proposition de la commission d'examen, la liste des postulantes qui seront admises à subir l'examen (2).

---

née à la même époque que celle qui est chargée d'examiner les aspirants et les aspirantes au brevet de capacité.

(1) La commission de Paris comprend, outre son président et un ministre du culte professé par la postulante, les six inspecteurs de l'instruction primaire du département de la Seine, et huit dames, membres du comité central de patronage, ou déléguées pour l'inspection des salles d'asile.

(2) L'obligation de faire connaître un mois d'avance les lieux où l'on a résidé depuis cinq ans a pour objet de fournir à l'inspecteur le moyen de faire dans l'intervalle une enquête sur la moralité et les antécédents des postulantes.

Art. 30. — L'examen se compose de deux parties distinctes :

1º Un examen d'instruction;

2º Un examen pratique.

L'examen d'instruction comprend l'histoire sainte, le catéchisme, la lecture, l'écriture, l'orthographe, les notions les plus usuelles du calcul et du système métrique, le dessin au trait, les premiers éléments de géographie, le chant, le travail manuel.

L'examen pratique a lieu dans une salle d'asile. Les postulantes sont tenues de diriger les exercices de cette salle pendant une partie de la journée (1).

Art. 31. — Sur la déclaration de la directrice d'une salle d'asile modèle, visée par le comité de patronage, l'inspecteur d'académie délivre aux postulantes qui ont suivi les exercices de cette salle d'asile pendant deux mois au moins le certificat de stage mentionné en l'article 26 du présent décret (2).

A Paris, le certificat de stage est délivré par le vice-recteur de l'académie, soit sur l'attestation de la directrice d'une salle d'asile modèle, comme il est dit ci-dessus, soit sur l'attestation de la directrice du cours pratique, certifiée par la commission de surveillance de cet établissement (3).

(1) Voir ci-après, à la suite des instructions et arrétés relatifs aux examens pour l'obtention du brevet de capacité, les instructions, en date du 16 février 1856, concernant l'examen des aspirantes au certificat d'aptitude à la direction des salles d'asile.

(2) Voir plus haut, page 176, l'arrêté du 28 mars 1857, qui, en déterminant comment pourra être conféré, à l'avenir, le titre de *salle d'asile modèle*, a prévenu les abus qui pourraient résulter de la faculté de délivrer, sur la simple déclaration de la direction d'une salle d'asile portant ce titre, un certificat de stage pouvant tenir lieu du certificat d'aptitude.

(3) Il convient de remarquer que la durée du cours normal, fait deux fois par an au cours pratique des salles d'asile, est de quatre mois, et que le certificat de stage n'est délivré qu'aux personnes qui l'ont suivi en entier, tandis que les personnes qui l'obtiennent sur la déclaration d'une directrice de salle d'asile modèle n'ont suivi que pendant deux mois les exercices de cette salle d'asile.

TITRE V.

DU TRAITEMENT DES DIRECTRICES ET SOUS-DIRECTRICES DES SALLES D'ASILE.

Art. 32. — Les directrices des salles d'asile publiques reçoivent, sur les fonds communaux, un traitement fixe, qui ne peut être moindre de deux cent cinquante francs, et les sous-directrices un traitement dont le minimum est fixé à cent cinquante francs (1).

Les unes et les autres jouissent en outre du logement gratuit.

Les dispositions de la loi du 9 juin 1853 sur les pensions civiles leur sont applicables (2).

Art. 33. — Une rétribution mensuelle peut être exigée de toutes les familles dont les enfants sont admis dans les salles d'asile publiques, et qui sont en état de payer le service qu'elles réclament (3).

Le taux de cette rétribution est fixé par le préfet, en conseil départemental, sur l'avis des conseils municipaux et des délégués cantonaux.

Art. 34. — La rétribution mensuelle est perçue pour le compte de la commune par le receveur municipal, et spécialement affecté aux dépenses de la salle d'asile (4).

(1) Voir sur la manière dont il est pourvu au traitement des directrices et des sous-directrices, un passage du *Rapport à l'Empereur*, page 172.

(2) D'après la loi du 9 juin 1855, sur les pensions civiles, et le décret du 9 novembre de la même année. rendu pour l'exécution de cette loi, les directrices de salles d'asile publiques, ont droit, à soixante ans d'âge, et après trente ans accomplis de services, à une pension de retraite réglée, pour chaque année, à un soixantième du traitement moyen des six dernières années, sans que cette pension puisse excéder les trois quarts du traitement moyen.

(3) Voir, page 173, un passage du *Rapport à l'Empereur*, relatif à la disposition qui introduit le principe d'une rétribution au lieu de celui de la gratuité absolue, qui avait prévalu jusqu'ici dans les salles d'asile.

(4) Lorsqu'une rétribution mensuelle est exigée des familles et perçue par conséquent pour le compte de la commune, le minimum de traitement fixé par l'article 32 est toujours dépassé.

En cas d'insuffisance du produit de la rétribution mensuelle, et à défaut de fondations, dons ou legs, il est pourvu aux dépenses des salles d'asile publiques : 1° sur les revenus ordinaires des communes; 2° sur l'excédant des trois centimes spéciaux affectés à l'instruction primaire, ou, à défaut, au moyen d'une imposition spécialement autorisée à cet effet.

Une subvention peut être accordée par les départements aux communes qui ne peuvent suffire aux dépenses ordinaires des salles d'asile qu'au moyen d'une imposition spéciale. Cette subvention est prélevée, soit sur le restant disponible des deux centimes affectés à l'instruction primaire, soit sur les fonds spécialement votés à cet effet.

RÈGLEMENT

CONCERNANT LE RÉGIME INTÉRIEUR DES SALLES D'ASILE.

(Arrêté du 22 mars 1855) (1).

TITRE Ier.

DE L'ADMISSION DES ENFANTS DANS LES SALLES D'ASILE PUBLIQUES ET DES SOINS A LEUR DONNER.

Art. 1er. — Les salles d'asile publiques sont ouvertes, du 1er mars au 1er novembre, depuis sept heures du matin

---

(1) De même que nous avons donné avec le décret organique des salles d'asile, du 21 mars 1855, le rapport adressé à l'Empereur, nous donnons avec le règlement concernant leur régime intérieur, le rapport suivant adressé à l'Impératrice, protectrice des salles d'asile, qui l'a approuvé.

« Madame, en daignant accorder sa haute protection aux salles d'asile, Votre Majesté a prouvé d'une manière touchante l'intérêt

jusqu'à sept heures du soir ; du 1er novembre au 1er mars, depuis huit heures du matin jusqu'à six heures du soir.

qu'elle porte à l'une des œuvres les plus utiles que l'esprit du christianisme ait inspirée à la civilisation. Le comité central de patronage des salles d'asile, placé sous vos auspices par le décret impérial du 16 mai 1854, s'est efforcé de répondre par son zèle à la pensée de Votre Majesté. Il vient vous offrir aujourd'hui le premier hommage de sa reconnaissance et de ses travaux.

« La loi du 15 mars 1850 avait laissé au Gouvernement le soin de faire, d'accord avec le Conseil impérial de l'instruction publique, un règlement sur la surveillance et l'inspection des salles d'asile, sur les conditions d'aptitude et de moralité des personnes qui y sont employées, et en même temps sur la nature de l'enseignement qui doit y être donné. Le comité central de patronage des salles d'asile, chargé de préparer ce règlement, sous la présidence de S. Em. Mgr le cardinal Morlot, a donné à l'examen des questions qui doivent y être résolues toute l'attention qu'elles méritent. Il a pensé tout d'abord qu'il y avait deux parts à en faire : l'une, comprenant tout ce qui se rapporte à l'administration financière et à l'action que l'État doit exercer sur les salles d'asile ; l'autre, qui deviendra en quelque sorte le code maternel des salles d'asile, et qui, à ce titre surtout, est particulièrement digne de l'attention de Votre Majesté. C'est ce projet que j'ai l'honneur de lui soumettre en ce moment.

« Ce règlement, qui résume l'indulgente discipline du premier âge, donne de précieuses indications sur la distribution du local et sur le choix du mobilier ; il fixe les conditions d'admission des enfants dans les asiles et décrit les soins qu'ils doivent recevoir ; il détermine les divers exercices corporels et moraux auxquels ils seront soumis, les premiers principes religieux qu'on devra leur inspirer, et il pose de sages limites à l'enseignement qui devra être offert à leurs jeunes intelligences. Les dispositions de ce règlement échappent au surplus, par leur précision même, à toute analyse ; inspiré par des sentiments d'affection vraie pour l'enfance, il présente dans un ordre méthodique des prescriptions dont quelques-unes pourraient sembler minutieuses à un œil peu attentif, mais qui toutes importent essentiellement à la bonne direction des salles d'asile. Cette direction, quelque modestes qu'en paraissent le but et les résultats, rencontre de sérieuses difficultés. Les mille fantaisies que le désœuvrement inspire aux enfants ne sont-elles pas pour eux, même au sein des meilleures familles, l'occasion de chagrins qu'ils ressentent et qu'ils expriment vivement ? Malgré les soins que leur prodiguent des mères tendres et vigilantes, il ne se passe presque pas d'heure où les pleurs ne

Des exceptions à cette règle peuvent être autorisées, selon les circonstances locales, par le maire, sur la proposition du comité local de patronage.

Les salles d'asile sont fermées les dimanches et les jours fériés, savoir : le jour de la Toussaint, le jour de Noël, le 1er janvier, les jours de l'Ascension et de l'Assomption.

Il est interdit aux directrices de les fermer d'autres jours sans l'autorisation du comité local de patronage.

Les enfants qui n'ont pas été repris par leurs parents, à l'heure où la salle d'asile doit être fermée, sont conservés par la directrice ou confiés en mains sûres pour être ramenés à leur demeure.

L'enfant n'est plus admis à la salle d'asile si les parents, après avoir été dûment avertis, retombent habituellement dans la même négligence.

L'exclusion ne peut, toutefois, être prononcée que par le maire, sur la proposition du comité local de patronage.

Art. 3. — Lorsqu'un enfant est présenté dans une salle d'asile, la directrice fait connaître à la famille les conditions de propreté, de soins et de nourriture, auxquelles elle devra se conformer, en ce qui concerne son enfant.

Indépendamment du certificat de médecin prescrit par l'article 10 du décret du 21 mars 1855 (1), la directrice

viennent attester de petites douleurs morales. Eh bien ! ces peines qu'on dirait inséparables de l'enfance ont disparu de nos asiles. Quel aspect charmant et toujours tranquille présentent ces heureux refuges ! Cent, cent cinquante enfants, réunis autour d'une seule femme, vont, viennent, montent, descendent, parlent, comptent, chantent au moindre signal, et reçoivent non-seulement avec intérêt, mais avec plaisir, les premières connaissances usuelles et le germe des sentiments moraux et religieux qui promettent au pays d'honnêtes générations. Quand on voit tous ces mouvements qui commencent et finissent avec le jour, s'accomplir joyeusement par la seule autorité de la parole et de l'exemple, sans le moindre désordre, sans le plus petit tumulte, sans qu'il en coûte une seule larme à un seul enfant, on ne peut s'empêcher de reconnaître la puissance des procédés d'éducation usités dans les salles d'asile. Ne doit-on pas s'efforcer de conserver, de perpétuer jusque dans ses moindres détails une méthode si utile ? »

(1) Voir, du reste, le titre II du décret du 21 mars 1855, qui est tout entier relatif aux conditions générales d'admission des enfants dans les salles d'asile.

doit exiger de la famille un petit panier pour les provisions de bouche de l'enfant, une éponge et un gobelet. Le comité local de patronage supplée, s'il y a lieu, à l'impossibilité où se trouveraient des familles de fournir ces objets.

Le panier, le gobelet et les éponges de chacun des enfants admis définitivement sont immédiatement marqués d'un numéro d'ordre.

Art. 4. — A l'arrivée des enfants à la salle d'asile, la directrice doit s'assurer par elle-même de leur état de santé et de propreté, de la quantité et de la qualité des aliments qu'ils apportent dans leur panier.

L'enfant amené à la salle d'asile dans un état de maladie n'est pas reçu ; s'il devient malade dans le courant de la journée, il est aussitôt dirigé vers la demeure de ses parents, et, en cas d'urgence, vers la demeure de l'un des médecins de l'établissement.

Les enfants fatigués ou incommodés sont déposés, soit sur le lit de camp ou hamac, soit dans le logement de la directrice, jusqu'à ce qu'on puisse les rendre à leur famille.

Art. 5. — En cas d'absence réitérée d'un enfant sans motif connu d'avance, la directrice s'informe des causes de cette absence. Elle en donne, dans tous les cas, avis au comité local de patronage, qui fait visiter, s'il y a lieu, cet enfant dans sa famille.

Art. 6. — A l'entrée et à la sortie de chaque classe, les enfants sont conduits en ordre aux lieux d'aisance ; ils y sont toujours surveillés par la directrice elle-même.

A deux heures, avant la rentrée en classe, les enfants sont également conduits en ordre dans le préau couvert. En passant devant sa case, chacun d'eux reçoit son éponge des mains de la directrice, et se présente à son rang devant la femme de service chargée du lavage des mains et de la figure. Après ce lavage, les enfants repassent dans le même ordre devant leur case, où leur éponge est déposée de nouveau par la directrice ; ils rentrent ensuite en classe.

Art. 7. — Les enfants ne doivent jamais être frappés. Ils sont toujours repris avec douceur.

Il ne peut être infligé aux enfants que les punitions suivantes :

Les faire lever et tenir debout pendant dix minutes au plus, lorsque leurs camarades sont assis.

Les faire sortir du gradin.

Leur interdire le travail en commun ;

Leur faire tourner le dos à leurs camarades.

Des images et des bons points peuvent être donnés, à titre de récompense aux enfants qui font preuve de docilité. Un certain nombre de bons points peut être échangé par le comité local de patronage contre un objet utile.

TITRE II.

De l'enseignement et des divers exercices.

Art. 8. — L'instruction religieuse, donnée conformément à l'article 3 du décret du 21 mars 1855, ne comporte point de longues leçons ; elle comprend surtout les premiers chapitres du petit catéchisme ; elle résulte aussi de réflexions morales appropriées aux récits de l'histoire sainte, et destinées à présenter aux enfants des exemples de piété, de charité, de docilité, rendus plus clairs et plus attachants, à l'aide d'images autorisées pour être mises sous leurs yeux.

Les exercices moraux comprennent des récits d'histoire qui tendent constamment à inspirer aux enfants un profond sentiment d'amour envers Dieu, de reconnaissance envers l'Empereur et leur auguste protectrice, à leur faire connaître et pratiquer leurs devoirs envers leurs père et mère et leurs supérieurs, à les rendre doux, polis et bienveillants entre eux.

Art. 9. — L'enseignement de la lecture comprend les voyelles et les consonnes, l'alphabet majuscule et minuscule, les différentes espèces d'accents, les syllabes de deux ou trois lettres, les mots de deux syllabes.

Art. 10. — L'enseignement de l'écriture se borne à l'imitation des lettres sur l'ardoise.

Art. 11. — L'enseignement du calcul comprend la connaissance des nombres simples, leur représentation par les chiffres arabes, l'addition, la soustraction, enseignées à l'aide du boulier-compteur, la table de multiplication apprise de mémoire à l'aide des chants, l'explication des poids et mesures donnée à l'aide de solides ou de tableaux.

Art. 12. — L'enseignement du dessin linéaire comprend la formation, sur le tableau et sur les ardoises, des plus simples figures géométriques et de petits dessins au trait.

Art. 13. — Les connaissances usuelles comprennent la division du temps, les saisons, les couleurs, les sens, les formes, la matière et l'usage des objets familiers aux enfants, des notions sur les animaux, sur les plantes, sur les industries simples, sur les éléments, sur la forme de la terre, sur ses principales divisions, les noms des principaux États de l'Europe avec leurs capitales, les noms des départements de la France avec leurs chefs-lieux, et toutes les notions élémentaires propres à former le jugement des enfants.

Art. 14. — Les travaux manuels consistent en travaux de couture, de tricot, de parfilage et autres, appropriés aux localités.

Art. 15. — Le chant comprend les premiers principes de la musique vocale, soit d'après la méthode de M. Duchemin-Boisjousse, soit d'après les autres méthodes qui pourraient être ultérieurement autorisées.

Art. 16. — Les leçons et les exercices religieux et moraux commencent et finissent par une courte prière; ils ont lieu dans les salles d'asile publiques, de dix heures du matin à midi, et de deux heures à quatre heures (1).

Art. 17. — Les exercices corporels se composent de marches, d'évolutions et de mouvements hygiéniques exécutés en mesure par tous les enfants à la fois dans la salle et dans le préau. Ils se composent aussi, pendant les récréations, de jeux variés selon l'âge des enfants, organisés autant que possible, et, dans tous les cas, surveillés par la directrice.

Art. 18. — Il est interdit de surcharger la mémoire des enfants de dialogues ou scènes dramatiques destinés à figurer dans des solennités publiques.

Art. 19. — Les directrices de salles d'asile doivent veil-

(1) Avant dix heures, et entre midi et deux heures, les enfants restent dans les préaux couverts et découverts.

ler à tous les besoins physiques, moraux et intellectuels
des enfants, à leur langage et à leurs habitudes dans toutes
les circonstances de la journée ; elles s'assurent que la
femme de service ne leur donne, sous ce rapport, que de
bons exemples (1).

TITRE III.

DU LOCAL ET DU MOBILIER.

Art. 20. — Il y a dans chaque salle d'asile plusieurs
rangs de gradins, au nombre de cinq au moins et de dix
au plus. Ces gradins doivent garnir toute l'extrémité de la
salle.

Il est réservé au milieu, et de chaque côté de ces gradins, un passage destiné à faciliter le classement et les
mouvements des enfants.

Des bancs fixés au plancher sont placés dans le reste de
la salle, avec un espace vide au milieu pour les évolutions.

Dans la salle destinée aux repas, des planches sont disposées le long des murs, et des patères ou crochets sont
fixés au-dessous pour recevoir les paniers des enfants et
les divers objets à leur usage. Chaque planche est divisée,
par une raie, en autant de cases qu'il y a d'enfants. Des
numéros, correspondants aux numéros des paniers, sont
peints au-dessous de chaque case.

Des lieux d'aisances distincts pour chaque sexe sont placés de manière à être facilement surveillés ; ils doivent
être aérés et disposés de telle sorte qu'il ne résulte de leur
voisinage aucune cause d'insalubrité pour l'asile. Le nombre des cabinets est proportionné à celui des enfants.
Chaque cabinet doit être clos par une porte sans loquet,
ayant au plus 70e de hauteur, et retombant sur elle-même.

La cour doit être spacieuse. Le sol en est battu et uni.

Art. 21. — Le mobilier des salles d'asile se compose de
lits de camp sans rideaux ou de hamacs ; d'une pendule ;
d'un boulier-compteur à dix rangées de dix boules cha-

_____

(1) Le titre II du présent règlement a été modifié dans quelques-
unes de ses dispositions par un règlement particulier relatif aux
exercices des salles d'asile, en date du 5 août 1859, dont on
trouvera le texte à la suite de celui-ci (page 196) avec le rapport
qui en explique les motifs.

cune ; de tableaux et de porte-tableaux ; d'une planche noire sur un chevalet, et de crayons blancs ; d'un porte-dessin ; de plusieurs cahiers d'images renfermés dans un portefeuille ; d'une table à écrire garnie d'un casier pour les registres ; d'une grande armoire ; de petites ardoises en nombre égal à celui des enfants et de leurs crayons ; d'un poêle ; d'une grande fontaine ou d'un robinet alimenté par une concession d'eau, se déversant sur un grand lavabo à double fond ; d'autant d'éponges qu'il y a d'enfants dans la salle d'asile ; enfin, de tous les ustensiles nécessaires aux soins des enfants et à la propreté du service ; d'un cla-quoir et d'un sifflet.

Art. 22. — Les salles et préaux sont nettoyés et balayés tous les matins, au moins une demi-heure avant l'arrivée des enfants.

Le balayage est renouvelé après le repas et après la sor-tie des enfants. Le feu est allumé dans les poêles du préau et de la classe une heure avant l'entrée des enfants.

Le préau est éclairé dès la chute du jour et aussi long-temps qu'il y reste des enfants.

TITRE IV.

DISPOSITIONS GÉNÉRALES.

Art. 23. — Les directrices des salles d'asile publiques tiennent :

1º Un registre sur lequel sont inscrits les noms et la de-meure des enfants admis provisoirement, le nom du mé-decin qui a délivré le certificat prescrit par l'article 10 du décret du 21 mars 1855, la date du jour où il a été provi-soirement admis ;

2º Un registre sur lequel sont inscrits, jour par jour, sous une même série de numéros, les noms et prénoms des enfants admis définitivement ; les noms, demeure et profession des parents ou tuteurs, et les conventions rela-tives aux moyens d'amener et de reconduire les enfants ;

3º Un registre sur lequel le médecin inscrit ses obser-vations ;

4º Un registre sur lequel les dames patronesses, char-gées de la surveillance de la salle d'asile, inscrivent leurs remarques sur la tenue de l'établissement au moment de leur visite ;

5° Un registre de présence des enfants.

Art. 24. — Il est interdit aux directrices, sous-directrices, ainsi qu'aux femmes de service, d'accepter des parents aucune espèce de cadeaux.

Art. 25. — La femme de service est choisie, dans chaque salle d'asile, par la directrice, avec l'approbation du comité local de patronage ; elle est révoquée dans la même forme.

Art. 26.— Les salles d'asile publiques sont ouvertes aux personnes qui désirent les visiter.

Art. 27. — Il y a, dans chaque salle d'asile, un tronc destiné à recevoir les dons de la bienfaisance publique.

La clef du tronc est déposée entre les mains de l'une des dames patronesses chargées de la surveillance de la salle d'asile.

L'emploi des deniers déposés dans ce tronc est réglé par le comité local de patronage.

Art. 28. — Un règlement, fixant l'emploi du temps pour chaque jour de la semaine dans les salles d'asile, est arrêté par le comité local de patronage.

Un exemplaire de ce règlement est toujours affiché dans la salle d'exercice.

RÈGLEMENT

CONCERNANT

LES EXERCICES INTÉRIEURS DES SALLES D'ASILE.

(Arrêté du 5 août 1859) (1).

Art. 1er. — A leur arrivée à la salle d'asile, les enfants sont réunis dans le préau découvert, si le temps le permet,

(1) Le règlement du 5 août 1859 modifie dans quelques-unes de ses dispositions le titre II du règlement du 22 mars 1855,

et s'y livrent au jeu en toute liberté, sous la surveillance de la directrice ou de l'adjointe.

concernant *l'enseignement et les divers exercices* des salles d'asile. Cependant il abroge moins qu'il ne modifie ou complète les dispositions contenues dans les articles 8 à 19 de ce titre. On devra donc combiner dans la pratique les prescriptions contenues dans ces articles avec celles du nouveau règlement. Au reste, les motifs des changements apportés dans les exercices des salles d'asile par l'arrêté du 5 août 1859 se trouvent expliqués dans le rapport suivant, adressé à S. M. l'Impératrice :

« MADAME, le comité central de patronage, se conformant aux intentions exprimées par Votre Majesté dans les deux séances qu'Elle a daigné présider, a donné la plus sérieuse attention à l'état actuel de l'enseignement dans les salles d'asile. Il est resté convaincu que, par un abus prenant sa source dans d'honorables préoccupations, on consacre, dans ces établissements, beaucoup trop de temps à un enseignement scolaire qui n'est pas toujours en rapport avec l'âge et la destination des élèves, et qu'on n'y laisse pas toujours une place suffisante pour les exercices physiques si nécessaires au libre développement de l'enfance.

« Le comité central de patronage a donc préparé un nouveau règlement qui, tout en laissant subsister les prescriptions utiles de l'ancien, a pour but de modifier considérablement l'état de choses actuel. En présentant ce nouveau règlement à Votre Majesté, je lui demande la permission de lui dire en peu de mots ce qu'il est permis d'en attendre.

« Votre Majesté, en visitant des salles d'asile, a remarqué que les enfants, à mesure qu'ils y arrivaient, étaient dirigés vers la salle de classe, et qu'ils y attendaient dans l'inaction l'ouverture des exercices, lesquels commencent à dix heures et finissent à midi. Ainsi, la plupart de ces enfants restaient quatre ou cinq heures sur les bancs. L'ancien règlement n'avait pas prévu cet abus. Le nouveau projet le détruit radicalement. Il ordonne qu'à leur arrivée à la salle d'asile les enfants seront réunis dans le préau découvert, pour s'y livrer au jeu en toute liberté, sous la surveillance de la directrice ou de son adjointe, et qu'ils y prendront leur repas du matin. La classe sera ainsi précédée d'une récréation de deux heures au moins. Les enfants n'auront plus, par conséquent, que deux heures de classe le matin et deux heures le soir, et encore chacune de ces classes sera-t-elle coupée par les mouvements qu'exigera le passage des bancs aux gradins.

« Quant aux matières de l'enseignement, la réforme a été faite, je l'espère, d'une manière judicieuse. Les enfants continueront de recevoir des leçons sur les éléments de la lecture.

Ils y prennent leur repas du matin, s'il y a lieu.

Art. 2. — A dix heures moins un quart, les enfants en-

L'ancien règlement bornait l'écriture à l'imitation des lettres sur l'ardoise ; le nouveau règlement supprime complétement cet enseignement, qui ne portait aucun fruit, et pour lequel les enfants étaient inutilement retenus sur les bancs.

« L'enseignement du calcul comprenait l'addition, la soustraction, la table de multiplication, l'explication des poids et mesures, et cet enseignement était suivi du dessin linéaire, comprenant la formation des plus simples figures géométriques. Quelque élémentaire que doive être un tel enseignement, on s'efforce généralement de l'étendre, et l'intelligence des enfants, au lieu de s'ouvrir ainsi à des idées nouvelles, s'engourdit devant des choses encore inintelligibles pour elle. Le nouveau projet exige un enseignement plus simple, mais plus vrai. Les enfants recevront dans la classe du matin, pendant un quart d'heure, une leçon de calcul pratique à l'aide du boulier-compteur. Le chant comprenait, d'après l'ancien règlement, les premiers principes de la musique vocale. On a quelquefois abusé de cette faculté, et, au lieu de chants destinés à amuser les enfants, tout en gravant dans leur mémoire de bonnes choses et en contribuant au développement d'organes essentiels, on a fait, dans quelques établissements, un petit cours de musique vocale. Il importe de ramener cet enseignement à ce qu'il doit être ; aussi le nouveau projet n'autorise-t-il que le chant à l'unisson de cantiques ou prières. Enfin ce projet, laissant subsister le petit cours qui doit préparer les enfants à l'étude de la religion, n'admet dans l'enseignement oral que des récits ou contes ayant un but moral, et que des explications très-simples sur les connaissances premières et usuelles. Il bannit, par conséquent, toute la partie géographique, historique et scientifique, dont on a abusé pour faire briller en public des enfants âgés de deux à sept ans au plus, et hors d'état, non-seulement d'appliquer, mais même de comprendre ce dont on surchargeait leur mémoire.

« Afin qu'il ne soit pas désormais possible de s'écarter de la ligne tracée en cédant à ces ambitieuses tentatives de rivalité scolaire qui dénaturent les salles d'asile, le comité central de patronage ne s'est pas contenté d'indiquer d'une manière précise les matières de l'enseignement qui devra être donné dans les salles d'asile : il a fixé dans son projet, non-seulement la durée du temps qui sera consacré à chaque matière, mais encore l'heure à laquelle chacun de ces petits enseignements sera donné.

« Le comité désire vivement que ce travail, inspiré par l'amour si vif et si éclairé que Votre Majesté porte à l'enfance, obtienne

trent en classe et se rangent sur les bancs latéraux. A dix heures, on leur enseigne les éléments de la lecture.

De dix heures un quart à dix heures trois quarts, ils se livrent à de petits travaux manuels appropriés à leur sexe et à leur âge.

A dix heures trois quarts, ils montent aux gradins. De onze heures à onze heures un quart, ils reçoivent une leçon de calcul pratique, à l'aide du boulier-compteur. Une demi-heure est ensuite consacrée à un petit enseignement religieux qui se termine par le chant à l'unisson des prières ou cantiques. A onze heures trois quarts, ils descendent des gradins.

Art. 3. — A midi, les enfants prennent leur repas.

A midi et demi, ils sont conduits en ordre devant le lavabo, où la femme de service leur lave les mains et la figure.

Art. 4. — D'une heure à deux heures, les enfants jouent dans le préau découvert.

Art. 5. — A deux heures un quart, les enfants rentrent en classe, se rangent sur les bancs et reprennent les petits travaux manuels. A deux heures trois quarts, ils remontent aux gradins.

A trois heures, la directrice leur fait un petit récit d'où elle a soin de tirer une conclusion morale. A trois heures un quart, elle leur donne des explications sur les petites connaissances usuelles qui peuvent leur être utiles un jour. A trois heures et demie, elle les fait chanter en chœur. A trois heures trois quarts, ils descendent des gradins.

Art. 6. — A quatre heures, les enfants prennent, s'il y a lieu, leur repas, et retournent jouer au préau découvert jusqu'à la fermeture de la salle d'asile.

Art. 7. — Les dispositions du règlement du 22 mars 1855, qui ne sont point contraires au présent arrêté, sont et demeurent maintenues.

sa haute approbation. Il espère que cette réforme salutaire tournera au profit de la jeune génération qui s'élève et qui puisera désormais dans les salles d'asile, avec des habitudes douces et honnêtes, les principes d'une morale saine et pure, et la force physique qui lui permettra de se livrer un jour, avec le courage et l'ardeur nécessaires, aux travaux de la vie professionnelle. » (5 août 1859.)

Afin de compléter ce qui concerne les salles d'asile, nous donnons immédiatement les instructions suivantes qui n'ont trait qu'à ces établissements, au lieu de les renvoyer à la partie renfermant les instructions relatives à l'instruction primaire en général.

INSTRUCTION AUX PRÉFETS POUR L'EXÉCUTION DU DÉCRET DU 21 MARS 1855 SUR L'ORGANISATION DES SALLES D'ASILE.

(18 mai 1855.)

Autorités préposées à la direction de l'institution des asiles.

Le système général des salles d'asile est aujourd'hui complété. Au sommet, le comité, placé sous les auspices de S. M. l'Impératrice, représente avec éclat, pour la France entière, les intérêts permanents de l'institution. Deux dames, déléguées générales, sont chargées de porter sur tous les points de l'Empire la pensée de ce comité. Investies de la haute mission de maintenir dans l'ensemble du service des salles d'asile l'unité de vues et de direction, elles sont envoyées par le Ministre partout où leur présence est jugée nécessaire; organe spécial de l'administration supérieure, elles ne prennent point de décisions par elles-mêmes, mais elles communiquent au Ministre tous les renseignements qui peuvent provoquer d'utiles réformes et éclairer les délibérations du comité central.

Ce n'est pas tout : le décret du 21 mars décide que le Ministre peut instituer, selon les besoins du service, dans chaque Académie, une inspection qui s'étend sur les salles d'asile de la circonscription. Les dames déléguées spéciales adressent au recteur de l'Académie des rapports que ce haut fonctionnaire transmet directement au Ministre avec ses propres observations; elles correspondent directement avec les comités locaux de patronage et peuvent être invitées par les présidents de ces conseils à leur prêter l'appui d'une expérience éprouvée. Chargées de veiller à l'application des règlements et au maintien de la méthode, elles inspectent assidûment les salles d'asile de leur ressort, assistent aux examens des aspirantes au brevet d'aptitude, et, toutes les fois qu'elles en trouvent l'occasion, confèrent de l'état des établissements confiés à leur surveillance avec les dames déléguées générales.

Tel est, indépendamment des comités locaux dont il sera parlé ultérieurement, l'ensemble des autorités particulièrement pré-

posées à la marche de l'institution à laquelle un auguste patronage est venu donner une consécration éclatante.

Caractère de l'institution.

Il n'est pas nécessaire d'insister auprès de vous, Monsieur le
Préfet, sur la nature et le but de cette institution. Les rapports à
l'Empereur et à l'Impératrice vous ont suffisamment fait connaître la pensée du Gouvernement. J'attire seulement votre attention sur ce point capital, que les salles d'asile, selon les
termes de l'article 1er du décret, sont avant tout des établissements d'*éducation*.

Ce seul mot résume un ensemble d'idées que, dans la création
et la direction des salles d'asile, il est très-important de ne jamais perdre de vue. D'un côté, on ne saurait, sous peine d'en
altérer essentiellement le caractère, confondre les salles d'asile
avec cette classe d'établissements qui, uniquement destinés à
soulager les besoins physiques, sont rangés, à juste titre, parmi
les établissements d'*assistance*. Ma circulaire, en date du 31 octobre dernier, vous a fait connaître que vous devez considérer
l'institution des asiles comme la base de notre système d'enseignement primaire. D'un autre côté, il importe essentiellement de
ne point changer les refuges de la première enfance en établissements d'instruction proprement dite, de ne point transformer
la salle d'asile en école. Donner dans la salle d'asile un enseignement technique et complet serait, en premier lieu changer
en leçons fastidieuses pour un si jeune âge d'attrayants exercices; rendre à la mémoire seule, dans l'asile, ce qu'on a voulu
y donner à l'intelligence; consacrer à un travail purement machinal un temps qu'il importe de mettre à profit pour le développement de l'esprit et du cœur, pour la culture des facultés
délicates, pour les premières et faciles études du chant, pour
l'acquisition de cette foule de notions utiles qui, grâce à un système bien conçu d'interrogations habilement conduites, pénètrent
sans effort dans l'intelligence des enfants. Aussi, ne faudra-t-il
pas craindre que, les petits élèves possédant tant bien que mal,
au sortir de l'asile, les connaissances indispensables, un grand
nombre de parents se crussent autorisés à leur imposer, dès
l'âge de sept ans, ces travaux prématurés qui, dans les centres
industriels, sont trop souvent funestes au développement physique des enfants et multiplient en même temps pour eux les
causes d'une corruption précoce? Il convient donc que la salle
d'asile précède l'école, qu'elle y prépare et qu'elle y conduise;
mais il serait fâcheux peut-être qu'elle en tînt lieu. Telle est la
pensée qui a présidé à la rédaction de l'article 1er du décret et
des articles 8, 9, 10, 11, 12 et 13 du règlement concernant le

régime intérieur. Les autorités préposées à la direction des salles
d'asile doivent veiller scrupuleusement à ce qu'elle ne soit jamais méconnue.

Comités locaux de patronage.

Au reste, pour tout ce qui tient à cette direction intellectuelle
et morale des salles d'asile, Monsieur le Préfet, le décret vous
a préparé des auxiliaires très-actifs et, je n'en doute pas, très-
utiles, en vous appelant à instituer, dans chaque commune où
il existe de ces précieux établissements, un comité local de patronage.

Ces comités, où la religion, l'administration et la charité maternelle auront leurs représentants, sont appelés à jouer un rôle
considérable dans l'organisation générale des salles d'asile. Chacun d'eux, image du comité central institué auprès du ministère
de l'instruction publique, aura, dans l'étendue de sa juridiction,
à exercer des droits et à remplir des devoirs analogues à ceux
qu'exerce et que remplit le comité supérieur pour la France entière, et qui se résument dans ces mots : *Protection des salles
d'asile*. Recueillir les offrandes en faveur des établissements du
ressort, pourvoir au bon emploi des fonds alloués par la commune, le département ou l'Etat; veiller au maintien des méthodes, à la direction intelligente de l'enseignement; s'assurer
des résultats de l'éducation reçue dans l'asile par des visites régulières, telles seront les attributions des dames qui voudront
bien, sous la direction du maire et avec la coopération du curé
de la paroisse, mettre en commun les inspirations de la charité.

Ces comités ne resteront point isolés. D'un côté, ils correspondront avec les dames déléguées par le Ministre pour l'inspection des salles d'asile de l'Académie; de l'autre, ils se rattacheront au comité central, avec lequel ils devront se tenir en communication permanente, et de qui ils recevront une haute et salutaire impulsion. Tout ce qui intéresse les asiles de la circonscription devra naturellement les préoccuper, en sorte que, dans
les réunions qui devront avoir lieu tous les mois, il sera toujours possible à MM. les maires de soumettre aux délibérations
des dames réunies sous leur présidence des objets dignes d'un
véritable intérêt. Les présidents, lorsqu'ils le jugeront utile,
transmettront les résultats de leurs délibérations au comité central de Paris. Ce dernier, on peut en avoir l'assurance, s'em-
pressera de mettre à profit, dans l'intérêt général de l'œuvre, les
avis et les renseignements qui paraîtraient renfermer le germe
d'améliorations sérieuses et de sages progrès.

Vous le voyez, Monsieur le Préfet, les comités locaux formeront un rouage très-important dans l'ensemble du système des
salles d'asile; à vrai dire, ils seront le nerf de l'institution. Partout

où ces comités fonctionneront avec régularité, le Gouvernement pourra être assuré que la pensée de l'administration, sérieusement comprise, sera appliquée avec cet esprit de suite qui garantit le succès.

J'attire donc sur ce point fondamental votre attention toute particulière. Les éléments de la création des comités sont réunis autour de vous; ces comités devront naturellement être composés de dames que leur position sociale met en mesure d'exercer, au profit des salles d'asile, une salutaire influence.

Ces dames, je n'en doute pas, n'hésiteront point à accepter l'intéressante mission que vous serez heureux de leur offrir au nom du Gouvernement et de l'auguste protectrice de l'institution des asiles. Votre appel sera promptement entendu, puisqu'il s'adresse au dévouement et à ces sentiments généreux toujours éveillés dans le cœur des mères. Assurément, il vous sera facile de faire comprendre aux dames dont vous aurez à réclamer le concours que l'esprit et la grâce sont les meilleurs auxiliaires de la charité.

Le nombre des membres de chacun des comités de patronage n'est pas fixé par le décret du 21 mars. Vous avez donc toute liberté d'action. Vous prendrez conseil des circonstances à cet égard. Vous tiendrez compte naturellement et du nombre des asiles établis dans le ressort et des éléments que vous vous croyez assuré de pouvoir mettre activement en œuvre. Quelle que soit votre détermination, le point capital, c'est que chacune des dames qui voudront bien accepter le titre de membre du comité soit fermement résolue à revendiquer en même temps sa part sérieuse de responsabilité et d'action.

Vous voudrez bien vous occuper immédiatement de la formation des comités locaux; vous me rendrez compte, dans les premiers jours du mois de juin, du nombre des comités formés dans votre département et des résultats que vous êtes légitimement fondé à attendre de la nouvelle organisation.

Commissions d'examen.

Le décret vous a chargé, en outre, Monsieur le Préfet, de la formation de la commission d'examen appelée à constater l'aptitude des personnes qui aspirent à diriger les salles d'asile. Les membres de cette commission, aux termes de l'article 27, doivent être nommés par vous, pour trois ans, sur la proposition du conseil départemental. Vous voudrez bien ne pas différer de procéder à cette désignation. Le conseil départemental, j'en ai l'assurance, présentera à votre nomination des personnes qu'une expérience réfléchie mettra à même de pouvoir prononcer sur l'aptitude des aspirantes.

Salles d'asile modèles (1).

Je compte, Monsieur le Préfet, sur votre initiative pour seconder, par tous les moyens en votre pouvoir, l'intérêt que le Gouvernement attache à la propagation des salles d'asile dans votre département. Ce n'est pas seulement à multiplier le nombre de ces établissements que vous devez vous appliquer, c'est aussi à rendre plus sensibles aux yeux des populations les bienfaits de l'institution même, en améliorant les salles d'asile existantes. Et ici, veuillez le remarquer, le décret du 21 mars est venu directement à votre aide en créant un moyen d'encouragement que vous ne manquerez pas de signaler à l'attention des directrices. Aux termes de l'article 8, le titre de : *Salle d'asile modèle* pourra être conféré par le Ministre, sur la proposition du comité central, à celles des salles d'asile dont les directrices se seront rendues dignes d'une marque particulière de distinction. Les droits à cette faveur résulteront de la continuité des soins donnés aux enfants, de l'emploi judicieux et intelligent des meilleurs moyens d'éducation et de premier enseignement, de l'entretien attentif du mobilier. Le titre de : *Salle d'asile modèle* sera aussi une consécration des efforts accomplis par les autorités municipales, car les déléguées spéciales ne pourront le solliciter qu'en faveur des établissements dont les dispositions matérielles ne donneront prises à aucune critique.

Certificat de stage.

Il ne faut pas l'oublier, d'ailleurs, à ce titre de *salle d'asile modèle* est attaché un privilége qui n'est pas sans importance. C'est sur la déclaration de la directrice de l'établissement modèle qu'après ratification du comité local de patronage, l'inspecteur d'Académie (art. 36) délivrera le certificat de stage créé par l'article 20 du décret. Or, ce certificat donnera le droit, d'un côté, de diriger, dès l'âge de vingt-un ans, une salle d'asile ne recevant pas plus de quarante enfants; de l'autre, d'être nommée, dès l'âge de vingt ans, sous-directrice dans une salle d'asile publique.

Il est facile de comprendre tout l'intérêt que présentera l'acquisition d'un tel certificat pour les jeunes personnes qui se destinent à la carrière de l'enseignement dans les salles d'asile; et les directrices, je n'en puis douter, attacheront une sérieuse importance à la conquête d'un titre qui, en leur conférant des droits, fera peser sur elles une véritable responsabilité.

Vous le voyez, Monsieur le Préfet, dans le décret préparé par

(1) Voir ci-après, pages 207 et 209, deux circulaires relatives aux *Salles d'asile modèles*.

la haute raison des dames qui, au sein du comité central, mettent au service de l'œuvre des salles d'asile l'autorité de noms illustres, rien de ce qui pouvait contribuer à la prospérité de l'institution des salles d'asile n'a été oublié; aucun des vœux qui avaient pu être dictés par l'expérience et suggérés par l'observation des faits n'a été méconnu.

CIRCULAIRE AUX RECTEURS CONCERNANT L'EXÉCUTION DU DÉCRET DU 21 MARS 1855 SUR LES SALLES D'ASILE.

(16 juin 1855.)

Monsieur le Recteur, je vous communique, avec le décret du 21 mars sur l'organisation des salles d'asile et le règlement concernant le régime intérieur de ces établissements, les instructions que j'ai adressées à MM. les préfets, à la date du 18 mai dernier.

Ces instructions vous feront connaître la pensée de l'administration supérieure sur l'ensemble du système des salles d'asile. Mais il est quelques points sur lesquels je dois attirer votre attention spéciale; qu'il s'agisse du degré élémentaire, du degré secondaire ou du degré supérieur, vous ne cesserez jamais, ne l'oubliez pas, d'être, dans l'étendue de votre ressort académique, le magistrat de l'enseignement.

Les instructions aux préfets ont révélé toute l'importance que, dans l'intérêt des salles d'asile, j'attache aux fonctions de MM^{mes} les déléguées spéciales. Par une intelligente et quotidienne intervention de leur part, la méthode pourra se maintenir et se perfectionner; par elles se répandront, jusque dans les plus petites villes, ces traditions précieuses qui, puisées au sein de l'établissement central, où l'esprit de la salle d'asile se perpétue en se renouvelant (art. 8 du décret), doivent demeurer la règle et assurer l'avenir de l'institution elle-même.

Or, c'est sous votre autorité, Monsieur le Recteur, que le décret du 21 mars a placé celle de ces dames chargées d'inspecter les salles d'asile de votre ressort académique. C'est à vous qu'est confié le soin de déterminer les tournées de Mme la déléguée spéciale et d'en régler l'itinéraire. Vous ne négligerez rien pour n'agir à cet égard qu'en parfaite connaissance de cause. Les renseignements que vous présenteront MM. les inspecteurs d'Académie et Mme la déléguée elle-même vous seront, sur ce point, d'un indispensable secours; et veuillez vous pénétrer de cette pensée : il importe au plus haut degré que les sacrifices consentis par l'État pour chacune des tournées soient compensés et au delà par des résultats positifs.

12

C'est pour constater ces résultats que Mme la déléguée, à part les communications auxquelles des circonstances imprévues pourraient donner lieu, devra vous adresser chaque année, à la fin d'avril, un rapport général sur la situation du service des salles d'asile dans toute l'étendue du ressort. Ce rapport contiendra des détails précis : 1° sur l'action exercée par les comités locaux de patronage; 2° sur le personnel des maîtresses (aptitude, pratique de la méthode, dispositions morales, conduite); 3° sur le personnel des aspirantes au brevet d'aptitude (leur nombre, manière dont elles se préparent, ou résultat de l'examen); 4° sur l'état matériel des salles d'asile (salubrité des locaux, préaux, mobilier, etc.); 5° sur les créations réalisées ou projetées dans le cours de l'année; 6° sur l'influence morale et pédagogique des salles d'asile du ressort.

Ce rapport, rédigé en double expédition, pourra être présenté par vous, Monsieur le Recteur, au conseil académique, dans sa session de juin, et, avant de m'en transmettre le double (dans les derniers jours de juin), vous aurez à y puiser la matière d'observations que vous devrez adresser, sur l'état du service des salles d'asile, à chacun de MM. les inspecteurs académiques. Vous ne manquerez pas de me faire part du caractère de ces observations et du résultat que vous êtes en droit d'en attendre.

Le rapport général de Mme la déléguée ne la dispense pas, au reste, en aucune façon, d'envoyer à chacun des inspecteurs d'Académie le rapport spécial sur les asiles du département, dont il est fait mention au dernier paragraphe de l'article 17 du décret.

Je signale très-expressément à vos soins, Monsieur le Recteur, tout ce qui a rapport à la direction morale et intellectuelle des salles d'asile. En veillant avec sollicitude sur les premiers développements des jeunes enfants qui y sont admis, c'est la cause générale de l'instruction primaire que vous êtes appelé à servir. Quand toutes les salles d'asile de votre ressort donneront le salutaire exemple de cette méthode régulière et rationnelle par laquelle le jugement est exercé, l'intelligence éveillée, le sens moral affermi, toutes les facultés mises en jeu, les écoles primaires elles-mêmes participeront des résultats qui se seront manifestés au-dessous d'elles; au développement des premières correspondra nécessairement l'élévation des secondes. Comment admettre qu'en regard des excellents procédés usités dans l'asile, la routine et l'imperfection des méthodes puissent se perpétuer dans l'école? Le progrès de l'une est donc le point de départ et la cause la plus active du progrès de l'autre, et c'est en ce sens que, selon les termes de ma circulaire, en date du 31 octobre 1854, les salles d'asile doivent être considérées désormais « comme la base de tout notre système d'enseignement primaire. »

Les deux circulaires suivantes relatives aux salles d'asile modèles, et surtout celle du 12 juin 1858, ont une grande importance sous le rapport de la direction des salles d'asile en général, parce que, en faisant connaître à quelles conditions elles peuvent mériter ce titre, l'autorité trace, au point de vue du local et de la direction, le modèle dont elles doivent s'efforcer de se rapprocher.

CIRCULAIRE RELATIVE AUX SALLES D'ASILE MODÈLES.

(10 juin 1857.)

Monsieur le Recteur, j'ai l'honneur de vous donner communication de l'arrêté par lequel, sur la proposition du Comité central, j'ai fixé tout ce qui est relatif à la création des *salles d'asile modèles* (Arrêté du 18 mars. V. p. 176). Je signale cet arrêté à votre attention spéciale ; il est la mise à exécution de l'un des articles les plus importants du décret du 21 mars 1855, pour le développement de l'institution des asiles.

C'est dans les *salles d'asile modèles* que sera accompli le stage qui permet, soit d'être nommée sous-directrice avant l'âge de vingt ans, soit d'être admise à diriger provisoirement, dès l'âge de vingt et un ans, une salle d'asile publique ou libre ne recevant pas plus de trente à quarante enfants (art. 20 et 26 du décret du 21 mars). Ce sont ces établissements, — leur nom l'indique, — qui seront proposés, dans chacun des départements, à l'imitation des autres asiles. Il était donc indispensable que les salles d'asile, appelées à un rôle si exceptionnel, ne fussent investies des prérogatives dont on parle sous des conditions exceptionnelles elles-mêmes. Ces conditions ne pouvaient être déterminées avec une précision trop rigoureuse. En effet, selon que la salle d'asile modèle répondra à la pensée qui en a déterminé la création, ou qu'elle s'en écartera, le niveau de l'institution s'élèvera ou s'abaissera dans l'étendue de la circonscription à laquelle elle aura été présentée comme un type.

C'est pourquoi aucune des salles d'asile que la décision des autorités locales ou un usage local plus ou moins prolongé aurait précédemment élevées au rang d'établissements modèles, ne conserve *à priori* les priviléges attachés à ce rang. Aux termes de l'arrêté du 28 mars, « aucune salle d'asile ne pourra prendre le titre de *salle d'asile modèle* s'il ne lui a été conféré par un arrêté spécial du Ministre, rendu sur la proposition du Comité central. » Ce haut Comité lui-même ne sera pas saisi d'une demande en faveur de tel ou tel établissement, sans que le recteur de l'Académie ait constaté, d'après un rapport spécial de Mme la déléguée, que la salle en question remplit complétement les conditions prescrites par l'article 8 du décret du 21 mars 1855; et c'est pour garantir le caractère de l'enquête qui précédera toute proposition d'arrêté que devront être adressés au Comité les documents destinés à éclairer tous les détails de la situation. Ces documents sont énumérés dans l'article 3 de l'arrêté du 28 mars.

Dans la plupart des départements, l'existence d'une salle d'asile modèle satisfera aux intentions de l'Administration supérieure. Ce n'est que dans des circonstances exceptionnelles, par exemple dans le cas où les communications entre telles ou telles parties d'un département seraient très-difficiles, qu'il y aurait lieu de faire usage de la faculté accordée par l'article 2, de solliciter l'érection en salle modèle d'un second établissement.

Ce n'est pas seulement par des conditions matérielles irréprochables, c'est aussi et surtout par l'excellence de la direction qu'une salle d'asile doit mériter et justifier le titre de *salle d'asile modèle*. Il importait donc de faire en sorte qu'un établissement en possession de ce titre ne pût être confié qu'à des mains très-habiles

Aussi, nulle maîtresse ne pourra être appelée à diriger un asile modèle, si elle n'a mis l'Administration à même d'apprécier son aptitude, en exerçant comme directrice, soit pendant un an au moins dans une salle d'asile publique, soit pendant deux années dans une salle d'asile libre (art. 4).

· L'élévation au poste de directrice d'asile modèle sera en général le prix d'une *longue* pratique et de persévérants efforts. Cependant il eût été imprudent peut-être, en exigeant une épreuve de trop longue durée, d'écarter de la direction des *asiles modèles* les maîtresses qui, dès leurs débuts, révèleraient des qualités hors ligne. Lors donc qu'elles seront consultées par MM. les préfets sur les choix à faire pour ces postes importants, Mesdames les déléguées devront désigner celle des maîtresses qui, dans leur pensée, réunira au plus haut degré les qualités de toute nature qui constituent la véritable directrice. Un long exercice sera sans doute un titre; mais le peu de durée des services ne suffira pas à constituer un motif d'exclusion. Une supériorité incontestable, voilà ce qui devra fixer l'attention et déterminer les préférences.

S'il est nécessaire que le privilége de salle d'asile modèle et le titre de directrice de l'un de ces établissements ne soient conférés qu'à bon escient, il n'est pas moins indispensable que ce titre et ces priviléges ne puissent être conservés à des directrices ou à des établissements qui cesseraient de remplir les conditions exigées. En ce qui est des directrices, il va sans dire que le retrait du titre serait infligé, s'il y avait lieu, par l'autorité qui le confère, c'est-à-dire par l'autorité préfectorale. Une telle mesure, conformément à l'esprit de l'article 5, serait prise après avis de la dame déléguée; quant à l'établissement même, c'est par arrêté du Ministre et sur les propositions du Comité central que les prérogatives de salle d'asile modèle peuvent lui être retirées.

En vous communiquant l'arrêté du 28 mars, Monsieur le Recteur, je ne viens pas vous mettre en demeure de m'adresser une proposition d'érection d'asile modèle pour chacun des départements de votre ressort académique. Bien loin de là, toutes les fois que les conditions diverses ne se trouveront pas remplies d'une manière incontestable, vous devrez ajourner l'initiative qui vous est attribuée vis-à-vis de l'Administration supérieure. Il faut que la possession d'une salle d'asile modèle soit un privilége envié, et que la conquête de ce privilége devienne, entre les départements de l'Académie, la cause d'une émulation féconde. J'attends de vous qu'un esprit de discernement sévère et de prudente réserve préside à l'examen des demandes qui vous seraient présentées et aux propositions que vous pourriez avoir à me faire.

CONDITIONS QUE DOIVENT REMPLIR LES SALLES D'ASILE POUR DEVENIR SALLES D'ASILE MODÈLES.

(12 juin 1858.)

Monsieur le Recteur, aux termes de l'article 8 du décret du 21 mars 1855, le titre de *salle d'asile modèle* peut être conféré par le Ministre de l'instruction publique, sur la proposition du Comité central de patronage, à celles des salles d'asile qui auraient été signalées par les recteurs, après avis des dames déléguées spéciales, pour la bonne disposition du local, l'état satisfaisant du mobilier, les soins donnés aux enfants, ainsi que pour l'emploi judicieux et intelligent des meilleurs moyens d'éducation et de premier enseignement.

Bien que cet énoncé sommaire ait été précisé par l'arrêté en date du 28 mars 1857, et rappelé dans la circulaire du 10 juin de la même année, je crois utile de dissiper toute incertitude, relativement aux conditions que doivent réunir les salles d'asile pour lesquelles on solliciterait, à l'avenir, le titre d'asile modèle, en indiquant, avec une exactitude minutieuse, les points sur lesquels il importe que les rapports des dames déléguées spéciales présentent, le cas échéant, des renseignements positifs.

Je résume, sous les trois chefs indiqués par l'article 8 du décret précité, les conditions dont il s'agit.

I. — *Local.*

Examiner si tout est conforme aux prescriptions réglementaires, en ayant sous les yeux, d'une part, les articles 4, 5, 6, 7 du décret du 21 mars, et les articles 21, 22, 23 du règlement général du 22 mars 1855; d'autre part, le plan de l'asile en question.

Indépendamment des conditions énumérées dans ces articles, porter l'attention sur les points suivants : Le vestibule est-il fermé par une barrière destinée à empêcher le public de pénétrer dans la salle d'asile ? — Dimensions des classes (art. 4 du décret). — Sont-elles proportionnées au nombre des enfants que l'asile doit recevoir ? — Quelle est la forme des gradins ? — Quelle est la hauteur et la largeur des marches ? — Quel est l'appareil de chauffage ? — Comment est-il pourvu à l'aération et à la ventilation ? — Où est placé le lavabo ? — Comment est-il organisé ?

Le préau est-il d'une dimension au moins égale à celle des exercices ?

La cour est-elle spacieuse, de plain-pied, attenante aux salles ? le sol en est-il uni et battu ?

Les lieux d'aisances sont-ils situés de manière à être facilement surveillés ? sont-ils bien aérés ? peut-on y arriver à couvert ? quel est le nombre des compartiments ? et ce nombre est-il en proportion avec celui des enfants ? — Se conforme-t-on exactement aux diverses prescriptions de l'article 6 du règlement général ?

II. — *Mobilier.*

La salle d'asile est-elle munie de tous les objets désignés dans l'article 21 du règlement du 22 mars 1855, et tous les objets sont-ils en bon état de conservation ? Comment est-il pourvu aux soins de propreté ?

L'asile possède-t-il les registres dont parle l'article 23 ?

III. — *Direction*.

Le comité local est-il composé de membres actifs, au courant des détails et de la direction méthodique d'un asile, et en état de satisfaire aux prescriptions de l'article 15 du décret du 21 mars ? — Un médecin est-il attaché à l'établissement, et y fait-il des visites régulières (art. 16 dudit décret) ?

La directrice remplit-elle la condition stipulée par l'article 4 de l'arrêté du 28 mars 1857 (page 176) ? — Est-elle laïque ou membre d'une congrégation religieuse ? — Dans ce dernier cas, est-elle disposée à recevoir également, pour le stage, des aspirantes laïques ou des aspirantes religieuses ? — La congrégation à laquelle elle appartient possède-t-elle un asile normal ?

Le règlement intérieur suivi dans l'asile est-il celui des salles d'asile de Paris ? Faire connaître les modifications (additions ou retranchements) qui ont pu être apportées à ce dernier ? — Indiquer les raisons des différences signalées.

Emploi du temps détaillé. Se reporter, pour apprécier cet emploi du temps, aux articles 1 à 19 du règlement général (Répondre, paragraphe par paragraphe).

L'enseignement est-il maintenu dans les limites fixées par le règlement ? —S'occupe-t-on avec suite et succès des exercices de chant ? — Quels sont les petits travaux manuels auxquels on applique les enfants ? — Exercices hygiéniques. — Quelles sont les prières dites dans la salle d'asile ? — Les principales se font-elles à genoux ?

Indications supplémentaires.

Que deviennent les enfants arrivés à l'âge où ils ne peuvent plus rester à l'asile ? Veille-t-on à ce que chacun d'eux soit envoyé dans une bonne école ? Le comité de patronage prend-il quelques mesures à cet égard ?

Vous voudrez bien, Monsieur le Recteur, donner communication de cette sorte de programme à MM. les inspecteurs d'Académie placés sous vos ordres et à Mme la déléguée spéciale. Le programme en question devra être le guide pratique de ces fonctionnaires dans toute instruction ayant pour but de préparer la demande d'érection d'une salle d'asile modèle.

INSTRUCTION DES FILLES.

L'instruction des filles, antérieurement à la loi du 15 mars 1850 sur l'enseignement, se divisait en instruction *primaire* et en instruction *secondaire*.

La première, donnée dans les *écoles primaires* proprement dites, avec ou sans pensionnat, c'est-à-dire dans tous les établissements où l'enseignement restait purement élémentaire, était régie par l'ordonnance royale du 23 juin 1836.

La deuxième, donnée dans les établissements désignés spécialement sous le nom de *pensions* et *institutions*, où l'enseignement était plus élevé que dans les écoles primaires, et qui portaient alors le nom d'*écoles secondaires*, continuait à être régie par l'ordonnance du 31 octobre 1821 et par un règlement particulier adopté pour ces établissements, sous la date du 7 mars 1837, et reproduisant quelques-unes des dispositions de l'ordonnance du 23 juin 1836, relative aux écoles primaires de filles.

Depuis la loi du 15 mars 1850, qui a abrogé toutes les dispositions des lois, décrets ou ordonnances, qui y étaient contraires, l'instruction des filles est tout entière comprise dans l'instruction primaire. Ceci résulte formellement de l'esprit de la loi et a d'ailleurs été expliqué d'une manière précise dans la discussion à laquelle elle a donné lieu. Ceci résulte encore du décret du 31 décembre 1853, rendu pour l'application de quelques-unes des dispositions de cette loi. Ce dernier décret, ainsi que l'explique la circulaire aux recteurs du 26 janvier 1854, relative aux écoles de filles, dont on trouvera le texte plus loin, abroge d'une manière définitive l'ancienne classification des établissements destinés à l'éducation des filles en écoles primaires et en écoles secondaires. Le décret du 31 décembre 1853 a seulement divisé ces établissements en deux ordres, savoir : les écoles de *premier ordre* et les écoles de *second ordre*.

En conséquence, les maisons consacrées à l'enseignement des femmes, quelles qu'elles soient, sont aujourd'hui soumises aux dispositions qui régissent l'instruction primaire. Ce sont, d'une manière générale, toutes les dispositions de la législation précédente, sauf l'exception indiquée à la fin de l'article 50 de la loi du 15 mars 1850. Quant aux dispositions spécialement applicables à l'instruction des filles, elles se trouvent renfermées dans le chapitre v de la loi du 15 mars, articles 48 à 52, dans le titre II du décret du 31 décembre 1853, articles 6 à 12, et enfin dans la loi du 14 juin 1859, qui a fait disparaître en partie l'exception mentionnée ci-dessus.

Nous réunissons ici, pour la commodité des recherches, toutes les dispositions spéciales de la législation relatives aux écoles de filles, renvoyant seulement, pour quelques explications déjà données, aux notes des pages 60 à 62.

Loi du 15 mars 1850.

Chap. V. — DES ÉCOLES DE FILLES.

Art. 48. — L'enseignement primaire dans les écoles de filles comprend, outre les matières de l'enseignement primaire énoncées dans l'article 23 (1), les travaux à l'aiguille.

Art. 49. — Les lettres d'obédience tiendront lieu de brevet de capacité aux institutrices appartenant à des congrégations religieuses vouées à l'enseignement et reconnues par l'Etat (2).

L'examen des institutrices n'aura pas lieu publiquement (3).

---

(1) Voir p. 17.

(2) L'article 49 établit, comme on voit, entre les institutrices laïques et les institutrices appartenant à des congrégations religieuses, et au profit de ces dernières, une différence qu'elle n'a pas établie entre les instituteurs laïques et les instituteurs membres de communautés enseignantes. Ces derniers sont, en effet, placés dans le droit commun, et soumis, comme les instituteurs laïques, à l'obligation du brevet pour diriger une école.

(3) Voir plus loin, sur la manière dont il faut entendre cette absence de publicité, l'instruction relative aux examens.

Art. 50. — Tout ce qui se rapporte à l'examen des institutrices, à la surveillance et à l'inspection des écoles de filles, sera l'objet d'un règlement délibéré en conseil supérieur (1). Les autres dispositions de la présente loi (2) relatives aux écoles et aux instituteurs sont applicables aux

(1) Ces divers objets ont été réglés, en ce qui concerne les examens, par le règlement du 15 février 1853, dont on trouvera le texte plus loin, dans la partie consacrée à ces matières, et pour ce qui regarde la nature des écoles, la surveillance et l'inspection, par le titre II du décret du 31 décembre 1853.

(2) Les dispositions de la loi, dont il est question dans cet article, ont été modifiées par le décret du 9 mars 1852, puis par la loi du 14 juin 1854, en ce qui concerne la nomination des institutrices et les autres attributions transférées aujourd'hui aux préfets au lieu des recteurs, maires ou conseils divers. (Voir à ce sujet, p. 7, la note explicative placée au commencement de la loi du 15 mars 1850.)

En conséquence de l'article 50, et sauf ce qui a rapport aux exceptions et aux attributions susmentionnées, tout ce qui concerne les écoles de filles et les institutrices, se trouve régi par la loi du 15 mars 1850 et par les autres dispositions réglementaires rendues en conformité de la loi. Voici, pour les principales matières, l'indication des articles à consulter :

1o *Nature des écoles et objets de l'enseignement :* loi du 15 mars, articles 17 et 23, p. 14 et 17; — décret du 31 décembre 1853, articles 6 et 10, p. 60 à 63;

2o *Conditions d'exercice de la profession d'institutrice primaire, publique ou libre :* loi du 15 mars, articles 25 à 35, p. 18 à 22;

3o *Institutrices communales :* loi du 15 mars, articles 25 et 26, 31 à 34, p. 18, 20, 21 et 22, sauf les réserves indiquées plus loin; — décret du 7 octobre 1850, articles 13 à 32, p. 111 à 118, sauf les mêmes réserves;

4o *Écoles communales :* loi du 15 mars, articles 36 à 41, p. 22 à 24; — décret du 7 octobre 1850, articles 7 à 12, p. 108 à 111, sous la réserve encore des exceptions indiquées plus loin;

5o *Ouverture des écoles libres :* loi du 15 mars, articles 27 à 29, p. 18 à 20; — décret du 7 octobre 1850, articles 1 à 6, p. 103 à 108.

6o *Pensionnats :* loi du 15 mars, article 53, p. 28; — décret du 7 octobre 1850, article 6, p. 107; — décret du 30 décembre 1850, articles 1 à 14, p. 123 à 130.

7o *Cours d'adultes et cours divers :* loi du 15 mars, articles 54 à 56, 77 et 78, p. 29, 37 et 38.

écoles de filles et aux institutrices, à l'exception des articles 38, 39, 40 et 41 (1).

Art. 51. — Toute commune de 800 âmes de population

8º *Inspection et surveillance des écoles :* loi du 15 mars, articles 21 et 22, 42 à 47, p. 16, 17, 25, 26 et 27; — décret du
29 juillet 1850, articles 42 à 49, p. 93 à 100; — décret du 31 décembre 1853, articles 10 et 12, p. 62 et 63.

(1) Les articles 38, 39, 40 et 41 de la loi du 15 mars 1850,
que l'article 50 excepte des dispositions applicables aux écoles de
filles, sont relatifs au traitement des instituteurs communaux, les
dispositions financières de la loi du 15 mars 1850 n'ayant pas
été étendues aux institutrices. Cependant, la législation subséquente a fait disparaître une partie des exceptions indiquées.

Ainsi, tandis que par l'article 38 les instituteurs communaux
ont un traitement dont le minimum ne peut être au-dessous de
600 francs, la loi, jusqu'à ce jour, n'a fixé aucune limite pour
le traitement des institutrices. Ce traitement, comme celui des
instituteurs, se compose : 1º du traitement fixe alloué par la
commune ; 2º du produit de la rétribution scolaire (voir à ce
sujet la note 6); mais aucun minimum n'est assigné au traitement fixe qui peut être alloué par la commune, et, dans aucun
cas le département ou l'Etat ne sont tenus de compléter le traitement des institutrices afin de l'élever à un taux déterminé. Il
est seulement à noter que, dans la plupart des départements,
une certaine somme est mise chaque année à la disposition des
préfets par les conseils généraux, afin de venir en aide aux communes à qui leurs ressources ne permettent pas de pourvoir
d'une manière suffisante à l'instruction des filles, et qu'une somme
est allouée chaque année pour cet objet sur les fonds généraux de
l'Etat.

L'article 39, d'après lequel une caisse de retraites devait être
substituée par un règlement d'administration publique aux caisses d'épargne des instituteurs, a été abrogé de fait par la loi du
9 juin 1853 sur les pensions civiles, les instituteurs publics ayant
été compris parmi les fonctionnaires appelés à jouir du bénéfice
de la loi. Les dispositions de cette loi étant applicables aux institutrices comme aux instituteurs, l'exception mentionnée dans
l'article 50 n'existe plus aujourd'hui pour les premières.

L'article 40 a rapport aux moyens de pourvoir aux dépenses de
l'enseignement primaire dans la commune. En vertu de l'exception
indiquée, il ne s'applique pas aux écoles de filles, en ce sens que
l'entretien de ces écoles n'est pas compris dans les dépenses obligatoires des communes, lorsque la population ne dépasse pas
800 âmes et que les ressources de ces communes ne leur per-

et au-dessus est tenue, si ses propres ressources lui en fournissent les moyens, d'avoir au moins une école de filles, sauf ce qui est dit à l'article 15 (1).

Le *Conseil académique* (aujourd'hui le *Conseil départemental de l'instruction publique*) peut, en outre, obliger les communes d'une population inférieure à entretenir, si leurs ressources ordinaires le leur permettent, une école de filles ; et, en cas de réunion de plusieurs communes pour l'enseignement primaire, il pourra, selon les circonstances, décider que l'école des garçons et l'école des filles seront dans deux communes différentes. Il prend l'avis du conseil municipal.

Art. 52. — Aucune école primaire, publique ou libre, ne peut, sans l'autorisation du *Conseil académique* (aujourd'hui *Conseil départemental*), recevoir d'enfants des deux sexes s'il existe dans la commune une école publique ou libre de filles (2).

mettent pas d'y pourvoir par elles-mêmes. L'instruction des filles étant assurée d'une manière générale dans les écoles communes aux deux sexes, les communes ne sont pas tenues de s'imposer pour l'entretien des écoles spéciales de filles, et le département ni l'Etat ne sont pas tenus de suppléer sous ce rapport à l'insuffisance de leurs ressources propres.

Par l'article 41 de la loi du 15 mars, la rétribution scolaire dans les écoles de garçons est perçue dans la même forme que les contributions publiques directes. Cette disposition, en vertu de l'exception indiquée à l'article 50, n'avait pas été appliquée aux écoles de filles ; mais une loi spéciale du 14 juin 1859, dont on trouvera le texte à la page suivante, a étendu aux écoles de filles le mode de recouvrement de la rétribution adopté pour les écoles de garçons.

(1) D'après le paragraphe de l'article 15, auquel il est renvoyé dans l'article 51, le conseil départemental de l'instruction publique détermine les cas où les communes peuvent, à raison des circonstances, et provisoirement, établir ou conserver des écoles primaires dans lesquelles seront admis des enfants de l'un et de l'autre sexe, ou des enfants appartenant aux différents cultes reconnus.

(2) En vertu de l'article 52, il semblerait suffire qu'une école libre de filles vînt s'établir dans une commune où il n'existe qu'une école publique commune aux deux sexes, pour que celle-ci dût cesser à l'instant de recevoir les filles ; mais, en interpré-

Loi concernant la rétribution scolaire dans les écoles de filles (1).

(14 juin 1859.)

Article unique. A partir du 1er janvier 1860, la rétribution scolaire dans les écoles communales de filles sera perçue par le receveur municipal dans la même forme que les

tant convenablement l'article 52, on voit qu'avant d'interdire aux filles la fréquentation de l'école communale mixte, le conseil départemental doit avoir été consulté. C'est à lui qu'appartient en définitive le droit d'interdire cette fréquentation par son refus d'autoriser l'école publique à continuer à recevoir les enfants des deux sexes. Ce conseil est, en effet, seul juge de l'opportunité d'une mesure qui peut désorganiser l'école de la commune sans profit pour l'instruction des filles, l'école nouvellement ouverte pouvant n'avoir qu'une existence passagère, comme c'est fréquemment le cas pour les écoles libres. Cette nouvelle école peut n'offrir, en outre, aucune garantie sous le rapport de l'instruction et de la bonne éducation des élèves, et n'être qu'une spéculation ayant pour objet de profiter des dispositions de l'article 52. C'est au conseil départemental à déjouer des calculs qui mettraient pour ainsi dire l'organisation de l'école communale à la merci de la première personne venue. Du reste, l'article 52, sagement interprété par ce conseil, peut avoir des avantages certains pour l'instruction des filles comme pour les communes elles-mêmes.

(1) La loi du 14 juin 1859 n'a fait qu'appliquer aux écoles communales de filles les dispositions de l'article 41 de la loi du 15 mars 1850, que l'article 50 de cette dernière loi n'avait pas étendues à ces écoles.

Ces dispositions se trouvaient déjà appliquées aux écoles mixtes dirigées par des institutrices, ces écoles étant assimilées aux écoles de garçons, sauf en ce qui concerne le traitement de l'institutrice.

Afin de remédier aux inconvénients que présentait le mode de recouvrement de la rétribution par les institutrices, une circulaire du 22 août 1857 avait déjà invité les conseils municipaux à ne donner qu'un traitement fixe à l'institutrice et à faire porter en recette la rétribution au budget de la commune, au profit de laquelle elle était alors perçue.

Une circulaire postérieure du 18 juin 1858 avait établi en ou-

13

contributions publiques directes. Elle sera exempte des droits de timbre et donnera droit aux mêmes remises que les autres recouvrements. (1).

Sur l'avis conforme du conseil municipal, l'institutrice pourra être autorisée par le Conseil départemental de l'instruction publique à percevoir elle-même la rétribution scolaire.

L'article 50 de la loi du 15 mars 1850 est modifié en ce qu'il a de contraire aux dispositions qui précèdent.

Décret du 31 décembre 1853, relatif aux écoles primaires de garçons et de filles et aux maisons d'éducation de jeunes demoiselles.

TITRE II.

DES ÉCOLES DE FILLES.

Art. 6. — Les écoles de filles, avec ou sans pensionnat, sont divisées en deux ordres, savoir :

Écoles de premier ordre ;

Écoles de second ordre (2).

---

tre que, dans le cas où cette mesure serait adoptée par les communes, la retenue devait porter sur la totalité du traitement de l'institutrice.

Aujourd'hui, par suite des dispositions de la loi du 14 juin 1859, le traitement des institutrices se compose du traitement fixe alloué par la commune, et du produit de la rétribution. En conséquence, la retenue doit porter sur la totalité du traitement, comme il est dit dans la circulaire précitée du 18 juin 1858.

(1) Ce qui a trait au recouvrement de la rétribution scolaire dans les écoles de filles a été réglé par une instruction particulière en date du 18 juin 1859, qui applique en général aux écoles de filles les dispositions prescrites pour les écoles de garçons par l'instruction réglementaire du 31 janvier 1854. Voir plus loin cette instruction et les différents modèles qui s'y rapportent.

(2) Voir la note 2, p. 60. Il est à regretter que l'article par lequel les écoles de filles sont ainsi divisées n'ait pas déterminé le caractère des établissements de chacun de ces deux ordres. L'article 8 dit, il est vrai, à quelles conditions une insti-

Art. 7. — Aucune aspirante au brevet de capacité ne peut être admise à se présenter devant une commission d'examen si elle n'est âgée, au jour de l'ouverture de la session, de 18 ans accomplis (1).

Le brevet de capacité mentionne l'ordre d'enseignement pour lequel il a été délivré (2).

Art. 8. — Nulle institutrice laïque ne peut diriger une maison d'éducation de premier ordre si elle n'est pourvue d'un brevet de capacité délivré après un examen portant sur toutes celles des matières d'enseignement énumérées aux articles 23 et 48 de la loi du 15 mars 1850, qui sont exigées pour l'éducation des femmes (3).

Art. 9. — Des institutrices peuvent être chargées de la direction des écoles publiques communes aux enfants des deux sexes qui, d'après la moyenne des trois dernières années, ne reçoivent pas annuellement plus de quarante élèves (4).

tutrice laïque peut diriger une maison d'éducation de premier ordre; mais cette distinction n'ayant pas été établie par la loi du 15 mars 1850, qui régit tout l'enseignement en France, les personnes qui font une déclaration d'ouverture d'école, conformément à l'article 27 de cette loi, ne sont pas tenues de déclarer quelle espèce d'établissement elles veulent diriger. Il semble donc, en combinant les articles 6 et 8 du décret, que le caractère de l'école résulte, non pas de la nature même de l'établissement, mais de la nature du brevet de l'institutrice.

(1) Voir la note 1, p. 61.

(2) Voir plus loin, pour ce qui a rapport aux examens des institutrices, la partie de cet ouvrage consacrée aux examens en général.

(3) Voir ces articles p. 17 et 27. Voir aussi, pour la spécification des matières exigées pour l'éducation des femmes, la note 2 de la p. 61.

(4) Les raisons qui ont motivé les dispositions de l'article 9 sont expliquées dans le passage suivant du rapport à l'Empereur précédant le décret du 31 décembre 1853 :

« L'article 51 de la loi du 15 mars 1850 porte que toute commune de 800 âmes de population et au-dessus est tenue, si ses propres ressources lui en fournissent les moyens, d'avoir au moins une école de filles. Cette disposition de la loi ne peut guère être considérée que comme un vœu. Aussi, quoique, pendant ces trois dernières années, 1,808 écoles communales aient

Les dispositions de l'article 4 du présent décret relatives

été nouvellement établies, on n'en compte aujourd'hui encore que 11,199 pour toute la France. (Ces derniers nombres se rapportant à l'année 1853, sont bien loin de représenter aujourd'hui le véritable état des choses.)

« La question, cependant, touche à un intérêt moral de premier ordre. La fréquentation des écoles de garçons par les filles a trop souvent de funestes résultats, surtout dans les petites communes rurales, où les pères et les mères de famille, éloignés par les travaux des champs pendant une partie de l'année, laissent les enfants sans surveillance. D'un autre côté, les communes, les départements et l'Etat ne sauraient supporter immédiatement les sacrifices considérables qu'entraînerait l'établissement d'écoles spéciales de filles. Il a donc fallu, tout en respectant les sages intentions de 1850, aviser aux moyens de les remplir d'une manière moins onéreuse pour les finances du pays.

« Depuis quelques années, des institutrices ont été provisoirement placées à la tête d'un certain nombre d'écoles publiques communes aux enfants des deux sexes, et cette épreuve a parfaitement réussi. Les femmes sont éminemment propres non-seulement à l'instruction, mais encore à l'éducation des enfants. Une école qui réunit des garçons et des filles est surtout mieux placée entre les mains d'une femme qu'entre celles d'un homme ; si les garçons n'y perdent rien quant à l'instruction scolaire, les filles y gagnent beaucoup, puisque l'institutrice les forme mieux que l'instituteur à la pratique des vertus spéciales de leur sexe, et qu'elle leur donne, en ce qui concerne les travaux d'aiguille, si négligés et cependant si utiles dans les campagnes, des leçons que l'instituteur n'est pas en état de leur offrir.

« Toutefois, il faut le reconnaître, une école nombreuse ne peut être confiée à des mains débiles ; elles seraient impuissantes pour maintenir une exacte discipline parmi des enfants dont la première éducation a été souvent négligée. Une institutrice ne paraissant pas pouvoir diriger avec assez d'énergie une école de quarante enfants, le Conseil impérial a exprimé l'avis que cette limite ne fût pas dépassée.

« Pour que cette mesure n'ait que d'utiles effets, l'administration saura tenir compte de la diversité des lieux et des habitudes. Elle ne placera des institutrices à la tête des écoles mixtes que quand elle pourra le faire en ménageant les intérêts des instituteurs en exercice, en respectant les traditions locales, quelquefois même les préjugés, et quand elle aura la certitude de ne point nuire à l'organisation des administrations municipales. »

au traitement et au logement sont applicables à ces institutrices (1).

Art. 10. -- Toutes les écoles communales ou libres de
filles, tenues soit par des institutrices laïques, soit par des
associations religieuses non cloîtrées ou même cloîtrées,
sont soumises, quant à l'inspection et à la surveillance de
l'enseignement, en ce qui concerne l'externat, aux autorités
instituées par les articles 18 et 20 de la loi du 15 mars
1850 (2).

(1) En vertu de l'article 4 du décret du 31 décembre 1853,
les instituteurs suppléants institués par ce décret avaient un
traitement de 400 francs ou de 500 francs, selon qu'ils étaient
de deuxième ou de première classe. (Voir cet article et les notes
qui s'y rapportent, p. 57.) D'après un décret postérieur du 20 juillet 1858, il n'y a plus qu'une classe d'instituteurs suppléants
avec un traitement unique de 500 francs.

Mais une circulaire du 20 novembre 1858 a décidé que ce dernier décret ne s'applique pas aux institutrices dirigeant des écoles mixtes en vertu de l'article 9 ci-dessus, et qu'elles continueront à recevoir 400 ou 500 francs, selon leur classe. Il est, du
reste, pourvu au traitement et au logement des institutrices dirigeant des écoles communes aux deux sexes, conformément aux
dispositions des articles 37, 40 et 41 de la loi du 15 mars 1850.

(2) Le mode d'inspection des écoles de filles de toute nature
et de tout ordre a été déterminé par la circulaire suivante adressée aux recteurs, en date du 26 janvier 1854.

« Monsieur le Recteur, les dispositions énoncées au titre II du
décret du 31 décembre 1853 abrogent d'une manière définitive,
et conformément à l'esprit de la loi du 15 mars 1850 (art. 53),
l'ancienne classification des établissements destinés à l'éducation
des filles en écoles primaires et en écoles secondaires. Désormais, toutes les maisons consacrées à l'enseignement des femmes,
quelles qu'elles soient, sont soumises aux dispositions qui régissent l'instruction primaire.

« Par la force même des choses, ces maisons sont divisées en
deux ordres ; à ces deux ordres d'écoles correspond un brevet de
capacité qui, tout en conférant des droits différents, selon l'ordre
d'enseignement pour lequel il est délivré, n'en garde pas moins,
sous la double forme qu'il revêt, l'unité de son caractère.

« Ce brevet continue à être délivré dans les conditions prescrites par le règlement du 15 février 1853. Mais une innovation
notable est la disposition relative à l'âge auquel les aspirantes
peuvent se présenter devant les commissions d'examen.

« Ni au point de vue moral, ni au point de vue pédagogique,

Art. 11. — Le *recteur de l'Académie* (aujourd'hui le

Il n'existait de motif réel de différer, au delà de dix-huit ans, le moment où il peut être permis aux futures institutrices de paraître devant les jurys d'examen. La disposition du règlement du 29 juillet 1850 a donc été appliquée aux aspirantes par l'article 7 du décret du 31 décembre. La nouvelle limite doit être considérée comme infranchissable. Vous n'aurez plus à me transmettre aucune demande de dispense d'âge en faveur des jeunes personnes qui ne rempliraient pas la condition indiquée.

« Aux termes de l'article 8, toute institutrice laïque qui veut diriger une maison de premier ordre, doit être pourvue d'un brevet délivré après un examen portant sur toutes les matières d'enseignement énumérées aux articles 23 et 48 de la loi du 15 mars 1850, qui sont exigées pour l'éducation des femmes. Par ces derniers mots, il faut entendre : une instruction religieuse approfondie, l'arithmétique, l'histoire et la géographie, particulièrement l'histoire de France, les éléments des sciences physiques et de l'histoire naturelle, des notions de littérature, de dessin linéaire et de musique.

« Les dispositions de l'arrêté du 15 février 1853 règlent d'avance la forme et la durée des épreuves; vous aurez soin de veiller à ce que ces dispositions soient fidèlement observées.

« J'appelle spécialement votre attention sur la partie du décret relative à l'inspection des écoles de filles. Cette inspection est exercée par différents délégués, selon qu'elle a pour objet les écoles d'externes, l'intérieur des pensionnats laïques et les pensionnats tenus par les communautés religieuses.

« Toutes les écoles communales et libres de filles tenues, soit par des institutrices laïques, soit par des associations religieuses cloîtrées ou non cloîtrées, sont soumises, en ce qui concerne l'externat, aux autorités instituées par les articles 18 et 20 de la loi du 15 mars 1850.

« J'ajoute immédiatement que vous devez entendre par externat les classes instituées en dehors de la ligne de clôture, dans lesquelles les élèves sont reçues pour le temps des études. Lorsque les classes sont ouvertes hors de la clôture et que des parents aussi bien que des maîtres étrangers y entrent librement, elles constituent un externat dans le sens le moins équivoque de ce mot, et sont placées sans conteste sous le droit commun de l'inspection. Quant à la surveillance que l'Etat doit exercer, conformément à l'article 21 de la loi du 15 mars 1850, sur l'éducation donnée à l'intérieur de la ligne de clôture des établissements religieux, ce n'est pas aux autorités désignées dans l'article 10 qu'elle est attribuée, mais bien aux délégués ecclésiastiques institués par l'article 12. Ainsi, les établissements religieux

préfet) délègue, lorsqu'il y a lieu, des dames pour inspec-

cloîtrés, qui renferment à la fois des pensionnats dans la clôture et des externats hors de la clôture, ne sont soumis à la surveillance des autorités instituées par la loi de 1850, et dans les limites fixées par l'article 21 de cette loi, qu'en ce qui concerne l'externat seulement.

« L'intérieur des pensionnats tenus par des institutrices laïques ne doit être visité ni par les délégués cantonaux ni par l'inspecteur de l'instruction primaire. Les motifs de haute convenance et de prudente réserve qui engagent à confier cette inspection à des femmes n'ont pas besoin d'être reproduits ici : ils se révèlent suffisamment d'eux-mêmes. Rien de plus difficile que la surveillance dont il est question. Il n'est point de mission qui exige plus de tact et de mesure, plus de prudence et de fermeté; il n'en est pas qui témoigne davantage de la confiance de l'Administration supérieure dans les personnes à qui elle est offerte. Vous vous associerez, je n'en doute pas, dans l'accomplissement d'une tâche si délicate, des dames dont le caractère et la réputation seront tout ensemble, pour les directrices des pensionnats, un encouragement et un avertissement. Ces dames comprendront que des intérêts moraux de premier ordre sont remis entre leurs mains, que de leur zèle et de leur sollicitude dépend la direction qui sera donnée à l'éducation des femmes. Elles s'attacheront aux fonctions qu'elles consentiront à accepter; éclairées par vous, elles y apporteront, avec un vif désir du bien, la parfaite intelligence de leurs devoirs.

« La volonté de l'Administration n'est pas, au reste, de compliquer la mission de ces dames en les chargeant de l'inspection de l'enseignement. A cet égard, les autorités désignées par l'article 10 continueront à remplir des devoirs dont toutes les convenances se réunissent pour leur attribuer l'exercice.

« Il y aura donc lieu de distinguer, dans tout établissement laïque, le pensionnat, même primaire, de l'externat. L'intérieur de tout pensionnat laïque sera visité par les dames seules. Pour les classes, elles resteront soumises à la surveillance des inspecteurs et des délégués, qui exerceront leur mission conformément à la loi du 15 mars 1850, selon que l'école sera communale ou libre.

« Je m'en rapporte à votre jugement pour la détermination du nombre des dames au dévouement desquelles vous avez à faire appel. Ce nombre est naturellement en rapport avec celui des pensionnats laïques ouverts dans le ressort de votre Académie.

« Quant aux pensionnats de filles tenus par des religieuses cloîtrées ou non cloîtrées, l'inspection en sera faite exclusivement par les délégués ecclésiastiques que je nommerai, sur la proposition de Mgr l'évêque du diocèse. »

ter, aux termes des articles 50 et 53 de la loi du 15 mars

Les règles relatives à l'inspection particulière des écoles tenues par des institutrices appartenant à des associations religieuses ont été tracées dans une seconde circulaire du 26 janvier 1854, adressée aux évêques, dont voici le texte :

« Monseigneur, la loi du 15 mars 1850 a décidé que « tout ce qui se rapporte à l'examen des institutrices, à la surveillance et à l'inspection des écoles de filles serait l'objet d'un règlement délibéré en conseil supérieur (art. 50). » Quoique l'ordonnance de 1836, qui régissait les écoles de filles, ne fût point abrogée par cette disposition, et que les règles établies fussent par consé‑ quent toujours en vigueur, l'inspection des écoles tenues par des communautés religieuses a donné lieu, sur quelques points du territoire, à des difficultés dont la solution ne pouvait pas être ajournée plus longtemps. Le décret du 31 décembre dernier, dont je vous envoie ci-joint un exemplaire, a pour objet de fixer toutes les incertitudes. Mûrement délibérées par le conseil impé‑ rial de l'instruction publique et par le conseil d'Etat, ses dispo‑ sitions ont été combinées en vue d'approprier aux conditions particulières des établissements la surveillance et l'inspection qui sont commandées par la loi. Vous y reconnaîtrez, je l'es‑ père, cet esprit de haute équité dont le Gouvernement de Sa Ma‑ jesté Impériale a déjà donné des gages si nombreux.

« Les écoles de filles sont partagées, par le nouveau règle‑ ment, au point de vue de la surveillance, en trois catégories. Votre Grandeur comprendra les motifs qui m'engagent à l'entre‑ tenir particulièrement de celles qui sont dirigées par des commun‑ autés religieuses.

« Aux termes de l'article 10, « toutes les écoles communales ou libres, tenues, soit par des institutrices laïques, soit par des institutrices religieuses, sont soumises, quant à l'inspection et à la surveillance de l'enseignement, aux autorités instituées par les articles 18 et 20 de la loi du 15 mars 1850. » L'article 12 ajoute que l'inspection des pensionnats de filles tenus par des congrégations religieuses, cloîtrées ou non cloîtrées, est faite, lorsqu'il y a lieu, par des ecclésiastiques nommés par le Ministre de l'instruction publique, sur la présentation de l'évêque diocésain.

« Afin de fixer le sens du décret, j'ajouterai ici que par ex‑ ternat on doit entendre les classes situées en dehors de la ligne de clôture, dans lesquelles les élèves sont reçues pour le temps des études. Lorsque les classes sont ouvertes hors de la clôture et que des parents, aussi bien que des maîtres étrangers, y en‑ trent librement, elles constituent un externat, dans l'acception la moins équivoque du mot, et sont placées sans conteste sous le régime commun de l'inspection. Quant à la surveillance à exer‑

1850, l'intérieur des pensionnats tenus par des institutrices
laïques (1).

cer, conformément à l'article 21 de la loi du 15 mars 1850, sur
l'éducation donnée à l'intérieur de la ligne de clôture des établissements religieux, ce n'est pas aux autorités désignées à l'article 10 qu'elle est attribuée, mais bien aux délégués ecclésiastiques établis par l'article 12. Ainsi les établissements religieux
cloîtrés, qui renferment à la fois des pensionnats dans la clôture
et des externats hors de la clôture, ne sont soumis à la surveillance des autorités instituées par la loi de 1850, et dans les limites fixées par l'article 21 de cette loi, qu'en ce qui concerne
l'externat seulement. C'est dans ces termes que sont conçues les
instructions que j'adresse aux recteurs par la circulaire dont vous
trouverez-ci-joint un exemplaire.

« Votre Grandeur a sur tous les établissements ecclésiastiques
de son diocèse un droit de juridiction spirituelle qui ne peut être
pour la puissance civile qu'un sujet de sécurité. Le décret du
31 décembre dernier en a appliqué le principe en vous attribuant
la présentation des ecclésiastiques qui seront chargés d'inspecter
les pensionnats dirigés par des religieuses. Le Gouvernement ne
peut douter que, cette fois encore, vous ne répondiez à son appel. Je vous prie de vouloir bien me désigner les prêtres qui
vous paraîtraient, sous tous les rapports, les plus capables de
bien remplir la mission délicate et si importante définie par l'article 12. Il ne s'agit pas sans doute ici d'une mission administrative et salariée qui exclut, par la multiplicité des travaux qui
s'y rapportent, l'exercice de toute autre fonction; cependant, et
les termes du décret le disent assez, les personnes que vous aurez présentées recevront un titre durable auquel seront attachés
pour elles des droits et des devoirs permanents, et qui devra
leur inspirer, avec la pensée d'un bien réel à accomplir, le sentiment d'une véritable responsabilité.

« Vous fixerez vous-même, Monseigneur, le nombre des ecclésiastiques que vous jugerez convenable de désigner pour l'inspection des établissements de votre diocèse. Ce nombre sera nécessairement proportionné à celui des pensionnats dirigés par
des associations religieuses.

« Le second paragraphe de l'article 12 porte « que les rap-
« ports constatant les résultats de l'inspection seront transmis di-
« rectement au Ministre. » Vous trouverez, j'aime à le croire,
dans cette disposition, le témoignage des intentions du Gouvernement et de l'esprit qu'il portera dans l'exécution du nouveau
décret. Elle est pour les délégués ecclésiastiques une garantie
précieuse qui relève leur autorité et qui doit encourager leur zèle. »

(1) Dans le département de la Seine, l'intérieur des pension-

Art. 12. — L'inspection des pensionnats de filles tenus par des associations religieuses cloîtrées ou non cloîtrées est faite, lorsqu'il y a lieu, par des ecclésiastiques nommés par le Ministre de l'instruction publique, sur la présentation de l'évêque diocésain.

Les rapports constatant les résultats de cette inspection sont transmis directement au Ministre (1).

nats tenus par des institutrices laïques est inspecté par quatre dames recevant un traitement sur les fonds départementaux.

(1) Voir la circulaire précédente. Les instructions suivantes ont été adressées en outre par le Ministre aux ecclésiastiques chargés de l'inspection des pensionnats de filles tenus par des religieuses, dans une circulaire du 20 décembre 1854:

« L'inspection que vous aurez à faire des pensionnats annexés aux écoles communales ou libres dirigées par des religieuses ne peut soulever aucune objection ; mais celle des pensionnats dirigés par des communautés religieuses, et compris dans la clôture, est d'une nature plus délicate ; c'est surtout en vue des difficultés résultant de la règle de ces communautés que le décret du 31 décembre fait appel à la coopération de l'autorité ecclésiastique. Vous ne perdrez donc pas de vue en pénétrant, avec la permission de l'évêque, dans l'intérieur de la clôture, que vous n'avez à inspecter que le pensionnat proprement dit, c'est-à-dire la partie de la maison où sont élevées les jeunes filles qui ne sont pas destinées à la vie religieuse. Vos rapports sur ces établissements me feront connaître si l'on y a pris toutes les précautions que réclame l'hygiène et parfois la morale elle-même ; si les dortoirs sont convenablement distribués ; si on n'y réunit pas plus d'enfants que les dimensions ne le comportent, et enfin si les enfants y reçoivent tous les soins que réclame leur santé.

« Quant à l'enseignement proprement dit, il reste soumis à l'inspection ordinaire dans les écoles communales ou libres ; mais cette inspection ne devant pas pénétrer dans la clôture, c'est vous, Monsieur l'abbé, qui aurez à voir si, conformément à l'article 21 de la loi du 15 mars 1850, l'enseignement donné dans les classes dirigées par les communautés religieuses est conforme à la morale, à la constitution et aux lois. Le caractère des institutrices qui tiennent ces établissements ne permet pas de douter de la direction parfaitement morale qu'elles donnent à leurs leçons. Votre tâche à cet égard sera donc bien simplifiée.

« Votre rapport, au surplus, ne contiendra aucune observation sur le mérite scolaire des méthodes ou des livres employés, pas plus que vous n'aurez à vous prononcer sur le degré d'instruction des élèves ou de leurs maîtresses ; mais vous aurez à

DIRECTION PÉDAGOGIQUE DES ÉCOLES PRIMAIRES [1].

(Instructions du 20 août 1857.)

Monsieur le Recteur, depuis que la loi du 14 juin 1854 a associé les préfets au gouvernement de l'instruction primaire, une impulsion très-vive a été donnée à la partie extérieure, et, si je puis dire, à la partie matérielle de l'enseignement. Un nombre considérable d'écoles de filles ont été ouvertes ; les petites écoles, dites *écoles de hameaux*, se sont multipliées ; bref, les moyens d'instruction ont été mis, avec une libéralité plus grande que par le passé, à la portée des populations. Bientôt aucune des classes de la société française n'aura ni raisons ni prétextes de laisser les jeunes enfants grandir dans l'ignorance. C'est là un fait d'une véritable portée, et ce fait n'est que l'accomplisse-

savoir si les livres placés entre les mains des enfants ne contiennent rien d'hostile à nos institutions, à la personne ou à la famille de l'Empereur : j'appelle sur ce dernier objet votre attention particulière. Le Gouvernement méconnaîtrait l'un de ses premiers devoirs s'il souffrait que des idées contraires au respect qui lui est dû fussent suggérées à la jeunesse. Je ne puis croire que de tels abus pénètrent jamais dans de sages et pieuses institutions comme celles dont vous aurez la surveillance, et je suis bien convaincu que si, par exception, vous y trouviez un livre dont le choix n'aurait pas été fait, sous ce rapport, avec un soin assez scrupuleux, vous vous hâteriez de l'y interdire de concert avec la supérieure, et de m'en donner avis. »

(1) La circulaire du 20 août 1857 a pour objet de déterminer quel doit être le véritable caractère de l'enseignement dans les écoles primaires, principalement en ce qui regarde l'enseignement des matières obligatoires. Cette circulaire résumant, avec les instructions relatives aux examens, qu'on trouvera plus loin, et avec quelques-unes des dispositions relatives aux écoles normales, ce qui a trait à l'enseignement primaire, à son objet et à la manière dont il doit être donné dans les écoles, sa place se trouvait naturellement indiquée à côté des règlements relatifs aux examens dont l'objet est aussi d'assurer la bonne direction de l'enseignement.

ment de l'un des vœux les plus chers du Gouvernement impérial. MM. les préfets, non plus qu'aucun des membres de l'administration de l'instruction publique, ne peuvent oublier qu'en consacrant leurs efforts au développement de l'enseignement populaire, ils ne font que travailler à remplir, pour la part qui leur est échue, le programme tracé par ces mémorables paroles : « Je veux conquérir à la reli-« gion, à la morale, à l'aisance, cette partie si nombreuse « de la population qui, dans un pays de foi et de croyan-« ces, connaît à peine les préceptes du Christ. » (*Discours de Bordeaux.*)

Mais construire des écoles n'est qu'une faible partie de la tâche. Quand on a rendu l'enseignement accessible, il reste à le rendre profitable. Il importe que les populations puissent toucher du doigt l'utilité pratique de l'instruction. On ne saurait se le dissimuler, le tour vague, abstrait, purement théorique de l'enseignement, est trop souvent l'une des causes de la désertion des classes. Pourquoi, dans les campagnes particulièrement, le chef de famille tiendra-t-il à ce que les enfants fréquentent régulièrement l'école, si les heures qu'on y passe paraissent des heures mal employées ; si la dépense qu'elle entraîne est, à ses yeux, une dépense stérile ? Il faut, à tout prix, que les familles, les communes, les départements, l'État puissent se considérer comme amplement dédommagés, par les résultats, des sacrifices qu'ils auront accomplis.

Ici, Monsieur le Recteur, apparaît sous son véritable jour la mission qui vous est attribuée dans la direction de l'enseignement populaire, et c'est pour me mettre à même d'apprécier jusqu'à quel point vous êtes secondé, dans cette mission, par les agents placés sous vos ordres, que je viens vous prier de me faire connaître, au point de vue de chacune des branches du programme, la manière dont l'enseignement est donné dans les écoles de votre circonscription académique.

C'est sur les matières comprises dans la partie *obligatoire* que j'attire tout spécialement votre attention. Ce serait déjà beaucoup, j'allais presque dire, il serait suffisant, que les matières essentielles fussent possédées à fond, par tous les enfants que leur âge rend tributaires de l'école. Il

s'en faut malheureusement que nous soyons sur le point
d'arriver à ce modeste résultat.

Et, pour commencer par l'instruction morale et religieuse, l'instituteur se fait-il, en la dispensant, l'auxiliaire
utile et discret du curé? Le catéchisme et l'Evangile sont-
ils toujours appris dans l'école? En ce qui est de l'histoire
sainte, le maître s'attache-t-il à la présenter sous forme de
récit, à la résumer dans la vie de quelques personnages cé-
lèbres dont les noms ne sauraient être ignorés? Un récit
fait avec quelque vivacité, coupé, de temps à autre, d'interrogations qui tiennent l'attention éveillée, est préférable
à tout autre mode d'enseignement. Je verrais avec un véritable regret que l'on continuât, dans vos écoles, à faire
apprendre par cœur ces interminables séries de faits et
de dates qui n'entrent dans la mémoire que pour en sortir
aussitôt, sans y laisser ni une idée sérieuse, ni une notion
utile.

En lecture, s'efforce-t-on, quelles que soient d'ailleurs
les méthodes adoptées, à faire de cet exercice, presque
toujours si fastidieux pour les élèves, un instrument de
développement intellectuel? Il s'agit d'obtenir d'abord que
la lecture soit faite avec aisance et naturel, et, en général,
sur le ton de la conversation; ensuite, que les enfants
prennent l'habitude de se rendre compte de tous les mots
et de toutes les pensées. Quand un morceau a été lu, le
maître le relit-il lui-même avec la prononciation, le ton, les
inflexions de voix convenables? Adresse-t-il des questions
sur le sens de telle phrase, l'orthographe de tel mot, la
portée de telle expression?

En enseignant l'écriture, on n'a pas, vous le savez, à
former d'habiles professeurs de calligraphie, mais à mettre
les enfants à même d'écrire couramment et lisiblement.
L'instituteur évite-t-il de mettre les élèves aux prises avec
des difficultés extraordinaires et des traits bizarres? Ré-
serve-t-il tout leur temps pour la *posée* et l'*expédiée?*

« Les élèves de nos écoles, disait mon prédécesseur dans
« une instruction que je me plais à rappeler, ont besoin
« d'apprendre leur langue, mais non les subtilités qui ont
« rendu, en la compliquant, l'étude de la grammaire fran-
« çaise si peu attrayante, et, par conséquent, si difficile. »

Assurément, l'étude de la langue maternelle est indispensable et peut être féconde ; car, si la langue n'est autre chose que l'expression de la pensée, la culture n'en peut être sans influence directe sur l'intelligence. Mais qu'on se garde d'accabler l'esprit des enfants de ces définitions métaphysiques, de ces règles abstraites, de ces analyses prétendues grammaticales, qui sont, pour eux, des hiéroglyphes indéchiffrables ou de rebutants exercices.

Tout enfant qui vient s'asseoir sur les bancs d'une école apporte avec lui, sans en avoir conscience, l'usage des genres, des nombres, des conjugaisons. Qu'y a-t-il à faire ? Tout simplement l'amener à se rendre un compte rationnel de ce qu'il sait par routine et répète de lui-même machinalement. Que le maître fasse lire une phrase claire et simple ; cette phrase lue, qu'il s'assure si les élèves en ont bien saisi le sens ; qu'il explique ensuite ou fasse expliquer le rôle que chacun des mots joue dans la construction de la phrase. Après quoi, qu'il donne cette phrase à copier. On a ainsi tout ensemble une leçon de logique pratique et une leçon d'orthographe.

Là est le seul genre d'*analyse* qu'il faille admettre dans les écoles. Si l'analyse ainsi pratiquée est fructueuse, parce qu'en étudiant à la fois la pensée et les mots elle s'adresse à l'intelligence, elle devient un pur gaspillage de temps quand elle n'est, comme on le voit trop souvent, que le travail machinal de la mémoire.

Donc, point de ces éternelles dictées, ambitieusement décorées du nom d'*analyses logiques*, et bonnes seulement à faire prendre en dégoût tout ce qui tient à l'enseignement de la langue ; point de fantasmagorie de mots ; s'il est possible même, point de *grammaires* entre les mains des élèves. Faire apprendre par cœur des formules abstraites à des enfants qui sortiront de l'école pour manier la bêche ou le rabot, c'est, à plaisir et sans résultats, heurter les instincts des familles. Qu'on voie s'entrechoquer dans un pêle-mêle de notions confuses ces mots techniques dont une intelligence peu exercée ne parvient jamais à se rendre maîtresse, il n'y a là, avec une perte de temps certaine, que des avantages bien douteux. Les dictées graduées avec discernement, analysées au point de vue des

idées, du sens des mots, de l'orthographe, dictées ayant
pour objet un trait d'histoire, une invention utile, une
lettre de famille, un mémoire, le compte rendu d'une affaire, tel doit être, dans l'école primaire, le fondement de
l'enseignement de la langue.

Dans l'enseignement du calcul, les maîtres s'attachent-
ils à exercer le raisonnement, à donner à cet enseignement
un caractère tout pratique, en empruntant les problèmes
aux circonstances de la vie réelle, aux faits de l'économie
domestique, rurale et industrielle? S'efforce-t-on ainsi de
faire de l'arithmétique une sorte de cours de logique populaire appliquée aux besoins, aux relations de chaque
jour?

Que si l'on complète ces données fondamentales par des
notions très-simples de géographie, en prenant pour point
de départ le village, le canton, l'arrondissement, le département, en donnant des explications sommaires, mais précises, sur les faits historiques, administratifs, industriels,
agricoles, qui se rattachent aux lieux indiqués sur la carte,
on aura parcouru le cercle des matières qu'il est désirable
d'enseigner à tous les enfants admis dans les écoles rurales, et dans un certain nombre de nos écoles de villes.

Ce programme épuisé, sans doute on n'aura point formé
des savants ; mais on aura donné à de futurs ouvriers des
notions vraiment utiles, et toutes les connaissances nécessaires pour qu'ils puissent se livrer aux travaux de leurs
professions avec intelligence et profit.

C'est à ces différents points de vue, Monsieur le Recteur,
que je désire recevoir de vous des renseignements positifs
sur la manière dont est dispensé l'enseignement dans les
écoles primaires de votre circonscription.

Les instituteurs sont-ils bien pénétrés de la nécessité de
poser, d'une manière solide, ces premiers et indispensables
fondements, avant d'aborder les matières énumérées dans
la partie facultative du programme?

Comprennent-ils que, dans l'intérêt même de l'enseignement, ils doivent faire en sorte que les familles puissent
constater, par les résultats, l'utilité pratique de l'école?

Les inspecteurs primaires ont ils, à cet égard, des idées
précises, un plan nettement arrêté, et ce plan est-il persé-

véramment suivi ? MM. les inspecteurs d'Académie, de leur côté, se préoccupent-ils des moyens d'imprimer, sous ce rapport, au service dont ils sont les chefs, une marche logique et uniforme ?

Si le but indiqué dans la présente circulaire n'est atteint que très-incomplétement, à quelles causes attribuez-vous une déviation si regrettable de la ligne que tracent évidemment les simples données du bon sens ? Est-ce à l'insuffisance ou à une direction erronée de l'éducation pédagogique des maîtres ? Est-ce au défaut d'expérience de la part des fonctionnaires chargés de l'inspection ? Quels remèdes, et, au besoin, quelles réformes auriez-vous à me proposer ?

A toutes ces questions, je désire, Monsieur le Recteur, que vous m'adressiez des réponses puisées dans l'étude attentive et consciencieuse des faits. Je vois, par les derniers rapports de MM. les inspecteurs primaires, qu'un nombre très-considérable d'enfants de votre circonscription s'abstiennent encore de fréquenter les écoles. Les causes d'un fait si digne d'exciter votre sollicitude sont assurément très-complexes : on peut parler de l'indifférence des populations pour l'instruction, de la pauvreté des familles, de la difficulté ou de la longueur des chemins qui, dans certaines localités, séparent les habitations de l'école ; mais à ces causes, contre lesquelles le temps seul permettra à l'administration de réagir, ne faut-il pas ajouter, pour une large part, celle dont je parlais plus haut, le caractère trop vague et trop théorique de l'enseignement ? Or, on rendra l'instruction pratique en employant moins de temps à enseigner des choses dénuées d'intérêt pour les élèves des écoles, et en donnant plus de temps, au contraire, à l'enseignement des connaissances usuelles.

Sous ce rapport, évidemment, les efforts de l'administration pourront, dès aujourd'hui, accélérer le progrès.

MODÈLE DE RÈGLEMENT

POUR LES ÉCOLES COMMUNALES ADOPTÉ PAR LE MINISTRE DE
L'INSTRUCTION PUBLIQUE, SUR L'AVIS DU CONSEIL SUPÉRIEUR.

Ce règlement, destiné à servir de modèle pour la rédaction des règlements particuliers affectés aux écoles communales dans les différents départements, a été transmis aux recteurs avec la circulaire suivante, en date du 17 août 1851 :

« Aux termes des art. 5 et 15 de la loi du 15 mars 1850, les conseils *académiques* (départementaux) et le conseil *supérieur* (impérial) de l'instruction publique sont nécessairement consultés sur les règlements relatifs aux écoles primaires. *Aucun règlement ne peut donc être publié et mis à exécution sans avoir été préalablement soumis à ce double examen.* Déjà quelques recteurs ont présenté aux conseils académiques des projets de règlement pour les écoles, et ces projets m'ont été envoyés pour être communiqués au conseil supérieur. Parmi ces règlements, il s'en trouve quelques-uns qui laissent à désirer, soit parce que des dispositions essentielles y ont été omises, soit parce que les prescriptions qui y sont contenues seraient mieux placées dans des traités de pédagogie et de morale. Le règlement ne procède pas par voie de conseil, il commande. Les dispositions qu'il renferme doivent donc être nettes, précises, faciles à retenir, en ce qui touche l'admission des enfants, le local et le mobilier des classes, comme en ce qui concerne l'enseignement et la discipline. Il n'est pas nécessaire qu'il rappelle, en les exposant, tous les devoirs de l'instituteur : il suffit qu'il les résume en peu de mots.

« Veuillez, Monsieur le recteur, tenir compte de ces observations lorsque vous préparerez un projet de règlement pour les écoles primaires de votre Académie.

« Je vous transmets un exemplaire du règlement qui a été approuvé par le conseil supérieur de l'instruction publique. Vous pourrez le porter, à titre de document, à la connaissance du conseil académique lorsque vous lui soumettrez un projet de règlement, en exécution de l'article 15, pour les écoles primaires publiques de votre Académie. »

TITRE Ier.

DES DEVOIRS PARTICULIERS DE L'INSTITUTEUR.

Art. 1er. — Le principal devoir de l'instituteur est de donner aux enfants une éducation religieuse et de graver profondément dans leur âme le sentiment de leurs devoirs envers Dieu, envers leurs parents, envers les autres hommes et envers eux-mêmes.

Art. 2. — Il doit instruire par ses exemples comme par ses leçons. Il ne se bornera donc pas à recommander et à faire accomplir les devoirs que la religion prescrit ; il ne manquera pas de les accomplir lui-même.

Art. 3. — On ne le verra jamais dans les cabarets, dans les cafés, dans aucun lieu, dans aucune société qui ne conviendrait point à la gravité et à la dignité de ses fonctions.

Art. 4. — Il se montrera plein de respect et de déférence pour les autorités en général, et en particulier pour celles qui sont préposées à l'instruction publique.

Art. 5. — Il veillera avec une constante sollicitude sur tout ce qui intéresse l'esprit et le cœur, les mœurs et la santé des enfants. Il n'aura point de familiarité avec eux ; il s'abstiendra de les tutoyer et ne leur donnera jamais de noms injurieux. Il ne se laissera point aller à la colère, et il saura toujours allier le calme et la douceur à la fermeté et à la sévérité.

TITRE II.

DES CONDITIONS D'ADMISSION.

Art. 6. — Pour être admis dans une école, les enfants doivent être âgés de *six ans* au moins et de *treize ans* au plus.

Néanmoins, des enfants âgés de moins de six ans et de plus de treize ans pourront être reçus avec autorisation des autorités locales. Avis de ces autorisations serait donné au *recteur* (préfet).

Art. 7. — Avant d'admettre un enfant, l'instituteur s'assure qu'il a été vacciné ou qu'il a eu la petite vérole, et qu'il n'est point atteint de maladies ou d'infirmités de nature à nuire à la santé des autres élèves.

TITRE III.

DU LOCAL ET DU MOBILIER.

Art. 8. — L'instituteur tiendra son école dans un état constant de propreté et de salubrité. Elle sera arrosée et balayée tous les jours ; l'air y sera fréquemment renouvelé. Même en hiver, les fenêtres resteront ouvertes dans l'intervalle des classes.

Art. 9. — Les tables, en plan légèrement incliné, devront être larges d'environ quarante centimètres et ne contenir qu'un rang d'élèves, en sorte qu'ils se trouvent tous en face du maître. Les bancs seront attachés aux tables.

Art. 10. — Il y aura dans l'école au moins un tableau noir destiné à des exercices d'écriture, d'orthographe, de calcul et de dessin linéaire.

Art. 11. — Sur une partie du mur approprié à cet effet, ou sur des tableaux mobiles appendus aux murs, seront tracées des maximes religieuses et morales, les mesures usuelles du système métrique, la table de multiplication, les cartes géographiques de la France et du département.

Art. 12. — Tous les objets devant servir pour les leçons du jour seront disposés en ordre par les soins du maître avant l'ouverture de chaque classe.

TITRE IV.

DE L'ENSEIGNEMENT

Art. 13. — L'enseignement dans les écoles primaires publiques comprend nécessairement :

L'instruction morale et religieuse,

La lecture,

L'écriture,

Les éléments de la langue française,

Le calcul et le système légal des poids et mesures.

Art. 14. — Lorsque l'instituteur en aura reçu l'autorisation du conseil *académique* (départemental), l'enseignement pourra porter en outre, en tout ou en partie, sur les matières suivantes :

L'arithmétique appliquée aux opérations pratiques,

Les éléments d'histoire et de géographie,

Des notions des sciences physiques et de l'histoire naturelle applicables aux usages de la vie,

Des instructions élémentaires sur l'agriculture, l'industrie et l'hygiène,

L'arpentage, le nivellement, le dessin linéaire,

Le chant et la gymnastique.

Art. 15. — Les classes dureront au moins trois heures le matin et trois heures le soir. Celle du matin commencera à huit heures et celle de l'après-midi à une heure.

Suivant le besoin des localités, les heures d'entrée et de sortie pourront être modifiées avec l'approbation du *recteur de l'Académie* (préfet).

Art. 16. — Les élèves de chaque école seront partagés en trois divisions au moins, selon leur degré d'instruction, et, autant que possible, selon leur âge.

Art. 17. — Dans la première division, l'enseignement comprendra la récitation des prières et du catéchisme du diocèse, la lecture, l'écriture et les premières notions du calcul.

Dans la deuxième division, il aura pour objet la récitation du catéchisme et l'histoire abrégée de l'Ancien Testament, la lecture courante, l'écriture, le calcul et les éléments de la langue française (théorie et pratique).

Dans la troisième division, il embrassera les matières de la division précédente avec plus de développements, l'histoire abrégée du Nouveau Testament, les manuscrits ou cahiers autographiés et le système métrique.

Art. 18. — Les élèves qui recevraient, en tout ou en partie, l'enseignement des matières énoncées dans la deuxième section de l'article 23 de la loi organique, formeraient une division séparée.

Art. 19. — Les élèves d'une même division devront se servir de livres semblables.

Il ne sera fait usage que des livres dont l'introduction aura été autorisée par le Conseil supérieur de l'instruction publique.

Religion.

Art. 20. — Un Christ sera placé dans la classe en vue des élèves.

Art. 21. — Les classes seront toujours précédées et suivies d'une prière ; celle du matin commencera par la prière du matin, contenue dans le catéchisme du diocèse, et celle de l'après-midi se terminera par la prière du soir du même catéchisme.

A la fin de la classe du matin, on récitera la prière : *Sainte mère de Dieu, nous nous mettons sous votre protection ;* au commencement de la classe du soir, on dira la prière : *Venez, Esprit saint.*

Art. 22. — L'instituteur conduira les enfants aux offices, les dimanches et fêtes conservées, à la place qui leur aura été assignée par le curé ; il est tenu de les y surveiller.

Art. 23. — Toutes les fois que la présence des élèves sera nécessaire à l'église pour le catéchisme, et principalement à l'époque de la première communion, l'instituteur devra les y conduire ou les y faire conduire.

Art. 24. — L'instituteur veillera particulièrement à la bonne tenue des élèves pendant les prières et exercices de religion, et il les portera au recueillement par son exemple.

Art. 25. — On ne se servira pour l'enseignement religieux que de livres approuvés par l'autorité ecclésiastique.

Art. 26. — L'enseignement religieux comprend la lettre du catéchisme et les éléments d'histoire sainte. On y joindra une partie de l'évangile du dimanche, qui sera récité en entier le samedi. Il y aura une leçon de catéchisme chaque jour, même pour les enfants qui ont fait leur première communion.

Les leçons d'instruction religieuse seront réglées sur les indications du curé de la paroisse.

Lecture.

Art. 27. — L'instituteur tiendra à ce que la lecture des élèves soit correcte; il les habituera à se rendre compte de ce qu'ils liront, en leur expliquant le sens des mots.

La lecture du latin est spécialement recommandée ; on se servira, pour cette lecture, du Psautier ou d'autres livres en usage pour les offices publics du diocèse.

Pour la lecture des manuscrits, on emploiera de préférence des cahiers autographiés contenant des quittances, baux, marchés, devis, mémoires d'ouvrages ou des instructions élémentaires sur l'histoire naturelle, l'agriculture, l'industrie et l'hygiène.

Ecriture.

Art. 28. — L'instituteur exercera les élèves à imiter les modèles d'écriture qu'il mettra sous leurs yeux; il veillera à ce qu'ils se conforment exactement aux principes qu'il leur aura donnés sur la position du corps, sur la tenue de la plume, sur la formation et la proportion des lettres.

Il devra rester sur chaque page quelques traces de la leçon du maître ; on s'abstiendra surtout de copier des livres.

Les modèles d'écriture n'offriront que des choses utiles aux enfants, telles que dogmes et préceptes de religion, beaux traits de l'histoire sainte et de l'histoire de France.

Orthographe et grammaire.

Art. 29. — Le français sera seul en usage dans l'école. Le maître s'efforcera, par des prescriptions, par de fréquentes explications, et surtout par son exemple, de former les élèves à l'usage habituel de cette langue. Il explique chaque leçon et donne sur cette leçon des dictées graduées. Il ne passe à une nouvelle leçon qu'après s'être assuré que la dernière a été bien comprise.

L'orthographe usuelle est l'objet de soins particuliers. Les enfants y sont exercés dès qu'ils commencent à lire.

Calcul.

Art. 30. — L'enseignement du calcul sera dégagé de toute théorie trop abstraite. Le maître se bornera aux principes indispensables pour la pratique des opérations, et s'attachera à faire résoudre beaucoup de problèmes relatifs à des questions usuelles et au système décimal des poids et mesures.

TITRE V.

DE LA TENUE ET DE LA DISCIPLINE.

Art. 31. — L'instituteur tiendra un registre d'inscriptions et un registre de notes.

Le premier indiquera les nom et prénoms de chaque élève, le nom, la profession et le domicile du père, de la mère ou du tuteur ; la date de la naissance de l'enfant, l'époque de son entrée à l'école ; s'il y est en qualité de payant ou de gratuit ; la date de sa sortie de l'école ; le motif de cette sortie et le résumé des notes qu'il aura méritées pendant qu'il aura fréquenté l'école.

Sur le second seront consignés, chaque semaine, le relevé des notes relatives à la conduite, à l'application de l'élève, ainsi que les places qu'il aura obtenues dans les compositions hebdomadaires. Il y sera fait mention des récompenses et des punitions qu'il aura reçues.

Art. 32. — Chaque jour, à l'ouverture de la classe, l'instituteur prend note des absences. Il a soin de les faire connaître aux parents ; celles qui ne sont pas justifiées sont punies.

Art. 33. — Après l'appel, le maître fait l'inspection de tenue et de propreté ; cette inspection s'étend aux livres et aux cahiers.

À moins d'une autorisation spéciale du maître, et dans le seul cas d'indisposition, les élèves restent tête nue pendant la durée de la classe.

Art. 34. — La surveillance ne se borne pas à l'intérieur de la classe, l'instituteur est tenu de l'exercer pendant les récréations et les sorties particulières. Il ne permet pas que plusieurs élèves sortent à la fois.

Art 35. — Il s'étudie à donner aux élèves un extérieur décent et honnête, et à leur faire contracter des habitudes de politesse ; il leur recommandera de saluer les personnes respectables par leur âge et leur rang dans la société ; il leur interdira sévèrement toute querelle et toute parole inconvenante.

Art. 36. — Dans les écoles qui reçoivent des enfants des deux sexes, les garçons et les filles ne pourront jamais être réunis pour les mêmes exercices. Ils seront séparés par une cloison d'un mètre cinquante centimètres au moins de hauteur, disposée de manière que l'instituteur ait vue des deux côtés de la salle. L'entrée et la sortie auront lieu à des heures distinctes. L'intervalle sera d'un quart d'heure au moins.

Art. 37. — Les principales récompenses sont :

1º Les bons points ;

2º Les billets de satisfaction ;

3º L'inscription au tableau d'honneur ;

4° Les places au banc d'honneur ;

5° Les médailles ;

6° Les prix.

Art. 38. — Les seules punitions dont l'instituteur puisse faire usage sont :

1° Les mauvais points ,

2° La réprimande ;

3° La privation partielle ou totale des récréations ;

4° L'exclusion provisoire de l'école ;

5° Le renvoi définitif.

Cette dernière peine sera, s'il y a lieu, prononcée par le *recteur* (préfet), après avis des autorités locales, préposées à la surveillance de l'école.

TITRE VI.

DISPOSITIONS GÉNÉRALES.

Art. 39. — Les écoles devront être fermées les dimanches, les jours de fêtes conservées et les jeudis après midi.

Art. 40. — Les jours de congés extraordinaires sont :

Le *premier jour de l'an,*

Les trois derniers jours de la semaine sainte,

Les jours de fêtes nationales.

Art. 41. — L'ouverture des classes est obligatoire pendant toute l'année, le temps des vacances excepté. La durée des vacances est déterminée par le *recteur* (préfet) en conseil *académique* (départemental).

Art. 42. Il sera tenu compte à l'instituteur de ses efforts pour conserver les enfants à l'école pendant la saison d'été.

Art. 43. — *L'instituteur ne pourra ni intervertir les jours de classe, ni s'absenter, même pour un jour, sans y avoir été autorisé par l'inspecteur d'arrondissement, et sans en avoir informé les autorités locales.

Dans les circonstances graves ou imprévues, il lui suffira d'obtenir l'autorisation du maire et du curé.

Si l'absence doit durer plus de huit jours, l'autorisation du *recteur* (préfet) est nécessaire.

Art. 44. — Toutes les dispositions qui précèdent sont applicables aux écoles de filles.

Art. 45. — Les dispositions relatives à l'enseignement et aux exercices religieux ne sont applicables qu'aux enfants qui appartiennent au culte catholique.

Art. 46. — Les autorités préposées à la surveillance de l'instruction primaire sont chargées de l'exécution du présent règlement.

EXAMENS [1]

—

RÈGLEMENT POUR L'EXAMEN DES ASPIRANTS ET ASPIRANTES AU BREVET DE CAPACITÉ.

(Arrêté du 15 février 1853) [2].

TITRE Ier.

DE LA COMMISSION D'EXAMEN.

Art. 1er. Aucun examen particulier ne peut avoir lieu en dehors des deux sessions annuelles prescrites par l'article 50 du décret du 29 juillet 1850 [3].

[1] Afin de réunir tout ce qui a trait aux examens, nous donnons, immédiatement après le règlement pour l'examen des aspirants au brevet de capacité et les instructions qui s'y rapportent, d'autres instructions relatives aux examens pour le certificat d'aptitude à la direction des salles d'asile, adressées aux recteurs, le 14 février 1856.

[2] Le règlement du 15 février 1853 a été complété par des instructions adressées aux recteurs, le 8 mai 1855, dont on trouvera le texte à la suite de ce décret. Depuis la promulgation du règlement du 15 février 1853, l'organisation de l'administration de l'instruction publique a été complétement modifiée par la loi du 14 juin 1854, qui, en supprimant les Académies départementales, a conféré aux préfets, dans chaque département, la direction de l'instruction primaire. Il en est naturellement résulté quelques changements, par rapport aux examens, dans les attributions assignées aux différentes autorités préposées à la surveillance de cette instruction. Ces changements sont indiqués en note à la suite de chacun des articles auxquels ils se rapportent.

On trouvera aussi plus loin quelques renseignements relatifs aux commissions d'examen, à leur convocation, au choix des membres, à l'admission des candidats, à la direction à imprimer aux examens, aux procès-verbaux à transmettre aux recteurs, etc., dans les deux instructions adressées aux préfets et aux recteurs, le 31 octobre 1854, pour l'exécution de la loi du 14 juin de la même année.

[3] L'époque de chacune des deux sessions annuelles est désignée par le préfet, conformément à l'instruction du 31 octobre 1854.

- Le recteur, pour des cas graves, peut autoriser une troisième session.

Art. 2. Les ministres des divers cultes ne peuvent prendre part, en ce qui concerne les matières religieuses, à l'examen des aspirants qui n'appartiennent pas à leur communion (1).

TITRE II.

DES ASPIRANTS AU BREVET DE CAPACITÉ.

Art. 3. Tout aspirant au brevet de capacité est tenu de se faire inscrire, au secrétariat de l'Académie, un mois avant l'ouverture de la session, et de déposer à l'époque de son inscription :

1° Un extrait de son acte de naissance ,

2° La déclaration que l'aspirant ne s'est présenté devant aucune commission d'examen dans l'intervalle des quatre mois qui précèdent la session (2) ;

(1) Les attributions et les droits des ministres des différents cultes ont été déterminés par la circulaire suivante du 15 octobre 1853, adressée aux recteurs :

« Il s'est élevé, à l'occasion de l'exécution de l'article 46 de la loi du 15 mars 1850, sur l'enseignement, la question de savoir si les ministres des divers cultes, qui sont, comme tels, membres de la commission d'examen, ont le droit d'interroger les candidats sur toutes les matières, ou si leur mission se borne exclusivement à interroger, sur l'instruction religieuse, les personnes de leur communion.

« Ces ministres siègent dans la commission au même titre que les autres membres; ils peuvent donc examiner indistinctement les aspirants sur toutes les matières, sauf l'instruction religieuse, pour laquelle leur droit est limité par l'article 2 du règlement du 15 février dernier, aux candidats de leur culte.

« Cette situation ne présente pas d'inconvénient, attendu que le président de la commission, qui a la police de la séance, et auquel il appartient de régler l'ordre des épreuves, est libre, suivant les circonstances, de classer les candidats par séries et de donner la parole à tel ou tel examinateur, de manière à assurer, en tout état de cause, l'impartiale et consciencieuse direction des opérations (art. 7 et 10 du règlement). »

(2) La déclaration exigée par l'article 3 annule celle qui était prescrite par deux circulaires précédentes des 22 juin et 31 août 1852, aujourd'hui sans objet. Cet article abroge aussi un arrêté

14

3° L'indication, s'il y a lieu, de celles des matières comprises dans la deuxième partie de l'article 23 de la loi du 15 mars 1850 sur lesquelles il demande à être interrogé.

Art. 4. La signature de l'aspirant doit être légalisée par le maire de la commune où il réside.

Art. 5. Ne sont pas admis à subir l'examen, et, dans tous les cas, n'auront pas droit à la délivrance du brevet de capacité, les candidats qui se trouvent dans les cas d'incapacité prévus par l'article 26 de la loi du 15 mars 1850 (1).

TITRE III.

DE L'EXAMEN (2).

Art. 6. A l'ouverture de la session, le président de la commission fait l'appel des aspirants inscrits. Chaque aspirant, à l'appel de son nom, vient apposer sa signature sur le registre, afin de constater son identité.

Art. 7. L'examen se divise en épreuves écrites et en épreuves orales.

Pour les épreuves écrites, les aspirants sont réunis tous ensemble, ou au besoin par séries, sous la surveillance d'un ou plusieurs membres désignés par le président.

Toute communication entre les aspirants, pendant les épreuves, est interdite sous peine d'exclusion.

Art. 8. Les épreuves écrites sont au nombre de quatre, savoir :

1° Une page d'écriture à main posée en gros, en moyen et en fin, dans les trois principaux genres, savoir : l'écri-

du 16 août 1852, d'après lequel un aspirant, refusé à un premier examen, ne pouvait être admis à en subir un second qu'après un intervalle de trois mois.

Par une décision du Ministre, notifiée à M. le préfet de la Seine, en date du 27 juillet 1858, on ne peut, dans aucun cas, être admis à l'examen avant l'expiration des quatre mois exigés par le § 3 de l'article 3. Pour être admis à se présenter avant ce délai, il faut une dispense du Ministre.

(1) Voir, page 18, l'énumération des cas d'incapacité.

(2) Pour tout ce qui a rapport à l'examen proprement dit, voir, à la suite de ce règlement, l'instruction en date du 8 mai 1855.

ture cursive, la bâtarde et la ronde ; les aspirants doivent faire une ligne au moins de chaque espèce d'écriture ;

2° Une dictée d'orthographe d'une page environ dont le texte sera pris par le président dans un livre classique ; cinq minutes sont accordées aux aspirants pour relire et corriger leur copie ;

3° Un récit emprunté à l'histoire sainte ou une lettre relative à la tenue de l'école ;

4° Une opération d'arithmétique portant sur l'application des quatre règles.

Il est accordé trois quarts d'heure au plus pour chacune de ces épreuves.

Art. 9. Les épreuves écrites sont examinées et jugées par la commission réunie, qui prononce l'admission aux épreuves orales, dans l'ordre de mérite résultant de cette première partie de l'examen.

Art. 10. Les aspirants admis aux épreuves orales sont appelés selon l'ordre de la liste de mérite, séparément ou par séries, devant le bureau, pour être interrogés par un membre de la commission désigné par le président.

Art. 11. Les épreuves orales ont lieu dans l'ordre suivant :

1° Lecture du français dans un livre imprimé et dans un manuscrit, et lecture du latin dans le Psautier ou dans un livre d'offices ;

2° Questions sur le catéchisme et l'histoire sainte ;

3° Analyse grammaticale d'une phrase, au tableau ;

4° Questions sur le calcul et sur les applications usuelles du système légal des poids et mesures.

Un quart d'heure au plus est consacré à chacune de ces épreuves.

Art. 12. Lorsque toutes les épreuves obligatoires sont terminées, les aspirants au brevet de capacité, qui doivent être examinés sur les parties facultatives de l'enseignement primaire, sont appelés séparément ou par groupes et interrogés sur les matières qu'ils ont indiquées (1).

(1) Conformément au § 5 de l'article 46 de la loi du 15 mars, les candidats qui se présentent pour la première fois à l'examen ont le droit de désigner celles des matières facultatives sur les-

Art. 13. Les candidats, déjà pourvus d'un brevet de capacité pour l'enseignement des matières comprises dans la première partie de l'article 23 de la loi du 15 mars 1850, ne sont admis à subir un second examen que sur l'ensemble des matières comprises dans la deuxième partie dudit article (1).

Les examens pour chaque matière d'enseignement ont lieu dans l'ordre fixé par la loi ; il est accordé un quart d'heure pour chaque épreuve.

Art. 14. A la fin de la session, il est dressé un procès-verbal des opérations de la commission, renfermant la liste, par ordre de mérite, de tous les candidats qui ont été jugés dignes d'obtenir, soit le brevet de capacité, soit la mention spéciale déterminée par l'article 46 de la loi du 15 mars 1850.

Le procès-verbal, signé par le président et par le secrétaire de la commission, est remis au recteur de l'Académie, qui délivre ou complète, suivant le cas et s'il y a lieu, le brevet de capacité (2).

Art. 15. Le présent règlement est applicable aux aspirantes au brevet de capacité, sous les réserves suivantes :

1° Dans le premier examen défini par les articles 7, 8,

quelles ils désirent être interrogés. Mais, en vertu de l'article 13 du règlement, cette faculté n'existe plus pour les candidats déjà pourvus d'un brevet de capacité portant sur les matières obligatoires.

(1) L'instruction du 8 mai 1855 a établi que, lorsqu'un candidat, déjà pourvu d'un brevet de capacité pour l'enseignement des matières obligatoires, se présente pour subir un second examen sur les matières facultatives, les commissions ont le droit de revenir dans une juste mesure sur les matières énumérées dans la première partie de l'article 23 de la loi de 1850.

L'examen sur les matières facultatives a du reste été l'objet d'une circulaire spéciale, en date du 11 août 1858, dont on trouvera le texte joint à l'instruction précédente.

(2) Par une circulaire du 14 mars 1854, le Ministre a demandé aux recteurs de joindre à l'envoi du procès-verbal des opérations des commissions le texte des dictées et des questions à traiter par écrit, ainsi que l'indication du résultat des épreuves dans chaque faculté, tant pour l'examen obligatoire que pour l'examen facultatif (Voir aussi page 246).

9, 10, 11 et 12, les aspirantes font, entre l'épreuve écrite et l'épreuve orale, sous l'inspection d'une ou de plusieurs dames spécialement désignées à cet effet par le recteur, les travaux à l'aiguille prescrits par l'article 48 de la loi du 15 mars 1850. Parmi ces travaux et au premier rang sont les ouvrages de couture usuelle.

2º Lorsque les aspirantes se présenteront pour le second examen défini par l'article 13, elles ne seront interrogées que sur celles des matières facultatives qui sont exigées pour l'éducation des femmes (1).

INSTRUCTIONS RELATIVES AUX EXAMENS POUR LE BREVET DE CAPA-
CITÉ AUX FONCTIONS D'INSTITUTEUR ET D'INSTITUTRICE PRIMAIRE.

(Circulaire aux Recteurs, du 8 mai 1855.)

CARACTÈRE GÉNÉRAL DES EXAMENS.

Les commissions ne doivent pas oublier qu'elles interrogent de futurs instituteurs ayant à prouver, non-seulement qu'ils ont acquis certaines connaissances, mais aussi et surtout qu'ils savent communiquer ce qu'ils ont appris. La partie des examens ayant pour objet les méthodes d'enseignement a été retranchée du programme, en ce sens qu'elle ne constitue plus une épreuve distincte ; mais les questions portant sur la manière d'enseigner se rattachent naturellement aux épreuves relatives à chaque faculté.

JUGEMENT DES ÉPREUVES.

Les commissions adopteront désormais un système de signes exprimant la valeur intrinsèque de chacune des épreuves

Ces signes, mesure commune d'appréciation, seront les chiffres de 0 à 10 (2). Tout candidat qui n'aura pas obtenu, pour les quatre épreuves écrites, une moyenne de 20 points, ne sera pas admis aux épreuves orales. La *nullité* d'une épreuve sera un cas absolu d'exclusion.

---

(1) Voir page 222 et la note 2, page 64.

(2) 10 9 } signifie : très-bien.　　　4 3 } signifie : médiocre.

8 7 } —— bien.　　　2 1 } —— mal.

6 5 } —— passable.　　　0 | —— nul.

Des points seront également donnés pour les épreuves orales et le brevet ne pourra être accordé qu'à ceux des candidats qui, pour l'ensemble des épreuves, auront obtenu un minimum de 40 points pour les aspirants, et (en raison des travaux à l'aiguille) de 45 pour les aspirantes.

Il est à peine besoin d'ajouter qu'une même sévérité doit présider à l'appréciation des épreuves dans l'une et l'autre session, et qu'il ne peut exister aucune raison pour les juges de se montrer moins exigeants dans la première que dans la seconde (1).

A l'avenir, les rapports transmis à l'administration supérieure mentionneront la moyenne des points obtenus par chacun des candidats.

ÉPREUVES ÉCRITES.

Écriture.

L'examen des copies d'écriture dénote, chez presque tous les candidats qui n'ont point passé par les écoles normales, l'ignorance absolue des principes. Il n'est pas étonnant, dès lors, que l'enseignement de l'écriture laisse tant à désirer dans les écoles; les maîtres enseignent au hasard et d'après de mauvaises méthodes. Il importe donc que les commissions jugent l'épreuve dont il s'agit plus sévèrement que par le passé.

Le texte dont la transcription constitue cette épreuve ne doit jamais être laissé au choix des candidats. Il sera toujours dicté ou présenté par le président ou par l'un des membres de la commission. Il faut que les futurs instituteurs soient en état d'enseigner à leurs élèves une écriture courante, facile et nette. Ces maîtres n'auront pas à former d'habiles professeurs de calligraphie, mais à mettre les enfants en état d'écrire couramment et lisiblement.

Orthographe.

Aux termes du règlement du 15 février 1853, la dictée prend une page environ; il est même de l'intérêt des candidats, un certain nombre de fautes étant admises, que l'étendue de cette dictée ne soit pas diminuée; l'épreuve laisse ainsi moins de prise au hasard en ce qui concerne l'orthographe d'usage. Le

(1) La remarque qui fait l'objet de ce paragraphe était motivée par la différence observée dans un certain nombre de départements entre la force des épreuves dans la première session et dans la deuxième, qui est celle où se présentent, à la fin de leurs études, les candidats formés dans les écoles normales. La présence de ces candidats mieux préparés rendant la lutte plus difficile, les aspirants étrangers aux écoles normales avaient pris l'habitude de se faire inscrire de préférence pour la première session de l'année, dans l'espoir d'y trouver des juges que l'absence de comparaison rendrait moins difficiles.

texte choisi sera lu préalablement à haute voix, puis dicté et
relu; mais la ponctuation ne devra être l'objet d'aucune indication spéciale. Il faut que les candidats se rendent compte par
eux seuls des motifs qui les déterminent à ponctuer de telle ou
telle manière.

Un maximum de quatre fautes est accordé pour l'épreuve de
l'orthographe (1) On évaluera une faute toute infraction aux
règles de la grammaire et toute violation de l'orthographe d'usage.
L'omission des accents compte seulement pour 1/2; les traits
d'union omis ou placés à tort compteront pour 1/4; les fautes
de ponctuation, selon leur importance et leur nombre, entreront
pour 1 ou 2 dans le chiffre total. Les fautes qui constituent des
non-sens pourront faire prononcer la nullité de l'épreuve.

Composition.

Cette épreuve permet de juger si le candidat a de l'ordre dans
les idées et s'il sait exprimer clairement sa pensée. On ne doit
rien y chercher au delà. Il ne faut point demander aux candidats des qualités de style dénotant déjà des habitudes littéraires;
ils ont seulement à faire preuve de bon sens et de raison. Il convient donc d'éviter, avec le même soin, et les sujets qui ne provoquent que des lieux communs, et ceux qui tendent à entraîner
les candidats au delà des études auxquelles ils doivent se borner.
Les questions spéciales, circonscrites, bien déterminées, guident
l'esprit et l'empêchent de se perdre dans le vague.

Cette remarque s'applique spécialement aux questions relatives
aux principes d'éducation et à la tenue des écoles. Mais il est à
propos, en ce qui concerne les sujets tirés de l'Histoire Sainte,
d'éviter ceux qui embrassent un trop grand nombre de faits, car
de tels sujets étant donnés, le travail du candidat n'est plus
qu'un effort de mémoire.

Les commissions ont paru peut-être, jusqu'à ce jour, trop exclusivement disposées à préférer les sujets empruntés à l'Ancien
Testament. Il serait à craindre qu'un choix systématique n'eût
pour effet de pousser les candidats à négliger le texte des évan-
giles et des actes des apôtres.

---

(1) Le nombre de quatre fautes, accordé par la circulaire, est un maximum qui ne doit être dépassé nulle part, et qui a pour objet de mettre un
terme à l'indulgence excessive de quelques commissions. Il est du reste presque
inutile de faire remarquer que ce nombre est un maximum au-dessous duquel
les commissions peuvent descendre, lorsque l'instruction des candidats qui se
présentent devant elles permet cette juste sévérité. A Paris, par exemple, la
commission d'examen n'admet jamais un candidat qui a fait deux fautes et
demie. Elle refuse même les aspirants qui n'ayant pas atteint cette limite
font quelques grosses fautes d'orthographe dans leurs autres compositions.

Arithmétique.

Les problèmes posés ne doivent pas être résolus uniquement par les chiffres. Il faut qu'à l'appui de ces chiffres les candidats soient tenus de présenter le raisonnement qui les a conduits à la solution.

Trop souvent l'on propose des problèmes oiseux qui n'ont aucune analogie avec les besoins de la vie réelle. Il importe qu'il en soit autrement et que les candidats soient appelés a traiter des questions dont la solution ne laisse dans leur esp.it que des idées justes. Quand, pour se préparer à subir l'examen, les candidats auront été obligés de s'occuper des applications usuelles, ils seront moins portés à les négliger dans leur enseignement. Les commissions contribueront ainsi à diriger l'instruction primaire dans cette vue d'utilité pratique, et elle deviendra de plus en plus profitable aux populations.

ÉPREUVES ORALES.

Lecture.

On doit s'assurer que tous les candidats au brevet de capacité non-seulement lisent et prononcent correctement, mais encore qu'ils comprennent ce qu'ils lisent. Il convient aussi de rattacher à cette épreuve diverses questions sur les meilleurs procédés à suivre pour l'enseignement de la lecture.

Catéchisme et histoire sainte.

L'enseignement religieux dans l'école appartient exclusivement aux ministres des cultes ; il serait téméraire à l'instituteur d'intervenir dans un tel enseignement autrement que pour vérifier si la lettre du catéchisme est exactement apprise. C'est, toutefois, le devoir des commissions de s'assurer que les aspirants au brevet connaissent leur religion, et qu'ils possèdent non pas seulement la lettre, mais l'esprit du catéchisme. C'est dans ce but, surtout, que la loi exige qu'il y ait, dans chaque commission d'examen, un ministre du culte professé par le candidat. Mais s'il importe que cette épreuve ne soit pas rabaissée à un simple exercice de mémoire, il importe aussi qu'elle ne s'écarte pas du but auquel elle doit tendre. Les questions adressées aux candidats seront donc présentées avec simplicité et ne devront porter que sur des points de doctrine à la portée de ceux qui devront les résoudre.

A l'égard de l'histoire sainte, il est bon de rappeler que l'histoire de la religion ne s'arrête pas à la mort du Sauveur. Tout instituteur doit posséder des notions suffisantes sur l'établissement du christianisme et sur ses progrès,

Analyse grammaticale.

Cette épreuve n'a pas exclusivement pour but de s'assurer si les candidats connaissent les règles de la grammaire. Les élèves des écoles primaires ont besoin d'apprendre leur langue, mais non les subtilités qui ont rendu, en la compliquant, l'étude de la grammaire française si peu attrayante, et, par conséquent, si difficile. Les futurs instituteurs de la jeunesse doivent prouver, avant tout, qu'ils se rendent compte de l'emploi des mots, de leur signification, de leurs acceptions différentes, et que, s'ils savent enseigner la grammaire d'une manière intelligente, ils savent, par conséquent, enfermer cette étude dans de justes bornes.

Calcul et système légal des poids et mesures.

Les indications données à l'occasion de l'épreuve écrite s'appliquent aussi à l'épreuve orale du calcul.

Il faut comprendre, dans cette partie de l'examen, l'application des quatre règles aux nombres entiers et aux fractions ordinaires. La connaissance de ces dernières est indispensable depuis que l'emploi de la méthode de réduction à l'unité permet de résoudre toutes les questions qui exigeaient autrefois l'étude des règles de trois, de société, d'escompte, d'alliage, etc.

EXAMEN SPÉCIAL DES INSTITUTRICES.

Travaux à l'aiguille.

Cette partie de l'examen a pour objet de montrer non pas seulement que l'aspirante sait coudre et raccommoder, mais qu'elle est en état d'enseigner tous les genres de travaux familiers aux femmes. Toute aspirante qui ne possède pas une habileté suffisante dans les ouvrages à l'aiguille doit être ajournée à une autre session.

Non-publicité de l'examen.

Des doutes se sont élevés sur la manière d'entendre la prescription d'après laquelle l'examen des institutrices *n'a pas lieu publiquement.*

La loi, en excluant un public nombreux, n'a pas voulu prescrire un huis clos qui ne serait pas sans inconvénients. Il convient de procéder aux épreuves orales des aspirantes en les appelant par séries de quatre à six : les mères, parentes, tutrices sont autorisées à assister à l'examen.

EXAMEN SUR LES MATIÈRES FACULTATIVES (1).

Si un candidat déjà pourvu du brevet vient subir l'examen sur

---

(1) L'examen sur les matières facultatives a été l'objet d'une circulaire particulière adressée aux Recteurs, le 11 août 1858, dont on trouvera le texte à la suite de cette instruction,

les matières facultatives, convient-il de s'assurer par un examen supplémentaire que ce candidat possède, au point de vue des matières obligatoires, une instruction en rapport avec le caractère nouveau de son brevet?

La circulaire du 26 janvier 1854 a résolu cette question pour l'examen des futures institutrices; il convient de décider d'une manière générale que, pour le cas dont il s'agit, les commissions ne doivent pas se contenter de l'instruction dont les candidats ont fait preuve dans l'examen élémentaire. Elles ont le droit de revenir dans une juste mesure sur les matières énumérées dans la première moitié de l'article 23 de la loi de 1850.

Rien ne s'oppose à ce que, dans l'examen complémentaire, les commissions imposent une ou deux compositions écrites.

Dans les éléments d'histoire et de géographie, peut-on comprendre les éléments de l'histoire et de la géographie générales? Oui, sans doute. La circulaire précitée comprend en effet, parmi les matières facultatives, l'histoire et *particulièrement* l'histoire de France. — Quelques notions de cosmographie élémentaire se rattachent aussi par des liens naturels à l'étude de la géographie. On ne saurait donner aux élèves des idées exactes de l'inégale durée des jours, de la différence des climats, de l'influence que cette inégalité exerce sur les productions, sans leur faire connaître la forme de la terre et son mouvement autour du soleil. Il est donc convenable que les commissions s'assurent que les candidats sont en état de donner aux enfants ces notions simples et générales; mais j'attends de leur bon esprit qu'elles renferment cette épreuve dans les limites que je viens d'indiquer.

Vous voudrez bien, Monsieur le recteur, communiquer les présentes instructions à MM. les inspecteurs de l'Académie et à MM. les présidents des commissions de votre ressort. Je ne doute pas que ces commissions ne s'empressent de s'y conformer désormais, et qu'elles ne contribuent ainsi à diriger l'enseignement dans ces voies de sages progrès où se rencontrent tous ceux qui veulent pour la jeunesse des écoles primaires une instruction appropriée à ses besoins et non des satisfactions d'amour-propre trop fertiles en déceptions.

Circulaire relative a l'examen sur les matières facultatives.

(11 août 1858.)

« Monsieur le recteur, j'ai eu lieu de remarquer, en prenant connaissance des procès-verbaux de la dernière session des commissions d'instruction primaire, que ces assemblées ne s'étaient pas toujours rendu compte d'une manière bien exacte du sens et de la portée des règlements, en ce qui concerne l'examen sur les matières comprises dans la seconde partie de l'article 23 de la loi du 15 mars 1850. Ici on a agité la question de savoir si le résultat de ces épreuves ne devrait pas donner lieu à la délivrance d'un brevet spécial et distinct du brevet afférent aux connaissances obligatoires de l'enseignement primaire, de telle sorte que tout candidat jugé digne d'obtenir ce dernier titre, et subissant ensuite avec succès l'examen facultatif, reçût deux brevets ; ailleurs, on a exprimé cette opinion que l'article 46 de la loi précitée n'établissant, au point de vue de l'épreuve facultative, aucune distinction entre les candidats brevetés à une autre session et ceux qui venaient de subir l'examen obligatoire, il y avait lieu de procéder de même à l'égard des uns et des autres, et de reconnaître aux premiers comme aux seconds le droit de n'être interrogés que sur les matières désignées par eux ; ailleurs, enfin, on a demandé s'il devait être déféré en toute circonstance, et quel que fût le mérite de l'examen obligatoire, au vœu exprimé par le candidat d'être admis à justifier de sa capacité en ce qui concerne les connaissances facultatives, et s'il ne convenait pas, à la suite d'un examen médiocre et rigoureusement suffisant pour l'obtention du brevet, d'ajourner à une autre session le complément d'épreuves réclamé.

« J'ai jugé utile de vous adresser, sur ces divers points, quelques instructions de nature à répondre aux doutes qui se sont élevés et à prévenir les difficultés que pourrait faire naître, dans la pratique, une interprétation erronée des règlements.

« A la première question (délivrance d'un double brevet), il suffirait d'opposer les termes précis de la loi et ceux de l'arrêté du 15 février 1853. Il est dit, en effet, à l'article 46, rappelé plus haut, que *les brevets délivrés feront mention des matières spéciales*, etc. Il est dit d'autre part, à l'article 14 de l'arrêté, que *le recteur délivre ou complète suivant le cas, et s'il y a lieu, le brevet*. Ces textes impliquent évidemment la délivrance d'un titre unique ; mais, d'ailleurs, comment le législateur de 1850, ayant fait disparaître la distinction consacrée sous la loi de 1833 entre l'instruction primaire supérieure et élémentaire, aurait-il maintenu les deux brevets qui, sous l'empire de cette loi, répondaient aux deux degrés d'enseignement ? Il n'existe aujourd'hui qu'un programme d'enseignement primaire ; il ne saurait dès lors y avoir qu'un titre de capacité pour cet enseignement, titre susceptible d'extension, dans les limites déterminées par la loi.

« Aux commissions qui, se méprenant sur le sens véritable de la loi, ont pensé que les candidats déjà brevetés pouvaient réclamer l'examen sur quelques-unes seulement des matières facultatives, il suffit aussi de rappeler les termes de ce même article 46 et ceux de l'article 13 de l'arrêté. La première des deux dispositions admet sans doute l'examen sur *tout* ou *partie* des connaissances facultatives, mais il n'y est question que des *aspirants au brevet*, et c'est dès lors à eux seuls qu'est laissée la faculté de désigner, après un examen heureux sur la partie obligatoire du programme, celle des autres matières qui y sont spécifiées sur lesquelles ils désirent être interrogés. S'ils possèdent ces matières à un degré suffisant, mention en est faite sur leurs brevets. Dans le cas contraire, ils reçoivent le brevet pur et simple en vertu duquel ils peuvent enseigner. Désirent-ils étendre plus tard leur enseignement ? ils doivent subir un nouvel examen sur le programme facultatif tout entier. Un instituteur ne saurait, en effet, être admis, de session en session, devant une commission d'examen, à seule fin de faire constater chaque fois, jusqu'à épuisement du programme facultatif, sa capacité sur l'une des matières qui y sont comprises. Il a donc été décidé que les candidats déjà brevetés ne pourraient être interrogés que sur l'ensemble de ces matières. Tel est l'objet de l'article 13 de l'arrêté du 15 février 1853, arrêté rendu pour l'exécution des articles 23 et 46 de la loi, et qui ne saurait dès lors en être séparé. Il doit être bien entendu, du reste, qu'une commission ayant à examiner de nouveau un maître breveté avec adjonction de quelques-unes des matières facultatives, n'est point tenu de reprendre en entier cette partie du programme. Ce n'est pas à dire, toutefois, que les commissions ne puissent revenir sur les épreuves antérieurement subies si elles le jugent nécessaire ; ce droit leur est reconnu par la circulaire du 8 mai 1855, et elles ne doivent pas hésiter à l'exercer dans l'occasion.

« Ces assemblées ont également plein pouvoir de repousser les demandes en examen facultatif que formeraient des candidats ayant à peine satisfait aux conditions de l'examen obligatoire. En thèse générale, un candidat n'est admis aux épreuves qu'autant qu'il est réputé suffisamment préparé ; c'est pour ce motif qu'un délai de quatre mois au moins doit s'écouler entre l'examen où l'aspirant a échoué et tout examen nouveau. Dans quel but, d'ailleurs, le droit de révision d'épreuves déjà subi aurait-il été réservé, si la commission ne pouvait ajourner l'examen facultatif lorsqu'elle n'a constaté au point de vue des connaissances obligatoires qu'une instruction rigoureusement suffisante pour la délivrance du brevet ? L'ajournement peut donc toujours être prononcé, soit que la demande ait été formée par un maître breveté et ayant déjà enseigné, soit qu'il s'agisse d'un aspirant instituteur. »

INSTRUCTIONS RELATIVES AUX EXAMENS POUR L'OBTENTION DU CER-
TIFICAT D'APTITUDE A LA DIRECTION DES SALLES D'ASILE.

(Circulaire aux Recteurs, du 14 février 1856.)

PRESCRIPTIONS GÉNÉRALES.

Conformément à l'article 30 du décret du 21 mars 1855,
l'examen se compose de deux parties :

1º Un examen d'instruction;

2º Un examen pratique.

L'examen commencera par les épreuves relatives à l'instruction.

On adoptera un système de signes exprimant la valeur intrinsèque de chacune des épreuves. Ces signes, mesure commune
d'appréciation, seront les chiffres de 0 à 10; toute aspirante qui
n'aura pas obtenu, pour les huit épreuves de l'examen d'instruction, une moyenne de quarante points ne sera pas admise à
l'examen pratique; la nullité d'une épreuve sera un cas absolu
d'exclusion.

Des points seront également donnés pour chacune des six
épreuves composant l'examen pratique; et le brevet ne pourra
être accordé qu'à celles des aspirantes qui, pour l'ensemble des
épreuves, auront obtenu un minimum de soixante-dix-points (1).

EXAMEN D'INSTRUCTION.

L'examen d'instruction se compose d'épreuves écrites, d'é-
preuves orales et de travaux manuels.

Épreuves écrites.

Il commencera par les épreuves écrites.

Les épreuves écrites comprendront une dictée d'orthographe
et une épreuve de calcul.

La dictée se composera d'une demi-page environ, soit environ
vingt lignes d'un in-octavo ordinaire. Elle sera choisie dans un
auteur dont le style soit simple et facile.

On accordera pour cette épreuve un maximun de trois fautes :
chaque faute d'accent ne sera comptée que pour un quart.

---

(1) L'importance de l'examen pratique exige qu'on applique à ces dernières
épreuves les mêmes règles qu'aux épreuves orales. Ainsi une aspirante qui
n'aurait pas obtenu dans l'examen pratique le minimum de 30 points, ne devrait pas obtenir le certificat d'aptitude lors même que la somme des points
pour les deux espèces d'épreuves, atteindrait le minimum de 70 points pour
l'ensemble de l'examen. Telle est la règle suivie dans le département de
la Seine, où se présente chaque année le plus grand nombre des aspirantes.

L'épreuve de calcul se composera d'un petit problème à résoudre, problème se rapportant aux usages de la vie domestique et donnant lieu à l'application des quatre règles sur les nombres entiers. Ce problème pourra également donner lieu à une ou à plusieurs applications du système métrique. On tiendra compte à la fois et de la manière dont la question aura été comprise et de l'exactitude des calculs.

Les directrices des salles d'asile n'ont pas à enseigner l'écriture; on n'exigera d'elles qu'une bonne écriture courante. La dictée d'orthographe servira, en conséquence, d'épreuve pour l'écriture.

Epreuves orales.

Les épreuves orales comprendront l'instruction religieuse, la lecture, le dessin au trait, les premiers éléments de géographie et de chant. Elles auront lieu dans l'ordre qui vient d'être indiqué.

L'examen religieux sera toujours fait par un ministre du culte professé par l'aspirante. Il portera sur la connaissance du catéchisme et de l'Histoire Sainte.

L'Histoire Sainte embrassera l'Ancien et le Nouveau Testament et l'établissement de l'Eglise. Les aspirantes devront être en état de raconter en détail, et avec suite, un fait tiré de l'Ancien et du Nouveau Testament, qui leur sera désigné par l'ecclésiastique examinateur.

L'épreuve du dessin se fera avec la craie et au tableau noir. Les aspirantes devront tracer les différentes espèces de lignes et les principales figures simples de la géométrie. Elles devront aussi esquisser au trait un objet usuel, tel que porte, fenêtre, table, banc, chaise, lit, coffre, seau, baquet, pot à eau, marmite, tonneau, marteau, scie, rabot et autres meubles, outils et ustensiles d'un usage journalier.

L'épreuve de la géographie portera sur la connaissance de la forme de la terre, sur les principales divisions du globe, et en particulier de l'Europe et de la France. L'aspirante devra connaître les fleuves, rivières, montagnes et les principales productions agricoles et naturelles de la France, et spécialement du département.

L'épreuve du chant sera à la fois théorique et pratique. Elle embrassera des questions sur l'emploi de la méthode de chant usitée dans les salles d'asile et un exercice sur un chant très-simple ou sur une phrase musicale écrite pour la circonstance soit sur le tableau, soit sur le papier.

Pour l'épreuve de travail manuel, les aspirantes devront exécuter, pendant la durée des épreuves orales et sous la direction d'une dame, quelques petits travaux d'aiguille, comme ourlet, surjet, piqûre, boutonnière, reprise, etc., etc.

EXAMEN PRATIQUE.

L'examen pratique aura lieu, dans une salle d'asile préalablement désignée, et où les aspirantes auront le droit d'aller assister aux exercices deux ou trois jours à l'avance, afin d'en connaître les enfants, ainsi que les dispositions matérielles.

Pour cette épreuve, chaque aspirante aura à diriger la salle d'asile pendant toute une séance, soit celle du matin, soit celle du soir.

Elle sera aidée par une autre aspirante remplissant les fonctions d'adjointe et de sous-directrice. L'aspirante qui aura servi d'adjointe à la classe du matin remplira les fonctions de directrice à la classe du soir, et réciproquement.

La directrice de l'asile et la sous-directrice seront présentes dans la salle pendant la durée des épreuves; mais elles ne prendront part à la direction des enfants qu'au cas où leur intervention deviendrait nécessaire.

L'épreuve embrassera la surveillance des enfants au préau couvert et découvert et les exercices de la classe.

L'aspirante prendra la direction des enfants avant l'entrée en classe. Elle procédera à l'inspection de propreté et dirigera ensuite tous les exercices, tant ceux qui se font aux bancs que ceux qui se font aux gradins.

Elle fera faire la prière à l'entrée en classe et avant la sortie.

Les exercices faits aux bancs comprendront la lecture aux cercles et les exercices sur les ardoises.

Les exercices du gradin seront laissés au choix des aspirantes; mais ils devront comprendre au moins :

Quelques petites instructions religieuses;

Un récit de l'Histoire Sainte;

Des exercices avec le boulier compteur;

Une courte leçon sur des *choses* usuelles;

Le récit d'une histoire enfantine;

Une leçon de chant.

On tiendra surtout note de la manière dont l'aspirante aura su maintenir l'ordre et la discipline; intéresser les enfants pendant les leçons et captiver leur attention; se mettre à leur portée et tirer de ce qu'elle leur explique ou leur raconte des réflexions de nature à leur inspirer de bons sentiments; du soin qu'elle aura eu de couper ses leçons par des chants et des mouvements, dans le but d'épargner la fatigue aux petits élèves.

On tiendra compte également des manières de l'aspirante, de la convenance de son langage, de la propriété de ses expressions, de sa douceur envers les enfants, enfin de tout ce qui peut

servir à constater son degré d'aptitude à diriger une salle d'a-
sile.

Les notes relatives à l'examen pratique se résumeront sous
les chefs suivants :

  1. Prières;

  2. { Surveillance et conduite générale de l'asile;
      { Mouvements et exercices;

  3. Leçons de chant;

  4. { Instruction religieuse;
      { Histoire Sainte;

  5. { Lecture;
      { Exercice des ardoises;
      { Exercice du boulier;

  6. { Leçons de choses;
      { Histoires enfantines.

On consignera, à la suite de ces notes, les remarques auxquelles auront pu donner lieu la tenue de l'aspirante, son langage, son caractère, etc.

La moyenne des notes de l'examen pratique sera ajoutée à la
moyenne des notes de l'examen oral, pour former la note générale de l'aspirante.

On ne négligera pas, comme élément d'appréciation, la manière dont l'aspirante, faisant fonction d'adjointe, aura aidé sa
compagne et surveillé les enfants pendant la classe. Cette note
sera ajoutée à celles de l'examen spécial.

MAISONS D'ÉCOLE ET MOBILIER.

LOGEMENT DES INSTITUTEURS.

On trouvera réunies sous ce titre différentes dispositions concernant la construction et l'appropriation des maisons d'école et des salles d'asile, le mobilier de ces établissements, les demandes de secours pour l'un ou l'autre de ces objets, les baux à loyer, ainsi que le logement des instituteurs. Ces dispositions complètent celles qui sont relatives à ces différentes matières : 1º dans la loi du 15 mars 1850, art. 37; 2º dans le décret du 7 octobre de la même année, art. 7 à 10; 3º dans celui du 31 décembre 1853, art. 4 et 9; 4º dans le titre III de l'arrêté du 22 mars 1855, relatif aux salles d'asile; 5º enfin, dans les instructions générales aux préfets et aux recteurs concernant l'instruction primaire, en date des 24 décembre 1850 et 31 octobre 1854. (Voir plus loin ces Instructions.)

PRESCRIPTIONS RELATIVES A LA CONSTRUCTION DES MAISONS D'ÉCOLE ET SALLES D'ASILE.

(Arrêté du 14 juillet 1858.)

Art. 1er. — Les conseils municipaux qui demandent des secours à l'Etat pour la construction, l'appropriation ou la réparation de locaux destinés à des écoles primaires ou à des salles d'asile, devront présenter, à l'appui de leur demande, indépendamment des pièces prescrites par les instructions ministérielles, un plan en double expédition des travaux à exécuter.

Art. 2. — Lorsqu'il aura été statué sur la demande de secours, les deux exemplaires des plans présentés seront renvoyés aux préfets avec mention de l'approbation ministérielle. Un exemplaire sera remis au maire pour l'exécution des travaux. Le second exemplaire sera déposé entre les mains de l'inspecteur d'Académie.

Art. 3. — Lorsque les travaux seront terminés et lorsqu'il y aura lieu de payer soit la totalité, soit une partie du secours promis, le préfet en préviendra l'inspecteur d'Académie, lequel remettra à l'inspecteur primaire de l'arrondissement le plan déposé entre ses mains, et lui donnera ordre de se transporter dans la commune pour y vérifier si les dispositions approuvées par le ministre, tant pour la dimension que pour la disposition des locaux, ont été exactement observées. L'inspecteur primaire fera son rapport à l'inspecteur d'Académie et lui remettra le plan du local, qui demeurera déposé aux archives de l'inspection académique (1). L'inspecteur d'Académie délivrera, sur le vu de ce rapport, un certificat constatant, s'il y a lieu, que les plans approuvés ont été scrupuleusement exécutés, et le préfet joindra ce certificat à l'appui de sa proposition d'ordonnancement.

Art. 4. — Dans le cas où les plans approuvés par le ministre n'auraient pas été scrupuleusement suivis dans l'exécution des travaux, le concours de l'Etat ne pourra être requis, et la promesse de secours faite sera considérée comme nulle et non avenue.

Circulaire aux préfets relative à l'arrêté précédent. — Disposition des locaux et pièces à produire à l'appui des demandes de secours.

(30 juillet 1858.)

« Monsieur le Préfet, depuis 1833, l'Etat a constamment aidé les communes qui s'imposaient des sacrifices pour acquérir ou construire des maisons d'école. Les secours du Gouvernement, portés partout où leur utilité a paru bien constatée, ont excité d'heureux efforts de la part des départements et des communes en faveur de ces établissements, et il en est résulté une amélioration notable dans la situation matérielle de l'enseignement primaire.

(1) L'article 43 du décret du 29 juillet 1850 charge les inspecteurs primaires de s'assurer que les allocations accordées ont été employées selon leur destination. Il en résulte pour ces fonctionnaires l'obligation et le droit de s'assurer que les travaux pour lesquels il a été alloué des subventions sont exécutés conformément aux plans et devis arrêtés par l'autorité. Ce droit existe également à l'égard de toutes les dépenses que les communes sont autorisées à faire pour les locaux et le matériel des maisons d'école.

« Cependant, je suis informé que, malgré vos recommandations et la surveillance exercée par les inspecteurs primaires, beaucoup de projets d'écoles n'ont pas été exécutés selon les plans approuvés, et laissent par conséquent à désirer sur des points essentiels. Il m'a paru nécessaire de préserver l'avenir contre les fâcheux effets de ces transformations commandées le plus souvent par une parcimonie oublieuse des intérêts sérieux de l'instruction primaire.

« Dans ce but, j'ai pris un arrêté à la date du 14 juillet, aux termes duquel le payement des secours promis par l'État serait refusé à toute commune qui n'aurait pas ponctuellement suivi, dans ses travaux, les plans adoptés. Les autres dispositions de cet arrêté indiquent les mesures préalables à prendre pour prévenir l'abus ou pour en faciliter la répression.

« A cette occasion, je crois devoir vous prier d'apporter le plus grand soin dans l'instruction des affaires relatives à la construction et l'appropriation des maisons d'école. Il m'arrive journellement des projets qui ne sont pas convenablement établis, et je me vois dans l'obligation de les rejeter, soit parce qu'ils n'assureraient pas aux nouvelles maisons une distribution appropriée, sous tous les rapports, à leur destination, soit parce qu'ils sont conçus dans des proportions exagérées.

« A différentes époques, les Ministres, mes prédécesseurs, préoccupés de la nécessité de pourvoir les communes d'écoles convenablement disposées, ont adressé à ce sujet des circulaires à MM. les préfets. Mais ces instructions, déjà anciennes, sont tombées dans l'oubli, et il me paraît utile aujourd'hui d'en rappeler à votre attention, en les présentant réunis, les points les plus importants.

« La première chose à rechercher, pour l'établissement d'une école, c'est un lieu central, d'un accès facile et bien aéré. Quant à la maison, elle doit être simple et modeste, mais commode, isolée de toute habitation bruyante ou malsaine, qui exposerait les enfants à recevoir des impressions, soit morales, soit physiques, non moins contraires à leurs mœurs qu'à leur santé. La salle de classe sera construite sur cave, planchéiée, bien éclairée, accessible aux rayons du soleil, et telle surtout que la disposition des fenêtres, garnies chacune d'un vasistas, permette de renouveler l'air facilement. Il faut enfin que l'habitation de l'instituteur et de sa famille soit composée de telle sorte qu'il puisse disposer de trois pièces au moins, y compris une cuisine, et d'un jardin, autant que possible. Il est aussi à désirer qu'il y ait une cour fermée ou un préau pour réunir les élèves avant la classe et les garder en récréation.

« Les dimensions de la classe doivent être proportionnées à la population scolaire. Cette population se détermine en prenant

le nombre des enfants de sept à treize ans dans les communes
où il y a des salles d'asile, et de cinq à treize dans toutes les
autres.

L'aire de la classe doit présenter, par élève, une surface de
un mètre carré et une hauteur de quatre mètres. L'expérience
et la théorie démontrent que toute salle de classe, construite
dans ces proportions, se trouvera dans de bonnes conditions
hygiéniques et offrira les dispositions les plus convenables pour
la direction méthodique d'une école. On tolérera cependant une
hauteur de trois mètres trente centimètres dans les maisons qui
ne seront pas construites à neuf.

« Dans les écoles mixtes, il faut veiller à ce que la classe
soit divisée, par une cloison, en deux parties, l'une pour les
garçons, l'autre pour les filles. Dans toutes les écoles, les la-
trines doivent toujours être en vue de l'estrade du maître et divisées en deux cabinets distincts et isolés l'un de l'autre, dans
les écoles réunissant les deux sexes.

« Vous voudrez bien, Monsieur le Préfet, tenir la main à ce
que ces prescriptions soient toujours soigneusement observées
par les communes qui voudront arriver à une meilleure installation de leurs écoles publiques. Lorsqu'elles auront besoin
d'être aidées, vous réclamerez pour elles les secours de l'Etat,
qui ne les leur refusera jamais quand il sera démontré qu'elles
s'imposent de véritables sacrifices.

« Ces demandes de secours, indépendamment de votre avis
motivé, devront être accompagnées, comme par le passé, des
pièces suivantes :

« 1º Plans, devis et extrait du plan cadastral faisant connaître
la position de l'école relativement aux maisons environnantes;

« 2º Extrait de la délibération prise par le conseil municipal
pour arrêter ce devis, et faisant connaître la somme votée pour
contribuer à la dépense ;

« 3º Budget de la commune ;

« 4º Situation financière de la commune, délivrée par le receveur municipal et certifiée exacte ;

« 5º Délibération du conseil départemental ;

« 6º Avis motivé de l'inspecteur d'Académie. »

Aux indications contenues dans cette circulaire, il faut ajouter les suivantes extraites d'une circulaire antérieure, du
1er septembre 1851, qui contient, sur l'examen du local par
le conseil départemental, sur ce qui a trait au mobilier et sur
les subventions en faveur des écoles libres, des renseignements de
nature à compléter ceux de la circulaire du 30 juillet 1858.

« S'il s'agit de secours pour construction ou appropriation de
maisons d'école, le conseil *académique* (départemental) s'assu-
rera, par l'examen des plans et devis, que la situation et les

dispositions du local sont satisfaisantes, tant au point de vue de la surveillance et du bon ordre que sous le rapport hygiénique. S'il s'agit d'acquisition de mobilier, il sera nécessaire qu'il veille à ce que ce mobilier ne se compose que d'objets indispensables au service spécial de l'école. Lorsqu'une partie des bâtiments compris dans les plans ou dans les devis ne sera pas exclusivement destinée à l'école ou au logement de l'instituteur, l'observation devra en être faite avec soin, et il sera donné, en outre, l'indication aussi exacte que possible du chiffre de la dépense afférente à cette partie du local. Quand la demande de subvention concernera une école libre, le conseil *académique* (départemental) fera connaître la date de la fondation, la nature de l'organisation, le degré d'importance de cet établissement, le nombre des maîtres et surveillants qui y sont employés, le nombre des enfants qui y sont reçus et l'étendue des services qu'on doit en attendre; il constatera le montant annuel des ressources ordinaires et extraordinaires, ainsi que le taux des dépenses; enfin, le conseil exprimera son avis sur les conditions de vie et d'avenir de l'établissement. En ce qui touche les secours pour achats de livres destinés à des établissements d'instruction primaire publics, le conseil écartera avec une attention scrupuleuse les ouvrages dont l'introduction dans les écoles n'aurait pas été autorisée, ou qui, sous quelque rapport que ce soit, ne lui sembleraient pas bien choisis. »

A l'égard des secours alloués aux communes, une circulaire du 24 juin 1851 fait remarquer que les communes, en recevant l'avis de ceux qui leur sont accordés sur les fonds de l'Etat, doivent être prévenues en même temps qu'elles ne peuvent compter sur le payement immédiat de ces secours.

« Sans cet avertissement préalable, dit le Ministre, les administrations municipales, confondant l'allocation et l'ordonnancement du secours, pouvaient se croire autorisées à faire emploi d'un capital qu'elles ne devaient toucher que dans un temps plus ou moins éloigné. Aussi la circulaire du 10 novembre (1847), déjà rappelée, invitait MM. les préfets à prévenir les communes de l'époque à laquelle les secours promis seraient délivrés.

« Les réclamations nombreuses qui me sont adressées me donnent lieu de penser que ces prescriptions ne sont pas exactement suivies et que les communes intéressées ne sont pas assez explicitement averties de la position qui leur est faite. Il en résulte, contre l'administration supérieure, des plaintes mal fondées, qu'il est utile et convenable de faire cesser et même de prévenir.

« Je vous prie donc, Monsieur le Préfet, toutes les fois que vous aurez à annoncer à une commune qu'une demande de secours formée par elle pour la construction d'une école de garçons ou de filles a été favorablement accueillie, d'avoir soin de lui donner avis en même temps que le secours ne doit pas être ordonnancé immédiatement, mais bien à une époque ultérieure, qu'il vous sera facile de fixer approximativement, puisque vous connaissez à la fois et les besoins des communes de votre département et le chiffre des fonds mis chaque année à votre disposition sur le budget de l'Etat, lesquels s'élèvent en moyenne au tiers des secours promis. »

Il est bon de rappeler aussi, en ce qui concerne les maisons d'école, que les préfets sont investis du droit d'interdire les locaux qui paraîtraient insalubres ou qui présenteraient, sous un rapport quelconque, des dangers pour les enfants, soit pour cause d'humidité ou d'obscurité, par manque d'espace ou d'air, par défaut de solidité des bâtiments, soit pour cause de voisinage contraire à la santé ou à la moralité. Ce droit a été formellement attribué aux préfets par le passage suivant de l'instruction aux recteurs, du 24 décembre 1850 :

« L'article 9 du décret (du 7 octobre 1850) arme, au surplus, MM. les préfets d'un droit qu'ils tenaient déjà de la loi de 1837 sur les attributions municipales, mais dont l'usage ne s'était pas assez généralisé. Désormais, après s'être concerté *avec vous* (avec l'inspecteur d'Académie), M. le préfet devra interdire tout local d'école qui ne conviendra pas à l'usage auquel il est destiné. Ainsi, les enfants ne seront plus exposés à demeurer entassés dans des pièces basses, humides, mal aérées, et dans lesquelles les inspecteurs constataient trop souvent, avec douleur, l'absence presque totale d'air vital. »

Déjà, dans différentes circonstances, les préfets ont fait usage du droit dont ils sont investis, et, dans un certain nombre de départements, ils ont interdit l'usage des écoles dans plusieurs communes où l'autorité locale avait été mise en demeure de faire les changements exigés par l'état des lieux.

En outre, afin de prévenir les inconvénients qui résultent du mauvais choix ou du déplacement des écoles, lorsque les communes ne sont pas propriétaires des locaux, le Ministre a adressé, le 19 mai 1858, la circulaire suivante aux préfets, *sur les baux à loyer pour maisons d'école.*

« Monsieur le Préfet, malgré les pressantes instances de l'Administration et les secours accordés par l'État pour la construction des maisons d'école, un grand nombre de communes ne sont pas encore propriétaires du local où leurs écoles sont établies. C'est un inconvénient grand, en ce sens qu'une location n'étant pas faite ordinairement à longs termes, l'école est exposée à des déplacements onéreux ou même quelquefois à une fermeture plus fâcheuse encore. Ces inconvénients se font plus vivement sentir quand la commune traite directement avec l'instituteur, qui se

rend locataire de la maison d'école, et qui reçoit, à cet effet,
une indemnité. Le changement de l'instituteur ajoute une cause
nouvelle d'instabilité à toutes celles qui résultent des circonstances locales.

« Il y a lieu, Monsieur le Préfet, de veiller avec soin à ce que
cet état de choses ne se perpétue pas. Veuillez donc, lorsqu'une
commune ne sera pas propriétaire de sa maison d'école, et lorsqu'elle n'aura formé encore aucun projet de construction ou
d'acquisition, ne l'autoriser à louer une maison d'école que
pour un bail ayant plusieurs années de durée et résiliable, à la
volonté de la commune, à chaque période triennale ou en cas
de construction ou d'acquisition d'un autre local. Veuillez surtout recommander qu'en aucun cas les loyers des maisons d'é-
cole ne soient au nom de l'instituteur. C'est la commune qui
doit fournir le local; c'est donc elle, elle seule, je le répète, qui
doit, si elle n'est pas propriétaire, se rendre locataire des maisons d'école. »

MOBILIER DES ÉCOLES.

Aucune instruction spéciale n'a été rédigée au sujet des
objets qui doivent composer le mobilier des écoles. Les
indications qui se rapportent à ces matières se trouvent
contenues soit dans les circulaires précédentes ou dans les
règlements adoptés pour les écoles publiques dans divers
départements, soit, en ce qui concerne les salles d'asile,
dans l'arrêté du 22 mars 1855. Ce mobilier, comme on le
comprend du reste, varie nécessairement avec la destination des écoles, selon qu'elles sont spéciales aux garçons ou aux filles, ou qu'elles sont communes aux deux
sexes, selon le nombre des élèves et le degré de l'instruction qui leur est donnée. Mais, dans toutes, outre le bureau du maître et les tables et les bancs qui doivent garnir
les classes et les préaux couverts, le mobilier doit comprendre un poêle pour chaque classe avec un thermomètre,
une pendule, une fontaine pour le préau, un crucifix, un
buste de l'Empereur (1), un tableau noir placé sur l'estrade
derrière le bureau du maître, plusieurs tableaux noirs suspendus aux murs de la classe et en nombre approprié à

_____

(1) Il est d'usage de placer aussi une image de la Vierge dans les écoles
catholiques, et spécialement dans les écoles de filles. Il y a de plus, dans
toutes les salles d'asile, un portrait de l'Impératrice, conformément à l'article 6 du décret du 21 mars 1855.

celui des élèves, des tableaux pour l'enseignement de la lecture, des cartes géographiques et spécialement une mappemonde, une carte de France, une carte d'Europe avec une carte de la Palestine ; un mètre et les principales mesures du système métrique, un compas de bois, des ardoises, de la craie et des éponges pour essuyer le tableau ; un balai, un plumeau et les autres objets qu'exige l'entretien de la propriété, une armoire au moins pour renfermer les livres, ardoises, cartes, tableaux et autres objets de petite dimension qui ne sont pas fixés ou ne restent pas suspendus aux murs.

En outre, dans les objets qui doivent faire partie du mobilier des écoles, se trouvent naturellement compris des livres en nombre suffisant pour l'instruction des enfants admis gratuitement à l'école, et à qui la position de leurs parents ne permet pas de leur en procurer. Les dépenses relatives à l'acquisition de ces livres font partie des dépenses obligatoires des communes, et il y est pourvu de la même manière.

La conservation des différents objets qui composent *le mobilier des écoles communales* a été l'objet de la circulaire suivante, adressée aux préfets le 7 mars 1854 :

« Il arrive assez souvent que les registres, instructions, cartes, tableaux, etc. qui font partie du mobilier des écoles primaires publiques et qui sont, dès lors une propriété communale, sont divertis ou égarés, lorsque l'instituteur quitte la commune pour passer dans une autre résidence.

« Pour obvier à cet inconvénient, qui est, à tous égards, préjudiciable au bien du service, je vous recommande, Monsieur le Préfet, d'inviter le maire de chaque commune de votre département où il existe une école publique, à dresser, contradictoirement avec l'instituteur communal, un inventaire exact et descriptif de tous les objets mobiliers qui garnissent ladite école. Cet inventaire devra être fait en double ; chaque original sera revêtu des signatures du maire et de l'instituteur.

« Un de ces doubles devra être déposé à la mairie, et l'autre sera remis à l'instituteur, qui deviendra responsable des objets y mentionnés.

« Lorsque l'instituteur sera appelé dans une autre commune, il sera procédé à la reconnaissance de ces objets par simple récolement, sur la présentation que l'instituteur sera tenu d'en faire à toute réquisition des autorités préposées par la loi à la surveillance des écoles.

« Il sera tenu de les conserver en bon état et de faire constater sur l'inventaire ceux qui, par vétusté ou toute autre cause, disparaîtraient successivement. Il sera responsable de tous ces objets ; mais il ne sera obligé de les remettre, à sa sortie, que dans l'état où ils se trouveront.

« Le dernier mandat de traitement ne devra être délivré à l'instituteur qu'après la remise régulièrement faite par lui du mobilier de l'école décrit dans l'inventaire. »

Lorsqu'il s'agit, soit de dépenses à effectuer pour l'acquisition ou la construction d'un mobilier, soit de secours à demander pour le même objet, les plans et devis des travaux à effectuer et des dépenses à faire doivent, d'après les règles ordinaires de la comptabilité, être complétement distincts des plans, devis et demandes relatifs à la construction ou à l'acquisition des bâtiments.

Les pièces à produire à l'appui des demandes de secours pour l'acquisition de mobilier de classe, sont les mêmes que les pièces mentionnées plus haut (p. 260) pour la construction des maisons d'école. Il est bien entendu que l'avis de l'inspecteur primaire de l'arrondissement doit être joint aux unes et aux autres.

LOGEMENT DES INSTITUTEURS COMMUNAUX.

Dans l'instruction générale aux recteurs du 24 décembre 1850, M. le ministre se plaignait que dans quelques locaux scolaires on ne consacrât au logement personnel de l'instituteur qu'un emplacement insuffisant, et qu'on ne l'exposât ainsi à prendre en dégoût une position à laquelle on doit s'efforcer de l'attacher par une installation à la fois saine et commode. Dans une instruction postérieure du 31 octobre 1854, adressée aux préfets pour l'application de la loi du 14 juin de la même année, le ministre est revenu sur cet objet dans les termes suivants :

« L'insuffisance du logement entraîne aussi de sérieux inconvénients : il est difficile qu'un instituteur s'attache, comme on doit le désirer, à sa laborieuse profession, s'il n'est assuré de trouver, du moins, après les fatigues de la classe, le modeste bien-être que lui assurerait, à lui et à sa famille, une habitation très-simple, sans doute, mais décente. Vous-même, Monsieur le Préfet, vous hésiterez à opérer, parmi les instituteurs, les mutations que réclamerait l'intérêt des communes, si elles ne se prêtaient pas, sous ce rapport, aux besoins du service. Un ancien règlement, qui n'a point cessé d'être en vigueur, exige que le directeur d'une école publique puisse disposer de trois pièces au moins, indépendamment de la salle de classe, et, autant qu'il est possible, d'un jardin. Je vous prie de veiller à ce que cette condition soit remplie par toutes les communes de votre département. Vous n'obtiendrez sans doute point, dès le premier jour, un résultat aussi désirable. Je sais que bien des communes sont hors d'état de subvenir, toutes seules, aux dépenses qu'entraînera une meilleure installation de leurs écoles publiques. Mais il vous appartient, dans ce cas, de réclamer les secours de l'Etat, qui, vous le savez déjà, ne les refuse point quand il lui est démontré que les ressources des municipalités servent mal leurs bonnes dispositions. »

M. le ministre est revenu sur ces prescriptions dans la circulaire du 30 juillet 1858, rapportée plus haut, où il est dit : « Il faut enfin que l'habitation de l'instituteur et de sa famille soit composée de telle sorte qu'il puisse disposer de trois pièces au moins, y compris une cuisine, et d'un jardin autant que possible. »

Lorsque la commune ne possède point de logement à fournir à l'instituteur, ou que celui dont elle peut disposer est reconnu n'être pas convenable, il est alloué à l'instituteur une indemnité de logement dont le taux, arrêté définitivement par le préfet, est déterminé par le prix des loyers dans la localité. Cette indemnitée est portée au budget de la commune et comprise parmi ses dépenses obligatoires relatives à l'instruction primaire. En cas d'insuffisance des ressources de la commune pour subvenir à cette dépense, il y est également pourvu sur les fonds du département ou de l'Etat, dans la même forme que pour les autres dépenses, et indépendamment des sommes qu'ils auraient déjà à fournir pour élever le traitement de l'instituteur au minimum prescrit par la loi.

Les dépenses relatives à l'entretien de la portion des bâtiments affectée au logement de l'instituteur sont à la charge de la commune, comme l'entretien du reste de la maison d'école. Dans le cas où la commune se refuserait à faire à ces bâtiments les réparations nécessaires, comme dans celui où, le logement n'étant pas convenable ou suffisant, elle refuserait aussi de faire les travaux indispensables pour le mettre dans un état satisfaisant, l'instituteur devrait adresser ses réclamations à l'inspecteur de l'arrondissement. Celui-ci, après avoir constaté l'état des lieux et fait des démarches auprès de l'autorité locale pour qu'il fût fait droit à la demande de l'instituteur, adresserait un rapport à l'inspecteur d'Académie. Ces dépenses sont en effet au nombre de celles auxquelles le préfet, en vertu de l'article 9 du décret du 7 octobre 1850, peut mettre la commune en demeure de pourvoir dans un délai déterminé, et auxquelles il peut pourvoir d'office à défaut d'exécution dans ce délai.

Les prescriptions de l'article 37 de la loi du 15 mars 1850, relatives au logement des instituteurs, sont applicables aux institutrices dirigeant des écoles communes aux enfants des deux sexes, conformément à l'article 9 du décret du 31 décembre 1853; mais elles ne le sont pas aux institutrices communales dirigeant des écoles spéciales de filles.

A l'égard de ces dernières, les convenances veulent que les communes qui établissent des écoles de filles fournissent à ces écoles non-seulement le local nécessaire à la tenue de la classe, mais encore un logement pour l'institutrice, et l'on se conforme généralement partout à cet usage. Les dépenses portées à cet effet au budget des communes sont toujours approuvées par les préfets, lorsqu'elles y peuvent pourvoir à l'aide de leurs revenus ordinaires, ou au moyen d'impositions extraordinaires, pourvu que ces dépenses ne dépassent pas leurs ressources. Mais, à défaut des ressources propres de celles-ci, la loi n'oblige pas le département ou l'Etat à leur venir en aide pour fournir un logement à l'institutrice. Cependant, lorsqu'en raison de la population de la commune, la création d'une école spéciale de filles est reconnue nécessaire, une subvention, prise sur les fonds alloués par les départements ou par l'Etat pour encouragement à l'instruction des filles, peut être accordée à titre d'indemnité de logement pour l'institutrice

L'impôt des portes et fenêtres est dû par les instituteurs

et les institutrices logés dans des bâtiments appartenant à la commune, mais seulement pour la portion des bâtiments affectée spécialement à leur logement particulier. La contribution personnelle et mobilière est également due par eux en raison du logement qu'ils occupent. Mais les uns et les autres sont exempts du droit de patente, à moins qu'ils ne dirigent un pensionnat annexé à l'école. Dans ce cas, la patente est établie seulement d'après la valeur de la portion du local affectée à l'internat, le local des classes en étant exempt dans tous les cas.

Les instituteurs communaux sont aussi soumis, comme les autres citoyens, à l'impôt des prestations en nature; mais il convient qu'en leur assignant les journées dont ils sont passibles, on ait égard à l'impossibilité où ils sont de s'absenter de l'école aux jours désignés pour la tenue des classes, d'après le règlement spécial adopté pour les écoles dans chaque département par le conseil de l'instruction publique.

Enfin, pour compléter ce qui a rapport à la position des instituteurs, nous rappellerons que, d'après une circulaire du ministre de l'intérieur, en date du 16 janvier 1855, le droit de timbre n'est dû que lorsque le traitement des instituteurs touché directement sur les fonds communaux dépasse la somme de 300 francs, et que, lors même qu'il est dû, ce droit ne saurait jamais être mis à la charge des instituteurs. — « C'est aux communes, dit le ministre, à supporter cette dépense, par l'application de l'article 1248 du Code Napoléon, qui met les frais de payement à la charge des débiteurs. »

TROISIÈME PARTIE.

INSTRUCTIONS, CIRCULAIRES ET MODÈLES.

La loi du 15 mars 1850, qui est le point de départ de la législation actuelle sur l'enseignement, a abrogé l'ancienne législation relative à l'instruction primaire, qui reposait principalement sur la loi du 28 juin 1833. Elle a nécessité un certain nombre de décrets généraux ayant pour objet d'en régler l'application, tels que ceux du 29 juillet et du 7 octobre 1850, et quelques autres décrets ayant pour but de régler des points de détail, tels que le décret du 31 décembre 1853 et la plupart de ceux qui sont imprimés dans les pages précédentes. Mais les décrets eux-mêmes, ne pouvant entrer dans tous les détails, ont eu besoin d'être expliqués dans des instructions ayant pour objet de diriger les fonctionnaires chargés d'en assurer l'application, et d'éclairer sur leurs droits et leurs devoirs les personnes vouées à l'enseignement. Tel est l'objet des différentes instructions contenues dans la partie suivante de ce recueil.

La loi du 14 juin 1854, qui a réorganisé sur de nouvelles bases le service académique, et qui a confié aux préfets l'administration de l'instruction primaire, a modifié d'une manière essentielle la loi du 15 mars 1850. Il en est de même du décret du 31 décembre 1853 et de la loi du 14 juin 1859, qui ont encore apporté quelques changements importants dans l'organisation des écoles de garçons et des écoles de filles, ainsi que dans la position des instituteurs et des institutrices. Il en résulte qu'une partie des dispositions contenues dans les instructions ou circulaires qui ont suivi immédiatement la loi du 15 mars 1850, a été abrogée ou modifiée par les instructions qui ont été la conséquence de la législation subséquente.

Cependant, ces dernières instructions laissant subsister les premières dans tout ce qui n'avait rien de contraire à la nouvelle législation, et s'y référant même très-souvent, nous avons dû donner place ici aux unes et aux autres, nous avons seulement retranché des premières tout ce qui se trouve abrogé de fait par les lois ou décrets postérieurs.

INSTRUCTION AUX RECTEURS POUR L'EXÉCUTION DE LA LOI DU 15 MARS ET DU DÉCRET DU 7 OCTOBRE 1850.

24 décembre 1850.

(Le décret du 7 octobre 1850, relatif aux écoles primaires et aux instituteurs publics et libres (v. page 103), a été modifié par la législation postérieure, mais seulement en ce qui a trait aux attributions des différentes autorités. Les instructions qui s'y rapportent conservent donc toute leur valeur. Mais, par suite des changements indiqués, ce qui s'y applique aux recteurs et aux conseils académiques doit s'entendre presque partout aujourd'hui des préfets et des conseils départementaux. On trouvera en conséquence entre parenthèses les noms des autorités à substituer à ceux qui se trouvaient primitivement dans la circulaire. Quant aux parties qui n'ont plus d'objet, à cause des changements survenus dans la législation, il était inutile de les conserver.)

Ouverture des écoles libres.

« Les articles 1, 2 et 3 du décret indiquent les formalités à remplir par les instituteurs qui veulent ouvrir des écoles libres. Ces formalités sont indispensables pour que la loi soit sincèrement exécutée dans sa lettre et dans son esprit. En effet, par son article 27, la loi exige non-seulement qu'une déclaration soit faite au maire, mais encore que la même déclaration soit adressée, par les *postulants*, au *recteur de l'Académie* (préfet), au *procureur de la république* (procureur impérial) et au sous-préfet. Il importe donc que le *recteur* (préfet), qui seul peut faire opposition, soit d'office, soit sur la plainte du *procureur de la république* (procureur impérial) ou du sous-préfet, soit assuré que ces magistrats ont reçu, comme lui, non-seulement la déclaration de l'instituteur, mais encore la *même* déclaration. D'un autre côté, il est important aussi que le *recteur* (préfet) soit assuré que la déclaration affichée à la mairie est conforme à celle qu'il a reçue; il est enfin indispensable qu'il sache immédiatement si le maire désapprouve le local ; car, dans ce cas, il doit saisir de la question le conseil *académique* (départemental) assez promptement pour que ce conseil, après avoir pris, s'il y a lieu, toutes les informations convenables, puisse se prononcer avant l'expiration du mois, terme passé lequel l'école peut être ouverte, sans autre formalité.

« Pour arriver à constater tous ces faits et à prévenir ainsi toute fraude, une correspondance aurait dû s'engager entre le *recteur* (préfet), le *procureur de la république* (procureur impérial), le sous-préfet et le maire, à chaque déclaration d'ouverture d'école libre.

« Les articles 1, 2 et 3 du décret du 7 octobre ont pour but de simplifier cette correspondance et d'assurer au *recteur de l'Académie* (préfet) les moyens d'user du droit que la loi lui a conféré. Je vais faire distribuer, par MM. les préfets, dans chaque mairie, un modèle de registre, afin que les déclarations y soient reçues partout dans même forme, et aussi afin de rendre facile à MM. les maires la délivrance des copies légalisées des déclarations qu'ils doivent remettre aux instituteurs. Quant au registre sur lequel ces déclarations seront reçues, il est indispensable qu'il soit tenu avec une grande régularité; il devra, plus tard, servir à suivre les instituteurs et à constater leurs antécédents, conformément aux prescriptions du 1er § de l'article 27. Vous aurez donc soin, Monsieur le Recteur, en ce qui vous concerne, de vous conformer avec exactitude aux dispositions du règlement, notamment à celle qui est contenue dans le dernier § de l'article 4. MM. les inspecteurs devront toujours, dans leurs tournées, s'assurer de l'état de ce registre. Nul ne devra être dispensé de l'accomplissement des formalités prescrites : ni l'instituteur libre qui, déjà en fonctions, veut s'établir dans un autre local et ouvrir, par conséquent, une autre école, ni l'instituteur communal qui renonce, pour une cause quelconque, à ses fonctions et qui veut ouvrir une école libre, soit dans la même commune, soit ailleurs. Toutes les fois, en un mot qu'il y aura, ouverture d'une nouvelle école, il devra y avoir une déclaration de l'instituteur, suivie d'un sérieux examen. Il en sera de même chaque fois qu'un instituteur appartenant à une congrégation religieuse enseignante succédera à un frère du même ordre, dans la même école. L'établissement, en changeant de directeur, doit être considéré comme un établissement nouveau.

« Quant au délai que la loi fixe pour l'opposition du *recteur* (préfet), il ne court que du jour où ce fonctionnaire a reçu la déclaration. L'article 28 ne laisse aucun doute à cet égard, puisqu'il porte que le *recteur* (préfet) peut former opposition dans *le mois qui suit la déclaration à lui faite;* mais on m'a fait observer que l'article 3 du décret du 7 octobre n'oblige le maire à faire connaître au *recteur* (préfet) s'il a reçu des observations par suite de la déclaration affichée qu'*à l'expiration du délai fixé par l'article 27 de la loi organique*, c'est-à-dire à l'expiration du mois, et qu'il pourra arriver que le *recteur* (préfet) n'ait plus le temps de former opposition. Cette interprétation, Monsieur le Recteur, serait erronée; par ces mots : *à l'expiration du délai*, le décret n'a pas entendu dire, lorsque le délai sera expiré, mais seulement lorsqu'il approchera de sa fin. Vous voudrez donc bien inviter MM. les maires à ne pas attendre au dernier jour pour vous faire cette communication. Mais, comme il s'agit ici d'un intérêt moral à la conservation duquel vous êtes plus spécialement préposé, vous n'attendrez pas vous-même au dernier moment pour vous enquérir de l'état des choses, et vous aurez soin, soit directement, soit par l'intermédiaire de M. l'inspecteur, de provoquer quelques jours d'avance la communication qui doit vous être faite par le maire.

« Je vous recommande, au surplus, Monsieur le Recteur, d'user avec beaucoup de fermeté de votre droit d'opposition. L'instruction primaire ne doit pas être le refuge des hommes qui ont échoué dans les autres carrières, et qui, par conséquent, n'apporteraient dans l'accomplissement de leurs obligations nouvelles ni l'amour du bien public, ni le sentiment profond du devoir. Toutes les fois donc que vous recevrez la déclaration, soit d'un ancien instituteur, soit d'un candidat qui aura été jusque-là étranger à l'enseignement primaire, vous aurez soin de prendre les plus amples informations sur ses antécédents, et si le délai devait expirer avant que les doutes sérieux que vous auriez conçus eussent pu être complétement éclaircis, vous formeriez opposition. Le conseil *académique* (départemental), qui jugera cette opposition, s'efforcera d'arriver alors, plus sûrement que vous n'auriez pu le faire dans le mois, à la constatation des faits. Ne craignez pas outre mesure, Monsieur le Recteur, dans des situations analogues, le jugement du conseil *académique* (départemental), et ne considérez pas la levée de votre opposition, si elle devait dans certains cas avoir lieu, comme un échec destiné à troubler la bonne harmonie que vous devez vous efforcer de maintenir entre le conseil *académique* (départemental) et vous. Votre opposition est un acte conservatoire des intérêts moraux et religieux de la société, et votre conscience devrait être beaucoup plus troublée si, par négligence ou timidité, vous exposiez l'enfance à être pervertie par de mauvais préceptes ou de mauvais exemples, que si, par votre opposition, vous aviez provisoirement suspendu l'ouverture d'une école qui, en définitive, ne serait pas jugée de nature à inspirer des inquiétudes sérieuses

Suspension des instituteurs libres.

« L'article 5 a pour but de rendre possible la peine de la suspension qu'aux termes de l'article 30 de la loi organique le Conseil *académique* (départemental) peut prononcer contre un instituteur libre.

« L'expérience a prouvé que cette peine qui, d'après la loi de 1833, pouvait être infligée aux instituteurs communaux, était difficilement, et, par conséquent, peu souvent appliquée, parce qu'elle était rarement proportionnée au délit qu'il s'agissait de punir. Quel était, en effet, le résultat immédiat de cette peine? La fermeture d'une école pendant un certain temps, et, par conséquent, un dommage réel pour les familles. Si la suspension était prononcée sans privation de traitement, l'instituteur n'éprouvait aucune perte, et la peine qu'il subissait, se réduisait, en définitive, à quelques jours de repos; si elle était accompagnée de la privation de traitement, elle avait pour l'instituteur, déjà très-faiblement rétribué, des conséquences douloureuses, puisqu'elle l'atteignait dans ses moyens d'existence. Dans tous les cas, l'instituteur suspendu ne rentrait jamais dans l'exercice de ses fonctions sans avoir perdu presque toute considération. Il est résulté de cet état de choses et des conséquences fâcheuses que je viens de signaler que, souvent, l'impunité a été assurée à des instituteurs dont la négligence ou la mauvaise conduite auraient dû être réprimées, et que, d'autres fois, la peine de la révocation a été prononcée là où la suspension, mieux proportionnée à la faute, eût dû paraître suffisante. En autorisant le conseil *académique* (départemental) à admettre l'instituteur libre suspendu de ses fonctions à présenter un suppléant pour la direction de son école, l'article 5 du décret prévient une partie des inconvénients que je viens de rappeler; il oblige l'instituteur suspendu à se procurer un suppléant à ses frais, et lui donne, en même temps, le délai nécessaire pour trouver un remplaçant définitif, s'il ne reprend pas la direction de son école; elle lui laisse, dans tous les cas, le temps de se créer ailleurs de nouvelles ressources. Mais il est bien entendu que le conseil *académique* (départemental) est seul juge de l'opportunité d'une semblable mesure, et qu'il devra, toutes les fois qu'il aura à sévir contre un instituteur libre, déclarer si l'instituteur suspendu devra fermer son école pendant la durée de sa peine, ou s'il sera admis à présenter un suppléant.

Des pensionnats primaires.

« L'article 6 n'est en quelque sorte que l'application aux pensionnats primaires d'une disposition en vigueur dans la législation précédente relative à l'instruction secondaire. Les pensionnats primaires, alors qu'ils étaient soumis au régime de l'autorisation, se sont considérablement multipliés depuis quelques années; ils se multiplieront davantage sous le régime nouveau. Il était dès lors nécessaire de prescrire les mesures à prendre, dans l'intérêt des familles, pour le cas où l'un de ces établissements viendrait à être inopinément fermé. Un règlement délibéré en Conseil supérieur règle, au surplus, ce service d'une manière plus complète (v. page 123); je vous en transmets, ci-joint, un exemplaire, et je vous invite à le faire exécuter avec soin.

Des maisons d'école.

« Les articles 7 et 8 imposent à MM. les inspecteurs d'arrondissement et à MM. les délégués cantonaux l'obligation de visiter, avant l'ouverture de toute école publique, le local qui y est destiné.

« Veuillez, Monsieur le Recteur, appeler sur cette obligation l'attention la plus sérieuse des fonctionnaires à qui elle est imposée : on ne se préoccupe pas assez, dans les communes, de la nécessité d'une bonne organisation matérielle des écoles. Depuis l'année 1833, l'Etat a constamment secouru les communes qui s'imposaient, pour l'établissement d'une école, d'honorables sacrifices; mais, malgré les instructions les plus précises, constamment reproduites depuis dix-sept ans, il m'arrive encore des demandes de secours destinés à la construction ou à l'appropriation de bâtiments d'école mal disposés. Là où cinquante ou soixante enfants doivent être réunis, on ne ménage de place que pour un nombre infiniment moindre ; là où les enfants des deux sexes doivent être reçus, on néglige de les séparer en classe par une cloison, ainsi que le prescrivent les instructions et le commande le simple sentiment des convenances; enfin, les autres dépendances de l'école sont souvent, quoique affectées à l'usage des garçons et des jeunes filles, placées loin de toute surveillance. Dans quelques écoles enfin, on ne consacre au logement personnel de l'instituteur qu'un emplacement insuffisant, et on l'expose à prendre promptement en dégoût une position à laquelle on doit, au contraire, s'efforcer de l'attacher, non par une recherche d'appropriation qu'il ne doit ni connaître ni désirer, mais par une installation aussi commode et saine que simple et modeste. Enfin, dans quelques villes, on ne fait nulle attention au voisinage des écoles, et on expose ainsi les enfants à recevoir des impressions, soit morales, soit physiques, non moins contraires à leurs mœurs qu'à leur santé. Aucun de ces détails n'est à dédaigner pour tout homme qui connaît et qui aime l'enfance; or, connaître et aimer l'enfance, c'est là une de ces précieuses qualités que l'on doit rencontrer dans les hommes qui, à quelque titre que ce soit, acceptent la mission d'en surveiller la première éducation.

« L'article 9 du décret arme, au surplus, MM. les préfets d'un droit qu'ils tenaient déjà de la loi de 1837 sur les attributions municipales, mais dont l'usage ne s'était pas assez généralisé. Désormais, après s'être concerté avec *vous* (l'inspecteur d'Académie), M. le préfet devra interdire tout local d'école qui ne conviendra pas à l'usage auquel il est destiné. Ainsi, les enfants ne seront plus exposés à demeurer entassés dans des pièces basses, humides, mal aérées, et dans lesquelles les inspecteurs constataient trop souvent, avec douleur, l'absence presque totale d'air vital.

« L'article 14 de la loi du 15 mars décide que le conseil *académique* (départemental) donnera son avis sur les secours et encouragements à accorder aux écoles primaires. Parmi les demandes de ce genre, qui me parviennent journellement, sont des demandes de secours formées par des communes pour des constructions ou des acquisitions de bâtiments destinés à des maisons d'école. Ces demandes devront être soumises au conseil *académique* (départemental). J'invite en conséquence M. le préfet, qui est chargé d'instruire ces affaires au point de vue communal, à vous les communiquer avant de me les transmettre. Il n'y sera donné suite qu'autant qu'au nombre des pièces que M. le préfet m'enverra, je trouverai une expédition conforme de l'avis du conseil *académique* (départemental). Ce conseil devra, ainsi que le faisaient précédemment les comités d'arrondissement, examiner les demandes sous le rapport de la bonne disposition de l'école à établir, et de l'importance du secours que l'État pourra accorder à la commune.

Ecoles spéciales pour les enfants de culte et de sexe différents.

« L'article 15 de la loi organique investit le conseil *académique* (départemental) du droit de déterminer les cas où les communes peuvent, à raison des circonstances, établir ou conserver des écoles primaires, dans lesquelles seront admis des enfants de l'un et l'autre sexe, ou des enfants appartenant aux différents cultes reconnus. Le dernier paragraphe de l'article 44 déclare, en outre, que, lorsqu'il y a pour chaque culte des écoles séparées, les enfants d'un culte ne doivent être admis dans l'école d'un autre culte que sur la volonté formellement exprimée par les parents.

« Ces dispositions de la loi exigent quelques explications.

« La règle générale est que, désormais, les enfants de culte et de sexe différents ne soient plus reçus dans la même école. Toutefois, la loi a prévu sagement le cas où, soit à cause du petit nombre d'enfants, soit à défaut de ressources des communes, il serait impossible d'établir une école spéciale pour chaque sexe et pour chaque culte ; elle a en conséquence permis au conseil *académique* (départemental) de maintenir provisoirement l'état actuel des choses, là où il ne présenterait pas de graves inconvénients. Le conseil *académique* (départemental) aura donc à résoudre deux questions, lorsque des demandes de ce genre lui parviendront :

« 1º L'état actuel a-t-il des inconvénients sérieux dans telle ou telle localité ?

« 2º La dépense résultant de la création d'une nouvelle école sera-t-elle à la charge de la commune, ou tombera-t-elle en totalité ou en partie à la charge du département et de l'Etat ?

« Toutes les fois que la première question devra être résolue affirmativement, le conseil *académique* (départemental) n'aura pas à hésiter. Le département et l'Etat devront subir les conséquences financières d'un état de choses, qui, au point de vue moral et religieux, doit avoir des avantages incontestables. Lorsqu'au contraire il reconnaîtra que la réunion des enfants, soit de culte, soit de sexe différents, ne présente aucun inconvénient grave, et que les projets de séparation ne sont inspirés à quelques personnes que par un zèle ardent pour des intérêts qui ne sont pas en réalité compromis, il devra faire en sorte de ne pas charger le budget de l'Etat d'une dépense nouvelle et inutile.

« Mais, lorsque le conseil *académique* (départemental) ne croira pas devoir autoriser une commune à entretenir une seule école pour les enfants de cultes différents, et lorsque, par conséquent, aux termes du 5e § de l'article 36 de la loi organique, cette commune devra avoir des écoles spéciales à chaque culte, il devra veiller avec soin à l'exécution du cinquième paragraphe de l'article 44 de la loi, lequel ordonne que les enfants d'un culte ne soient admis dans l'école d'un autre culte que sur la volonté formellement exprimée par les parents. A cet effet, vous aurez soin, Monsieur le Recteur, de veiller à ce que le registre prescrit par l'article 12 du décret du 7 octobre soit régulièrement tenu dans toutes les écoles spécialement affectées à un culte. Si rien ne doit gêner la liberté des familles, en ce qui concerne l'enseignement religieux de leurs enfants, rien ne doit être négligé, non plus, pour qu'elles soient complétement éclairées sous ce rapport. Il faut donc non-seulement, comme le veut la loi, qu'elles s'expriment à cet égard d'une manière formelle, mais encore que cette volonté laisse des traces, et que les familles soient mises en demeure de déclarer en quelque sorte d'avance, par leur signature sur le registre, qu'elles connaissent les conséquences auxquelles elles exposent leurs enfants, en les plaçant dans une école où un culte étranger au leur est professé et suivi. Il faut enfin que ce registre, contrairement à quelques prétentions qui se sont manifestées, soit constamment tenu à la disposition de l'autorité. C'est là une garantie que toutes les familles religieuses, à quelque culte qu'elles appartiennent, ne manqueront pas d'apprécier.

Les écoles libres ne peuvent recevoir des enfants des deux sexes.

« A l'égard des écoles libres, il se présente une question que je dois immédiatement résoudre.

« L'article 52 de la loi dit qu'aucune *école publique ou libre* ne peut, *sans l'autorisation du conseil* académique (*départemental*), recevoir les enfants des deux sexes, *s'il existe dans la commune une école publique ou libre de filles.*

« Il semblerait au premier aperçu que, dans toutes les villes où il n'existerait aucune école publique ou libre de filles, les instituteurs libres pourraient recevoir les enfants des deux sexes. Il n'en est rien cependant. Cette disposition de la loi n'est qu'une conséquence du 4e § de l'article 36 de la loi organique, laquelle permet au conseil *académique* (départemental) de dispenser une commune d'entretenir une école publique, à condition qu'elle pourvoira à l'enseignement primaire gratuit dans *une école libre* de tous les enfants dont les familles sont hors d'état d'y subvenir. L'article 52 ne s'applique donc qu'aux écoles libres destinées à tenir lieu d'écoles publiques. S'il en était autrement, la loi irait contre son propre esprit et admettrait une situation qui n'était pas tolérée par l'ancienne législation. Elle étendrait les inconvénients qu'elle a voulu prévenir.

« Aucun instituteur libre ne doit donc recevoir des enfants des deux sexes et ne peut être autorisé à en recevoir par le conseil *académique* (départemental), hors le cas prévu par l'article 36 de la loi.

« Une difficulté que le législateur paraît n'avoir point prévue peut se présenter dans le cas où l'école libre de filles que posséderait la commune refuserait de recevoir gratuitement les filles indigentes. En un cas pareil, que vous vous efforceriez de prévenir par tous les moyens d'action en votre pouvoir, l'instituteur communal ne serait pas déchargé de son devoir d'instruire les filles pauvres.

Nomination des instituteurs.

(La nomination des instituteurs appartenant aujourd'hui aux préfets, les dispositions contenues dans ce paragraphe n'ont plus d'objet. Il en est de même de celles qui avaient trait à la communication de la liste d'admissibilité et à l'institution des instituteurs).

Liste d'admissibilité.

« Le Conseil supérieur de l'instruction publique, appelé à donner son avis sur ce point, a pensé que le conseil *académique* (départemental) ne devait pas limiter le nombre des instituteurs à porter sur la liste d'admissibilité; qu'il devait être sévère sur le choix de ces candidats; mais que sa liste devait

16

comprendre tous ceux qui lui paraîtraient dignes d'être appelés aux fonctions d'instituteur dans une commune quelconque; que des instituteurs en exercice dans le département ou ailleurs pouvaient être portés sur cette liste; mais qu'aucun instituteur en exercice ne pouvait être nommé d'emblée dans une autre commune, s'il n'était pas porté sur la liste d'admissibilité; que les candidats devaient être classés sur cette liste selon la date du titre qui leur donne le droit d'y être portés; qu'enfin, des instituteurs en exercice pouvaient figurer à la fois sur la liste d'admissibilité et sur celle d'avancement.

Liste d'avancement.

« Quant à cette dernière liste, le Conseil supérieur a pensé qu'il n'était pas possible de limiter le nombre des instituteurs qu'elle devra contenir; qu'on devait s'en rapporter à cet égard au conseil *académique* (départemental); qu'il était heureusement probable que le nombre des instituteurs dignes d'avancement serait toujours assez considérable pour que les choix des conseils municipaux pussent s'exercer avec une certaine liberté; il a pensé, enfin, qu'il fallait laisser au conseil *académique* (départemental) le soin de décider si cette liste devra être unique, ou si elle devra être divisée en plusieurs catégories correspondantes à des catégories établies d'avance entre les communes. Je me réserve, Monsieur le Recteur, d'apprécier et de résoudre les difficultés auxquelles les résolutions du conseil *académique* (départemental) pourraient donner lieu plus tard.

« Je vous recommande, Monsieur le Recteur, lorsque le conseil *académique* (départemental) dressera annuellement cette liste, de l'éclairer avec le plus grand soin sur le mérite des candidats qui paraîtraient devoir y être portés. Il faut que l'inscription sur cette liste soit déjà par elle-même une première récompense décernée aux bons instituteurs, mais elle ne doit pas être sollicitée par eux. Invitez le conseil *académique* (départemental) à en écarter ceux qui prétendraient s'y faire placer par d'autres moyens que par l'accomplissement le plus exact et le plus consciencieux de leurs devoirs, et à y placer ceux qui leur seront signalés comme dignes de ce témoignage d'estime par MM. les inspecteurs d'arrondissements et les délégués cantonaux. Les instituteurs apprendront ainsi, non-seulement que la modestie et la résignation ne sont pas des causes d'oubli, mais encore que ces qualités si rares sont appréciées à leur juste valeur et qu'elles constituent déjà à leur égard un préjugé favorable. Ainsi s'établira parmi ces fonctionnaires une utile émulation dont on doit favoriser le développement, avec autant de soin qu'on doit résister aux obsessions de ces esprits inquiets et remuants qui cherchent constamment dans de nouvelles voies une situation plus en rapport avec l'importance personnelle qu'ils se supposent.

Des fonctions incompatibles avec celles d'instituteur communal.

« L'article 32 de la loi du 15 mars porte qu'il est interdit aux instituteurs communaux d'exercer aucune fonction administrative sans l'autorisation du conseil *académique* (départemental), et que toute profession commerciale ou industrielle leur est absolument interdite.

« Il s'est élevé à ce sujet une question sur laquelle j'ai cru devoir appeler l'attention du Conseil supérieur de l'instruction publique. Se fondant sur l'article 25 de la loi qui porte que le brevet de capacité peut être suppléé par le titre de ministre de l'un des cultes reconnus par l'Etat, quelques curés ou vicaires ont exprimé l'intention de se faire nommer instituteurs communaux, et il m'a été demandé si ce cumul peut être autorisé par le conseil *académique* (départemental). — Le Conseil supérieur a pensé qu'il n'existe pas, entre les fonctions d'instituteur communal et celles de ministre en exercice de l'un des cultes reconnus par l'Etat, une incompatibilité déclarée par la loi, mais il a estimé qu'attendu la difficulté de concilier ces deux ordres de fonctions dans beaucoup de cas, il convenait de recommander sous ce rapport la plus grande réserve aux conseils académiques pour la rédaction des listes d'admissibilité, et au Ministre pour la collation de l'institution. Il est, en effet, difficile d'admettre que, dans les communes de population un peu nombreuse, MM. les desservants puissent suffire à la double tâche que leur imposeraient des fonctions également absorbantes, et qui toutes deux peuvent souvent exiger la présence de l'instituteur et du curé aux mêmes heures, dans des endroits différents. En supposant d'ailleurs que MM. les desservants parvinssent à concilier des occupations si peu conciliables en apparence, il y aurait à ce cumul d'autres inconvénients sur lesquels le conseil académique devra, dans tous les cas, fixer son attention.

« Alors que la loi leur a confié, dans chaque commune, la surveillance de l'instruction primaire, MM. les desservants doivent-ils, sans les motifs les plus sérieux, échanger cette position contre celle d'instituteur? En abdiquant par le fait même leur mission plus élevée de surveillance, ils se placeront de plein droit sous la surveillance du maire et ils s'exposeront même à être suspendus par lui, aux termes de l'article 33 de la loi. Ils pourront enfin être, comme tous autres instituteurs communaux, réprimandés, suspendus ou révoqués par le *recteur* (préfet); au lieu de désigner les enfants qui devront être admis gratuitement dans l'école, en vertu de la mission de charité qu'ils tiennent de l'article 45 de la loi, ils seront obligés de dresser la liste des enfants qui devront payer la rétribution scolaire, et de faire eux-mêmes les avertissements qui devront être envoyés aux familles. Des inconvénients plus grands encore s'élèveraient en présence des enfants de famille protestantes, s'il en existait dans la commune, et qu'aucun autre moyen d'instruction ne pût être mis par l'Etat à la disposition de ces familles ?

« Toutes ces considérations devront être mûrement pesées par le conseil *académique* (départemental), lorsqu'il recevra des demandes formées par les ministres en exercice d'un culte quelconque, à l'effet d'être portés sur la liste d'admissibilité; avant de les y inscrire individuellement, s'il y a lieu, il devra s'enquérir avec soin de toutes les circonstances dans lesquelles les demandes seront formées et les rejeter là où une exception favorable ne sera pas justifiée.

« D'autres cas d'incompatibilité, sur lesquels j'ai été interrogé, ont fixé l'attention du Conseil supérieur. Il a pensé que l'article 32 de la loi du 15 mars 1850 ne s'applique pas rigoureusement aux fonctions de notaire et de greffier de justice de paix, qui n'ont, pas plus que celles de ministre des cultes en exercice, le caractère *administratif*, proprement dit; mais il a également jugé qu'à raison même de la nature de ces deux ordres de fonctions, les conseils *académiques* (départementaux) ne doivent porter les notaires et les greffiers de justice de paix sur les listes d'admissibilité qu'avec la plus grande réserve, et en tenant compte de la difficulté de concilier l'exercice desdites fonctions avec celles d'instituteur communal.

« Reste la question de traitement. Nul doute que si le conseil municipal confie la direction de son école communale soit au desservant, soit à toute autre personne recevant un traitement de l'Etat, et portée sur la liste d'admissibilité, cet instituteur ne doive recevoir le traitement voté par la commune et le produit de la rétribution scolaire; mais en sera-t-il de même du supplément de traitement accordé par le département et par l'Etat aux instituteurs qui reçoivent moins de 600 fr.? Je n'hésite pas à vous répondre négativement, en me conformant ainsi à l'esprit de la loi du 15 mars. En accordant un supplément de traitement aux instituteurs, qu'a voulu le législateur? Assurer matériellement l'existence de ces modestes fonctionnaires et de leur famille. Mais si déjà, à un autre titre, ils reçoivent de l'Etat un traitement égal ou même supérieur au minimum que la loi leur assure, l'Etat irait au delà du but en allouant un supplément qui élèverait, dans ce cas, leurs émoluments au double du minimum garanti.

« J'ai, en conséquence, décidé qu'il ne sera accordé aucun supplément de traitement aux instituteurs qui recevraient, à quelque titre que ce fût, un autre traitement sur les fonds de l'Etat. Le conseil *académique* (départemental), lorsqu'il croira devoir porter sur la liste d'admissibilité un candidat qui se trouvera dans ce cas, devra donc le prévenir que la condition de cette inscription sera la renonciation formelle de sa part à tout supplément de traitement. Le conseil *académique* (départemental), en cas de refus, ne portera pas l'instituteur sur la liste d'admissibilité.

« Quant aux fonctions de receveur buraliste (sans cumul d'occupations commerciales), de directeur de poste et de secrétaire de mairie, sur lesquelles divers recteurs m'avaient adressé des questions, le Conseil supérieur a été d'avis qu'elles rentraient clairement dans la disposition de l'article 32, relative aux fonctions administratives, et ne pouvaient être réunies à celles d'instituteur communal, sans une dispense expresse du conseil *académique* (départemental).

Des autorisations provisoires accordées à des instituteurs non brevetés.

« Il est une autre nature d'autorisation provisoire sur laquelle je crois devoir appeler votre attention. Il est arrivé souvent, sous l'empire de la dernière législation, que des communes pauvres, dans lesquelles le revenu de l'instituteur ne s'élevait guère au delà de 200 francs (minimum du traitement fixe déterminé par la loi de 1833), ne trouvaient aucun instituteur breveté qui consentît à prendre la direction de leur école, et que le Ministre autorisait des candidats non brevetés à se charger provisoirement de cette direction. J'avais lieu de croire qu'un traitement de 600 francs étant désormais assuré à tous les instituteurs, aucune commune ne se trouverait exposée à demeurer sans école. Il résulte des renseignements qui me parviennent que, dans un certain nombre de localités il est encore assez difficile de trouver des instituteurs remplissant toutes les conditions prescrites, et que des communes de petite population, dépourvues d'écoles libres, seraient totalement privées de moyens d'instruction si on y devait refuser le concours, soit de personnes charitables qui offrent de se charger de cette instruction, soit de candidats qui ne peuvent se placer ailleurs, parce qu'ils ne sont pas encore brevetés, ou qu'ils n'ont point atteint l'âge légal. Je ne me dissimule pas, Monsieur le Recteur, qu'une telle exception, en présence de l'article 25 de la loi du 15 mars, semble au premier abord tout à fait impossible. Cependant, en se pénétrant bien de l'esprit de la loi, il m'a paru qu'une exception essentiellement temporaire pouvait encore être légalement autorisée, et le Conseil supérieur, consulté par moi à ce sujet, a été complétement de mon avis.

« Que veut en effet la loi? Que des moyens d'instruction

soient mis partout à la portée des familles ; elle oblige à cet effet les communes à entretenir une ou plusieurs écoles primaires ; mais à côté de cette obligation elle en impose une autre, c'est que ces écoles soient confiées à des personnes remplissant certaines conditions d'aptitude. Placée entre ces deux conditions, quelquefois exclusives l'une de l'autre, l'administration supérieure ne doit-elle pas s'attacher à satisfaire d'abord la plus impérieuse ? L'existence d'une école n'est-elle pas la première et la plus importante question à résoudre ? S'en tenir rigoureusement aux termes de la loi, ne serait-ce pas, dans de certains cas, sacrifier l'esprit à la lettre, subordonner le but aux moyens ? Mais si la question ainsi posée semble devoir être résolue dans un sens favorable aux autorisations provisoires, elle porte en elle-même sa restriction et ses limites ; une semblable exception ne peut être tolérée que là où il y aurait un dommage réel à agir autrement. Ainsi donc, Monsieur le Recteur, vous pourrez encore après avoir pris l'avis du conseil *académique* (départemental), me proposer d'autoriser ces exceptions; mais vous n'oublierez pas qu'en aucun cas elles ne pourront être accordées dans l'intérêt particulier de l'instituteur, et que l'intérêt public pourra seul légitimer une telle mesure. Il doit être bien entendu, d'ailleurs, que l'instituteur ainsi autorisé, de même que l'intérimaire dont je vous parlais tout à l'heure, ne devra pas jouir des avantages assurés par la loi à l'instituteur communal, et que le département et l'État ne seront point tenus de lui allouer le supplément de traitement nécessaire pour élever son revenu à 600 francs. Vous devrez enfin vous efforcer de mettre le plus promptement possible un terme à une telle situation.

« Il en sera de même à l'égard des institutrices qui, dans quelques départements, ont été chargées de la direction de l'école communale réunissant les enfants des deux sexes. Cette situation pourra être tolérée si d'ailleurs l'institutrice est pourvue du titre de capacité exigé par la loi et si elle est reconnue apte à diriger avec assez de fermeté une semblable école ; mais l'État ne lui devra aucun supplément de traitement. Elle n'aura droit qu'au traitement municipal et au produit de la rétribution scolaire. (*Modifié par l'art. 9 du décret du* 31 *décembre* 1853.)

Du traitement des instituteurs publics.

« L'article 38 de la loi organique, en assurant aux instituteurs publics un minimum d'au moins 600 francs, a apporté une immense amélioration dans le sort d'un grand nombre de ces fonctionnaires. En règle générale, tout instituteur public aura au moins 600 francs de revenu assuré et la jouissance d'un logement gratuit dans la maison d'école communale. Cette situation, dans un grand nombre de communes rurales, sera toujours satisfai-

sante et permet d'espérer qu'un jour aucune école ne soit fermée
faute de candidats. Mais cette amélioration si désirable ne leur
est acquise qu'au prix de sacrifices considérables de la part des
communes, des départements et de l'Etat, et à côté d'avantages
incontestables, il y a des inconvénients que MM. les inspecteurs
et délégués cantonaux vous aideront, je n'en doute pas, à prévenir ou à réprimer. Ces inconvénients sont de deux natures,
1° surcharge de dépense pour les départements et pour l'Etat,
résultant de l'inhabileté ou de l'insouciance de l'instituteur
comme du peu de confiance qu'il inspirerait; 2° affaiblissement
de zèle et de dévouement de l'instituteur dans l'exercice de ses
fonctions.

« Il est évident que désormais, moins il y aura dans une école
d'enfants payant la rétribution scolaire, plus les départements et
l'Etat auront à fournir pour parfaire le revenu de l'instituteur;
il est aussi manifeste que celui-ci étant assuré d'un revenu suffisant, quel que soit le nombre de ses élèves, sera moins excité à
faire des efforts pour attirer les enfants dans son école; il est à
redouter, en outre, que quelques instituteurs ne soient portés
désormais à préférer une petite école de village à une école plus
nombreuse qui ne leur présenterait aucun avantage supérieur et
exigerait d'eux cependant des travaux plus considérables. Ce dernier inconvénient est compensé, il est vrai, par cette considération que le séjour des villes ne sera plus si envié, et que de bons
et modestes instituteurs ne répugneront plus à se fixer pour toujours dans de petites localités où ils pourront faire le bien. Mais
rien ne compensera la perte qu'éprouvera l'Etat si, au lieu d'attirer les enfants dans l'école, l'instituteur les repousse et s'il s'en-
dort dans une funeste sécurité.

« J'aime à croire, Monsieur le Recteur, que vous saurez inspirer
à ces fonctionnaires un mobile plus puissant que l'intérêt, et que
le sentiment du devoir suffira souvent pour les retenir dans la
bonne voie et les exciter au bien; mais, s'il en était autrement,
il vous resterait à user avec fermeté du droit que vous confère
l'article 33 de la loi. Les comités d'arrondissement ont pu hésiter
autrefois à prononcer la révocation d'un instituteur négligent,
parce qu'ils craignaient de ne pouvoir le remplacer convenablement. Souvent, en effet, le produit de l'école était si faible que
l'instituteur ne se soutenait qu'à l'aide de ressources personnelles
non transmissibles à son successeur. Aujourd'hui il n'en sera
plus de même, puisque 600 francs seront toujours assurés à l'instituteur. Redoublez donc, sous ce rapport, de sévérité, et pro-
noncez sans hésiter la révocation de ceux qui, par la faiblesse de
leur enseignement, leur négligence ou leur défaut de conduite,
compromettraient tout à la fois, malgré vos avertissements, l'instruction des enfants, la prospérité de l'école et le Trésor public.

Gardien des intérèts divers de l'Etat en tout ce qui touche à l'instruction publique, vous ne devez pas non plus souffrir que certains instituteurs restent sans élèves dans des localités où ils sont privés par des causes quelconques, de la confiances des familles. Votre initiative dans des cas semblables devrait au besoin provoquer l'usage par les communes de la faculté établie dans le 4e § de l'article 36, lorsque, en vertu des faits accomplis, l'école publique ne représente plus qu'une charge inutile pour la commune, le département et l'Etat. Vous aurez même à veiller à ce que des instituteurs, placés dans des situations semblables, soient mis en demeure d'accepter des fonctions dans d'autres localités.

Maintien des écoles pendant l'été.

« Dans beaucoup de communes les écoles sont à peu près désertes, quelquefois même elles sont fermées pendant l'été. Il faut vous efforcer de vaincre ces funestes usages. Sans doute il est important que les enfants prennent de bonne heure l'habitude des travaux des champs, mais il y a toujours dans une commune un certain nombre d'enfants si jeunes que, si l'école était ouverte, les familles préféreraient certainement les y laisser plutôt que de leur demander des services qu'ils sont encore hors d'état de rendre, et de les abandonner sans surveillance dans les champs ou sur la voie publique. Ce sont malheureusement quelquefois les instituteurs eux-mêmes qui encouragent les familles et les autorités locales, les unes à retirer leurs enfants et les autres à autoriser la fermeture de l'école. Convaincus que le petit nombre d'élèves qui leur resterait ne leur assurerait pas un revenu égal au produit qu'ils tirent des autres occupations auxquelles ils se livrent pendant une partie de l'été, ils sont trop souvent portés à sacrifier à leur intérêt personnel les intérêts de l'instruction des enfants. Cette propension fàcheuse pourrait encore trouver une nouvelle excitation dans la disposition de la loi qui charge les communes, les départements et l'Etat de combler jusqu'à 600 francs le déficit de la rétribution scolaire. Exigez sévèrement, Monsieur le Recteur, que toutes les écoles soient ouvertes pendant l'été, quel que soit le nombre des enfants qui devront les fréquenter. Ce nombre sera faible d'abord; mais quand les familles reconnaîtront qu'en empêchant les enfants de suivre les classes de l'école, elles les privent, sans un grand avantage pour elles, d'une instruction qu'ils seront obligés d'acquérir ensuite par une plus longue fréquentation de l'école, elles se détermineront sans doute à ne recourir qu'un peu plus tard à leurs services. Considérez donc comme une faute grave la fermeture de l'école pendant l'été et réprimez sévèrement celui qui, après cet avertissement, continuerait de commettre cette faute.

Le moins que vous pourriez faire alors serait de suspendre, avec privation de traitement, celui qui, par un calcul indigne, prétendrait recevoir de l'Etat le prix de services qu'il ne rendrait pas, tout en consacrant à des travaux particuliers le temps qu'il déroberait à ses devoirs.

De la rétribution scolaire.

« L'article 41 de la loi déclare que la rétribution scolaire sera perçue dans les mêmes formes que les autres contributions publiques; que néanmoins, sur l'avis du conseil général, l'instituteur pourra être autorisé par le conseil *académique* (départemental) à percevoir lui-même la rétribution scolaire. Les articles 21, 22 et suivants du décret du 7 octobre sont destinés à régler les formes de cette perception. Il est d'autant plus nécessaire de prescrire à cet égard des mesures régulières et uniformes, que l'Etat doit combler la différence lorsque le traitement de l'instituteur ne s'élève pas à 600 francs, et qu'il est dès lors très-important, d'une part, que la rétribution scolaire rapporte tout ce qu'elle doit produire, et d'autre part, que ce produit soit régulièrement constaté. Je n'ignore pas que ce mode de perception contrariera, dans un certain nombre de communes, des habitudes prises et qu'il en pourra résulter, dans le premier moment, quelque dommage pour les instituteurs, peut-être même pour l'Etat; mais en regard de ces inconvénients qui, je l'espère, ne seront que passagers, il y a des avantages tels que le législateur n'a pas cru devoir hésiter.

« Quant au taux de la rétribution scolaire qui doit être fixé par le conseil *académique* (départemental), il importe que, tout en respectant les habitudes locales, le conseil *académique* (départemental) ne se borne pas à approuver purement et simplement les propositions des conseils municipaux. Il y a plus de 20,000 communes dans lesquelles les trois centimes spéciaux, réunis au produit de la rétribution scolaire, n'atteignent pas 600 francs, et qui se trouvent par conséquent désintéressées dans la question. Que, dans ces communes, la rétribution scolaire produise plus ou moins, les trois centimes communaux étant épuisés, les départements et l'Etat devront fournir le reste, et le conseil municipal pourrait être dès lors porté à fixer le plus bas possible le taux de la rétribution et à ménager ainsi les ressources des habitants. Mais le conseil *académique* (départemental) doit se placer à un autre point de vue. Il sait qu'une faible diminution de la quotité de cette rétribution se multipliant par le nombre des écoles, produira une somme considérable qui, en fin de compte, tombera à la charge du Trésor; il devra veiller avec soin, d'une part, à ce qu'en élevant outre mesure le taux de la rétribution, on n'éloigne pas les enfants des écoles; d'autre part, à ce que cette rétri-

bution soit toujours proportionnée aux ressources de la localité.
Il s'entourera, à cet effet, de tous les avis propres à l'éclairer.
MM. les délégués cantonaux, surtout, lui donneront à ce sujet de
précieuses indications. Je recommande, Monsieur le Recteur,
cette partie importante du service de l'instruction primaire à
toute votre attention. J'adresse des recommandations semblables
à M. le préfet, qui est chargé, par l'article 45 de la loi organique,
d'arrêter définitivement la liste des enfants qui doivent être admis
gratuitement dans les écoles publiques. De l'exécution première
de ces mesures va dépendre, je ne dois pas vous le dissimuler, le
succès d'un grand effort de bienveillance, tenté par l'Etat dans
l'intérêt des instituteurs; que toutes les autorités qui concourent
à votre mission se montrent donc, comme vous, économes des
fonds de l'Etat, et qu'elles vous aident, autant qu'il dépendra
d'elles, à exécuter loyalement une loi qui assure aux maîtres
d'école un bien-être incontestable.

Des délégués cantonaux.

« Je ne terminerai pas cette lettre, sans vous parler de MM. les
délégués cantonaux et inspecteurs d'arrondissement.

« Le règlement d'administration publique du 29 juillet dernier, en complétant leur organisation et en permettant de les
réunir au chef-lieu d'arrondissement, a eu pour but de donner à
leur surveillance une direction d'autant plus utile qu'elle sera
plus uniforme, et de permettre au conseil *académique* (départemental) de recueillir avec plus de précision tous les faits dont la
connaissance parfaite lui importe à un si haut point. Je ne crois
pas devoir vous adresser des instructions détaillées sur la manière
dont je comprends et dont il me paraît désirable qu'ils exercent
leur mission. Délégués du conseil *académique* (départemental)
avec lequel ils peuvent correspondre directement, c'est de ce
conseil surtout qu'ils doivent recevoir l'impulsion, c'est de ses
pensées qu'ils doivent surtout s'inspirer.

« Leur mission, qui est toute de confiance, s'étend à tout; mais
elle n'est qu'une mission de surveillance, et s'il est à désirer qu'ils
multiplient les avis et les remontrances paternelles, partout où
besoin sera, il est à désirer aussi qu'ils ne compromettent jamais leur autorité, en s'efforçant d'introduire directement dans
les écoles, soit des livres, soit des principes d'éducation et d'enseignement dont ils apprécieraient les avantages, mais qui y seraient jusqu'alors inusités. C'est par le conseil *académique*
(départemental) et par vous que les réformes à introduire dans
l'enseignement doivent être provoquées : c'est donc au conseil
académique (départemental) qu'ils doivent naturellement faire
part de leurs vues à ce sujet. Le danger de leur situation, qu'ils
ne se le dissimulent pas, c'est l'influence de passions locales; tous

leurs efforts doivent donc tendre à s'en affranchir et à conserver, avec leur indépendance, cette haute réputation d'impartialité qui doit honorer leur mission. Il est, en outre, important qu'ils s'entendent, sous tous les rapports, avec M. l'inspecteur de l'arrondissement. Placés plus près que lui des écoles, plus à portée que lui de recueillir journellement les faits isolés dont l'ensemble doit servir à constituer une opinion quelconque sur les écoles et sur les instituteurs, qu'ils ne négligent pas, ainsi que le leur recommande l'article 45 du règlement du 29 juillet, de lui faire part de toutes leurs craintes, de tous leurs doutes; en un mot, qu'ils éveillent son attention sur tous les faits qui intéressent la direction de l'enseignement dans leur canton. M. l'inspecteur, de son côté, devra leur faire toutes les communications utiles à l'accomplissement de leur mission. En se prêtant ainsi un mutuel appui, les délégués cantonaux et les inspecteurs d'arrondissement parviendront à constituer un bon système de surveillance dont les esprits éclairés comprennent l'importance et dont ils apprécieront les bienfaits.

Des inspecteurs de l'instruction primaire.

« En réorganisant le personnel de l'instruction primaire d'après les termes et selon l'esprit de la loi, j'ai dû compter sur le concours des fonctionnaires dont je vous ai récemment notifié la nomination, et qui tous ont obtenu, quoiqu'à des degrés différents, des témoignages d'estime et de sympathie d'un ou de plusieurs conseils académiques. La mission de ces fonctionnaires est difficile et délicate. A peine sortis des commotions sociales qui ont jeté le trouble dans tant d'esprits et qui ont fait dévier trop d'instituteurs de la ligne de leur devoir, ils doivent s'efforcer de rétablir l'ordre partout où il a reçu quelque atteinte, et de ramener dans les esprits le calme et la maturité si nécessaires aux intérêts de l'éducation populaire. Placés entre les sentiments de bienveillance dont ils doivent être naturellement animés à l'égard des instituteurs primaires, et les nécessités impérieuses d'une sévère répression, quelques-uns ont pu faiblir dans des moments décisifs. Espérons qu'ils ne seront plus désormais soumis à de si tristes épreuves, mais qu'en tout cas ils sauront, à l'avenir, s'armer de résolution et de fermeté, et se former aussi, par leurs efforts consciencieux, sur toutes les affaires qui leur seront soumises, une opinion nette et précise. Ce qu'on ne saurait trop blâmer, c'est cet esprit de mollesse et d'hésitation qui ne distingue pas nettement le bien du mal et qui énerve incessamment l'autorité. L'un de vos premiers soins sera d'apprécier et de guider ces fonctionnaires, dont plusieurs n'ont reçu qu'une nomination provisoire. Sans décourager ceux d'entre eux qui passent de l'emploi subordonné de sous-inspecteur à l'indépendance relative des inspecteurs d'arrondissement, vous leur ferez comprendre qu'une responsabilité plus spéciale, quoique territorialement plus circonscrite, pèse désormais sur eux. Mon jugement doit se fixer sans retard sur le caractère et sur le mérite respectif de ces auxiliaires importants de votre administration. Je vous prie de m'adresser, dans votre prochain bulletin mensuel, des notes sur la marche de chacun d'eux, et d'aviser surtout à ce que j'aie à leur sujet des renseignements aussi complets que ceux demandés par ma circulaire du 2 novembre sur les fonctionnaires de l'instruction secondaire. Vous vous attacherez à me faire connaître comment ils s'acquittent de leurs devoirs; s'ils font preuve de zèle, de fermeté, de discernement; si leur conduite est droite et irréprochable, s'ils savent se concilier l'estime publique; si, dans leurs relations avec les diverses autorités, ils apportent l'esprit de tact, de mesure et d'indépendance qui leur est nécessaire; enfin, quels résultats ils obtiennent au point de vue de l'amélioration morale des maîtres et des progrès de l'enseignement. Vous utiliserez, à cet effet, les séjours que l'inspection des établissements d'instruction secondaire vous imposera presque toujours dans la résidence de ces auxiliaires de votre surveillance.

« Vous voudrez bien, dès à présent, les mettre en garde contre des abus qui, sous l'ancienne organisation, ont quelquefois excité de justes plaintes, et qui ne doivent plus se reproduire; je veux parler des habitudes de commensalité qui se sont souvent établies entre les inspecteurs et les instituteurs pendant les tournées d'inspection, et du règlement des frais auxquels ces tournées donnent lieu. MM. les inspecteurs doivent s'abstenir rigoureusement d'accepter l'hospitalité, fût-elle restreinte à l'offre d'un repas, chez les instituteurs. Vous leur enjoindrez d'observer aussi une certaine réserve (sauf les cas d'exception fondés sur le défaut absolu de ressources dans un petit nombre de localités, pour lesquels ils auraient d'avance été spécialement autorisés par vous) à l'égard de MM. les maires et curés ou desservants. Quelque honorables que soient souvent les relations des inspecteurs avec les maires et desservants, elles peuvent aussi, lorsqu'elles deviennent intimes, altérer, au moins en apparence, leur impartialité. Les inspecteurs reconnaîtront qu'en manquant de circonspection sous ce rapport, ils s'exposeraient à des soupçons qui sont toujours blessants pour des hommes dont l'impartialité et la délicatesse doivent être mises hors de doute; ils apprécieront, enfin, le seul moyen pour eux de se soustraire à l'influence des préventions locales et de conserver intacte l'autorité de leur caractère. A l'égard des frais qui leur sont alloués pour leurs tournées, il ne faut pas qu'ils s'habituent à les considérer comme des suppléments de traitement. Ces indemnités ne sont accordées que pour les dédommager du surcroît de dépense que les tournées d'inspection leur imposent, et, soit que le règlement actuel continue d'être exécuté, soit que de nouvelles dispositions interviennent, les efforts de l'administration doivent tendre à ce que ces indemnités ne perdent pas leur caractère. J'espère qu'il n'arrivera jamais de voir des fonctionnaires réclamer le remboursement de frais qu'ils n'auraient point faits ou qu'ils n'auraient supportés qu'en partie. Si quelques-uns d'entre eux (ce que je ne veux pas prévoir) ne tenaient pas suffisamment compte de ces observations, je vous recommande, Monsieur le Recteur, de m'en informer sur-le-champ, pour qu'il soit immédiatement statué ce qu'il appartiendra. Une pareille faute est incompatible avec la continuation des fonctions de celui qui l'aurait commise.

« J'ai lieu d'espérer, au surplus, que vous n'aurez presque jamais à remplir cette mission de dénonciation sévère à l'égard des fonctionnaires qui doivent, sous tous les rapports, le bon exemple à leurs subordonnés, et que vous n'aurez, en général, qu'à vous louer de leur concours. Je serai heureux d'en recevoir de vous l'assurance et de pouvoir leur réserver, en récompense de leur dévouement, un avancement qu'ils étaient précédemment obligés d'aller chercher au loin, et qui peut désormais venir les trouver là où ils s'en seront rendus dignes.

Archives des comités et de l'inspection primaire.

« Il me reste, Monsieur le Recteur, à appeler votre attention sur les archives des comités supérieurs d'instruction primaire qui sont demeurées déposées pour la plupart au chef-lieu des sous-préfectures. Il m'a paru que ces papiers devaient être remis à MM. les inspecteurs. Ils contiennent sur les instituteurs des renseignements précieux qu'il est important que MM. les inspecteurs puissent consulter à toute heure lorsqu'ils auront à traiter des affaires sur lesquelles vous leur demanderez des rapports. Il en sera fait inventaire, et ces papiers formeront la base des archives de l'inspection, archives qui, augmentées de la correspondance quotidienne, devront être tenues dans le plus grand ordre, de telle sorte qu'elles puissent être transmises par chaque inspecteur à son successeur qui les prendra en charge, et en deviendra responsable.

« Il est arrivé trop souvent qu'en passant d'un département dans un autre, les inspecteurs chargés, au dépourvu, d'une administration sans documents, perdaient un temps précieux dans des démarches personnelles ou dans une correspondance officielle, sans parvenir même à s'éclairer d'une manière complète sur les affaires qui leur étaient confiées. Si vous veillez à ce que les archives de l'inspection soient tenues avec soin, de pa-

reilles lacunes ne seront plus désormais à regretter, et votre administration elle-même en deviendra plus prompte et plus facile
» Vous voudrez bien vous concerter avec MM. les préfets e-
les sous-préfets pour que cette remise des archives puisse êtr
promptement effectuée (1). »

INSTRUCTION AUX PRÉFETS RELATIVE A L'EXÉCUTION DU DÉCRET
DU 7 OCTOBRE 1850. — TRAITEMENT DES INSTITUTEURS ; RECOU-
VREMENT DE LA RÉTRIBUTION SCOLAIRE ; OUVERTURE DES ÉCOLES
LIBRES ; CONSTRUCTION OU RÉPARATION DES MAISONS D'ÉCOLE.

24 décembre 1850.

(La plus grande partie de cette circulaire ayant trait au traitement des instituteurs et au recouvrement de la rétribution scolaire se trouve annulée par le décret du 31 décembre 1853, qui
a motivé de nouvelles instructions, en date du 31 janvier 1854,
dont on trouvera le texte plus loin. On n'a conservé de cette
circulaire que les dispositions qui sont encore applicables aujourd'hui.)

« Monsieur le Préfet,
« ... A partir du 1er janvier 1851, un minimum de traitement
est garanti aux instituteurs jusqu'à concurrence de 600 fr. C'est
là un des grands bienfaits de la loi nouvelle à leur égard. Désormais, les instituteurs ne seront plus exposés aux privations qu'ils
ont subies par le passé ; désormais aussi il sera possible de se
montrer plus difficile dans les choix, et de n'accepter pour instituteurs communaux que des hommes dont on sera sûr sous tous
les rapports..... La situation des instituteurs primaires sera
telle enfin que des hommes capables et dignes ne répugneront
plus à entrer dans une carrière d'où la misère a quelquefois
chassé, après un petit nombre d'années d'exercice, ceux qui, à
une bonne conduite, joignaient des connaissances propres à les
faire rechercher dans d'autres professions.
« Mais, à côté de ces avantages incontestables, il y a de graves abus à redouter.....
« L'article 24 de la loi organique porte que l'enseignement
primaire est donné gratuitement à tous les enfants dont les familles sont hors d'état de le payer, et l'article 45 de la même
loi vous charge d'arrêter définitivement la liste des élèves gratuits approuvée par le conseil municipal et dressée, chaque année, par le maire et les ministres des différents cultes. Il im-

---

(1) Voir plus loin une circulaire spéciale du 24 août 1855, relative aux
archives de l'inspection primaire.

porte, Monsieur le Préfet, que vous vous armiez, à cet égard, d'une juste fermeté. Les combinaisons adoptées par la loi du 15 mars, en chargeant l'Etat de combler le déficit des ressources communales, désintéressent peut-être trop un grand nombre de conseils municipaux dans la question, et peuvent les déterminer à se montrer très-faciles quant à l'admission gratuite des élèves dans les écoles. MM. les délégués pourront vous éclairer, sous ce rapport, dans beaucoup de circonstances, et vous aider ainsi à repousser de ces listes tous les enfants des familles qui ne sont pas absolument dans l'impossibilité de subvenir à cette faible dépense. C'est devant cette impossibilité seule que vous devez vous arrêter. Depuis deux ans, le produit de la rétribution scolaire a considérablement diminué dans les écoles. Il en faut chercher la cause, d'un côté, dans les événements politiques qui ont amené la suppression, ou du moins la fermeture momentanée de beaucoup d'écoles communales; d'un autre côté, dans l'affaiblissement de la fortune publique, qui a éloigné des écoles un assez grand nombre d'enfants; et enfin, dans des écarts de conduite qui ont aliéné la confiance des familles à quelques instituteurs. Il y a lieu d'espérer que le retour à l'ordre ramènera les anciennes habitudes et que, les écoles recommençant à être fréquentées comme par le passé, les sacrifices de l'Etat pourront être moindres qu'on ne l'avait d'abord supposé. Je recommande à M. le Recteur de s'efforcer d'obtenir, à cet effet, que les écoles ne soient plus fermées l'été. Sans doute, il est impossible qu'à toutes les époques de l'année, elles soient fréquentées par tous les enfants, mais il est à peu près certain qu'elles en conserveraient quelques-uns, si elles étaient constamment ouvertes. Vous voudrez bien adresser, dans le même sens, des instructions à MM. les maires. Quelque faible que doive être, pendant l'été, le produit de la rétribution scolaire dans chaque école, ce produit viendra diminuer d'autant les charges de l'Etat, et l'économie générale qui en pourra résulter, sera encore considérable. Au point de vue de l'enseignement et de la bonne éducation de l'enfance, cette mesure aurait d'ailleurs des résultats tels qu'ils suffiraient pour en faire désirer le succès.

« Ainsi que vous avez pu le reconnaître, aux termes de l'article 38 de la loi, les communes devront d'abord consacrer à la partie fixe du traitement des instituteurs leurs revenus ordinaires et, en cas d'insuffisance du produit de ces revenus, le produit des trois centimes spéciaux; quand le produit de la rétribution scolaire, réuni au traitement fixe, n'atteindra pas 600 francs, elles devront, en outre, consacrer au supplément de traitement de l'instituteur la partie disponible de leurs revenus ordinaires et de leurs centimes spéciaux. Il est donc très-important, pour un grand nombre de communes, mais aussi pour les départements et pour l'État, qui doivent combler le déficit, non-seulement, comme je l'ai dit tout à l'heure, que la rétribution scolaire rende tout ce qu'elle doit produire, mais encore que le produit en soit régulièrement constaté. C'est en partie afin d'assurer ce double résultat qu'il a été décidé que cette rétribution serait perçue dans la même forme que les contributions publiques directes; que la perception serait exempte des droits de timbre, et donnerait droit aux mêmes remises que les autres recouvrements.

« Le 2e § de l'article 41 de la loi permet, il est vrai, au *conseil académique* (départemental) d'autoriser, *sur l'avis conforme du conseil général*, l'instituteur à percevoir lui-même la rétribution scolaire. Cette disposition, introduite dans la loi afin de ménager la transition d'un régime à l'autre par égard pour d'anciennes habitudes, a été, cette année, l'objet d'une recommandation spéciale aux conseils généraux. Ces conseils n'ont pas cru devoir user de cette faculté : quelques-uns ont formellement demandé l'exécution du 1er § de l'article 41 de la loi; d'autres, en petit nombre, ont donné des avis favorables à quelques demandes d'instituteurs qui croient avoir intérêt à percevoir directement cette rétribution. Il en résulte que, cette année, la rétribution scolaire devra être perçue, à peu près partout, dans la même forme que les contributions publiques directes. Je considère ce résultat comme heureux, puisqu'en donnant à la participation de l'État, dans les dépenses de l'enseignement primaire, une base plus certaine, il tend en même temps à relever, aux yeux des populations, la considération des instituteurs. »

(La suite de cette circulaire, contenant des instructions relatives au recouvrement de la rétribution scolaire et au traitement des instituteurs, est remplacée par l'instruction réglementaire du 31 janvier 1854, qui accompagnait la circulaire suivante et qu'on trouvera plus loin avec les différents modèles qui s'y rapportent.)

INSTRUCTIONS RELATIVES A L'APPLICATION DU DÉCRET DU 31 DÉCEMBRE 1853. — SUPPLÉANTS ; TRAITEMENT; ALLOCATIONS SUPPLÉMENTAIRES ; INSTITUTRICES ; ADMISSION GRATUITE DES ENFANTS; RECOUVREMENT DE LA RÉTRIBUTION SCOLAIRE.

(Circulaire aux préfets, 31 janvier 1854.) (1).

Création d'instituteurs suppléants. Traitement.

Le décret (page 55) porte que nul ne pourra devenir institu-

---

(1) Les instructions contenues dans cette circulaire, dont nous supprimons seulement le préambule, ont été un peu modifiées par la loi du 14 juin 1854, qui a transféré aux préfets les attributions précédemment conférées aux recteurs, et par le décret du 20 juillet 1858 qui ne laisse plus subsister qu'une seule classe d'instituteurs suppléants à 500 fr.

teur communal s'il n'a déjà exercé pendant trois ans au moins comme instituteur suppléant.

Les instituteurs suppléants de première classe recevront un traitement au minimum de 500 francs, et ceux de deuxième classe un traitement au minimum de 400 francs. Ils pourront passer de la deuxième à la première classe sans changer de résidence.

Ces traitements seront formés, comme pour les instituteurs communaux, des éléments ci-après :

1° Traitement fixe, qui ne peut être inférieur à 200 francs ;

2° Produit de la rétribution scolaire ;

3° Supplément de traitement accordé à tous ceux dont le traitement fixe, joint au produit de la rétribution scolaire, n'atteindra pas, soit 400 francs, soit 500 francs, suivant les cas.

Le traitement fixe est fait, jusqu'à concurrence de 200 francs, avec l s ressources communales (fondations, revenus ordinaires et produit des trois centimes additionnels). Si ces ressources réunies produisent plus de 200 francs, le surplus est réservé pour le supplément ; si elles produisent moins, la différence est fournie par les fonds de subvention, auxquels il y a lieu de faire alors un premier appel.

Aux 200 francs ainsi formés, il convient de joindre le produit de la rétribution scolaire.

Si cette rétribution ne complète pas le minimum légal, on y ajoute le reste des ressources communales, et, en cas d'épuisement de ces ressources, il est alloué la somme nécessaire sur les fonds du département ou de l'Etat.

Payement des traitements.

Lorsque le traitement est fait intégralement avec les ressources communales, il doit être payé par portions égales, par mois ou par trimestre. Mais si la rétribution scolaire entre dans ce traitement comme élément intermédiaire, et si elle est supposée devoir dépasser le minimum légal, il importe de ne la verser entre les mains des instituteurs que jusqu'à concurrence du produit qu'elle a présenté pendant l'année précédente. Il pourrait arriver, en effet, que, dans les premiers mois de l'année, elle fournît une somme beaucoup plus considérable que dans les derniers. Or, si elle était intégralement payée dans le premier semestre, au fur et à mesure qu'elle est recouvrée, et qu'une mutation survînt au 1er juillet, le nouvel instituteur pourrait se trouver réduit à un traitement insuffisant, sans que le département ou l'Etat dussent combler le déficit du dernier semestre. Il y a donc lieu de se régler provisoirement sur le produit de la rétribution pendant l'année précédente et d'établir, en fin d'exercice, ce qui revient à chacun.

En observant cette règle avec un soin scrupuleux, l'administration ne sera plus dans la pénible nécessité où elle s'est souvent trouvée de prescrire à des instituteurs le reversement des sommes à eux payées au delà du minimum sur les fonds de subvention.

Autant que l'état des caisses communales le permettra, il est à désirer, pour éviter toute erreur de ce genre, que les maires mandatent à la fin de chaque trimestre, soit 150 francs pour les instituteurs communaux, soit 125 et 100 francs pour les instituteurs suppléants.

Allocations supplémentaires pour les instituteurs communaux.

L'article 5 du décret porte que, sur la proposition du recteur de l'Académie, une allocation supplémentaire peut être accordée aux instituteurs communaux qui l'auront méritée par leurs bons services.

Cette allocation sera calculée de manière à élever à 700 francs, lorsqu'il y aura lieu, après cinq ans d'exercice, et à 800 francs, après dix ans, le revenu scolaire, dont le minimum est fixé à 600 francs par la loi du 15 mars 1850 ; elle peut être annuellement renouvelée si l'instituteur continue à s'en rendre digne ; mais elle ne sera allouée qu'au 10e du nombre total des instituteurs du département, et ce 10e ne pourra être atteint que dans cinq ans.

Il importe que cette dernière condition soit observée rigoureusement, afin que la dépense résultant de ces allocations annuelles ne soit mise à la charge de l'Etat que s'il doit trouver une compensation à cette augmentation dans l'économie que produira la substitution temporaire des instituteurs suppléants et des institutrices aux instituteurs communaux à remplacer.

Il sera donc nécessaire que M. le recteur s'entende avec vous avant de proposer les allocations dont il s'agit, afin qu'en aucun cas il n'en résulte une aggravation de charges. Ces allocations, d'ailleurs, seront essentiellement variables, puisqu'elles devront servir à compléter le revenu scolaire à 7 ou à 800 francs, selon les cas. Ce sera donc en fin d'année seulement que le montant pourra en être fixé, c'est-à-dire lorsque les décomptes, comprenant avec exactitude toutes les sommes perçues dans le courant de l'année, m'auront été adressés.

Institutrices appelées à diriger les écoles communales mixtes.

L'article 9 du décret du 31 décembre admet que des institutrices pourront, dans des cas prévus, diriger des écoles communales mixtes, et que, dans cette situation, elles seront assimilées, quant aux rémunérations, aux instituteurs suppléants. Ce qui a été dit plus haut pour ces maîtres leur est donc complétement applicable. Elles seront comprises, comme eux, dans les états de dépenses que vous soumettrez au Conseil général, et que vous m'adresserez ensuite.

A cet effet, j'invite M. le recteur à vous tenir exactement au courant des mutations qui auront lieu dans les communes. Lorsqu'une école sera dirigée par un instituteur suppléant, ou par une institutrice, vous l'indiquerez sur les états de dépenses par les signes suivants, placés en regard du nom de la commune : (Suppl., 1re ou 2e classe), (institutrice, 1re ou 2e classe.)

Admission gratuite des enfants dans les écoles.

J'arrive, Monsieur le Préfet, au titre III du décret qui traite de la rétribution scolaire et de l'admission gratuite des enfants dans les écoles. J'appelle principalement votre attention sur les dispositions nouvelles qui découlent des articles 13 et 14, lesquelles modifient ou abrogent une partie de celles qu'avaient prescrites la circulaire du 24 décembre 1850 et le décret du 7 octobre de la même année.

L'interprétation donnée jusqu'ici à l'article 45 de la loi du 15 mars 1850 est malheureusement devenue la source d'abus graves. Les autorités locales qui avaient reçu la mission de dresser la liste des enfants à recevoir gratuitement dans les écoles, ont étendu outre mesure l'exception qu'elles avaient à proposer, et elles ont appelé à en jouir, dans beaucoup de départements, la presque généralité des enfants, sans songer que, d'une part, elles brisaient l'aiguillon qui devait entretenir l'émulation chez les instituteurs, et que, d'autre part, elles chargeaient les départements et l'Etat de dépenses de plus en plus considérables. Il était urgent de mettre un terme à cet état de choses.

D'après l'article 45 de la loi du 15 mars 1850, il vous appartenait d'arrêter définitivement la liste approuvée par le Conseil municipal. Vous aviez donc le droit de la modifier quant au nombre et quant aux personnes. L'article 15 du décret du 31 décembre constate ce droit en vous imposant le devoir de l'exercer dans toute son étendue. Ainsi vous fixerez, à la fin de chaque année scolaire, le chiffre maximum des enfants à recevoir gratuitement dans chaque école. Je ne doute pas, Monsieur le Préfet, que vous ne procédiez à cet égard avec toute la prudence et la circonspection nécessaires.

L'instruction primaire est un assez grand bienfait pour qu'aucune famille ne doive se décharger sur l'Etat du soin de l'assurer elle-même à ses enfants, si ses propres ressources le lui permettent. Vous aurez donc à vous faire rendre un compte exact de la situation financière des habitants de la commune avant de fixer le nombre maximum des élèves à faire instruire gratuitement.

Si vous devez exclure du bénéfice de la gratuité ceux qui peuvent payer la rétribution, vous ne perdrez pas de vue que nul enfant réellement pauvre ne doit être privé de cette faveur. Je compte principalement sur les délégués cantonaux pour vous éclairer à ce sujet et pour vous fournir les éléments d'une appréciation équitable. Ils comprendront certainement l'importance des avis qu'ils auront à vous transmettre, et ils ne se laisseront diriger, en cette circonstance, que par les véritables intérêts des localités, sans oublier qu'il convient de ne demander à l'Etat que ce qu'il est rigoureusement tenu de donner. MM. les inspecteurs, quoique moins bien placés pour vous seconder dans cette enquête délicate, vous seront néanmoins d'un utile secours.

Lorsqu'après vous être entouré de tous les renseignements que vous aurez pu recueillir, vous aurez fixé le chiffre maximum des élèves gratuits, vous notifierez votre décision aux maires des communes, qui procéderont, de concert avec les ministres des différents cultes, à la désignation de ces élèves, puis vous arrêterez les listes ainsi dressées et approuvées par les conseils municipaux (1).

Il sera délivré par le maire, sous forme de billet d'admission, un extrait de ces listes à chaque enfant qui y sera compris. Les autres ne pourront être reçus par les instituteurs communaux ou instituteurs suppléants qu'à titre d'élèves payants. S'il y avait dans la commune plusieurs écoles dirigées soit par des laïcs, soit par des membres d'associations religieuses, la volonté des parents sera suivie, en ce qui concerne le choix des écoles, tant qu'il y aura place pour de nouvelles admissions. L'exiguïté du local peut seule mettre obstacle à l'exercice de cette volonté.

Je vous recommande, Monsieur le Préfet, de donner à ce sujet les instuctions les plus précises, et de tenir la main à ce qu'elles soient ponctuellement suivies.

Recouvrement de la rétribution scolaire.

Le décret du 7 octobre 1850 avait déclaré annuel le rôle de la rétribution scolaire. C'était préjuger la question de la fréquentation des écoles. De là toutes les difficultés qui ont surgi dans l'opération du recouvrement de cette rétribution ; de là toutes les formalités à remplir, soit pour constater les sorties d'élèves, soit pour réclamer contre les cotisations par voie de remise ou de modération.

Le rôle annuel avait encore un autre inconvénient. Les enfants qui entraient à l'école après la confection du rôle donnaient lieu

_____

(1) Une circulaire spéciale dont on trouvera le texte au supplément établit que les enfants trouvés doivent être admis gratuitement dans les écoles avant tous autres.

à des rôles supplémentaires soumis eux-mêmes à toutes les varia-
tions du rôle primitif.

Ainsi l'établissement d'un seul rôle qui, dans le principe, avait
eu pour objet d'éviter la multiplicité des écritures, a produit un
effet contraire. Il n'en sera plus de même désormais puisque les
rôles trimestriels ne constateront que des faits accomplis. Cette
importante modification au décret du 7 octobre 1850 entraîne
nécessairement des changements considérables dans les règles
posées par la circulaire du 24 décembre de la même année. J'ai
en conséquence refondu ces instructions : présentées sous forme
de reglement, elles vous donneront, ainsi qu'à MM les Sous-
Préfets et aux différents fonctionnaires de l'administration des
finances appelés à intervenir dans l'exécution du décret du
31 décembre dernier, des renseignements complets sur la matière. J'y ai joint une série de modèles pour la perception de la
rétribution scolaire. Ces cadres différant peu des anciens, vous
pourrez, pour éviter la dépense considérable qu'entraînerait la
fourniture d'imprimés nouveaux, autoriser, après qu'ils auront
été modifiés, l'emploi de ceux que vous avez encore entre les
mains. Je vous envoie un certain nombre d'exemplaires de ces
instructions, qui doivent être annexés à la présente circulaire.
M. le Ministre des finances se charge d'en faire parvenir aux
agents de son département (1).

CIRCULAIRE AUX RECTEURS, RELATIVEMENT A L'APPLICATION DU DÉCRET DU 31 DÉCEMBRE 1853 SUR LES ÉCOLES PRIMAIRES (2).

(3 février 1854.)

Monsieur le Recteur, le rapport qui a précédé le décret du 31
décembre dernier vous a suffisamment expliqué dans quelles vues
il a été décidé que nul désormais ne sera nommé définitivement
instituteur communal, s'il n'a préalablement fait preuve d'aptitude, pendant trois ans au moins, dans les fonctions d'instituteur suppléant ou d'instituteur adjoint.

Je dois vous faire connaître aujourd'hui comment il me paraît
que ce décret doit être exécuté. Vous avez compris, sans nul
doute, qu'il ne s'applique pas aux instituteurs actuellement en
activité de service, et que, par conséquent, les maîtres déjà
pourvus d'une nomination régulière continueront de recevoir le
titre d'instituteur communal lorsque, par voie de mutation, vous
les appellerez à la direction d'une nouvelle école. Les maîtres

---

(1) Cette circulaire se trouve avec les modèles annexés à la fin des instructions.

(2) Presque tout ce qui était prescrit aux Recteurs dans cette circulaire
s'adresse aujourd'hui aux Préfets.

qui entreront dans la carrière devront seuls être nommés instituteurs suppléants.

Si vous devez vous montrer difficile dans le choix des candidats que vous appellerez d'abord aux fonctions d'instituteurs suppléants, et plus tard à celles d'instituteurs communaux ; si, dans un intérêt moral que vous comprenez mieux que personne, vous devez être sévère à l'égard des maîtres qui n'apporteraient dans la direction de la jeunesse ni le zèle nécessaire ni une conduite exemplaire, le décret vous donne les moyens de récompenser les bons services, et vous ouvre ainsi une voie dans laquelle vous entrerez, je n'en doute pas, avec une vive satisfaction. Les instituteurs publics ne pouvaient jusqu'à ce jour obtenir un léger avancement qu'au prix de changements souvent onéreux et presque toujours contraires aux intérêts de la jeunesse. Ceux d'entre eux que la conscience du bien qu'ils opéraient retenaient là où ils étaient parvenus à obtenir la confiance publique, étaient exposés à se repentir un jour d'avoir cédé à d'honorables sentiments. Grâce à l'article 5 du décret du 31 décembre, il n'en sera plus de même.

J'accorderai sur votre proposition des allocations qui pourront élever, suivant les cas, à 700 et à 800 francs, le revenu scolaire du dixième des instituteurs de votre Académie. C'est à vous à faire des choix tels que ces allocations deviennent tout à la fois une récompense pour ceux qui les obtiendront et un encouragement pour tous les autres. Vous ne devrez donc me proposer que des maîtres qui, par leurs bons services et par leurs charges de famille, se trouveront dans une position vraiment digne d'intérêt. Ce sera quelquefois un moyen de prolonger l'activité d'instituteurs âgés dont les forces trahiraient le courage, et qui trouveraient dans l'indemnité annuelle qu'ils auraient méritée les moyens d'appeler un instituteur adjoint à leur aide. Cette indemnité tournera ainsi, non-seulement au profit des instituteurs, mais encore à celui de la jeunesse, dont les intérêts ne doivent jamais cesser de nous être présents.

Vous remarquerez, Monsieur le Recteur, que l'article 3 du décret vous permet de confier à des instituteurs suppléants la direction des écoles publiques dans les communes dont la population ne dépasse pas 500 âmes. Cette disposition doit être entendue en ce sens que les écoles de ces communes, qui ne réunissent qu'un petit nombre d'élèves, peuvent être confiées, en quelque sorte, d'une manière permanente, à des instituteurs suppléants. C'est principalement pour ces maîtres que le décret a créé un ordre hiérarchique d'avancement de classe. Si le Gouvernement ne croit pas conforme au bien du service de rétribuer les instituteurs peu occupés à l'égal de ceux qui le sont davantage, il ne pense pas non plus que, lorsque ces instituteurs remplissent consciencieusement leurs devoirs, ils doivent être découragés par une perspective trop limitée.

Lorsque vous croirez devoir appeler aux fonctions d'instituteur public d'une grande commune un instituteur suppléant d'une petite commune, vous aurez soin de le remplacer, dans ce dernier poste, par un instituteur suppléant de deuxième classe, afin que le département et l'Etat, n'étant plus obligés de s'imposer des sacrifices hors de proportion avec les services rendus, puissent trouver, dans l'économie qui résultera de cette organisation, les moyens d'améliorer la situation des maîtres reconnus dignes de récompenses. Vous aurez soin, dans ce but, de tenir M. le préfet au courant de toutes les mutations et de ne me proposer la concession d'une allocation supplémentaire qu'après vous être assuré, près de lui, de la situation du crédit.

Les instituteurs suppléants, remplissant des fonctions publiques, seront admis, comme les autres, à contracter l'engagement décennal en vue de la dispense du service militaire. Vous pourrez donc recevoir ces engagements dans la forme ordinaire.

Il y a lieu d'espérer, grâce surtout aux avantages qu'offre maintenant la carrière de l'instruction primaire, que vous éprouverez chaque jour moins de difficultés pour placer à la tête des écoles, conformément à l'article 2 du décret, des instituteurs suppléants remplissant toutes les conditions prescrites par la loi. Cependant, s'il en était autrement, vous pourriez, sous les conditions prescrites par la circulaire du 24 décembre 1850, continuer de me demander des autorisations provisoires pour des maîtres âgés de moins de 21 ans, ou qui ne seraient pas encore pourvus de brevets de capacité; mais le département et l'Etat ne leur accorderont, comme par le passé, aucun complément au-dessus du traitement fixe de 200 francs, et cet exercice provisoire ne les dispensera pas du temps d'épreuve prescrite par l'article 1er du décret.

J'appelle toute votre attention, Monsieur le Recteur, sur les dispositions de l'article 9, lesquelles permettent de confier à des institutrices la direction des écoles publiques communes aux deux sexes, qui, d'après la moyenne des trois dernières années, ne recevraient pas annuellement plus de quarante élèves. Si cette mesure, déjà consacrée par une expérience décisive dans un grand nombre d'Académies, ne devait être accueillie qu'avec une certaine défiance dans votre ressort, vous ne procéderiez à son exécution qu'avec une grande réserve. Une institutrice ne devra être substituée à un instituteur, dans une école mixte, que là où il sera reconnu que l'établissement d'une école spéciale de filles est impossible. Ce n'est pas pour prolonger une situation à laquelle il est, au contraire, très-désirable de mettre un terme, que ces écoles mixtes deront être confiées à des institutrices :

c'est pour obvier aux inconvénients qu'elles présentent lorsqu'il est indispensable de les conserver. Les institutrices que vous placerez à la tête des écoles mixtes devront être choisies par vous, conformément au vœu des administrations municipales, soit parmi les laïques, soit parmi les membres des associations religieuses régulièrement autorisées. Il va sans dire que ces dernières pourront exercer en vertu de la lettre d'obédience qui, aux termes de la loi, leur tient lieu de brevet de capacité.

Vous aurez soin, néanmoins, de recommander expressément aux supérieures de communautés religieuses de ne vous désigner que des sœurs ayant l'aptitude nécessaire pour donner aux garçons et aux filles l'instruction prescrite par la loi. Je n'entends pas, en vous adressant cette invitation, affaiblir la confiance que doivent vous inspirer les lettres d'obédience délivrées après des épreuves sérieuses dans le sein des communautés, mais seulement appeler votre attention sur l'aptitude spéciale qui doit distinguer ces religieuses. Telle institutrice peut être chargée avec succès de l'éducation des filles, qui serait, au point de vue de l'instruction scolaire, inhabile à bien diriger celle des garçons. Or, il importe que cette mesure ne soit pas une cause d'affaiblissement pour l'instruction primaire. Les mêmes difficultés peuvent se présenter à l'égard des institutrices laïques; mais, comme ces institutrices sont pourvues d'un brevet de capacité indiquant les matières de l'examen qu'elles ont subi, vous avez, en vous faisant présenter cette pièce, un moyen de vous éclairer à cet égard d'une manière plus complète.

Il importe enfin, Monsieur le Recteur, que de semblables écoles ne soient confiées qu'à des institutrices qui, par leur âge et leurs antécédents, puissent inspirer toute confiance aux familles, et qui sachent, par la fermeté de leur caractère comme par la dignité de leur tenue, se faire respecter des enfants. Placer seules, isolées dans les communes, à la tête de semblables écoles, des institutrices jeunes et sans expérience, ce serait s'exposer à ramener des inconvénients semblables à ceux que le décret a pour but de prévenir.

J'ai dit, Monsieur le Recteur, qu'il ne faut pas que les mesures adoptées par le Gouvernemet soient une cause d'affaiblissement pour l'instruction primaire. Ce n'est pas assez. Le Gouvernement de l'Empereur n'a rien à redouter du progrès des lumières; plus l'instruction primaire sera également répandue, plus les populations seront en état de comprendre et d'apprécier les bienfaits du régime sous lequel nous vivons, et d'accroître, par l'activité de leur intelligence, les forces morales et matérielles de la France, dont le développement ne cesse d'exciter la sollicitude de Sa Majesté Impériale. Si, dans de mauvais jours, quelques hommes ont pu méconnaître les bienfaits de cette instruction, ils ont dû s'apercevoir bientôt qu'en pareille matière le remède est à côté du mal; l'époque où des craintes ont pu s'élever à ce sujet semble déjà bien éloignée, si on en juge par la distance morale qui nous en sépare.

Nous avons donné, jusqu'à présent, tous nos soins à l'amélioration du personnel des instituteurs et à la meilleure organisation matérielle du régime auquel ils sont soumis. Vos rapports me pr uvent que nos efforts n'ont pas été perdus, et que nous pouvons espérer d'en recueillir bientôt le fruit. Nous devons maintenant nous attacher à faire en sorte que les familles profitent, plus qu'elles ne l'ont fait jusqu'à ce jour, des sacrifices que les communes, les départements et l'État s'imposent dans leur intérêt. Veuillez donc, Monsieur le Recteur, fixer toute votre attention sur l'état de l'instruction dans les écoles. Ce ne sont pas seulement des recommandations sérieuses que je vous prie d'adresser aux instituteurs, ce sont les moyens de constater les résultats obtenus que je vous prie d'organiser immédiatement.

L'institution des délégués cantonaux doit vous servir utilement sous ce rapport. Obtenez de MM. les délégués qu'aidés de MM. les maires et curés de chaque commune, ils fassent partout à la fois, dans la seconde quinzaine du mois de mars prochain. un examen détaillé de toutes les écoles publiques de leur circonscription; qu'ils interrogent les élèves et qu'ils les classent, pour l'instruction religieuse, la lecture, l'écriture et le calcul, dans les catégories suivantes : *Bien, médiocre, mal ;* qu'ils recommencent cet examen dans la dernière quinzaine qui précédera les vacances, et la comparaison des classifications du milieu et de la fin de l'année leur donnera la mesure du progrès des élèves. Priez M. le Président de la délégation cantonale de vouloir bien communiquer les résultats de ces examens à MM. les inspecteurs de l'instruction primaire. Ces fonctionnaires feront de ces utiles documents un résumé général par arrondissement, et, après avoir rapproché tous ces renseignements, vous me ferez savoir, à la fin de l'année, non-seulement si les instituteurs de votre Académie continuent à se bien conduire, mais si les enfants profitent réellement partout de l'instruction qui leur est offerte.

Je ne doute pas que MM. les délégués cantonaux ne vous prêtent, dans cette circonstance, un concours empressé. Dans le dévouement au bien public, ils ne se méprendront pas sur la nature des communications que vous les prierez de faire à MM. les inspecteurs de l'instruction primaire ; ils accepteront avec plaisir, j'en suis assuré, pour l'accomplissement d'une mission digne de toute leur attention, la collaboration de fonctionnaires auxquels sans doute aucun lien hiérarchique ne les rattache, mais dont tous les efforts concourent au même but.

INTERPRÉTATION DE LA CIRCULAIRE DU 3 FÉVRIER 1854, RELATIVE
À L'EXÉCUTION DU DÉCRET DU 31 DÉCEMBRE 1853, EN CE QUI
CONCERNE LES DÉLÉGUÉS CANTONAUX.

(18 mars 1854.)

Monsieur le Recteur, il s'est élevé quelques doutes sur l'interprétation à donner à la circulaire du 3 février dernier, concernant l'exécution du décret du 31 décembre 1853, en ce qui touche l'examen des écoles publiques, auquel MM. les délégués cantonaux ont à procéder dans la seconde quinzaine de ce mois et dans la dernière quinzaine qui précédera les vacances.

La circulaire indique sur quels points devra porter l'examen, de quelle manière MM. les délégués auront à classer les élèves des écoles, et quelles inductions ils auront à tirer, relativement à la mesure des progrès, de la comparaison des deux classements.

La circulaire ajoute que M. le président de la délégation sera prié de vouloir bien communiquer les résultats de l'examen aux inspecteurs de l'enseignement primaire.

Je dois faire observer, quant à l'examen dont il s'agit en lui-même, que la circulaire n'a nullement pour but d'imposer à MM. les délégués le devoir de se livrer à des opérations compliquées, ardues, telles qu'on pourrait les exiger d'hommes qui sont voués par profession à l'enseignement et qui ont fait à cet effet des études spéciales. Je ne puis donc trop vous recommander, Monsieur le Recteur, de simplifier, d'abréger, autant que possible, la tâche que MM. les délégués ont à remplir. Il ne faut pas perdre de vue qu'en réalité MM. les délégués n'ont pas mission d'apprécier, de contrôler le mérite relatif des procédés, des méthodes diverses; qu'ils n'ont pas à s'enquérir si les élèves des écoles se rendent compte, par exemple, des principes de la lecture, de l'écriture, etc.; mais qu'ils ont seulement à vérifier si les élèves lisent ou écrivent bien ou mal; que c'est, en un mot, pour eux, la simple constatation d'un fait qu'ils ont à consigner. Pour faciliter ce travail, vous aurez soin d'inviter l'instituteur, dans chaque école, à disposer successivement, pour l'une et l'autre époque d'examen, un état comprenant, outre les noms et les prénoms des élèves, autant de colonnes qu'il y a de branches d'enseignement. L'instituteur remettra ce tableau à M. le délégué, qui aura seulement à porter en regard des noms, suivant la circulaire, la mention : *Bien, médiocre, mal.* Il convient d'ajouter que M. le délégué, si cela lui convient, pourra se dispenser d'interroger lui-même les élèves et charger l'instituteur de procéder, en sa présence et sous son contrôle, à cette interrogation.

Je ne doute pas que MM. les délégués ne s'empressent de s'entendre avec MM. les inspecteurs, conformément à ma circulaire du 3 février dernier, pour la réunion de tous les documents d'après lesquels vous aurez à me présenter un résumé général de l'état de l'enseignement dans votre Académie. Il va sans dire que si, contre toute prévision, il devait en être autrement sur quelques points, MM. les délégués pourraient toujours vous transmettre directement le résultat de leur inspection. Il convient de n'élever à ce sujet aucune difficulté de forme, et de mettre fin sur-le-champ à celles qui pourraient se présenter

(Dans une nouvelle circulaire aux recteurs, du 16 mai 1855, rappelant l'examen général des écoles primaires publiques que les délégués cantonaux avaient été invités à faire par les circulaires précédentes des 3 février et 31 octobre 1854, le Ministre a ajouté les instructions suivantes) :

« J'ai reconnu que les époques fixées pour cet examen par la circulaire du 3 février ne sont pas celles où la mesure prescrite peut être exécutée avec le plus de chances de succès. D'une part, la deuxième quinzaine de mars coïncide avec le temps du carême, c'est-à-dire avec une époque où MM. les curés, membres très-actifs des délégations cantonales, sont presque exclusivement absorbés par les devoirs de leur ministère ; d'une autre part, lors de la quinzaine qui précède les vacances, les écoles se trouvent à peu près désertes dans un très-grand nombre de communes rurales.

« J'ai décidé que les époques du double examen ordonné par la circulaire du 3 février 1854 seraient, à l'avenir, la seconde quinzaine de décembre et la seconde quinzaine de mai......

« MM. les inspecteurs académiques prieront MM. les préfets de vouloir bien, selon les recommandations contenues dans la circulaire du 3 février, inviter MM. les présidents des délégations cantonales à communiquer les résultats de l'examen aux inspecteurs de l'instruction primaire. Ces fonctionnaires feront de ces utiles documents un résumé général par arrondissement, résumé qui vous sera soumis. Vous-même, après avoir rapproché tous ces renseignements, vous voudrez bien les mettre en œuvre dans le rapport général qu'aux termes de l'article 31 du décret du 22 août 1854, vous devez m'adresser sur l'état de l'instruction primaire dans votre Académie. » (*Circ.* 16 *mai* 1855.)

(Dans une circulaire aux préfets en date du même jour, en leur communiquant la circulaire précédente, le Ministre y joint les détails suivants) :

« Il importe qu'en cette circonstance, il soit fait un appel efficace au zèle de MM. les délégués cantonaux, et c'est à vous, comme président du conseil départemental, qu'il appartient de prendre l'initiative à cet égard.

« Je ne perds pas de vue le caractère particulier de la mission que MM. les délégués ont bien voulu accepter. Je n'oublie pas qu'on ne peut leur demander des sacrifices de temps trop prolongés; on ne saurait non plus réclamer d'eux, je le sais, ces comparaisons de méthodes, ces investigations minutieuses, ces jugements techniques que l'administration exige des inspecteurs de l'instruction primaire.

« Telle n'est point la nature de l'examen auquel MM. les délégués vont être invités par vous à procéder. Il s'agit seulement, pour eux, de constater l'état des études élémentaires sur des points dont l'apprécia ion n'exige ni longues heures de travail ni connaissances spéciales. L'instruction religieuse, la lecture, l'écriture, le calcul dans ses parties les plus simples, sont les seuls objets sur lesquels ils aient à interroger les élèves; c'est d'après les résultats de cet examen qu'ils devront, conformément aux prescriptions de la circulaire du 3 février 1854, classer les enfants dans l'une des trois catégories suivantes : *Bien, médiocre, mal.*

« MM. les délégués cantonaux comprendront, je n'en doute pas, toute l'importance que j'attache à une telle inspection, et ils ne s'étonneront pas de me voir, en cette occasion, recourir à leur dévouement. MM. les délégués sont, aux yeux de la loi, les représentants de la famille dans l'école. C'est au nom des familles que leur influence morale s'y fait sentir et que leur autorité s'y exerce. » (*Circ.* 16 *mai* 1855.)

(Les deux instructions suivantes adressées, la première aux préfets et la deuxième aux recteurs, sont la conséquence de la loi du 14 juin 1854, qui, en transférant aux préfets les droits sur l'instruction primaire, attribués précédemment aux recteurs, a changé les attributions de ces différentes autorités; elles complètent les instructions générales sur cet ordre d'enseignement.)

INSTRUCTION GÉNÉRALE SUR LES ATTRIBUTIONS DES PRÉFETS CONCERNANT L'ENSEIGNEMENT PRIMAIRE.

31 octobre 1854.

Monsieur le Préfet, la loi du 14 juin 1854, qui a retouché quelques-uns des ressorts du gouvernement de l'instruction publique, vous a conféré des pouvoirs importants, en vous attribuant l'administration du corps des instituteurs primaires. Par l'autorité dont elle vous investit, vous exercerez sur l'avenir même du pays une influence qui sera heureuse, j'en suis convaincu, si, libre de toute idée préconçue, vous vous pénétrez des pensées que je veux vous exprimer.

La loi nouvelle n'a cependant pas voulu faire peser sur vous seul la grave responsabilité de l'éducation du peuple. S'inspirant du projet dont l'Empereur Napoléon Ier avait jeté les bases dans l'article 191 du statut du 15 novembre 1811, elle s'est proposé de concilier avec l'action que le préfet du département doit avoir sur les instituteurs, l'autorité que le recteur de l'Académie doit conserver sur l'enseignement même. Le fonctionnaire placé à la tête des établissements d'instruction secondaire et supérieure, qui sont une des gloires de la France, ne pouvait devenir étranger à l'instruction primaire, qui doit être un des plus sûrs éléments de sa force. Le législateur a séparé ce que séparait la nature des choses : il vous a confié la partie politique et administrative du vaste service de l'instruction primaire ; il a réservé au recteur la partie pédagogique et véritablement scolaire. Ainsi, à vous le recrutement, la nomination et la révocation des instituteurs, des institutrices et des directrices des salles d'asile ; à vous le régime disciplinaire de ce personnel si nombreux et si important ; à vous la création des écoles, la mesure de leur propagation, de leur division en écoles mixtes, en écoles de garçons, en écoles de filles ; à vous la gestion financière de l'instruction primaire ; au recteur, la direction des études, le contrôle des méthodes, et, par conséquent, l'autorité sur les écoles normales primaires où on les enseigne, et sur les commissions d'examen qui en constatent les résultats. Ce sont là les grandes lignes de démarcation que je devais commencer par tracer en vous remettant le service nouveau qui vous a été confié ; elles sont l'expression du partage qui a été fait par la loi du 14 juin et par le décret du 22 août dernier. J'aurai soin de les préciser à mesure que l'ordre des idées amènera, dans le cours de cette instruction, les différents sujets auxquels elles se rapportent.

Pour que chacune des deux grandes parties du service de l'instruction primaire soit toujours associée aux œuvres de l'autre, la prévoyance de la loi a placé près de vous un fonctionnaire qui, dans un degré inférieur et sous une impulsion double et pourtant certaine, résume et réunit les deux attributions. L'inspecteur d'Académie prépare la solution, sous votre autorité, de toutes les questions de personnel et d'administration, et, sous l'autorité du recteur, de toutes les questions qui intéressent l'enseignement.

En décidant que vous exercerez, au nom du Ministre de l'instruction publique et sur le rapport de l'inspecteur d'Académie, quelques-unes des fonctions des anciens recteurs départementaux, la loi a manifestement témoigné de son désir que les affaires de l'instruction primaire fussent examinées par vous au point de vue des intérêts moraux de l'éducation. Comme cependant ces affaires se compliquent souvent de considérations d'un autre ordre, dont il importe à la bonne administration des communes que vous puissiez tenir compte, elle vous a laissé toute la responsabilité, et, par conséquent, toute la liberté de la décision. Le décret du 22 août n'a point dérogé aux intentions du législateur, en exigeant que l'inspecteur d'Académie vous soumît un rapport écrit et signé sur les nominations et mutations des instituteurs communaux et sur les peines disciplinaires qu'il pourrait y avoir lieu de leur appliquer. Il convient, Monsieur le Préfet, que vous teniez à la stricte exécution de cette partie du décret qui vous offre à vous-même une précieuse garantie sans pouvoir vous susciter jamais aucune difficulté. En effet, s'il est nécessaire que vous ne prononciez qu'en parfaite connaissance de cause, vous n'êtes pas tenu d'adopter les conclusions du rapport fait pour vous éclairer. Toutefois, il y a lieu d'espérer que l'inspecteur de l'Académie, quoique chargé plus spécialement des intérêts scolaires, saura prendre en juste considération les autres motifs qui pourraient exercer quelque influence sur votre détermination, et que, dans la plupart des cas, votre raison n'aura qu'à ratifier les prévisions de sa prudence et de son zèle. Afin que l'unité de direction soit assurée, vous seul, cependant, correspondrez avec moi pour toutes les affaires du personnel et de l'administration matérielle de l'instruction primaire. Mais vous aurez soin que votre correspondance conserve toujours la trace de l'avis qui aura dû vous être préalablement donné par l'inspecteur d'Académie. Considérez, en un mot, ce fonctionnaire comme un véritable chef de service dont l'active coopération doit toujours être pour vous un point d'appui et ne jamais devenir un obstacle. C'est à lui que, sous vos ordres, doit régulièrement aboutir toute l'administration de l'instruction primaire, pour qu'auprès de lui vous puissiez trouver toujours la solution des difficultés qui ne sont pas d'avance tranchées par les règlements.

Bien qu'une proposition de l'inspecteur d'Académie doive toujours précéder et préparer ces résolutions, la loi ne vous laisse cependant pas, vis-à-vis de lui, dans une position obligée d'expectative. Il vous appartient, au contraire, de provoquer ses avis en appelant son attention sur les points qui échapperaient à sa vigilance et qui vous paraîtraient exiger une surveillance ou une décision particulière.

Je compte beaucoup plus, d'ailleurs, sur votre vif désir du bien que sur des instructions écrites, pour vous inviter à entretenir

avec l'inspecteur d'Académie ces relations bienveillantes qui font
naître la confiance et le dévouement. L'œuvre nouvelle à laquelle vous êtes appelé par la loi ne pourrait être accomplie
qu'imparfaitement au milieu de tant d'autres occupations importantes qui vous assiégent, si la collaboration de ce fonctionnaire
spécial ne vous était complétement acquise. Je suis assuré que,
de son côté, il s'efforcera, par son zèle et par le bon esprit dont
il fera preuve, de vous inspirer les sentiments dont je désire que
vous soyez animé à son égard.

Vous avez dû remarquer que l'article 15 du décret du 22 août
classe les inspecteurs de l'instruction primaire parmi les fonctionnaires de l'administration académique, et que l'article 24 du
même décret les place sous les ordres immédiats de l'inspecteur
d'Académie. C'est donc par l'intermédiaire de ce dernier que
vous devez correspondre avec eux. C'est à lui qu'ils adresseront
leurs rapports et toutes les communications officielles qui concerneront le service de l'instruction primaire dans leur arrondissement. C'est lui, conséquemment, qui vous présentera toutes
les informations qui seront de nature à éclairer vos jugements et
à déterminer vos décisions. Entre l'inspecteur d'Académie et les
inspecteurs de l'instruction primaire subsistent précisément les
mêmes rapports qui existaient précédemment entre ces fonctionnaires et le recteur départemental. Rien n'est changé pour eux;
et si, en ce qui regarde l'instruction primaire, l'action des inspecteurs d'Académie vous est subordonnée, le point d'où émanent immédiatement les ordres adressés aux inspecteurs d'arrondissement n'a été ni éloigné ni déplacé.

Ce n'est pas à dire que les inspecteurs de l'instruction primaire ne puissent donner directement à MM. les sous-préfets de
leurs arrondissements respectifs les renseignements nécessités
par des exigences de service. Dans l'intérêt même de l'instruction, comme en vue de considérations d'un autre ordre, il est
nécessaire que des communications habituelles s'établissent entre vos représentants immédiats dans ces arrondissements et les
inspecteurs primaires ; mais c'est à l'inspecteur d'Académie
seul que ceux-ci doivent des rapports généraux sur l'état de
l'enseignement et des notes annuelles sur le personnel des instituteurs, comme c'est de lui seul qu'ils reçoivent l'itinéraire
de leurs tournées ordinaires ou des missions extraordinaires.

Vos relations avec MM. les délégués cantonaux sont définies
d'une manière moins précise par la nature même des choses.

En effet, les délégués cantonaux ne sont pas des fonctionnaires ; dans un intérêt de bien public et de conservation sociale, ils consacrent généreusement une partie de leur temps à
la surveillance des écoles, et il est impossible d'exiger d'eux ces
relations régulières que l'administration attend de ses agents.

Le caractère particulier dont ils sont revêtus commande une extrême réserve dans les rapports qu'on doit entretenir avec eux.

Les délégués cantonaux doivent visiter souvent les écoles ; la loi les a constitués les gardiens vigilants des intérêts moraux de la jeunesse ; ils ne rempliaient qu'imparfaitement leur mission s'ils ne se considéraient partout comme les protecteurs de ces intérêts. Ne leur demandez point de juger les méthodes et les livres : demandez-leur si les enfants qui sont admis depuis quelque temps déjà dans les écoles y ont reçu une instruction suffisante, s'ils y sont tenus sainement, s'ils y puisent de bons préceptes et surtout de bons exemples de morale, s'ils y contractent des habitudes de propreté. de politesse et de bienveillance réciproque, en un mot s'ils sont bien élevés. Dans la plupart des cas, les délégués cantonaux comprendront que des intérêts de service rendent nécessaires leurs relations soit avec l'inspecteur d'Académie, qui est chargé de centraliser tous les documents, soit avec l'inspecteur primaire de l'arrondissement, et ils n'hésiteront pas à diriger leurs communications de l'un ou de l'autre côté ; mais ne repoussez pas celles qu'ils voudraient vous faire directement et qu'ils ont droit, d'ailleurs, de porter au conseil départemental.

L'article 29 de la loi du 15 mars 1850 investit les délégués cantonaux du droit de permettre à quelques personnes d'enseigner à lire et à écrire aux enfants dans un but purement charitable, sans déclaration préalable et sans production de brevet de capacité. C'est une attribution considérable. La loi leur a en réalité accordé une part d'autorité dont je n'ai point appris qu'ils aient jamais abusé, mais dont l'exercice ne peut cependant être confié qu'à des hommes en communauté de vues et d'efforts avec l'administration du pays. Le conseil départemental, de qui ils recevront leur mission, ne perdra pas de vue ces considérations, et, au besoin, vous sauriez les lui rappeler lorsqu'il procédera aux désignations nouvelles. Il sentira la nécessité de n'accorder un semblable témoignage de confiance qu'aux hommes qui joignent, à un amour véritable du bien public, des sentiments tels que le Gouvernement puisse se féliciter de voir grandir leur influence.

Aux termes de l'article 42 de la loi du 15 mars 1850, les délégués sont institués pour trois ans. Les conseils académiques ne les ayant pas tous nommés aux mêmes époques, la durée triennale des fonctions des délégués n'expire pas partout à la fois. Il ne me paraît pas nécessaire d'attendre l'expiration du délai ordinaire pour procéder au renouvellement de la délégation cantonale. Il convient que les conseils départementaux soient partout représentés par des délégués tenant leur mission d'eux-mêmes et non plus des conseils académiques qu'ils ont remplacés. Vous voudrez donc bien appeler l'attention du conseil départemental sur ce point important, lors de sa prochaine session, et lui présenter les candidats qui vous paraîtront réunir toutes les conditions désirables.

Les maires, les curés, les pasteurs ont été expressément chargés par la loi de la surveillance quotidienne des écoles; il importe qu'ils l'exercent d'une manière sérieuse et suivie. Recommandez aux maires des communes de voir souvent les écoles, de s'assurer de l'assiduité de l'instituteur, de veiller à ce qu'il donne de bons exemples à ses élèves. Mgr l'évêque du diocèse ne refusera sans doute pas d'adresser de semblables recommandations aux curés des paroisses; et cette double surveillance, trop peu exercée jusqu'à ce jour, contribuera puissamment à l'amélioration des écoles. Les maires, les curés et pasteurs doivent enfin continuer de se tenir en relations suivies, tant avec les délégués des cantons qu'avec les inspecteurs de l'instruction primaire, afin que, par ces voies diverses, l'inspecteur d'Académie soit toujours en mesure de recueillir les renseignements dont vous pourrez avoir besoin.

La loi vous transporte dans leur intégralité les attributions des anciens recteurs en ce qui concerne la nomination des instituteurs communaux. Rien n'est changé dans ce qui se rapporte au choix de ces fonctionnaires, si ce n'est l'autorité qui en décide sur la proposition de l'inspecteur d'Académie. La nomination des maîtres continue donc à être réglée par l'article 4 du décret du 9 mars 1852, combiné avec l'article 31 de la loi de 1850.

Il faut, comme par le passé, que les candidats se fassent inscrire sur la liste d'admissibilité dressée par le conseil départemental. Cette formalité assure à la société des garanties trop réelles pour que vous ne veilliez pas avec un soin scrupuleux à ce qu'elle soit toujours observée.

J'ai été consulté sur le sens de ces mots insérés dans l'article 4 du décret du 9 mars 1852 : « *les conseils municipaux entendus.* » Je ne puis que répéter ici ce que je disais aux recteurs des anciennes Académies départementales, dans la circulaire du 3 avril 1852 : la pensée du décret est que le conseil municipal soit mis en demeure de déclarer s'il désire que la direction de son école soit confiée à un instituteur laïque ou à un membre d'une congrégation religieuse. Le préfet nomme ensuite, sur la proposition de l'inspecteur d'Académie, un candidat choisi, selon le vœu exprimé par le conseil municipal, soit sur la liste d'admissibilité que dresse le conseil départemental, soit parmi les présentations faites par les supérieurs des associations religieuses vouées à l'enseignement et reconnues comme établissements d'utilité publique. Je n'ai pas besoin d'ajouter qu'aucune contrainte ne doit être exercée pour déterminer l'option des conseils municipaux. Ces conseils sont les représentants légaux

intérêts et les interprètes légitimes des vœux des co
Le Gouvernement qui cherche partout le bien, qui fait,
but, appel au dévouement des laïques comme à celui des
bres des communautés religieuses, ne doit pas se prono
d'avance pour l'un ou l'autre mode d'enseignement. Il donne à
tous ses secours et ses encouragements; mais il respecte trop les
habitudes des populations pour souffrir qu'on s'efforce de vio-
lenter les délibérations des conseils municipaux. La concurrence,
qui a produit, jusqu'à ce jour, de si heureux résultats, réclame
une entière liberté. Vous en garantirez le sincère exercice.

Je dois vous rappeler, Monsieur le Préfet, qu'aux termes de
l'article 1er du décret du 31 décembre 1853, nul ne peut être
nommé instituteur communal à titre définitif, s'il n'a dirigé, pendant trois ans au moins, une école, en qualité d'instituteur suppléant, ou s'il n'a exercé pendant trois ans, à partir de sa vingt-
unième année, les fonctions d'instituteur adjoint. On a ainsi
étendu à l'instruction primaire la règle équitable et prévoyante
qui, aux autres degrés de l'enseignement, dans les Facultés
comme dans les lycées et les colléges, ne permet de conférer le titre
de professeur qu'aux fonctionnaires qui ont déjà exercé pendant
plusieurs années avec un titre provisoire et donné conséquemment
aux familles et à l'Administration les gages que la société est en
droit d'exiger. Cette prescription doit être observée par vous avec
une sévérité scrupuleuse.

D'après le même décret, une allocation supplémentaire peut
être accordée par le Ministre, sur votre proposition, aux instituteurs communaux qui ont acquis des titres particuliers à la confiance de l'Administration. L'allocation est calculée de manière à
pouvoir élever à 700 francs, après cinq ans d'exercice, et à
800 francs, après dix ans, le traitement de l'instituteur. Il n'est
pas rare de voir des directeurs d'écoles publiques, après avoir
tenu assidûment pendant la journée la classe des enfants, ouvrir,
le soir, des cours d'adultes et rendre ainsi aux populations les plus
utiles services. Le zèle de ces maîtres est d'autant plus louable
que le surcroît de travail qu'ils s'imposent augmente bien peu
leurs ressources, la plupart des élèves adultes ne payant aucune
rétribution. Ce sera le cas, assurément, de me proposer, en faveur des maîtres, l'application de l'article 5 du décret du 31 décembre 1853.

La carrière de l'enseignement primaire présente ainsi des encouragements pour l'émulation, des récompenses pour le travail.
Depuis le noviciat du suppléant jusqu'aux fonctions définitives du
titulaire, un mouvement ascendant et continu est assuré. Il vous
appartiendra d'en maintenir la régularité pour que l'avancement, sagement combiné, offre toujours une rémunération suffi-

sante aux services consciencieux, à la bonne conduite, au mérite constaté.

Si les instituteurs doivent être certains, Monsieur le Préfet, d'avoir toujours en vous un protecteur, il importe qu'ils soient bien convaincus qu'ils y trouveront en même temps un juge ferme et, s'il le fallait, sévère. Les mesures de rigueur, je me plais à le dire, deviennent de moins en moins nécessaires; je suis heureux de pouvoir rendre hommage à l'excellent esprit dont le corps des instituteurs communaux se montre de plus en plus animé, et que tout récemment encore, au milieu des ravages de l'épidémie, il a témoigné par des preuves touchantes. Votre administration, j'en ai la confiance, aura donc plus à récompenser qu'à punir.

Cependant, la nécessité de sévir ne manquera pas de se faire sentir. Dans l'intérêt même d'un corps dont la bonne renommée m'est à cœur, je vous recommande alors la plus équitable, mais aussi la plus inflexible sévérité. Il faut que la France sache que le Gouvernement de l'Empereur, inexorable pour les instituteurs rebelles à la loi du devoir, ne tolérerait même pas ceux dont les leçons et les exemples ne serviraient pas à entretenir, à raffermir dans les cœurs les grands principes religieux et moraux qui sont la plus sûre garantie de la stabilité sociale.

Je vous dénonce un autre genre de fautes que vous ne sauriez excuser. Parmi les instituteurs signalés comme coupables de *négligence*, il s'en est rencontré plusieurs chez qui le défaut de zèle était l'effet du plus condamnable calcul. La loi leur assurant un minimum de 600 francs, loin de s'efforcer d'accroître le nombre de leurs élèves, ils s'attachaient, au contraire, à le réduire, afin d'alléger d'autant le poids habituel de leurs fonctions. Les familles répugnaient, on le comprend, à confier leurs enfants à de pareils maîtres; et bientôt les écoles, peu surveillées, d'ailleurs, par les autorités locales, devenaient presque désertes. Je ne saurais trop vous recommander, Monsieur le Préfet, de réprimer de semblables abus. En améliorant, par l'établissement d'un minimum, le sort des instituteurs communaux, le législateur avait prévu qu'il pouvait enlever à quelques-uns d'entre eux le stimulant de l'intérêt; mais il ne voulait pas assurer l'impunité de ceux qui ne rempliraient pas leurs devoirs. N'hésitez donc pas à vous servir de l'arme aujourd'hui placée dans vos mains, toutes les fois qu'un instituteur sera convaincu d'avoir systématiquement négligé son école. Si vous devez punir la négligence lorsqu'elle n'est qu'une habitude, à plus forte raison devez-vous user de sévérité lorsqu'elle est une spéculation. Vous trouverez toutes ces recommandations plus développées dans la circulaire adressée, le 24 décembre 1850, aux recteurs des anciennes Académies.

J'attire votre attention d'une manière toute spéciale sur la création des écoles de filles.

Si l'instruction primaire peut être considérée comme un puissant instrument de civilisation, assurément c'est lorsqu'elle s'applique à cette portion de la société qui ne fait pas les lois, mais, ce qui est peut-être plus, qui crée les mœurs. Beaucoup d'écoles mixtes existent encore dans votre département; et je n'ai pas besoin de vous dire quel inconvénient, sous le rapport moral comme sous le rapport purement pédagogique, peut entraîner une trop nombreuse réunion des enfants des deux sexes. Vous devez donc, Monsieur le Préfet, travailler de tous vos efforts à la multiplication des écoles spéciales de filles. En permettant que des institutrices soient chargées de la direction des écoles mixtes qui, d'après la moyenne des trois dernières années, ne reçoivent pas annuellement plus de quarante élèves des deux sexes, le décret du 31 décembre 1853 n'a point eu pour but d'entraver la salutaire propagation des écoles spéciales. Comme la loi du 15 mars 1850, il reconnaît, au contraire, en principe la nécessité d'une école particulière pour chaque sexe ; mais prévoyant les cas, malheureusement trop nombreux, où la pénurie des ressources communales met obstacle à la fondation des écoles de filles, il permet de réunir dans les plus petites écoles les garçons et les filles sous la direction d'une institutrice. Je n'ai pas besoin d'insister sur les avantages moraux que présente, dans les écoles mixtes ainsi réduites, la substitution d'une institutrice à un instituteur. En assimilant le traitement des directrices des petites écoles au traitement des instituteurs suppléants, le décret du 31 décembre 1853 a voulu aussi faciliter l'établissement d'écoles publiques dans les communes d'une faible population. Vous vous appliquerez à tirer de cette combinaison les effets que l'Administration est en droit d'en attendre.

Veuillez, du reste, le remarquer : l'article 51 de la loi du 15 mars 1850 vous a donné un pouvoir dont il impo te que vous vous serviez. Pour qu'une commune de plus de huit cents âmes soit tenue de créer une école spéciale de filles, il n'est pas nécessaire qu'elle puisse faire cette création avec ses revenus ordinaires. En l'imputant sur les *propres ressources*, le législateur a compris sous cette expression les deux sources de recettes. recettes *ordinaires* et recettes *extraordinaires*. L'entretien d'une école de filles doit donc prendre place, pour les communes au-dessus de 800 âmes que vous jugerez en état d'y pourvoir, parmi les dépenses obligatoires. Là est pour vous le moyen de triompher de la résistance que certaines communes, dont la situation financière est satisfaisante, opposent, dans un esprit de regrettable parcimonie, à la réalisation d'un progrès qui est dans le vœu de la loi. D'un autre côté, les intérêts financiers d'aucune

d'entre elles ne risquent d'être compromis par un zèle imprudent, puisque c'est à l'autorité préfectorale qu'appartient, dans
tous les cas, l'estimation de leurs *propres ressources*.

Dans les lieux où la création d'une école de filles rencontre-
rait des obstacles insurmontables, il est une institution très-
propre à remédier en partie, sinon en totalité, aux inconvénients
résultant de la privation d'un enseignement spécial : je veux
parler des asiles-ouvroirs. Ces établissements sont destinés à
donner aux jeunes filles les connaissances et l'habitude des travaux à l'aiguille, à mettre, par conséquent, entre leurs mains les
instruments les plus habituels de leurs futurs travaux. Rien de
plus simple ni de moins coûteux. Les asiles-ouvroirs se tiennent
soit dans les salles d'école, après les heures de classe, soit dans
un local contigu. La femme de l'instituteur, ou, à son défaut,
une couturière agréée par l'autorité, est chargée de la direction
de cet ouvroir, moyennant la faible rétribution annuelle de 40 à
50 francs, à laquelle on ajoute une somme très-minime pour
l'achat des matières premières. On a soin de varier les travaux
des jeunes filles, qui sont principalement occupées au raccommodage de leurs vêtements ou de ceux de leurs parents, pendant
qu'une des monitrices fait à haute voix une lecture instructive.
Dans les écoles mixtes, tenues par des instituteurs, un ouvroir
de ce genre est, vous le voyez, le complément presque indispensable de l'éducation des filles.

Il ne suffit pas d'avoir pourvu à la bonne tenue et à une salutaire répartition des écoles. Pour mener à bien l'œuvre si importante de l'éducation du peuple, le Gouvernement doit surtout
se préoccuper du recrutement des maîtres qu'il lui donne. Il
persiste à penser que les écoles normales primaires sont une indispensable garantie de l'accomplissement de cette partie délicate de sa mission.

Il faut s'applaudir de n'avoir plus à défendre ces écoles contre
des préventions que les circonstances pouvaient expliquer, il y a
quelques années, mais qui n'auraient plus aujourd'hui de prétextes sérieux. Il est incontestable que le régime simple et grave
des écoles normales est infiniment préférable, pour les maîtres
futurs, à la vie indépendante et dissipée du dehors ; que, pour
former des instituteurs dignes de ce nom, des maîtres capables
d'entretenir dans l'âme des enfants confiés à leurs soins le sentiment de leur dignité d'hommes et de chrétiens, ce n'est pas
trop d'un séjour de deux ou trois années dans un établissement
spécial dont le but est de développer les bons instincts en cultivant les vocations. Réclamées par la dignité autant que par le
recrutement du corps des instituteurs, les écoles normales ont,
d'ailleurs, été considérablement améliorées dans leur régime
aussi bien que dans leurs études, par le décret du 24 mars 1851.

18

Ne vous relâchez donc en rien de ce qui peut contribuer au perfectionnement de l'enseignement laïque. Pour répondre aux personnes qui, touchées de l'excellente éducation donnée par les écoles des frères, regarderaient encore les écoles normales primaires comme un obstacle à la propagation de ces établissements, il suffit de faire observer que, malgré les efforts faits depuis plus de quarante ans, malgré tous les encouragements de l'Etat, qui a activement secondé leur développement, les congrégations religieuses dirigent à peine 1,700 écoles publiques ou libres sur les 43,000 écoles qui existent en ce moment en France. Ces chiffres diront suffisamment combien le Gouvernement doit avoir à cœur de maintenir un système qui, en assurant l'amélioration graduelle des écoles laïques, permet aux bons instituteurs de compter sur une égale estime, sur une égale protection de la part de l'Etat.

Il y a donc un intérêt social de premier ordre à ce que les écoles normales ne cessent point de préparer de sages instituteurs, sous la surveillance du recteur de l'Académie. Mais les écoles ne continueront de produire d'heureux résultats que si les maîtres, qui me seront proposés par les recteurs, se montrent pénétrés de la gravité de leur mission, et si le personnel des élèves est composé avec le soin le plus vigilant. Or c'est à vous, Monsieur le Préfet, qu'est aujourd'hui attribué, conformément à l'article 17 du règlement général des écoles normales, le droit de prononcer. chaque année, en conseil départemental, sur l'admission des candidats à l'école; c'est à vous aussi qu'il appartient, aux termes de l'article 18 du même règlement, d'accorder, en conseil départemental, les bourses ou portions de bourses entretenues soit par l'Etat, soit par les départements. Permettez-moi de vous le faire remarquer, c'est dans le choix de ces candidats, c'est dans la distribution de ces secours, que vous avez à attendre de l'inspecteur d'Académie l'appui d'une clairvoyante et consciencieuse coopération.

La déclaration d'admissibilité est précédée, non pas d'un concours, mode de recrutement insuffisant et hasardeux, mais d'une enquête sur l'aptitude, la conduite, les dispositions morales, en un mot, sur la vocation du candidat. La commission de surveillance, nommée pour trois ans par le recteur, dresse, d'après les résultats de l'enquête, la liste des aspirants. Or, cette enquête est aujourd'hui confiée à l'inspecteur d'Académie, secondé dans ses recherches par les inspecteurs de l'instruction primaire. Le règlement du 24 mars 1851 indique par quels moyens on peut arriver à la connaissance exacte des titres de chaque candidat; mais, ainsi que le disait un de mes prédécesseurs, la lettre du règlement serait impuissante si vous ne trouviez dans l'esprit même de ce texte les inspirations qu'il est impossible de formuler et qu'un administrateur habile sait heureusement mettre en œuvre. Vous n'oublierez pas surtout que l'instituteur est appelé à entretenir dans le peuple non-seulement des principes sages d'instruction et d'éducation, mais aussi les sentiments d'attachement aux institutions que la France s'est données et de fidélité à la personne de l'Empereur.

L'examen des futurs instituteurs réclame le double concours des autorités préfectorale et académique. De l'élévation ou de l'abaissement du niveau de cet examen dépend le sort de l'enseignement; si les membres des commissions d'examen doivent être nommés par le conseil départemental, conformément à l'article 46 de la loi de 1850, si les époques auxquelles fonctionneront les commissions doivent être fixées par vous, en raison d'exigences locales que vous êtes, mieux que qui que ce soit, à même de connaître, c'est au recteur que doivent être adressés par l'inspecteur d'Académie les procès-verbaux d'examen, les renseignements divers concernant les épreuves, et enfin la liste, par ordre de mérite, des candidats déclarés aptes à recevoir le brevet de capacité. Ce sera naturellement au recteur qu'il appartiendra de délivrer ce brevet, donné au nom de l'autorité universitaire.

La concentration, entre les mains du recteur, de documents émanés d'un nombre assez notable de commissions, donnera lieu à des comparaisons d'un sérieux intérêt. Ces comparaisons permettront d'apprécier sûrement le bien et le mal, d'encourager ou de réprimer certaines tendances, de tirer, en un mot, du rapprochement des faits, des conclusions dont l'utilité ne saurait être méconnue. Ces conclusions, que les recteurs me transmettront chaque année, deviendront les germes de fécondes améliorations. Ainsi, la loi du 14 juin 1854, qui ranime les foyers intellectuels d'où rayonnera la lumière sur l'ensemble des établissements supérieurs et secondaires, produira aussi dans la sphère de l'instruction primaire, des résultats que le morcellement, créé par la législation précédente, ne permettait pas d'espérer, et dont les fonctionnaires de l'enseignement ne tarderont pas à constater l'importance.

Il vous appartiendra, Monsieur le Préfet, d'arrêter la liste des personnes qui devront être admises aux examens, et il est essentiel que vous ne négligiez aucune des formalités prescrites à ce sujet par l'arrêté du 15 février 1853. Cet arrêté exclut des examens les candidats qui se trouvent dans les cas d'incapacité prévus par l'article 26 de la loi du 15 mars 1850; il exige l'inscription préalable du postulant au secrétariat de l'Académie, c'est-à-dire, désormais, à la préfecture, un mois avant l'ouverture de la session. L'inspecteur d'Académie emploiera soigneusement ce mois à faire les enquêtes nécessaires pour que vous ne soyez point exposé à admettre aux examens des candidats indignes de se livrer à l'enseignement, et pour que le recteur de l'Académie ne coure pas le danger de donner des brevets de capacité à des hommes qui auraient des principes suspects et une mauvaise conduite.

Les salles d'asile, que S. M. l'Impératrice a bien voulu honorer de son patronage, ne sont pas seulement des refuges destinés à préserver les jeunes enfants des dangers physiques et à procurer aux parents pauvres la liberté du travail ; elles sont aussi, et surtout, des établissements d'*éducation*. Elles forment toute une institution qui a pour but d'assurer à l'enfance la première éducation religieuse et intellectuelle partout où la famille ne sait pas, ne peut pas ou ne veut pas la donner.

Vous avez beaucoup à faire, Monsieur le Préfet, pour que le nombre des salles d'asile soit proportionné aux besoins des populations, et pour que ces précieux établissements soient substitués peu à peu aux *garderies*, où l'incurie des parents entasse trop souvent de pauvres êtres dont le corps s'étiole en même temps que leur âme risque de se flétrir. Veillez aussi avec le soin le plus attentif à ce que les *salles d'asile* ne viennent point, par une fausse direction, à dégénérer en *écoles*. Toutes mes recommandations se résument en ces mots : Créer la salle d'asile partout où elle peut être utile, et partout où elle existe, y faire pratiquer la méthode, c'est-à-dire cet ensemble de procédés que l'étude de la nature et des besoins de l'enfant a fait connaître, dont l'usage a démontré la puissante efficacité et qu'on ne pourrait négliger sans porter atteinte à l'institution même. L'expérience et les études spéciales des inspecteurs de l'instruction primaire vous permettront de diriger facilement cet important service. Je n'ai pas besoin de vous le recommander plus longuement. La haute protection sous laquelle il est placé est un témoignage assez éclatant de l'intérêt que le Gouvernement y attache. Vous devez le considérer comme la base de tout notre système d'enseignement primaire.

Si je compte sur vous pour préparer avec sagacité le recrutement des maîtres futurs, et pour diriger dans une bonne voie les instituteurs et les institutrices de la jeunesse, je n'attends pas moins de votre zèle pour assurer aux uns et aux autres les conditions matérielles de leur établissement. Les maisons d'école, le mobilier de l'enseignement, le logement des instituteurs, objets de soins même raffinés chez les nations étrangères, laissent encore beaucoup à désirer chez nous.

Les rapports les plus autorisés me représentent les écoles comme étant, en bien des lieux, dans le plus fâcheux état : ici, le jour et l'air manquent au point de compromettre la santé des élèves et des maîtres ; là, en dépit des instructions les plus pré-

cises, constamment reproduites depuis plus de vingt ans, les dépendances de l'école, bien qu'affectées à l'usage des garçons et
des jeunes filles, sont placées hors de toute surveillance : ailleurs
le matériel des classes est insuffisant ou délabré ; ou bien encore
l'instituteur ne trouve point à loger sa famille d'une manière
suffisante ou supportable.

Si la loi sur l'enseignement exige que toute commune entre-
tienne au moins une école, elle impose en même temps à l'autorité municipale l'obligation de fournir à l'instituteur une habitation convenable, une salle de classe suffisamment spacieuse et
un mobilier scolaire. Vous ne devez pas, M. le Préfet, tolérer
l'oubli de ces prescriptions. Le défaut d'espace, l'insalubrité du
local, l'absence du mobilier d'enseignement indispensable risquent de paralyser les efforts de l'instituteur dévoué, et le maître négligent allègue ces motifs comme des excuses pour expliquer la situation peu satisfaisante de son école. L'insuffisance
du logement entraîne aussi de sérieux inconvénients : il est difficile qu'un instituteur s'attache, comme on doit le désirer, à sa
laborieuse profession s'il n'est assuré de trouver du moins, après
les fatigues de la classe, le modeste bien-être que lui assurerait,
à lui et à sa famille, une habitation très-simple, sans doute, mais
décente. Vous-même, Monsieur le Préfet, vous hésiteriez à opérer, parmi les instituteurs, les mutations que réclamerait l'intérêt des communes si elles ne se prêtaient pas, sous ce rapport,
aux besoins du service. Un ancien règlement, qui n'a point cessé
d'être en vigueur, exige que le directeur d'une école publique
puisse disposer de trois pièces au moins, indépendamment de la
salle de classe, et, autant qu'il est possible, d'un jardin. Je vous
prie de veiller à ce que cette condition soit remplie par toutes
les communes de votre département. Vous n'obtiendrez sans
doute point, dès le premier jour, un résultat aussi désirable. Je
sais que bien des communes sont hors d'état de subvenir, toutes
seules, aux dépenses qu'entraînera une meilleure installation
de leurs écoles publiques. Mais il vous appartient, dans ce cas,
de réclamer les secours de l'Etat, qui, vous le savez déjà, ne les
refuse point quand il lui est démontré que les ressources des
municipalités servent mal leurs bonnes dispositions.

Malgré les constants efforts de l'administration supérieure, le
nombre des enfants qui restent étrangers à tout enseignement
est véritablement affligeant. On devrait trouver dans les écoles
un dixième de la population totale. Il y a cependant des départements où les écoliers ne forment encore que le vingtième, le
trentième ou même le quarantième de cette population. Ce n'est
pas tout : sur le nombre des enfants qui remplissent les listes
scolaires, beaucoup désertent les classes pendant cinq ou six
mois de l'année. Ces enfants, après deux ou trois ans d'une fré-

quentation purement nominale des classes, sont à peu près complétement dépourvus de toute éducation intellectuelle et religieuse. Uniquement absorbés par les labeurs d'une vie toute matérielle, ils grandissent, à vrai dire, en dehors des idées morales qui constituent la vie traditionnelle d'un peuple civilisé. Arrivés à l'âge viril, ils ont laissé s'évanouir toute trace des notions qui n'avaient pénétré ni dans leur esprit ni dans leur cœur. Le but que la société poursuivait avec tant d'efforts est manqué.

Ce sont là, Monsieur le Préfet, des intérêts du premier ordre. Il ne s'agit pas seulement de mettre un nombre plus ou moins considérable d'enfants en état de *lire, écrire* et *chiffrer;* la question est plus haute. Il s'agit de faire de l'école l'instrument par lequel la loi morale reprendra son empire, et d'assurer, par elle, dans les populations, le maintien des principes conservateurs de toute société. Veuillez, d'ailleurs, le remarquer, ce n'est pas la diffusion universelle de l'instruction qui peut constituer un danger social ; lorsque dans un village, tout le monde sait lire et écrire, qui pense à s'enorgueillir et à se faire un titre particulier de connaissances devenues le patrimoine de tous? Lorsque l'instruction tend au contraire à constituer, au profit de quelques-uns, une sorte de privilége intellectuel, elle donne à l'ambition un prétexte, un aliment à la vanité ; alors seulement elle peut éveiller la sollicitude des esprits prévoyants.

Je remets sous vos yeux ce que j'écrivais à ce sujet aux recteurs des Académies départementales, le 3 février dernier :

« Le Gouvernement de l'Empereur n'a rien à redouter du progrès des lumières ; plus l'instruction primaire sera également répandue, plus les populations seront en état de comprendre et d'apprécier les bienfaits du régime sous lequel nous vivons, et d'accroître, par l'activité de leur intelligence, les forces morales et matérielles de la France. Si, dans de mauvais jours, quelques personnes ont pu méconnaître les bienfaits de cette instruction, elles ont dû s'apercevoir bientôt qu'en pareille matière le remède est à côté du mal. »

Vous devez donc faire tous vos efforts, Monsieur le Préfet, pour qu'aucun de vos administrés ne demeure privé des bienfaits d'un enseignement sagement gradué et d'une éducation chrétienne ; et je vous prie, dès à présent, d'ordonner les enquêtes nécessaires pour qu'il vous soit possible de me faire connaître exactement, dans chaque commune, le chiffre des enfants de 6 à 13 ans qui sont étrangers à toute instruction, soit qu'ils ne fréquentent aucune école, soit qu'ils ne reçoivent aucun enseignement dans la maison paternelle.

L'emploi prématuré des enfants aux travaux de l'industrie est souvent la cause principale de leur éloignement de l'école. Il nous importe donc qu'on veille à la stricte observation de la loi sur le travail des enfants dans les manufactures ; et je vous rappelle qu'aux termes de l'article 36 du règlement d'administration publique de 1850, les inspecteurs de l'enseignement primaire peuvent être nommés inspecteurs du travail des enfants. Il est désirable que cette mission si intéressante leur soit déléguée partout où elle ne peut être confiée à des fonctionnaires spéciaux. Nul enfant de moins de douze ans, vous le savez, ne doit, d'après l'article 5 de la loi de 1841, être admis dans une fabrique, « qu'autant que ses parents ou tuteurs justifient qu'il fréquente actuellement une des écoles publiques ou privées de la localité. Tout enfant admis doit, jusqu'à l'âge de douze ans, fréquenter une école. » Je fais appel, pour l'observation de cette prescription, à votre plus active sollicitude, et suis assuré qu'à ce point de vue comme à tous les autres, vous saurez imprimer dans votre département, à l'éducation populaire, l'impulsion à la fois vive et mesurée qui est dans les vœux du Gouvernement de l'Empereur.

INSTRUCTION GÉNÉRALE SUR LES ATTRIBUTIONS DES RECTEURS CONCERNANT L'ENSEIGNEMENT PRIMAIRE.

31 octobre 1854.

Monsieur le Recteur, en transportant à MM. les préfets une partie des attributions des anciens recteurs départementaux en ce qui touche l'instruction primaire, la loi du 14 juin 1854 ne vous a pas, tant s'en faut, rendu étranger à cet important service. Le législateur a remis à l'autorité préfectorale la solution des questions, souvent politiques, presque toujours administratives, que soulèvent la nomination et la discipline des instituteurs communaux ; mais il n'a pas perdu de vue que les questions d'enseignement doivent être jugées par des hommes spéciaux, et il en a réservé l'examen à votre autorité. Dans la sphère de l'instruction primaire, comme dans le domaine de l'instruction secondaire ou supérieure, vous continuez à être le magistrat particulier de l'enseignement.

Il importe donc que vous donniez à cette partie si intéressante du service une attention soutenue. L'instruction primaire, confiée à des maîtres activement surveillés et par conséquent soumis aux règles d'une discipline sévère, portera tous ses fruits lorsque, de votre côté, vous prendrez soin que ces maîtres suivent de bonnes méthodes et se servent pour leurs leçons de livres appropriés non-seulement à l'âge des enfants, mais encore à l'objet de leurs premières études. Ne dédaignez pas, Monsieur le Recteur, de vous rendre compte par vous-même du véritable état des choses.

Le but de l'instruction primaire est de mettre tous les enfants en possession des premiers instruments indispensables au développement de leur intelligence. Il faut en exclure le luxe et y chercher l'utilité pratique. On se méprendrait complétement si on s'efforçait d'introduire dans les petites écoles quelques-unes des matières qui appartiennent aux écoles secondaires. La loi du 15 mars 1850 a sagement circonscrit cet enseignement : elle a voulu qu'il gagnât en solidité ce qu'en apparence il perdrait en étendue. Ne s'exposerait-on pas à énerver, à affaiblir même l'instruction primaire si, comme on l'a fait trop souvent, on condamnait à la discussion de subtilités grammaticales des enfants qui savent à peine écrire, si l'on faisait suivre des cours de physique et d'histoire naturelle à ceux qui ignorent encore les premières règles de l'arithmétique ? Faites, Monsieur le Recteur, que tout enfant, animé d'ailleurs de ces convictions chrétiennes qui doivent être la règle de la vie, sorte de l'école primaire sachant lire, écrire et compter, et vous aurez bien mérité du pays.

Ne proscrivez pas cependant les développements que l'enseignement peut recevoir, là où ils doivent être réellement utiles ; ne refusez pas d'autoriser les instituteurs des campagnes à donner à leurs plus grands élèves des notions élémentaires d'agriculture et d'arpentage ; autorisez les instituteurs, dans les centres industriels, à ouvrir des leçons d'arithmétique appliquée aux opérations pratiques et de dessin linéaire. Mais si vous croyez utile d'autoriser dans un petit nombre d'écoles primaires l'enseignement de l'histoire et de la géographie, veillez à ce que l'instituteur ne retienne pas trop longtemps ses écoliers dans l'étude des détails de l'histoire ancienne et de l'histoire romaine, si peu appropriées à leurs besoins; c'est l'histoire de leur pays qui doit surtout fixer leur attention, et ils ne doivent y être préparés que par des aperçus sommaires des temps qui ont précédé. L'histoire nationale elle-même doit se résumer pour eux dans quelques époques principales, et dans la vie de quelques grands hommes autour desquels viennent se grouper les existences secondaires. De longues séries de dates, de stériles nomenclatures, des faits insignifiants ne laisseraient rien ans leur esprit. Pour les enfants des écoles populaires, l'histoire n'a de valeur qu'à la condition d'être un véritable cours de morale pratique.

Sans attacher plus d'importance qu'il ne convient aux diverses méthodes de lecture et d'écriture qui se sont produites successivement, il faut reconnaître que quelques-unes d'entre elles ont pour effet d'aplanir les premières difficultés et de hâter les progrès des enfants. Favorisez celles qui présentent ces avantages, et si des procédés nouveaux se révélaient, soit dans une école publique, soit dans une école libre, surveillez-en l'application avec intérêt et informez-moi des résultats obtenus. Je m'empresserai de mettre vos rapports sous les yeux du Conseil impérial de l'instruction publique, et de provoquer ainsi, au profit de toutes les écoles, l'application des nouveaux modes d'enseignement dont l'expérience vous aurait démontré l'efficacité.

Votre mission, toutefois, serait incomplète si elle devait se borner à la surveillance de l'enseignement proprement dit. S'il est indispensable que tout enfant sache au moins lire, écrire et compter au sortir de l'école, il ne l'est pas moins qu'il ait puisé dans cet enseignement les sentiments moraux qu'un bon instituteur trouve mille occasions d'inspirer à ses élèves. La lecture, l'écriture, le calcul même peuvent lui fournir matière à d'ingénieuses et utiles leçons de morale; et ces leçons, complétées par l'instruction religieuse, dont le curé surveille particulièrement la direction, doivent contribuer à préparer dans le jeune écolier un homme sensé, honnête, religieux, et par conséquent un citoyen ami de l'ordre, un bon père de famille. Je n'ignore pas que l'inspection rapide d'une école, suffisante pour constater l'état d'avancement des premières études de l'enfance, ne permet que difficilement à l'inspecteur de s'assurer si le sentiment moral et religieux a jeté de profondes racines dans le cœur des enfants; mais en recommandant aux inspecteurs primaires de ne pas négliger cette partie fondamentale de l'éducation populaire, et en exigeant qu'il en soit tenu compte dans les rapports des inspecteurs d'Académie, vous ferez comprendre aux instituteurs tout le soin qu'ils doivent y apporter eux-mêmes et le haut prix que le Gouvernement y attache. Les inspecteurs obtiendront d'ailleurs, sous ce rapport, de MM. les délégués cantonaux, les renseignements les plus utiles. Représentants de la société elle-même, les délégués sont spécialement chargés de veiller à la bonne éducation des enfants, et ils sont mieux que personne en position d'être bien informés de tout ce qui peut donner une idée exacte de la direction qu'on lui imprime.

Par une circulaire, en date du 3 février dernier, j'avais appelé l'attention des recteurs des anciennes Académies sur l'état de l'instruction dans les écoles primaires; je les avais invités à faire procéder partout à la fois, dans la deuxième quinzaine de mars, à un examen général des élèves par les délégués cantonaux, et à faire recommencer cet examen avant la fin de l'année scolaire, afin de constater par des notes précises les progrès des enfants. Je n'ai point eu connaissance du résultat de cette inspection, et je m'en afflige. J'aurais désiré que le Gouvernement pût montrer au pays avec certitude quelle est l'utilité des sacrifices qu'il lui impose. Rappelez aux inspecteurs d'Académie la nécessité de cette inspection, qui doit avoir d'ailleurs le bon effet de stimuler le zèle des instituteurs. Ne négligez rien pour être en mesure de me donner des renseignements complets sur les résultats vrais d'un service qui coûte plus de trente millions aux familles, aux communes, aux départements ou à l'Etat. Placé à la tête d'un vaste ressort d'instruction publique, il doit vous importer de savoir si, eu égard au chiffre de la population, les écoles sont suffisamment fréquentées et si cette fréquentation produit des fruits. Ce foyer de l'enseignement supérieur et secondaire que la loi vous a particulièrement chargé de ranimer jettera, n'en doutez point, un éclat d'autant plus vif, qu'il éclairera des populations mieux préparées à en ressentir les avantages et à en comprendre l'importance.

Les écoles normales primaires, destinées à former des instituteurs et des institutrices, doivent surtout fixer votre attention. Ces établissements ont été pendant quelques années l'objet de défiances que rien ne justifierait aujourd'hui. On a pu, pendant un temps, les rendre responsables des fautes de quelques jeunes gens, égarés bien plus par les coupables excitations qu'on leur a adressées que par l'éducation qu'ils avaient reçue; mais de toute part on revient, à leur égard, à une appréciation plus juste. Tout le monde, d'ailleurs, s'accorde à reconnaître que le régime de ces maisons et la direction de leurs études ont été considérablement améliorés par le décret du 24 mars 1851.

Vous devez, Monsieur le Recteur, faire scrupuleusement respecter partout l'esprit de ce décret. Veillez à ce que les écoles normales forment des instituteurs sages et modestes. Ayez soin que les maîtres chargés de préparer les jeunes gens aux pénibles fonctions de l'enseignement primaire ne dirigent leurs études que vers le but auquel elles doivent tendre. Il importe non-seulement que ces jeunes gens possèdent exactement, mais encore qu'ils sachent parfaitement enseigner les matières comprises dans la partie obligatoire de l'enseignement primaire. Ne les excitez pas à sortir de ce cercle, qui est encore assez vaste, et faites en sorte que ceux qui le franchiront cèdent à des dispositions véritables et non à des prétentions peu justifiées. Faites-vous rendre compte fréquemment et rendez-vous compte par vous-même des principes que révèlent les travaux demandés aux élèves-maîtres. Le programme d'enseignement adopté le 31 juillet 1851 s'est proposé un double but : 1º S'assurer que rien d'essentiel ne sera omis dans la préparation des futurs instituteurs; 2º s'opposer au développement exagéré que quelques professeurs pourraient être tentés de donner à des parties d'enseignement qui leur seraient plus familières. Mais rien n'est plus facile que d'abuser d'un programme; il vous appartient d'empêcher résolûment cet abus. Mes recommandations se réduisent à peu de

mots . obtenir que les leçons de l'école normale soient distribuées de manière que, les divers objets d'enseignement ayant
été étudiés dans les deux premières années, la troisième année
soit employée moins à acquérir de nouvelles connaissances
qu'à fortifier les connaissances acquises, et surtout à mettre
en œuvre, par l'application et par les exercices de l'école
annexe, les principes pédagogiques puisés dans les cours intérieurs. Il ne suffit pas que les élèves des écoles normales soient
instruits; il faut qu'ils soient en état de communiquer ce qu'ils
savent, et, à vrai dire, ce qui fait le véritable instituteur, ce
n'est pas le *brevet*, que tout le monde peut conquérir, c'est l'art
de diriger les esprits et la pratique de l'éducation. C'est là ce
que doivent apprendre, dans les écoles normales primaires, les
jeunes maîtres à qui vont être confiés les intérêts moraux et
intellectuels de la génération qui s'élève.

Je ferai, sur les livres employés dans ces établissements, deux
observations spéciales. Le programme veut que l'on prenne,
pour base de l'enseignement de la langue française, la grammaire
de Lhomond. Dans quelques écoles normales primaires, où d'autres grammaires avaient été mises entre les mains des élèves,
on a cru, par mesure d'économie, pouvoir ajourner l'exécution de
cette prescription. Ne tolérez pas plus longtemps un ajournement
fâcheux. Le programme place aussi au nombre des livres qui
devront servir pour les exercices de lecture raisonnée l'*Histoire de
l'Eglise par Lhomond*. Cet excellent ouvrage a malheureusement
été continué jusqu'à nos jours dans un esprit malveillant d'opposition aux souvenirs de l'Empire. Assurez-vous que les éditions
mises entre les mains des jeunes gens ne contiennent pas cette
addition, qui n'a jamais été l'objet d'une autorisation universitaire, et qui serait de nature à révolter le jugement des élèves
plus encore qu'à égarer leur opinion.

Lorsque vous présiderez les commissions de surveillance des
écoles normales primaires, comme le décret du 22 août dernier
vous en donne le droit, appelez leur sérieuse attention sur tous
ces points; faites-leur comprendre combien il importe que les
élèves soient formés en vue de la carrière qui les attend, et ne
puissent concevoir sur leur avenir aucune illusion propre à
fausser leur esprit et à causer peut-être de pénibles mécomptes
à leurs familles. Donnez aux directeurs et maîtres adjoints des
instructions particulières à ce sujet, et veillez à ce qu'ils les
suivent exactement.

Ce sera, au surplus, sur votre proposition que je nommerai
les fonctionnaires des écoles normales, et vous aurez ainsi sur
eux une action directe et salutaire. N'oubliez pas, d'ailleurs,
que les directeurs et les maîtres adjoints doivent se partager
l'enseignement et la surveillance, et que les élèves des écoles

normales doivent recevoir d'eux non-seulement les leçons que, comme professeurs, ils sont obligés de donner à leurs élèves, mais encore ces avertissements et ces conseils affectueux dont la vie en commun doit amener l'occasion si fréquemment, et que les jeunes gens bien élevés sont toujours assurés de trouver dans une bonne et honorable famille.

La discipline des écoles normales primaires ne sera pas assombrie par un grand nombre de punitions. Les jeunes gens qui ne respecteraient la règle que par crainte apporteraient plus tard dans les fonctions de l'enseignement un esprit entièrement opposé à celui qui doit les animer. Dans les leçons pédagogiques qu'ils reçoivent, ils puisent des règles de conduite dont ils doivent se faire la première application à eux-mêmes ; il faut qu'ils apprennent à être leurs propres juges. Les élèves-maîtres qu'on serait obligé de rappeler fréquemment au bon ordre, qui montreraient quelque penchant à l'indiscipline ou un caractère habituellement frondeur, feraient un jour de mauvais instituteurs ; dans l'intérêt de la société, non moins que pour leur propre avantage, il y aurait lieu de les rendre à leurs familles et aux autres professions, qu'ils exerceront plus utilement. C'est le préfet du département qui est chargé d'autoriser l'admission des élèves maîtres dans les écoles normales primaires et qui a, par conséquent, le droit de prononcer, lorsqu'il y a lieu, leur renvoi. Mais comme rien de ce qui peut contribuer à l'avenir de l'instruction primaire ne doit vous être indifférent, j'ai dû appeler votre attention sur ces divers points, afin que vous puissiez les signaler aux inspecteurs d'Académie, qui feront, le cas échéant, telles propositions que de droit à MM. les préfets et aux commissions de surveillance.

Quant aux engagements décennaux que les élèves des écoles normales ou les instituteurs communaux doivent contracter envers l'instruction publique, et en vertu desquels ils sont dispensés du service militaire, ils seront reçus par vous, en exécution de l'article 79 de la loi du 15 mars 1850, et d'après les règles prescrites par les instructions subséquentes. Cette attribution appartient naturellement au délégué spécial du Ministre de l'instruction publique ; elle ne pourrait d'ailleurs être exercée par MM. les préfets, qui, en leur qualité de présidents des conseils de révision, sont appelés à statuer sur la validité de ces actes.

Les commissions d'examen établies au chef-lieu de chaque département, et qui continueront d'être nommées par le conseil départemental, fonctionneront nécessairement sous votre autorité. C'est en grande partie de ces commissions que dépend le degré d'instruction des candidats. On conçoit, en effet, que si, au lieu de se conformer scrupuleusement aux programmes, ces commissions élevaient ou abaissaient le niveau des examens, elles s'exposeraient soit à forcer les candidats à se livrer à des études qui les détourneraient de leur but, soit à ouvrir la carrière à des maîtres insuffisants. Il importe donc que les commissions se rendent un compte exact de la mission qui leur est confiée. Les procès-verbaux de leurs opérations vous seront régulièrement communiqués, et vous ne délivrerez les brevets de capacité aux candidats proposés qu'après avoir apprécié avec soin les conditions de leur examen. Le bon esprit des commissions m'assure que vous ne serez jamais obligé de refuser les brevets de capacité dont la délivrance vous aura été proposée : aussi je ne fais mention de la faculté qui vous est réservée à cet égard que pour constater votre droit. L'inspecteur d'Académie, qui assistera probablement presque toujours aux examens, pourra vous donner tous les moyens de contrôle nécessaires.

Il faut, je le répète, que les futurs instituteurs soient aptes à bien enseigner tout ce qui constitue l'instruction primaire proprement dite; il est à désirer que les candidats sachent exprimer clairement leur pensée, et que les rédactions qui leur seront proposées soient choisies de telle sorte qu'elles puissent servir à juger tout à la fois de leur connaissance de la langue française, de la correction de leur style, de leur esprit et de leur disposition pédagogique; mais il n'est pas nécessaire qu'ils se soient préparés à résoudre des questions scientifiques ou des difficultés grammaticales telles qu'il ne s'en présenterait presque jamais dans les classes qu'ils auraient à faire. Quant à ceux qui ont une ambition plus élevée et qui demandent à être interrogés sur les parties facultatives de l'enseignement primaire, il convient de s'assurer, par un examen approfondi, qu'ils possèdent réellement les matières qu'ils se proposent d'enseigner. Cette sévérité est une garantie que l'on doit aux familles. En comparant d'ailleurs les rapports des diverses commissions de votre Académie, vous parviendrez facilement à maintenir le niveau des examens et à conserver ainsi à l'instruction primaire le caractère tout spécial qu'elle doit avoir. Il ne faut pas perdre de vue, en effet, que cette instruction n'est pas un commencement d'études, mais qu'elle constitue dans sa simplicité un enseignement complet approprié à l'avenir des enfants qui le reçoivent. Les élèves qui se destinent à l'instruction secondaire suivent rarement les classes des écoles primaires; à peine en trouve-t-on quelques-uns dans les villes, mais il ne s'en rencontre presque aucun dans les écoles des villages. Faites donc que l'enseignement primaire profite à ceux qui doivent en tirer parti un jour, et surtout qu'il prépare des hommes honnêtes et des citoyens utiles. Vous me rendrez compte à la fin de l'année, dans un rapport général, de la manière dont les commissions auront opéré et des observations que vous aurez été dans le cas d'adresser à quelques-unes d'entre elles.

Aux termes de l'arrêté du 18 décembre 1850, une commission chargée d'examiner les candidats aux fonctions d'inspecteur de l'instruction primaire était instituée au chef-lieu de chaque Académie départementale. L'expérience n'a pas été très-favorable à cette organisation. Peu de candidats se sont présentés, et, depuis quatre ans, les commissions n'ont fonctionné que dans quelques départements; il convient donc de réduire le nombre des commissions à celui des Académies actuelles. La raison fait une loi de revenir, sous ce rapport, à l'usage auquel le fractionnement consacré par la législation de 1850 avait dérogé. Ainsi, l'arrêté du 18 décembre 1850 continue à subsister dans chacun de ses articles. Seulement, il est applicable non plus aux anciennes Académies départementales, mais aux Académies établies par la loi du 14 juin 1854.

INSTRUCTION RÉGLEMENTAIRE POUR LA MISE A EXÉCUTION DES ARTICLES 38, 41 ET 45 DE LA LOI DU 15 MARS 1850 ET DES DÉCRETS DES 7 OCTOBRE 1850 ET 31 DÉCEMBRE 1853 (1).

(31 janvier 1854.)

I Le traitement des instituteurs communaux se compose d'un traitement fixe qui ne peut être inférieur à 200 fr., du produit de la rétribution scolaire et d'un supplément accordé à tous ceux dont le traitement joint au produit de la rétribution scolaire, n'atteint pas 600 fr. Le supplément est calculé d'après le total de la rétribution scolaire de l'année précédente. (Art. 38 de la loi du 15 mars 1850.)

A dater du 1er janvier 1854, les mêmes dispositions s'appliquent aux traitements de 400 fr, et de 500 fr., alloués, par le décret du 31 décembre 1853, aux instituteurs suppléants des deux classes et aux institutrices dirigeant des écoles mixtes. (Art. 4 du décret du 31 décembre 1853.)

II. Le receveur municipal remet, trois jours au plus tard avant la session de février des conseils municipaux, au maire de la commune les rôles trimestriels de la rétribution scolaire de l'année précédente appuyé d'un résumé de ces

(1) Voir, page 202, la circulaire aux Préfets qui accompagnait cette instruction.

rôles (Modèle n° 1), faisant connaître : 1° le montant des rôles; 2° les non-valeurs résultant des cotes indûment imposées; 3° les sommes recouvrées; 4° celles dont la rentrée est réalisable; 5° celles qui sont à porter sur l'état des cotes irrecouvrables et dont la commune est responsable envers l'instituteur. (Art. 18 et 29 du décret du 7 octobre 1850.)

Le résumé des rôles restera à l'appui de la délibération prise pendant la session de février par le conseil municipal.

III. Les conseils municipaux délibèrent chaque année, dans leur session de février, pour l'année suivante, sur le taux de la rétribution scolaire, sur le traitement de l'instituteur, sur les centimes spéciaux qu'ils auront à voter lors du règlement définitif de leur budget, à défaut de revenus ordinaires, 1° pour assurer la partie fixe du traitement de l'instituteur au minimum de 200 fr.; 2° pour élever au minimum de 400 fr., 500 fr. ou 600 fr., suivant les cas, le revenu de l'instituteur ou de l'institutrice, quand leur traitement fixe, joint au produit de la rétribution scolaire, n'atteint pas le taux du traitement affecté à leur titre ou à leur classe.

Les délibérations des conseils municipaux relatives aux écoles (modèle n° 2) sont envoyées avant le 1er mai, pour l'arrondissement chef-lieu, au préfet, et pour les autres arrondissements, aux sous-préfets, qui les transmettent dans les dix jours au préfet avec leur propre avis, celui des délégués cantonaux et celui de l'inspecteur. (Art. 19 du décret du 7 octobre 1850.)

IV. A la fin de chaque année scolaire le préfet, ou, par délégation, le sous-préfet fixe, sur la proposition des délégués cantonaux et l'avis de l'inspecteur de l'instruction primaire, le nombre maximum des enfants qui, en vertu des prescriptions de l'art. 24 de la loi du 15 mars 1850, pourront être admis gratuitement dans chaque école publique, pendant le cours de l'année suivante. (Art. 13 du décret du 31 décembre 1853.)

A l'époque fixée par le *recteur* (préfet), le maire et les ministres des différents cultes désignent de concert les enfants qui doivent être admis gratuitement dans les écoles publiques, sans que le nombre de ces enfants puisse jamais dépasser les fixations du préfet. Cette liste (modèle n° 3), est approuvée par le conseil municipal et définitivement arrêtée par le préfet. (Art. 24 et 45 de la loi du 15 mars 1850; art. 10 du décret du 7 oct. 1850 ; art. 13 du décret du 31 déc. 1853.)

Il en est fait trois expéditions : une pour la mairie, une pour l'instituteur, une pour le *recteur* (préfet).

Les modifications qui y sont apportées dans le cours de l'année sont soumises aux mêmes formalités. (Art. 10 du décret du 7 oct. 1850.)

Il est délivré par le maire un extrait de la liste arrêtée par le préfet, sous forme de billet d'admission, à chaque enfant qui y est porté (modèle n° 4). Ce billet reproduit le n° d'ordre de la liste.

Aucun élève ne peut être reçu gratuitement dans une école communale, s'il ne justifie d'un billet d'admission délivré par le maire. (Art. 13 du décret du 31 déc. 1853.)

V. L'instituteur tient un registre matricule, commençant au 1er janvier de chaque année (modèle n° 5), de tous les enfants admis à son école. Ce registre, coté et parafé par le maire, donne la date de l'entrée et de la sortie de chaque enfant, le chiffre de la rétribution qu'il doit payer et les non-valeurs, dégrèvements, remises ou modérations prononcés ultérieurement. Il indique, pour les élèves gratuits, la date de leur billet d'admission. Il sert à établir le rôle trimestriel (1).

Ce registre est représenté au maire, au délégué cantonal et à l'inspecteur de l'instruction primaire, à toute réquisition.

VI. Le préfet soumet au conseil *académique* (départe-

(1) Le *registre matricule* dont il est question au § 5, a été modifié dans sa forme par une décision ultérieure. La tenue du nouveau registre et les prescriptions qui s'y rapportent, ont fait l'objet d'une instruction spéciale, en date du 2 novembre 1859, que l'on trouvera à la suite de celle-ci. En conséquence, le modèle imprimé plus loin (n° 5) est celui qui a remplacé l'ancien modèle prescrit par l'instruction du 31 janvier 1854.

mental) les délibérations des conseils municipaux relatives au taux de la rétribution scolaire. Au vu de cette délibération et de la liste des enfants qui devront être admis gratuitement dans l'école, le conseil *académique* (départemental) fixe le taux de la rétribution scolaire. *Le recteur de l'Académie donne avis de cette décision au préfet qui* présente le résultat de ces diverses délibérations au conseil général dans sa session ordinaire, à l'appui de la proposition des crédits à allouer pour les dépenses de l'instruction primaire, dans le budget départemental. (Art. 20 du décret du 7 oct. 1850.)

La rétribution scolaire est payée par tous les élèves externes et pensionnaires qui suivent les classes de l'école et qui ne sont pas portés sur la liste des élèves gratuits. (Art. 21 du décret du 7 oct. 1850.)

VII. La rétribution scolaire est perçue dans les mêmes formes que les contributions publiques directes. Elle est exempte des droits de timbre. (Art. 41 de la loi du 15 mars 1850.)

Le rôle de la rétribution scolaire est dressé par trimestre. Il comprend tous les enfants présents à l'école pendant le trimestre écoulé, avec l'indication du nombre de douzièmes dus pour chacun d'eux. Il n'est tenu compte dans ce rôle d'aucune fraction de douzième, tout mois commencé étant dû en entier. (Art. 14 du décret du 31 décembre 1853.)

VIII. Dans les cinq premiers jours du troisième mois de chaque trimestre, l'instituteur établit, au moyen des inscriptions portées sur son registre matricule, et remet au maire, 1° le rôle (modèle n° 6) des enfants, soumis à la rétribution, avec l'indication des redevables et du montant des sommes dues par chacun d'eux ; 2° les extraits individuels dudit rôle (modèle n° 7), pour être ultérieurement, et à la diligence du receveur municipal, remis aux redevables à titre d'avertissement.

Il n'est ouvert dans le rôle qu'un article au père, à la mère ou au tuteur des enfants présents à l'école.

Le maire vise le rôle, après s'être assuré qu'il ne comprend pas d'enfants dispensés de la rétribution, qu'il comprend tous ceux qui y sont soumis, et que la cotisation est établie d'après le taux fixé par le conseil *académique* (départemental).

Il l'adresse ensuite au sous-préfet, qui le communique à l'inspecteur, pour qu'il fournisse ses observations.

Le préfet, ou le sous-préfet par délégation, rend le rôle exécutoire et le transmet, le 15 du mois, au receveur municipal par l'entremise du receveur des finances de l'arrondissement. (Articles 22 et 14 combinés des décrets du 7 octobre et du 31 décembre 1853.)

Quand un traitement fixe est alloué à un instituteur au moyen des ressources communales, et que la perception de la rétribution scolaire est faite pour le compte de la commune, les rôles trimestriels et les extraits individuels des rôles sont dressés par les soins du maire. A cet effet, l'instituteur remet à ce magistrat une copie certifiée de son registre matricule pour chaque trimestre écoulé. Dans ce cas, les rôles et les extraits individuels ou avertissements sont signés par le maire.

Lorsque plusieurs communes sont réunies pour l'entretien d'une même école, l'instituteur dresse un rôle trimestriel spécial pour chaque commune. (Art. 25 du décret du 7 octobre 1850.)

Il dresse également un rôle trimestriel spécial unique pour les enfants des communes voisines non réunies, qui sont admis à suivre son école. (Modèles n°s 6 *bis* et 7 *bis*.)

Dans ce dernier cas, l'instituteur procède directement au recouvrement de la rétribution scolaire, selon les dispositions de l'article XVI ci après. Le rôle est visé par le maire de la commune où est située l'école, et le produit en est porté au compte de cette commune.

IX. La rétribution peut être payée par douzième. A cet effet, l'instituteur remet chaque mois au maire un extrait du registre matricule (modèle n° 8) indiquant les enfants présents à l'école pendant le mois écoulé et qui seront compris au rôle trimestriel. (Article 23 du décret du 7 octobre 1850.)

Cet extrait sert au receveur municipal pour la perception des sommes qui lui sont offertes par les parents avant l'émission du rôle.

Lorsqu'il a reçu le rôle trimestriel, le receveur muni-

cipal émarge immédiatement les payements qui lui ont
déjà été faits.

X. Si les communes réunies qui fournissent des enfants
à l'école font partie de divers arrondissements de perception, le receveur municipal de la commune où l'école est
établie reçoit de ses collègues, au commencement de chaque
mois ou de chaque trimestre, en un mandat du maire, soit
le douzième, soit le quart du contingent des autres communes.

XI. Les réclamations auxquelles la confection des rôles
donnent lieu sont rédigées sur papier libre et déposées au
secrétariat de la sous-préfecture. (Art. 30 du décret du
7 octobre 1850.)

Ces réclamations, ainsi que les états des cotes indûment
imposées (modèle n° 9), dressés par les receveurs municipaux, sont présentés dans les trois mois qui suivent la publication des rôles (Art. 28 de la loi du 21 avril 1832; —
arrêt du Conseil d'Etat du 19 mars 1845.)

Les états des cotes irrecouvrables (mod. n° 10) sont présentés à la même époque que ceux qui concernent les contributions directes.

Lorsqu'il s'agit de décharge ou de réduction, il est statué, par le conseil de préfecture, sur l'avis du maire, du
délégué cantonal et du sous-préfet.

Il est prononcé sur les demandes en remise ou modération par le préfet, après avis du conseil municipal et du
sous-préfet. (Art. 30 du décret du 7 octobre 1850.)

Il y a lieu à décharge ou réduction quand les cotes ont
été indûment ou mal établies, et à remise ou modération
quand les redevables se trouvent dans l'impossibilité d'acquitter la totalité ou une partie de leur cotisation.

Les ordonnances des dégrèvements accordés sur les demandes individuelles doivent être conformes aux modèles
n° 11 et 12. Quant aux ordonnances relatives aux demandes formées par les percepteurs, elles sont délivrées sur
les états mêmes des cotes indûment imposées ou des cotes
irrecouvrables.

XII. Les rôles de la rétribution scolaire devant figurer

pour leur produit net dans le compte de la commune, il est fait, sur leur montant, déduction des non-valeurs résultant des dégrèvements de toute nature.

Il n'est pas fait recette de ces non-valeurs.

Le receveur municipal se borne, quand les ordonnances de dégrèvements lui parviennent, à les émarger aux cotes des redevables et à en constater la réduction au compte des rôles de la rétribution, qui doit être ouvert, comme celui des rôles des contributions directes, sur la première feuille du livre récapitulatif.

Les ordonnances de dégrèvements sont produites à l'appui du compte de gestion comme justification des réductions opérées sur le montant des rôles.

Les sommes qui sont devenues irrecouvrables et celles dont il est fait remise, sont, ainsi que les allocations du receveur municipal, déclarées charges communales, et, comme telles, placées au nombre des dépenses obligatoires des communes. (Art 29 du décret du 7 oct. 1850.)

XIII. Le produit des rôles de la rétribution scolaire est porté en recette au compte de chaque commune ouvert à la première section du livre des comptes divers.

XIV. En fin d'année, il est procédé à un décompte (modèle nº 13) (1), à l'effet de constater si l'instituteur a reçu le minimum de traitement qui lui est garanti par l'article 38 de la loi organique, s'il est instituteur communal, et par l'article 14 du décret du 31 décembre 1853, s'il est instituteur suppléant.

Ce décompte, qui doit être préparé par le receveur pour être soumis au conseil municipal, est établi d'après le nombre des élèves portés aux rôles trimestriels. Comme il a été dit à l'article XII, il est fait déduction, sur le montant des rôles, des non-valeurs résultant des dégrèvements prononcés. (Art. 27 du décret du 7 octobre 1850.)

XV. Les remises des receveurs municipaux sur le produit

_____

(1) Ce modèle a été changé par l'instruction du 2 novembre 1859, et remplacé par un autre qu'on trouvera imprimé à son rang en place de l'ancien.

des rôles de la rétribution scolaire sont calculées à raison de 3 pour 0/0 du total des sommes recouvrées.

Cette allocation spéciale doit figurer d'une manière distincte sur les décomptes des remises des receveurs municipaux (modèle n° 157 de l'Instruction générale sur le service et la comptabilité des receveurs des finances. Art. 28 du décret du 7 octobre 1850).

Les remises sur le traitement fixe et supplémentaire des instituteurs sont réglées par l'application du tarif du 22 mai 1839, relatif aux recettes et dépenses municipales.

Il n'est dû aucune remise au receveur municipal sur la dépense résultant de l'emploi de la rétribution scolaire comme l'un des éléments du traitement de l'instituteur.

XVI. Lorsque le conseil *académique* (départemental), sur l'avis du conseil général, autorise un instituteur à percevoir lui-même le montant de la rétribution scolaire, en exécution du deuxième paragraphe de l'article 41 de la loi organique, le *recteur* (préfet) en informe immédiatement le receveur municipal. Dans ce cas, les rôles trimestriels (modèle n°s 14 et 15) de la rétribution sont dressés et arrêtés conformément aux articles VII et VIII ci-dessus; mais ils ne donnent droit à aucune répétition contre les communes pour les cotes irrecouvrables, ni à aucune remise au profit du receveur municipal qui n'en fait recette et dépense que pour ordre dans ses écritures, d'après un certificat du maire constatant le montant de la rétribution recouvrée par l'instituteur. Le mandat délivré par le maire pour le payement du traitement mentionne, à la suite des autres retenues, celle qui doit être prélevée sur cette rétribution. (Instruction du 24 décembre 1853, § 22.)

Le décompte de fin d'année est dressé par l'instituteur (modèle n° 16). Il joint à l'appui les ordonnances de dégrèvements et une copie de son registre matricule.

L'instituteur délivre aux redevables qui acquittent la rétribution scolaire une quittance détachée d'un livre à souche (modèle n° 17). (Art. 31 du décret du 7 octobre 1850.)

XVII. Les diverses ressources dont se compose le traitement de l'instituteur primaire sont centralisées à la caisse municipale et portées au budget de la commune, savoir :

En recette, aux trois articles suivants :

1° *Rétribution scolaire;*

2° *Centimes spéciaux;*

3° *Subvention pour complément du département et de* l'État.

Et en dépense, à un article unique intitulé :

Traitement de l'instituteur primaire.

XVIII. Lorsque le traitement fixe et la rétribution scolaire ne doivent pas dépasser le minimum fixé pour les instituteurs communaux et pour les instituteurs suppléants, il est payé à chacun d'eux, selon sa position, par mois, ou par trimestre, un douzième ou un quart du minimum auquel il a droit.

Lorsque ce minimum est dépassé, et qu'il n'y a pas lieu, par conséquent, d'allouer un supplément de traitement à l'instituteur, il lui est payé par mois ou par trimestre une somme égale : 1° au douzième ou au quart de son traitement fixe ; 2° au douzième ou au quart du montant de la rétribution scolaire perçue pour son compte dans l'année précédente.

Lorsque l'instituteur perçoit lui-même la rétribution scolaire, le traitement fixe seulement lui est payé par parties égales, comme il est dit ci-dessus. Quant au complément de traitement, il lui est payé par semestre, savoir : la première partie égale à la moitié de la subvention allouée l'année précédente, et la seconde partie suivant le résultat du décompte mentionné au deuxième paragraphe de l'article XVI ci-dessus.

XIX. La présente instruction réglementaire est applicable, dans toutes ses dispositions, aux institutrices appelées à diriger des écoles publiques mixtes.

TOURNÉES ET FRAIS DE TOURNÉES DES INSPECTEURS

(Arrêté du 14 août 1855.) (1).

ART. 1er. — Au commencement de chaque année, le Ministre de l'instruction publique répartit entre les diver-

(1) L'arrêté du 14 août 1855, omis à sa place, complète les renseignements donnés plus haut sur ce sujet (p. 92 à 96).

Les passages suivants d'une circulaire adressée par le Ministre aux recteurs le 31 août 1855, en leur transmettant le présent arrêté, en explique les dispositions.

« Monsieur le Recteur, l'organisation nouvelle, concernant la surveillance de l'instruction primaire résultant de la loi du 14 juin dernier, laissait quelque incertitude sur la part que MM. les préfets, les inspecteurs d'Académie et vous deviez prendre à la fixation des inspections de MM. les inspecteurs primaires, ainsi qu'à la liquidation des dépenses qui s'y rapportent. Ces fonctionnaires appartenant à l'administration académique, vous ne deviez point demeurer étranger à une partie si importante de leur service; d'un autre côté, vous ne pouviez être chargé seul de fixer l'ordre de leurs tournées, puisque la loi ne vous a réservé la surveillance des écoles primaires qu'en ce qui concerne l'enseignement et les méthodes.

« Vous trouverez ci-joints plusieurs exemplaires de l'arrêté que je viens de prendre pour régler ce service. Vous y verrez qu'au commencement de chaque année, je vous ferai connaître la somme qu'il m'aura paru nécessaire de prélever sur le budget de mon ministère pour assurer, pendant l'année, l'inspection des écoles dans votre Académie. Aussitôt que cet avis vous sera parvenu, vous aurez à vous entendre avec MM. les inspecteurs d'Académie chargés de l'instruction primaire, pour la sous-répartition de ce crédit entre les inspecteurs des divers arrondissements de votre ressort. J'arrêterai définitivement, sur votre proposition, cette sous-répartition, et je mettrai immédiatement à la disposition de MM. les préfets la somme qui sera ainsi attribuée à chaque département.

« L'arrêté du 3 janvier 1851, qui a réglé jusqu'à ce jour ce service, portait qu'un itinéraire dressé par le recteur indiquerait à l'avance les points sur lesquels devrait se diriger l'inspection primaire. J'ai transporté cette attribution à MM. les inspecteurs d'Académie, qui, plus que vous, ont besoin d'être toujours exactement informés du lieu où se trouvent les in-

ses Académies le crédit jugé nécessaire pour les frais de
tournées des inspecteurs de l'instruction primaire.

specteurs primaires, avec lesquels ils correspondent directement. En déterminant l'ordre des tournées de MM. les inspecteurs primaires, MM. les inspecteurs d'Académie ne perdront
pas de vue la nécessité de réduire le plus possible les dépenses, et, pour atteindre ce but, ils donneront un soin tout particulier à l'itinéraire qu'ils traceront, et pour lequel ils tiendront
compte de la situation topographique autant que des facilités de
communication. C'est une étude importante à faire; car de la
connaissance qu'ils acquerront ainsi du territoire de leur circonscription dépendront certainement, pour l'avenir, des économies considérables qui permettront d'inspecter, sans augmentations de dépenses, un plus grand nombre d'écoles.

« En notifiant mon arrêté à MM. les inspecteurs d'Académie,
vous voudrez bien appeler toute leur attention sur ces considérations, et leur recommander particulièrement le travail
préparatoire des inspections.

« Vous remarquerez que, d'après l'article 6 de l'arrêté du
14 août courant, les soldes revenant aux inspecteurs seront directement acquittés par MM. les préfets, sur le vu de l'état de
frais préalablement vérifié et arrêté par l'inspecteur d'Académie.

« Cette disposition, qui pourra être appliquée pour le 3e et
le 4e trimestre de 1855, impose à MM. les inspecteurs d'Académie
le devoir d'apporter le soin le plus scrupuleux à l'examen des
états de tournées. Il leur importe qu'ils s'assurent que leurs
instructions ont été ponctuellement suivies. L'application des
tarifs réglés par l'arrêté du 20 janvier 1854 devra être aussi
l'objet de leur attention spéciale. Je continuerai, d'ailleurs, de
contrôler ces dépenses et de m'en faire rendre compte lorsque
je recevrai les pièces justificatives des mandats émis par les
préfets; je n'hésiterais pas, enfin, à prescrire le remboursement
des sommes qui auraient été payées pour des journées dont
l'emploi ne paraîtrait pas suffisamment justifié. Vous voudrez
bien, à cette occasion, recommander à MM. les inspecteurs
d'Académie de régler l'ordre des tournées de MM. les inspecteurs primaires de manière que ces fonctionnaires ne soient
jamais, ou le moins possible, hors de leur domicile les jours de
dimanche et de fêtes, c'est-à-dire le jour où l'inspection des
écoles est impossible....

« MM. les inspecteurs d'Académie feront, chacun pour son département, la répartition de ce crédit entre MM. les inspecteurs
primaires, en ayant soin d'en déduire exactement les dépenses
faites jusqu'à ce jour. A partir de 1856, la répartition par département me sera proposée par vous.

Art 2. — Le recteur, sur l'avis des inspecteurs d'Académie chargés de l'instruction primaire, propose au Ministre la sous-répartition du crédit entre les inspecteurs de l'instruction primaire du ressort.

Cette sous-répartition, faite proportionnellement au nombre des communes et des écoles dans chaque arrondissement, en tenant compte de la superficie territoriale, des difficultés du parcours et des autres nécessités du service, indique :

1º La somme affectée aux tournées trimestrielles ordinaires;

2º Celle qui peut être réservée pour les missions extraordinaires.

En aucun cas, le montant de cette réserve ne peut excéder le quart de la somme affectée aux tournées ordinaires.

Art. 3. — Le Ministre de l'instruction publique, après avoir approuvé, s'il y a lieu, cette sous-répartition, ordonnance tous les trois mois, au nom de chaque préfet, la somme nécessaire pour assurer le service de l'inspection pendant le trimestre suivant dans les départements.

Art. 4. — A la fin de chaque trimestre, l'inspecteur de l'Académie dresse l'état des écoles que les inspecteurs primaires doivent inspecter pendant le trimestre suivant, conformément à l'article 3 de l'arrêté du 3 janvier 1851. Sur sa proposition, le préfet met, à titre d'avance, à la disposition de chaque inspecteur primaire, une somme de 100 francs pour les 1er, 2e, 3e et 4e trimestres de l'année.

Art. 5. — L'inspecteur de l'instruction primaire en tournée envoie à l'inspecteur d'Académie le bulletin d'inspection prescrit par l'article 5 de l'arrêté du 3 janvier 1851. A la fin de chaque trimestre, il lui remet également, en triple expédition, l'état de ses frais de tournée, dressé conformément aux dispositions de l'article 8 dudit arrêté et à celles de l'article 1er de l'arrêté du 20 janvier 1854.

Art. 6. — Après avoir fait les vérifications prescrites par l'article 9 de l'arrêté du 3 janvier 1851, l'inspecteur d'Académie transmet, revêtues de son visa, au préfet du département, deux expéditions des états de frais présentés par les inspecteurs primaires.

Le préfet mandate, au nom de chaque inspecteur, le

restant dû sur le montant de ces états, déduction faite des
avances allouées ; il joint l'une des expéditions de ces états
au bordereau détaillé des mandats qu'il adresse mensuelle-
ment au Ministre.

Art. 7. — Les dispositions de l'arrêté du 5 janvier 1854,
concernant la fixation des frais de tournées des inspecteurs primaires du département de la Seine, sont et demeurent maintenues.

ARCHIVES DE L'INSPECTION PRIMAIRE.

Circulaire du 24 août 1855.

Monsieur le Recteur, la circulaire adressée, le 24 décembre
1850, aux chefs des anciennes Académies, recommande particulièrement à ces fonctionnaires de veiller à ce que les archives
de l'inspection des écoles soient tenues avec soin. Elle indique,
comme devant former la base et le point de départ de ces archives, les dossiers des anciens comités supérieurs ; elle prescrit
de faire inventorier ces dossiers et de les remettre entre les
mains de l'inspecteur de chaque circonscription, qui y joindra
tous les documents résultant de la correspondance quotidienne.
En cas de mutation dans le personnel de l'inspection, les archives doivent être remises au nouvel inspecteur, qui en devient
responsable.

J'apprends avec regret qu'on ne s'est pas conformé partout à
ces recommandations. Des lacunes, qu'il est aujourd'hui très-
difficile de combler, l'absence de tout système logique de classement, la dispersion de pièces qu'il importait de rassembler et
de laisser déposées au chef-lieu de la circonscription ; toutes ces
causes réunies ont eu trop souvent pour effet non-seulement de
retarder l'expédition des affaires, mais, ce qui est plus grave
encore, de faire négliger des éléments essentiels d'instruction,
spécialement en ce qui concerne le personnel des instituteurs.

Il est urgent de mettre fin à un état de choses dont les inconvénients deviennent chaque jour plus sensibles. Je vous prie,
Monsieur le Recteur, de prescrire dans votre Académie la stricte
exécution des instructions contenues dans le dernier paragraphe
de la circulaire du 24 décembre 1850. Chaque inspecteur primaire devra mettre en ordre les archives de sa circonscription,
s'efforcer de les reconstituer si elles étaient dispersées, et y
classer méthodiquement sa correspondance journalière, de telle

sorte qu'en cas de mutation la remise officielle puisse être faite d'une manière complète par le prédécesseur ou successeur. L'état des documents devra être constaté par le procès-verbal.

Je tiens à connaître la situation actuelle des archives de chaque inspection. Vous voudrez bien, Monsieur le Recteur, me transmettre sur ce point des renseignements précis.

ADMISSION GRATUITE DES ENFANTS TROUVÉS DANS LES ÉCOLES.

Une circulaire aux préfets du 6 novembre 1835 avait assimilé les enfants trouvés et abandonnés, élèves des hospices, aux enfants pauvres désignés dans l'article 14 de la loi du 28 juin 1833, et, à ce titre, elle recommandait à MM. les préfets de veiller à ce qu'ils fussent admis gratuitement dans les écoles publiques.

Une nouvelle circulaire du 10 décembre 1855, en rappelant aux préfets l'exécution de la circulaire précédente, leur a fait connaître que le décret du 31 décembre 1853 met entre leurs mains « tout pouvoir pour suppléer à la négligence ou au mauvais vouloir des administrations locales.

« Pour ôter toute raison, dit le Ministre, aux observations qui pourraient s'élever à ce sujet, et pour que la mesure s'accomplisse de la manière la plus équitable possible, il importe que, dans les propositions qui vous seront faites par les délégués cantonaux et les inspecteurs de l'instruction primaire au sujet de la fixation du nombre maximum d'élèves à porter sur la liste de gratuité de chaque école, il soit tenu exactement compte des enfants trouvés existant dans la commune. Lorsque, plus tard, cette liste vous reviendra remplie, vous devrez vous assurer que ces enfants y occupent les premiers numéros. Dans le cas d'omission de leurs noms, vous ajournerez votre approbation jusqu'à ce qu'il soit suppléé à cet oubli, ou vous procéderez à une inscription d'office.

« Les présentes instructions s'appliquent naturellement aux filles élèves des hospices qui seront admises dans les écoles mixtes communales ou dans les écoles publiques spéciales. Il se pourrait cependant que, dans les communes où résident ces jeunes filles, il n'y eût d'autre école qui leur soit accessible qu'une école privée. Dans ce cas, vous traiteriez de leur admission dans cet établissement, et la dépense qui en résulterait serait imputée sur les revenus du sous-chapitre X du budget départemental. Je me suis entendu, à cet égard, avec mon collègue M. le Ministre de l'intérieur.

« Enfin, Monsieur le Préfet, quant aux livres, papiers, plumes et autres objets d'enseignement nécessaires pour que les enfants des deux sexes fréquentent utilement les écoles, M. le Ministre de l'intérieur a également consenti à ce que cette dépense soit aussi imputée sur le sous-chapitre précité. » (*Circul.* du 10 décembre 1855.)

ENSEIGNEMENT

PRIMAIRE SPÉCIAL DONNÉ DANS LES ÉTABLISSEMENTS PUBLICS
D'INSTRUCTION SECONDAIRE.

(Arrêté du 18 mars 1856).

Art. 1er. — L'enseignement primaire, avec tous les développements qu'il comporte, pourra être donné, comme par le passé, dans les établissements publics d'instruction secondaire pour lesquels il aura été régulièrement autorisé.

Art. 2. — Les maîtres auxquels sera confié l'enseignement primaire spécial seront nommés par le Ministre, sur la proposition des recteurs. Dans les lycées, ils seront choisis parmi les maîtres répétiteurs; dans les collèges, ils auront le rang et le titre de régent. A défaut du diplôme de bachelier ès lettres ou ès sciences, ces derniers devront justifier du brevet de capacité comprenant toutes les matières énoncées en l'article 23 de la loi du 15 mars 1850.

Art. 3. — Les communes dans lesquelles il existe un collège pourront être autorisées, sur la demande des conseils municipaux et l'avis du conseil départemental, à annexer à cet établissement l'école primaire publique qu'elles doivent entretenir en exécution de l'article 36 de la loi du 15 mars 1850. Dans ce cas, l'instituteur, nommé conformément au mode prescrit par la loi du 14 juin 1854, sera subordonné au principal du collège en ce qui concerne l'administration et la discipline.

L'arrêté qui précède a été transmis aux recteurs le 5 avril 1856, avec la circulaire suivante qui en explique et en précise les dispositions :

« Monsieur le Recteur, la loi du 15 mars 1850 ne reconnaît qu'un seul ordre d'écoles primaires; par suite, les écoles primaires supérieures, instituées sous le régime de la loi du 28 juin 1833, n'ont plus aujourd'hui d'existence légale, et les ordonnances rendues pour autoriser l'annexion d'un certain nombre de ces écoles à des établissements d'instruction secondaire se trouvent de fait abrogées. Aucune disposition réglementaire n'étant intervenue pour fixer la situation de celles des écoles annexes qui ont continué d'exister, et pour déterminer la position et le mode de nomination des maîtres chargés de les diriger, il s'est élevé dans plusieurs Académies, relativement à ces questions, des difficultés qu'il importait de résoudre. Tel est l'objet de l'arrêté que j'ai pris le 18 mars dernier.

« D'après l'article 1er de cet arrêté, l'enseignement primaire, avec les développements qu'il comporte, et qui sont énumérés en l'article 23 de la loi du 15 mars 1850, pourra être donné dans les lycées ou colléges, sous la condition d'une autorisation préalable. Cette autorisation qui, à l'avenir, sera concédée par moi, sur votre proposition, demeure acquise à ceux des établissements dans lesquels des écoles primaires supérieures ont été régulièrement instituées; il ne sera donc pas nécessaire de la renouveler.

« Aux termes de l'article 2, les maîtres chargés dans les lycées de l'enseignement primaire spécial seront choisis parmi les maîtres répétiteurs; dans les colléges, ils auront le rang et le titre de régent. A défaut de diplôme de bachelier ès lettres ou de bachelier ès sciences, ces derniers devront justifier du brevet de capacité, constatant que l'examen a été subi avec succès sur toutes les matières indiquées en l'article 23 de la loi du 15 mars 1850. Les uns et les autres seront nommés sur votre proposition, conformément aux dispositions de l'article 19 du décret du 22 août 1854.

« L'article 3 permet, dans certains cas exceptionnels dont l'opportunité est laissée à l'appréciation du conseil municipal et du conseil départemental d'instruction publique, d'annexer à un collége l'école primaire entretenue par la commune en exécution de l'article 36 de la loi du 15 mars 1850; mais, pour assurer dans ces établissements mixtes la subordination hiérarchique, le même article dispose expressément que l'instituteur est soumis, en ce qui concerne la discipline et l'administration, à l'autorité du principal. Les instituteurs sont, d'ailleurs, nommés par le préfet, conformément aux prescriptions de la loi du 14 juin 1854. » (Circ., 5 avril 1856.)

INSPECTION.

NOUVELLE CLASSIFICATION ET TRAITEMENT DES INSPECTEURS
DE L'INSTRUCTION PRIMAIRE.

(Décret du 21 juin 1858) (1).

Art. 1er. — Les inspecteurs de l'instruction primaire,
dans les départements autres que celui de la Seine, sont
divisés en trois classes, et les traitements affectés à chaque
classe sont fixés ainsi qu'il suit, à partir du 1er janvier
1859 :

30 inspecteurs de première classe, à 2,400 fr.

60   —   de seconde classe, à 2,000 fr.

185   —   de troisième classe, à 1,600 fr.

Art. 2. — Il y aura un inspecteur de l'instruction pri-

(1) Ce décret a été précédé d'un rapport à l'Empereur qui en
explique les motifs, fondés, d'un côté, sur l'insuffisance des
traitements des inspecteurs, et, d'un autre, sur les inconvénients
que présentaient l'absence d'un inspecteur spécial au chef-lieu
du département et la nécessité d'y suppléer en appelant à tour
de rôle au chef-lieu les inspecteurs d'arrondissement, ainsi que
cela résultait de l'article 4 du décret du 22 août 1854, modifié
aujourd'hui, sous ce rapport, par le présent décret.

(2) Cette division des inspecteurs en trois classes abroge celle
du 26 août 1854, qui, en réduisant à 275 le nombre des inspecteurs des départements, fixé à 300 par l'arrêté du 5 novembre
1850, avait conservé les cinq classes établies par ce dernier,
ainsi que les traitements affectés à chacune de ces classes. (Voir
p. 89-90.)

maire dans chaque arrondissement chef-lieu de préfecture (1).

Art. 3. — Notre Ministre secrétaire d'Etat au département de l'instruction publique et des cultes déterminera, après avis du conseil départemental et sur la proposition du recteur de l'Académie, les arrondissements qui devront être réunis à d'autres et qui formeront ainsi une circonscription d'inspection primaire.

Conformément au décret précédent, l'inspection de l'instruction primaire dans les départements, celui de la Seine excepté, a été répartie entre les 275 inspecteurs par un arrêté du 28 décembre 1858, qui a désigné les arrondissements ou les portions d'arrondissements qui seraient réunis à d'autres. Cette répartition a été modifiée depuis pour quelques départements par plusieurs arrêtés des 11 janvier, 10 et 24 février, 10 mars et 18 octobre 1859. Le tableau suivant fait connaître ces réunions en indiquant la date des changements apportés à l'arrêté général du 28 décembre .

AIN. Arrondissements réunis de Gex et de Nantua, avec résidence à Nantua.
ALLIER. Gannat et La Palisse. — Cusset.
ALPES (BASSES-). Digne et Sisteron. — Digne.
ALPES (HAUTES-). Briançon et Embrun. — Embrun.
ARDENNES. Rocroi et 4 cantons de l'arrondissement de Mézières. — Mézières.
— Sedan et 3 cantons de l'arrondissement de Mézières. — Sedan. } (24 février 1859.)
ARIÉGE. Foix et 3 cantons de l'arrondissement de Pamiers.
— Saint-Girons et 3 cantons de l'arrondissement de Pamiers.
AUBE. Bar-sur-Aube et Bar-sur-Seine. — Bar-sur-Aube.
— Nogent-sur-Seine et Arcis-sur-Aube. — Nogent.
AVEYRON. Rodez et Espalion.
— Saint-Affrique et Milhau.
BOUCHES-DU-RHÔNE. Marseille et Arles. — Marseille.

(1) L'article 2 abroge en grande partie l'article 24 du décret du 22 août 1854. (Voir p. 75.)

CALVADOS. Lisieux et Pont-l'Evêque.
CANTAL. Mauriac et Murat. — Mauriac.
CHARENTE. Barbezieux et Cognac. — Barbezieux.
   —   Confolens et Ruffec. — Ruffec.
CHARENTE-INFÉRIEURE. La Rochelle et Saint-Jean-d'Angély. —
                La Rochelle.
   —   Marennes et Rochefort. — Rochefort.
CHER. Bourges et Sancerre. — Bourges.
CORSE. Calvi et Corte. — A Corte.
CÔTE-D'OR. Châtillon et Semur. — Châtillon.
CÔTES-DU-NORD. Saint-Brieuc et 5 cantons de Loudéac.
   —   Dinan et 4 cantons de Loudéac.
   —   Guingamp et Lannion. — Lannion
CREUSE. Guéret et Boussac. — Guéret.
   —   Aubusson et Bourganeuf. — Bourganeuf.
DORDOGNE. Nontron et Ribérac. — Nontron.
DOUBS. Besançon, moins 2 cantons; plus 2 cantons de Baume
   —   Montbéliard et 3 cantons de Baume.
   —   Pontarlier, 2 cantons de Besançon et 2 cantons de
          Baume.
DRÔME. Montélimart et Nyons. — Montélimart.
EURE. Bernay et 5 cantons de Pont-Audemer.
   —   Louviers et 3 cantons de Pont-Audemer.
EURE-ET-LOIR. Châteaudun et Nogent-le-Rotrou.
FINISTÈRE. Quimper et Quimperlé. — Quimper.
   —   Morlaix et Châteaulin. — Morlaix.
GARD. Le Vigan et 4 cantons d'Alais. —
      Alais.   } (10 février 1859.)
   —   Uzès et 4 cantons d'Alais. — Uzès.
GARONNE (HAUTE-). Muret et Villefranche. — Villefranche.
GERS. Auch et Lombez. — Auch.
   —   Condom et Lectoure. — Lectoure.
GIRONDE. Blaye et Lesparre.
HÉRAULT. Lodève et Saint-Pons. — Lodève.
ILLE-ET-VILAINE. Fougères et Vitré.
   —   Montfort et Redon. — Redon.
INDRE. Châteauroux et Issoudun. — Châteauroux.
   —   Le Blanc et La Châtre. — La Châtre.
LOIR-ET-CHER. Blois, moins 6 cantons, et Romorantin. —
            Blois.
   —   Vendôme et 6 cantons de Blois.
LOIRE (HAUTE-). Le Puy et Issengeaux. — Le Puy.
LOIRE-INFÉRIEURE. Châteaubriant et Ancenis. — Châteaubriant.
   —   Savenay et Paimbœuf.
LOIRET. Gien et Montargis. — Montargis.
LOT. Cahors et Gourdon. — Cahors.

LOT-ET-GARONNE. Agen et Villeneuve. — Agen.
—   Marmande et Nérac. — Marmande.
LOZÈRE. Mende et Florac. — Mende.
MAINE ET-LOIRE. Baugé et Segré. — Angers.
MANCHE. Avranches et Mortain. — Avranches.
—   Cherbourg et Valognes. — Cherbourg.
MARNE. Vitry-le-Français et Sainte-Ménehould.—(18 oct. 1859.)
MAYENNE. Laval et Château-Gontier. — Laval.
MEURTHE. Lunéville et 3 cantons de Château-Salins.
—   Sarrebourg et 2 cantons de Château-Salins.
MEUSE. Bar-le-Duc et 3 cantons de Commercy.
—   Verdun et 4 cantons de Commercy.
MORBIHAN. Ploërmel et Napoléonville. — Napoléonville.
· MOSELLE. Thionville et Briey.
NIÈVRE. Nevers et Cosne. — Nevers.
—   Château-Chinon et Clamecy. — Clamecy.
NORD. Hazebrouck et Dunkerque. — Dunkerque.
OISE. Clermont et 4 cantons de Senlis. — Senlis.
—   Compiègne et 3 cantons de Senlis. — Compiègne.
PAS-DE-CALAIS. Montreuil et 3 cantons de Saint-Pol.
—   Béthune et 3 cant. de Saint-Pol. (10 mars 1859.)
PUY-DE-DÔME. — Ambert et Thiers. — Ambert.
PYRÉNÉES (BASSES-). Pau et Oloron. — Pau.
PYRÉNÉES HAUTES). — Tarbes et Argelès. — Tarbes.
PYRÉNÉES-ORIENTALES. Perpignan et Céret.
SAÔNE-ET-LOIRE. Mâcon et Louhans. — Mâcon.
SARTHE. La Flèche et Saint-Calais. — La Flèche.
SEINE-ET-MARNE. — Coulommiers et Provins. — Provins.
SEINE-ET-OISE. Etampes et Corbeil.
SÈVRES (DEUX-). Niort et Melle. — Niort.
—   Bressuire et Parthenay. — Parthenay.
TARN. Gaillac et Lavaur.
TARN-ET-GARONNE. Montauban et 2 cantons de Castel-Sarrazin.
—   Moissac et 6 cantons de Castel-Sarrazin.
VAUCLUSE. Avignon et Orange. — Avignon.
—   Carpentras et Apt. — Carpentras.
VENDÉE. Napoléon-Vendée et Sables-d'Olonne. — Napoléon-
Vendée.
VIENNE. Châtellerault et Loudun. — Châtellerault.
—   Montmorillon et Civray. — Montmorillon.
VIENNE (HAUTE-). Limoges et Saint-Yrieix.— ⎫
Limoges.   ⎬ (11 janvier 1859.)
—   Bellac et Rochechouart. — ⎱
Rochechouart.
VOSGES. Epinal et Remiremont. — Epinal.
YONNE. Avallon et Tonnerre. — Tonnerre.

INSTITUTEURS SUPPLÉANTS.

(Décret du 20 juillet 1858.)

Art. 1er. — Il n'y aura plus, à partir du 1er janvier 1859, qu'une classe d'instituteurs suppléants.

Art. 2. — Le minimum du traitement des instituteurs suppléants est fixé à 500 fr.

Le décret précédent modifie l'article 4 du décret du 31 décembre 1853, qui, en créant les instituteurs suppléants, les avait divisés en deux classes, dont le minimum était fixé à 400 et à 500 fr. Les motifs du nouveau décret du 20 juillet 1858 ont été expliqués dans le rapport suivant adressé à l'Empereur :

« La loi du 15 mars 1850 a, par son article 38, ordonné qu'à défaut de ressources communales et départementales, l'État compléterait le traitement des instituteurs primaires de manière à l'élever au moins à la somme de 600 fr.

« Cette disposition, très-bonne en elle-même. n'était pas cependant, dans son principe absolu. sans quelques inconvénients. L'uniformité des traitements qui en résultait nuisait peut-être à l'émulation, et tel instituteur qui, jouissant. dès le début, d'une rétribution de 600 fr., n'avait plus la perspective d'un avancement régulier, était tenté de rechercher, de préférence. la direction d'une petite école, et se souciait peu des progrès de celle qui lui était confiée.

« C'est pourquoi, Sire, le décret du 31 décembre 1853 a été rendu par Votre Majesté. Il a permis de donner, dans chaque département. au dixième des instituteurs, des indemnités qui élevaient, après cinq ou dix ans de services, leur traitement à 7 et à 800 fr. Il a ordonné, en outre, que nul ne serait nommé de prime abord instituteur public; que ce titre ne pourrait être conféré qu'à des maîtres qui auraient déjà servi trois ans au moins en qualité d'instituteurs suppléants; il a décidé, enfin, qu'il y aurait deux classes d'instituteurs suppléants, recevant, la deuxième classe un traitement de 400 fr., et la première un traitement de 500 fr.

« Mais à peine ces dispositions, qui semblaient si judicieuses, furent-elles mises à exécution, que des années mauvaises, au point de vue de la cherté des vivres, les firent presque regretter. On doit avouer que, même dans l'état actuel des choses et sous l'empire des conditions les plus favorables, le traitement de 400 francs serait encore insuffisant. Aussi, si l'on s'était félicité, dès l'origine, de l'émulation que le nouveau décret introduisait pour la première fois dans le corps si nombreux des instituteurs primaires, de fréquentes désertions et les difficultés toujours croissantes du recrutement de ce personnel firent reconnaître à Votre Majesté, Sire, la nécessité de relever la condition des instituteurs de deuxième classe; et le Corps législatif, s'unissant, dans sa dernière session, à votre pensée paternelle, a inscrit pour cet objet, au budget de 1859, un nouveau crédit de 185,000 francs.

« J'ai, en conséquence, l'honneur de proposer à Votre Majesté de vouloir bien déclarer, par l'adoption du décret ci-joint, qu'il n'y aura désormais qu'une seule classe d'instituteurs suppléants, lesquels recevront un traitement de 500 francs, d'après les bases posées par la loi du 15 mars 1850. »

Par une circulaire aux préfets, en date du 13 novembre 1858, M. le Ministre de l'instruction publique leur a fait connaître que le décret du 20 juillet de la même année n'est pas applicable aux institutrices chargées de la direction des écoles communes aux deux sexes. « Les institutrices faisant fonction d'instituteurs continueront donc à recevoir, comme par le passé, un traitement minimum de 4 ou 500 fr., suivant la classe à laquelle elles appartiendront. » (13 novembre 1858.)

————◦————

RÉPARTITION DES RÉCOMPENSES AFFECTÉES A L'INSTRUCTION PRIMAIRE

(Arrêté du 21 août 1858.) (1).

Art. 1er. — Les médailles et les mentions honorables se-

(1) L'arrêté ministériel du 21 août 1858 abroge, ainsi que le porte l'article 4, les arrêtés des 28 avril 1837 et 9 février 1838 (voir p. 133), qui avaient fixé le nombre de médailles et de mentions honorables à décerner chaque année, dans les différents départements, aux instituteurs, institutrices et directrices de salles d'asile.

ront décernées aux instituteurs, institutrices et directrices des salles d'asile, dans chaque département, sur la proposition du préfet, après avis du conseil départemental et du recteur de l'Académie.

Art. 2. — Il pourra être accordé, chaque année, par département :

1° Une médaille d'argent pour cinq cents instituteurs et au-dessous, l'excédant du chiffre de cinq cents ne devant pas être compté; et deux médailles de même nature lorsque le nombre des instituteurs s'élèvera à huit cents ;

Une médaille de bronze par deux cents instituteurs ;

Une mention honorable par cent instituteurs ;

2° Une médaille d'argent pour trois cents institutrices et au-dessous, l'excédant du chiffre de trois cents ne devant pas être compté ; deux médailles de même nature lorsque le nombre des institutrices s'élèvera à six cents ;

Une médaille de bronze pour cent cinquante institutrices et au-dessous, les excédants ne devant pas être comptés ;

Une mention honorable pour quatre-vingts et au-dessous (même observation) ;

3° Une mention honorable ou une médaille de bronze ou une médaille d'argent pour vingt directrices d'asile et au-dessous ;

Deux mentions honorables ou deux médailles de bronze our cinquante directrices ;

La médaille d'argent ne pourra être accordée que tous les deux ans, si le nombre des directrices ne dépasse pas cinquante.

Art. 3. — Nul instituteur, nulle institutrice ou directrice d'asile ne pourra obtenir une mention honorable qu'après avoir exercé, comme titulaire, pendant cinq ans au moins

Nul ne pourra obtenir la médaille de bronze s'il n'a reçu la mention honorable depuis deux années au moins.

Nul ne pourra obtenir la médaille d'argent s'il n'a reçu la médaille de bronze depuis deux années au moins.

Art. 4. — Les arrêtés du Conseil royal de l'instruction publique des 28 avril 1837 et 9 février 1838, relatifs à la distribution des médailles et des mentions honorables aux

20

instituteurs, aux institutrices et aux directrices des salles d'asile, sont et demeurent rapportés.

Les instructions contenues dans les deux circulaires suivantes, adressées, la première aux recteurs, et la deuxième aux préfets, expliquent et complètent les dispositions du règlement précédent :

« Monsieur le Recteur, par ma circulaire du 31 mai dernier (1), je vous ai fait connaître mon intention de procéder, à l'avenir, d'après de nouvelles bases, à la répartition des médailles et des mentions honorables décernées aux instituteurs et institutrices et aux directrices de salles d'asile.

« J'ai consulté le Conseil de l'instruction publique, lors de sa dernière session, sur le mode qui me paraissait de nature à assurer la plus équitable répartition de ces récompenses, et j'ai soumis en même temps à la discussion de la haute assemblée les avis exprimés par MM. les recteurs.

« A la suite d'un examen approfondi, le Conseil impérial a adopté un projet d'arrêté que j'ai approuvé, et dont j'ai l'honneur de vous transmettre plusieurs copies. Cet arrêté maintient les bases indiquées par la circulaire précitée. Les récompenses continueront à être décernées sur la proposition de MM. les préfets, et d'après des listes préparées en conseil départemental ; mais, avant de présenter à cette assemblée les renseignements qu'il aura recueillis sur chaque candidat, M. l'inspecteur académique devra vous en référer ; et vous aurez à examiner, d'après les éléments de comparaison dont vous disposez, quel sera, dans chacun des départements de votre ressort, le nombre des présentations que M. l'inspecteur pourra soumettre au conseil départemental. Ce mode me paraît et vous paraîtra de même, je l'espère, de nature à concilier les diverses exigences auxquelles il importait de donner satisfaction.

« En assujettissant à des règles nouvelles la distribution des médailles et des mentions honorables, j'ai voulu montrer le prix que j'attache aux récompenses décernées aux instituteurs et aux institutrices. Je désire que ma pensée soit bien comprise, et que ces récompenses, devenant une sérieuse garantie d'aptitude, soient désormais la consécration d'un mérite reconnu. Les éléments d'appréciation, à ce point de vue, devront être puisés dans la circulaire où j'ai consigné les principes qu'il importe de voir présider à la direction des écoles.

(1) Dans cette circulaire qui n'a pas été publiée, et qui n'avait qu'un intérêt du moment, le Ministre consultait les recteurs, sur les changements qu'il y aurait à apporter au mode de répartition des récompenses, fixé par es anciens règlements.

« L'instituteur (ou l'institutrice) s'applique-t-il à faire en sorte que les matières comprises dans la partie *obligatoire* du programme soient possédées, *à fond*, par *tous* les élèves de son école ?

« S'efforce-t-il de donner de la vie à son enseignement, de le féconder par des interrogations ; de substituer, dans une mesure convenable, les *récits* aux leçons apprises par cœur ?

« Se fait-il, en dispensant l'enseignement religieux, l'auxiliaire utile et discret du curé ?

« S'attache-t-il à faire de la *lecture* un instrument de développement intellectuel ?

« En enseignant l'écriture, parvient-il à former, non pas des calligraphes exercés aux difficultés extraordinaires, mais des élèves employant avec aisance la *posée* et l'*expédiée ?*

« L'étude de la langue maternelle produit-elle dans son école des résultats sérieux, au point de vue de la formation du jugement ?

« Dans l'enseignement du calcul, prend-il soin d'exercer le raisonnement et de donner à ses leçons un caractère tout pratique ?

« Tels sont les points principaux dont vous aurez lieu de vous préoccuper dans l'appréciation comparative du mérite scolaire des instituteurs et des institutrices. Les maîtres et maîtresses devront être considérés comme plus ou moins dignes des encouragements de l'administration supérieure, selon qu'ils se seront conformés plus ou moins fidèlement, dans la direction pédagogique de leurs classes, aux prescriptions de ma circulaire du 20 août 1857.

« En conséquence, toute proposition ayant pour but la concession d'une médaille ou d'une mention honorable devra être appuyée d'un rapport spécial, constatant non-seulement le zèle et la bonne conduite du maître (ou de la maîtresse), mais encore, et d'une manière détaillée, l'état de l'enseignement ; tous ces rapports me seront transmis avec la liste définitive des propositions. (18 novembre 1858.) »

« Monsieur le Préfet, les médailles et les mentions honorables destinées aux instituteurs, aux institutrices et aux directrices de salles d'asile, ont continué, jusqu'à ce jour, à être décernées par application des arrêtés des 28 avril 1837 et 7 février 1838. Or, ces arrêtés, par cela même qu'ils répondaient aux dispositions de la législation universitaire antérieure à 1850, ont cessé d'être en harmonie avec l'état de choses institué par les lois et décrets rendus depuis cette époque. En attribuant à tous les départements le même nombre *maximum* de récompenses, sans tenir compte de l'étendue du territoire, de la situation de l'instruction

primaire, du nombre des écoles et du nombre des maîtres, l'autorité universitaire avait eu en vue l'organisation alors en vigueur, laquelle ne conférait, en matière d'instruction primaire,
aucune attribution à MM. les préfets, et, d'autre part, ne com-
portait qu'une seule assemblée pour toute une Académie. Les
propositions adressées au Ministre émanant du recteur, et étant
arrêtées par le conseil académique, cette assemblée se trouvait
toujours en mesure d'établir des comparaisons, aux divers points
de vue dont il s'agit, entre les départements compris dans sa
circonscription, et de se conformer ainsi, dans la préparation
des listes, aux règles de la justice distributive.

« Aujourd'hui le préfet, appelé à administrer le personnel de
l'enseignement primaire, est particulièrement en position d'apprécier les services de chaque maître, et c'est à lui, dès lors,
qu'il appartient d'adresser, en faveur des candidats qui paraissent les plus méritants, des propositions dont il saisit préalablement le conseil départemental. Cette dernière assemblée, n'ayant
à se prononcer qu'à l'égard des maîtres et maîtresses de son ressort, est portée, on le comprend, à les considérer comme aussi
dignes d'encouragement que les sujets exerçant dans les départements voisins. Aussi, quelque sévérité qu'aient apportée les
conseils départementaux à l'examen des titres qui leur étaient
soumis, devait-il arriver souvent que des récompenses identi-
ques fussent demandées pour des mérites tout à fait inégaux.
Tel département ne possédant que quatre ou cinq cents instituteurs, dont quelques-uns à peine s'élevaient au-dessus du médiocre, a réclamé le même nombre de médailles et de mentions
honorables que tel autre département où le personnel de l'enseignement primaire comptait huit ou neuf cents membres, parmi
lesquels on signalait quinze ou vingt sujets véritablement dis-
tingués. Un instituteur a été proposé ici pour la médaille d'argent, en vertu de titres inférieurs, en réalité, à ceux de tel de
ses confrères qui n'a obtenu ailleurs qu'une simple mention.

« Afin de rendre impossible, à l'avenir, ces fâcheuses dispa-
rates, il était indispensable de soumettre à un examen compara-
tif la situation de l'enseignement primaire dans les divers départements d'un même ressort académique. J'ai donc décidé qu'a-
vant toute délibération des conseils au sujet des propositions
de récompenses, les inspecteurs d'Académie en référeront doré-
navant au recteur. Ce haut fonctionnaire, après avoir pris connaissance des rapports et comparé les progrès accomplis dans
chacun des départements de son Académie, donnera à ses subordonnés telles instructions qu'il conviendra, en vue de les diriger dans la fixation du nombre des présentations qu'ils auront
à vous prier de soumettre respectivement aux assemblées départementales ; puis ces présentations, arrêtées en conseil d'après

les bases fournies par M. le recteur, me seront transmises par
vous, avec les rapports spéciaux de MM. les inspecteurs d'Académie.

« Ce mode me paraît, et vous paraîtra de même, je pense, à
vous et à l'assemblée que vous présidez, de nature à concilier
les diverses exigences auxquelles il importait de donner satisfaction. D'une part, il assure l'équitable répartition des récompenses entre les divers départements d'une même Académie, tout
en maintenant intacts les droits attribués au préfet et au conseil
départemental par les lois et règlements ; d'autre part, il réserve
l'intervention de l'autorité rectorale, qui, appelée à surveiller
les méthodes en usage dans les écoles primaires, responsable
devant l'autorité supérieure des progrès intellectuels et moraux
de l'enseignement qui y est donné, a le droit d'être consultée,
lorsqu'il s'agit d'examiner dans quels établissements et sur quels
points d'un vaste territoire ces progrès ont été le plus marqués.

« Tel est, Monsieur le Préfet, l'objet de l'arrêté que je viens
de prendre sur l'avis conforme exprimé par le Conseil impérial
de l'instruction publique à sa dernière session, arrêté dont j'ai
l'honneur de vous transmettre ci-joint un exemplaire.

« Je crois inutile d'accompagner d'aucune explication ce document, dont le texte paraît assez clair pour prévenir, dans la
pratique, toute difficulté. J'appellerai seulement votre attention
sur les termes de l'article 2, en vertu duquel « il pourra être
« accordé, chaque année, par département, une médaille d'ar-
« gent pour cinq cents instituteurs et au-dessous, l'excédant du
« chiffre de cinquante ne devant pas être compté. » Cet article,
qui s'applique également aux médailles de bronze et aux mentions honorables, a pour but d'assurer la rémunération de tout
mérite bien constaté, tout en évitant de présenter cette récompense comme nécessairement attribuée à tel nombre d'instituteurs. Un département n'obtiendra pas la médaille d'argent par
cela seul qu'il en possède de cinq à huit cents ; mais aussi cette
récompense pourra être décernée là même où le nombre des
maîtres est inférieur à cinq cents, lorsqu'un sujet remarquable
se sera révélé parmi eux. Ainsi disparaissent les inconvénients
qu'entraînait, en pareille matière, l'uniformité des précédents
règlements. Par des dispositions précises, mais non inflexibles,
toutes facilités sont données à une discussion approfondie des
circonstances spéciales et des titres individuels.

« Vous remarquerez que le temps qui doit s'écouler de l'obtention d'une récompense à la collation de la récompense immédiatement supérieure, temps fixé à trois ans par les anciens règlements, est réduit par l'article 3 à deux ans.

« Les médailles et mentions étant décernées sur votre proposition, c'est à vous naturellement de les distribuer au nom du Ministre. » (18 *novembre* 1858.)

INSTRUCTION RÉGLEMENTAIRE POUR LA MISE A EXÉCUTION DE LA LOI DU 14 JUIN 1859, RELATIVE A LA RÉTRIBUTION SCOLAIRE DANS LES ÉCOLES COMMUNALES DE FILLES.

(18 juin 1859.)

Monsieur le Préfet, le Corps législatif et le Sénat ont voté, dans leur dernière session, une loi que l'Empereur a promulguée, le 14 juin 1859 (v. page 217), sur la perception de la rétribution scolaire dans les écoles communales spécialement affectées aux filles.

Aux termes de cette loi, la rétribution scolaire, dans les écoles communales de filles, sera perçue, à partir du 1er janvier 1860, par le receveur municipal, dans la même forme que les contributions directes publiques. Elle sera exempte des droits de timbre et donnera droit aux mêmes remises que les autres recouvrements.

La loi dispose en outre que, sur l'avis conforme du conseil municipal, l'institutrice pourra être autorisée par le conseil départemental de l'instruction publique à percevoir elle-même la rétribution scolaire.

Vous remarquerez, Monsieur le Préfet, que cette loi reproduit, dans l'intérêt des institutrices, les dispositions de l'article 41 de la loi du 15 mars 1850. Les instructions du 31 janvier 1854, pour la mise à exécution des articles 38, 41 et 45 de cette dernière loi, et des décrets des 7 octobre 1850 et 31 décembre 1853 s'appliqueront, en conséquence, aux écoles de filles, mais en partie seulement, l'exception indiquée par l'article 50 de la loi du 15 mars n'ayant été levée qu'en ce qui concerne l'article 41.

J'aurais pu laisser à votre appréciation le soin de rechercher, parmi les dispositions de l'instruction du 31 janvier, celles qui deviennent maintenant applicables aux écoles de filles; mais j'ai cru utile de prévenir toute hésitation et d'éviter toute interprétation douteuse en posant ici les règles particulières que vous aurez à suivre pour la mise à exécution de la nouvelle loi.

Ces règles, que j'ai arrêtées de concert avec mes collègues les Ministres de l'intérieur et des finances, sont relatives :

1o A la fixation du taux de la rétribution scolaire ;

2o A la formation de la liste des enfants admis gratuitement ;

3o Au mode de perception de la rétribution scolaire ;

4o Au mandatement, soit du traitement fixe, soit du montant de la rétribution scolaire;

5o Au mode de justification des opérations de recettes et de dépenses relatives à la rétribution scolaire ;

6° Aux retenues à opérer, en exécution de la loi du 9 juin 1853, sur la rétribution scolaire ;

7° Enfin aux remises du receveur municipal.

I. Aux termes de l'article 15 de la loi du 15 mars 1850, c'est le conseil départemental qui fixe le taux de la rétribution scolaire, sur l'avis des conseils municipaux et des délégués cantonaux.

Cette disposition, qui est applicable aux écoles de filles, en vertu de l'article 50 de la même loi, n'a pas toujours été scrupuleusement observée en ce qui concerne ces établissements. Dans quelques départemens, on a laissé l'institutrice fixer elle-même le taux de la rétribution scolaire. Cette tolérance n'a plus aujourd'hui de raison d'être, et vous veillerez à ce que les prescriptions de la loi à cet égard soient fidèlement accomplis.

II. Il résulte de la combinaison des articles 24 et 50 de la loi du 15 mars 1850 que les institutrices communales sont tenues, comme les instituteurs, de donner gratuitement l'enseignement primaire aux enfants des familles qui sont hors d'état de le payer.

En conséquence, vous appliquerez à la formation de la liste de ces enfants les règles prescrites à cet égard pour les écoles de garçons. (Article 45 de la loi du 15 mars 1850 ; article 10 du décret du 7 octobre 1850 ; article 13 du décret du 31 décembre 1853 ; article 4 de l'instruction du 31 janvier 1854, modèles 1 et 2.)

L'intérêt du Trésor et celui des instituteurs m'ont engagé plusieurs fois à vous recommander d'apporter la plus grande sévérité dans la fixation du nombre maximum des enfants gratuits. La loi n'ayant pas garanti aux institutrices un traitement minimum, et la rétribution scolaire devant former dès lors presque partout la partie la plus considérable de leurs émoluments, il importe au même degré, si ce n'est au même titre, que, pour ces maîtresses, votre attention la plus scrupuleuse préside à l'examen de la liste des enfants qu'elles auront à élever gratuitement.

III. La rétribution scolaire devant être perçue, à l'avenir, de la même manière, dans les écoles de garçons et dans les écoles de filles, vous suivrez, pour le recouvrement de cette rétribution dans les unes, les règles posées, pour les autres, dans l'instruction du 31 janvier 1854, que je reproduis ici à peu près textuellement.

(Le reste de cette instruction, comme l'indique le dernier paragraphe, ne faisant que reproduire presque textuellement l'instruction du 31 janvier 1854, nous croyons inutile d'en donner la suite, ainsi que les modèles qui l'accompagnent. Ces modèles reproduisent également ceux que nous donnons ci-après pour

les écoles de garçons, sauf quelques légères différences relatives
à la nature des écoles, et quelques modifications apportées à la
rédaction des rôles, qui n'empêchent pas de pouvoir étudier dans
cette instruction et dans ces modèles les règles relatives à la
comptabilité adoptée pour les écoles primaires de garçons et de
filles.

M. le Ministre annonce, du reste, dans la suite de cette instruction du 18 juin 1859, qu'il a adopté en principe, pour les
écoles de garçons, des modifications analogues qui seront mises
ultérieurement en vigueur. Mais, en attendant, on continuera
à faire usage des cadres et des modèles prescrits par l'instruction du 31 janvier 1854. Il ajoute même qu'à défaut des modèles prescrits pour les écoles de filles par la présente instruction,
on pourra se servir pour commencer, dans ces écoles, des cadres destinés aux écoles de garçons).

Par une circulaire en date du 5 décembre 1859, qu'on trouvera plus loin, M. le Ministre de l'instruction publique a envoyé
de nouveaux modèles pour la perception de la rétribution scolaire dans les écoles communales de garçons et mixtes.

Sur les dix-sept modèles qui accompagnaient l'instruction
réglementaire du 31 janvier 1854, neuf seulement sont changés :
ce sont les nos 5, 6, 6 *bis*, 7, 7 *bis*, 9, 14, 15 et 17. Nous nous
dispenserons de reproduire ces modèles, attendu qu'on les trouve
dans le *Bulletin officiel du ministère de l'intérieur*, n° 2 de
1861, et que ces cadres sont fournis à l'administration et aux
instituteurs tout imprimés.

Circulaire aux préfets relative au nouveau registre
matricule.

(2 novembre 1859.)

Monsieur le Préfet, l'article 11 de la circulaire du 24 décembre 1850 pour l'exécution du décret du 7 octobre de la même année, et l'article 5 de l'instruction réglementaire annexée à l'instruction ministérielle du 31 janvier 1854 pour l'application du décret du 31 décembre 1853, prescrivent aux instituteurs publics de tenir régulièrement un *registre matricule*, commençant au 1er janvier de chaque année, de tous les enfants admis à l'école. Ce registre, coté et parafé par le maire, doit servir à l'établissement du rôle trimestriel, présenter, pour chaque enfant, les dates de son entrée et de sa sortie, le chiffre de la rétribution scolaire dont il est redevable, les non-valeurs, dégrèvements, remises ou modérations prononcées ultérieurement; enfin, la date du billet d'admission délivré aux élèves gratuits, conformément à l'article 13 du décret du 31 décembre 1853.

Ce registre pouvait donc être considéré comme l'une des bases les plus certaines du système financier des écoles, et l'administration devait, à ce titre, attacher la plus grande importance à ce qu'il fût tenu avec une consciencieuse exactitude. Cependant les renseignements recueillis par l'inspection ont fait connaître que les prescriptions réglementaires, sous ce rapport, sont tombées en désuétude : dans certains départements, le registre matricule n'est pas en usage, et dans d'autres il est fort irrégulièrement rédigé. De sorte qu'aujourd'hui, non-seulement rien ne constate dans les écoles le mouvement des élèves; mais les rôles pour la perception de la rétribution scolaire étant dressés sur des documents qui ne présentent aucune authenticité ni garantie, il n'est plus possible aux autorités scolaires, notamment aux inspecteurs primaires, d'exercer efficacement le contrôle dont ils sont chargés.

Cette situation fâcheuse due, de la part de certains maîtres, à une coupable négligence, a donné naissance, comme il était facile de le prévoir, à de nombreux abus qu'il est urgent de réprimer.

Tel est l'objet des mesures nouvelles que j'ai adoptées

Le registre matricule recommandé par le règlement du 31 janvier 1854, et qui portait le n° 5 de la série des modèles annexés à cette instruction, présentait un cadre où tous les renseignements nécessaires pour l'inscription régulière des enfants et pour l'établissement du rôle trouvaient leur juste place; mais les mouvements d'entrée et de sortie des élèves obligeaient à plusieurs inscriptions, et il fallait se livrer à un calcul pour connaître le total des rétributions dues. Ces inconvénients, qui m'ont été signalés comme une des causes qui peut-être avaient fait négliger l'usage de ce registre, m'ont déterminé à en changer la forme.

Je vous adresse deux exemplaires du nouveau modèle que j'ai fait dresser et qui reprend le n° 5 des annexes de l'instruction de 1854. Ce registre a sur l'ancien l'avantage de présenter d'une manière claire et précise tous les renseignements désirables; il se prête facilement au contrôle en permettant de saisir d'un coup d'œil les négligences qui peuvent se produire, et de reconnaître, dès le début, toute irrégularité. Il sera rédigé en double expédition, dont l'une restera dans les archives de l'école, et dont l'autre vous sera adressée, le 25 décembre de chaque année, par l'intermédiaire de l'inspecteur primaire de l'arrondissement et de l'inspecteur d'Académie.

Afin de faciliter la tenue de ce registre et d'établir partout la plus complète uniformité dans l'inscription des renseignements qu'il doit renfermer, je crois utile, Monsieur le Préfet, de vous donner des instructions détaillées pour sa rédaction.

L'instituteur y porte, une fois pour toute, l'année, les noms et prénoms des enfants déjà présents à l'école ou des nouveaux, au fur et à mesure qu'ils se présentent, qu'ils soient externes ou pensionnaires, payants ou gratuits, qu'ils soient de la commune ou d'une commune voisine, réunie ou non; il indique la date de leur naissance, la date de leur entrée à l'école. En même temps, il inscrit dans la colonne 2 les noms et prénoms des parents ou tuteurs des enfants. Le numéro d'ordre (colonne 1) se rapporte aux enfants et non aux familles; il devra donc correspondre, non pas aux indications de la colonne 2, mais aux inscriptions de la colonne 3, de telle sorte que le dernier numéro fasse connaître le nombre exact des enfants qui sont entrés dans l'année.

Les élèves gratuits sont inscrits comme les élèves payants. L'instituteur indique, à la colonne 6, la date de leur billet d'admission, délivré conformément aux prescriptions du quatrième paragraphe de l'article 13 du décret du 31 décembre 1853. Il importe, Monsieur le Préfet, que ces prescriptions ne soient point une lettre morte, et que nul enfant gratuit ne puisse être admis à l'école s'il n'est muni de ce billet ou extrait de la liste générale de gratuité arrêtée par vous, et dont une expédition doit être remise à l'instituteur pour être annexée au registre matricule. (Art. 4 de l'instruction du 31 janvier 1854.)

En ce qui concerne les élèves forains, l'instituteur notera à la colonne d'observations le nom de leur commune.

Le jour même de l'admission d'un enfant dans l'école, l'instituteur place, en regard de son nom, dans l'une des colonnes 8, 9, 10, 12, 13, 14, 16, 17, 18, 20, 21 et 22, selon le mois de l'entrée, le taux mensuel de la rétribution scolaire, d'après la catégorie à laquelle il appartient. Il renouvelle cette inscription pour tous les mois où l'enfant est présent à l'école. Tout mois commencé est dû en entier : il n'y a pas de fraction de mois (art. 14 du décret du 31 décembre 1853). Si le mode d'abonnement est en usage dans la commune, l'instituteur place, en face du nom de chaque enfant abonné, le mot *abonné*, sur les trois colonnes destinées à la rétribution mensuelle des mois de chaque trimestre, et il porte, au total trimestriel, le quart du taux de l'abonnement annuel.

Les mois de présence des élèves payants sont donc indiqués par le montant de la rétribution à payer par chacun d'eux. Pour les élèves gratuits, les mois de présence seront marqués par la lettre P, dans chacune des colonnes destinées à recevoir le taux mensuel de la rétribution scolaire.

Chaque fois qu'un enfant sort de l'école, l'instituteur inscrit, en regard de son nom, dans la colonne du mois pour lequel il ne doit plus la rétribution, le mot *sorti*; et la date exacte du jour de sa sortie est indiquée, par renvoi, dans la colonne d'observations. Lorsque cet enfant rentre, le montant de la rétribution est porté dans la colonne du mois de son retour, et la date de ce retour est également notée, par renvoi, dans la colonne d'observations.

A la fin de chaque trimestre, l'instituteur fait le total de la rétribution due par chaque élève, et il l'inscrit dans les colonnes 11 pour le premier trimestre, 15 pour le deuxième, 19 pour le troisième, et 23 pour le quatrième. Ce sont ces totaux individuels qui forment chaque article du rôle trimestriel.

Dans la dernière semaine de décembre, l'instituteur fait le total des sommes placées dans les colonnes 11, 15, 19 et 23, et le porte dans la colonne 25. Cette colonne présente ainsi le produit de la rétribution payée par chaque enfant pour toute l'année.

Vous remarquerez, Monsieur le Préfet, qu'aucune colonne n'est ouverte aux non-valeurs de toutes sortes qui auraient pu être prononcées ou se produire dans le courant de l'année. Ces non-valeurs étant des charges communales qui ne sont pas déduites du produit de la rétribution scolaire, il m'a paru qu'il suffisait que l'instituteur en prît note pour mémoire dans la colonne d'observations.

Sur l'avant-dernière page du registre se trouve un tableau récapitulatif présentant, sur deux lignes, l'une relative aux élèves payants, l'autre aux élèves gratuits, le nombre de mois pendant lesquels chaque enfant a fréquenté l'école. Ce tableau devra être rempli avec le plus grand soin, d'après les indications de la colonne 24. Ainsi, dans la colonne 1 *mois*, on inscrira le nombre des enfants qui n'ont paru à l'école qu'un mois pendant l'année ; dans la colonne 2 *mois*, le nombre des enfants qui ont fréquenté l'école pendant deux mois, et ainsi de suite. Le total des chiffres placés dans les douze colonnes, sur la première ligne horizontale, devra être égal au nombre des élèves payants. Le total des chiffres inscrits dans les mêmes colonnes de la deuxième ligne reproduira le nombre des élèves gratuits, et le total général des deux lignes (élèves payants et élèves gratuits) devra être égal au dernier numéro de la colonne 1 (total des inscriptions au registre).

Le nouveau registre matricule, rédigé avec soin, donnera donc : 1° le nombre réel des enfants qui ont fréquenté l'école dans l'année ; 2° la durée précise de fréquentation pour chaque enfant ; 3° le produit total de la rétribution scolaire.

Enfin, Monsieur le Préfet, la dernière page du registre présente, sous forme de récapitulation générale, des renseignements statistiques et un décompte sur lesquels j'appelle tout particulièrement votre attention. Cette récapitulation renferme trois parties :

Dans celle qui lui est personnelle, l'instituteur écrira, à l'endroit indiqué, son nom, la date de son entrée en fonctions dans la commune, puis son titre exact. Si plusieurs maîtres ont occupé le même poste du 1er janvier au 31 décembre, ces mêmes renseignements seront donnés pour chacun d'eux. Ces indications sont nécessaires pour calculer les dépenses de l'école et pour attribuer à chaque instituteur la portion de traitement qui lui est due au prorata de son temps d'exercice. On évitera ainsi les nombreuses réclamations qui se produisent constamment, ou du moins il sera possible à l'administration d'en apprécier facilement la valeur.

Par la statistique scolaire, vous connaîtrez, Monsieur le Préfet, de la manière la plus précise, la population possible et la population réelle des écoles. Nul n'est mieux placé que l'instituteur pour vous donner des chiffres exacts à cet égard. Dans ce but, j'ai voulu que les instituteurs consignassent chaque année, sur le registre matricule :

1° Le nombre d'enfants en âge de fréquenter les écoles ;

2° Le nombre des élèves qui ont suivi la classe ;

3° Le nombre des enfants de 7 à 13 ans qui sont restés privés de toute instruction.

Ce sont ces renseignements qui, contrôlés avec soin, serviront à la rédaction des états de situation que les inspecteurs sont tenus de me fournir ; ils seront également la base des divers états que, vous-même, Monsieur le Préfet, vous avez à m'adresser.

Les enfants en âge de fréquenter les classes seront divisés en trois catégories : 1° enfants de 3 à 7 ans ; 2° enfants de 7 à 13 ans ; 3° enfants âgés de plus de 13 ans.

21

Il sera facile à l'instituteur, avec la connaissance personnelle qu'il a de la localité, de répondre à toutes ces questions, et, au besoin, il trouvera les renseignements complémentaires qui lui seraient nécessaires dans les archives de la commune. Il devra notamment consulter le tableau du dernier recensement; il relèvera les mutations qui se seraient opérées dans l'année, et il aura ainsi des chiffres extrêmement précis dont l'administration pourra tirer un parti utile.

S'il existe plusieurs écoles dans la commune, les chiffres fournis par chaque instituteur devront être les mêmes, ainsi que les chiffres représentant le nombre des enfants de 7 à 13 ans qui sont restés privés de toute instruction.

Quant aux enfants qui ont fréquenté les classes, chaque instituteur en relèvera le nombre sur son registre matricule.

Enfin, à la suite de ces diverses statistiques, l'instituteur présentera en détail les éléments financiers qui composent son traitement.

Ces derniers renseignements vous sont déjà fournis, Monsieur le Préfet, dans le décompte de fin d'année dressé concurremment par le maire et le receveur municipal. J'ai pensé qu'il pouvait vous être utile, comme moyen de contrôle, de les recevoir de deux sources différentes.

Le décompte établi par l'instituteur n'exclut donc pas le décompte déjà prescrit par l'instruction de 1854; mais la rédaction de ce dernier document pourra être modifiée par suite de l'envoi qui vous sera fait du registre matricule. J'ai profité de ce que vous trouverez dans ce registre la liste complète des enfants portés sur les rôles, pour exempter les receveurs municipaux de cette récapitulation nominative.

Le modèle n° 13 de l'instruction de 1854 sera changé en ce sens que ses cinq premières colonnes seront remplacées par une seule ayant pour titre : désignation des rôles, et que la sixième, au lieu d'être désignée à l'inscription des cotes individuelles, ne renfermera plus que le montant des rôles trimestriels.

Le travail des receveurs municipaux sera ainsi réduit à quatre lignes, quel que soit le nombre des enfants compris dans les rôles.

Le 24 décembre, après avoir fait une copie du registre matricule, qu'il conservera dans les archives de l'école, l'instituteur en transmettra la minute, revêtue de l'approbation du maire, à M. l'inspecteur primaire de l'arrondissement. Ce fonctionnaire, après l'avoir examinée, l'adressera, avec son avis, à M. l'inspecteur d'Académie, qui vous la remettra. Dès que vous aurez reçu les registres matricules de toutes les écoles, vous voudrez bien les faire vérifier avec le soin le plus minutieux. M. l'inspecteur d'Académie est mieux placé que personne pour procéder à cette vérification, et vous penserez, sans doute, Monsieur le Préfet, qu'il doit seul en être chargé. Il vous fera connaître, dans un rapport, les diverses observations auxquelles l'examen de ces registres aura donné lieu.

Permettez-moi, Monsieur le Préfet, de vous recommander de tenir la main à ce que le modèle que je vous envoie ne reçoive aucune modification, sous quelque prétexte que ce soit.

La tenue du registre matricule est obligatoire pour tous les instituteurs publics, laïques ou congréganistes, pour toutes les institutrices communales, que les écoles soient payantes ou gratuites, Vous voudrez bien donner, en conséquence, les instructions les plus précises pour assurer l'exécution complète des prescriptions de la circulaire du 31 janvier 1854. Vous devrez considérer toute négligence à cet égard, commise par les instituteurs et les institutrices, comme une faute grave qui entraînerait l'application des peines prévues par la loi du 15 mars 1850.

Je vous prie, Monsieur le Préfet, de donner immédiatement les ordres nécessaires pour que deux exemplaires du registre soient mis à la disposition des instituteurs et des institutrices dans le courant du mois de décembre prochain au plus tard. En m'accusant réception de cette circulaire, vous me ferez connaître les mesures que vous aurez prises pour assurer l'exécution, à partir de 1860, des prescriptions qu'elle renferme.

RÉTRIBUTION SCOLAIRE DANS LES ÉCOLES DE GARÇONS.

CIRCULAIRE DE M. LE MINISTRE DE L'INSTRUCTION PUBLIQUE, CON-
CERNANT L'ENVOI DE NOUVEAUX MODÈLES POUR LA PERCEPTION
DE LA RÉTRIBUTION SCOLAIRE DANS LES ÉCOLES COMMUNALES
DE GARÇONS ET MIXTES.

(5 décembre 1860.)

Monsieur le Préfet, à la suite des instructions que je vous ai
adressées le 18 juin 1859, pour la perception par les receveurs
municipaux de la rétribution scolaire due aux institutrices primaires communales, je vous ai proposé une série de modèles qui
différaient en quelques points de ceux qui jusqu'alors avaient
servi aux instituteurs et aux percepteurs ; mais j'avais conservé
à ces derniers leur forme actuelle pour une année encore, laissant
ainsi à l'expérience le temps de juger les changements que j'avais
provisoirement introduits.

L'usage qui a été fait des nouveaux cadres permet aujourd'hui
d'en apprécier les avantages. Par leur forme plus simple et plus
resserrée, ils présentent un volume moindre de moitié que les
anciens et, dès lors, ils sont plus commodes pour l'instituteur,
plus facilement transportables pour le percepteur et d'un prix
moins élevé. En outre, ils sont établis de telle sorte que les renseignements qu'ils sont destinés à recevoir conservent entre eux
une étroite relation qui se prête à tous les moyens de contrôle.

J'ai, en conséquence, décidé que les modèles qui ont servi en
1860 à la perception des rétributions scolaires des écoles spéciales
de filles seront adoptés, dès 1861, pour la perception des mêmes
rétributions pour les écoles de garçons et mixtes. Toutefois, quelques légers changements tenant à la différence légale qui existe
entre les écoles de garçons et les écoles de filles devant être nécessairement indiqués, j'ai annexé à la présente instruction treize
modèles, spécialement destinés aux instituteurs et aux institutrices chargés de la direction des écoles mixtes.

Ces modèles sont :

Nº 1. Registre matricule (ancien modèle nº 5 de l'instruction de
1854);

Nº 2. Rôle de la rétribution pour le 1er trimestre (ancien modèle nº 6 de l'instruction de 1854);

Nº 3. Rôle trimestriel de la rétribution scolaire pour les trois
derniers trimestres (nouveau modèle);

N° **4.** Rôle de la rétribution due pour le 1er trimestre par les enfants des communes voisines non réunies (ancien modèle n° 6 *bis* de l'instruction de 1854);

N° 5. Rôle trimestriel pour les trois derniers trimestres de la rétribution scolaire due par les enfants des communes voisines non réunies (modèle nouveau);

N° 6. Avertissement aux parents pour le payement de la rétribution scolaire (ancien modèle n° 7 de l'instruction de 1854);

N° **7.** Avertissement aux parents domiciliés dans des communes voisines non réunies, pour le payement de la rétribution scolaire (ancien modèle n° 7 *bis* de l'instruction de 1854);

N° 8° Rôle de la rétribution scolaire due pour le 1er trimestre à l'instituteur autorisé à la percevoir lui-même ancien modèle n° 14 de l'instruction de 1854);

N° 9. Rôle trimestriel pour les trois deniers trimestres de la rétribution due à l'instituteur autorisé à la percevoir lui-même (nouveau modèle);

N° 10. Avertissement aux parents pour le payement de la rétribution à percevoir par l'instituteur (ancien modèle n° **15** de l'instruction de 1854);

N° 11. Décompte de fin d'année de la rétribution scolaire (ancien modèle n° 13 de l'instruction de 1854);

N° **12.** Journal à souche des recettes faites par l'instituteur autorisé à percevoir lui-même la rétribution scolaire (ancien modèle n° 17 de l'instruction de 1854);

N° 13, Registre des abonnements souscrits par les parents pour le payement de la rétribution scolaire.

D'après cette énumération, vous remarquerez que, sur les dix-sept modèles qui accompagnaient l'instruction réglementaire du 31 janvier 1854, neuf seulement sont changés, ce sont les n°s **5**, 6, 6 *bis*, 7, 7 *bis*, 13, 14, 15 et 17; les autres subsistent et continueront d'être en usage.

Les modifications que tous ces modèles ont subies ne portent que sur la forme, elles ont été subordonnées aux prescriptions de l'instruction précitée, lesquelles conservent toute leur force. Je n'ai donc que quelques explications à vous donner sur l'emploi des nouveaux cadres.

Registre matricule.

Ce registre, tel qu'il est aujourd'hui établi, est la base essentielle d'une vérification radicale des ressources scolaires pour ce qui est de la rétribution payée par les familles. Tous les éléments nécessaires au contrôle s'y trouvent réunis, et l'un y fournit la preuve de l'exactitude de l'autre. Je ne saurais trop recommander aux inspecteurs de veiller à la tenue régulière de ce registre. Leur premier soin, en entrant dans une école, doit être de se le faire représenter et de vérifier si tous les enfants y sont inscrits, et s'il est rempli selon mes instructions du 2 novembre 1859. Ces fonctionnaires ont un intérêt direct à s'assurer ainsi, dans le courant de l'année, de la marche financière des écoles, puisqu'ils sont appelés à certifier l'exactitude du registre matricule au 31 décembre et à signaler, sous leur responsabilité, les différences qui existeraient entre les produits que constate ce document et ceux que portent les rôles.

Le modèle annexé prévoit quelques cas pouvant donner lieu à des difficultés. J'ai cherché à y réunir les diverses applications du principe posé dans l'instruction du 31 janvier 1854, que tout mois commencé est dû en entier, ou que toute fraction de mois est due comme mois complet. Vous y verrez au n° 5 qu'un enfant peut être absent un mois, et même un mois et demi de l'école, et devoir cependant la rétribution pour tout ce temps.

Rôles de la rétribution scolaire.

Les nouveaux rôles seront dressés par trimestre, comme les anciens; mais, pour rendre aux comptables communaux la perception plus facile, le rôle du 1er trimestre a été conçu de telle sorte que les sommes dues pour les 2e, 3e et 4e trimestres pourront y être reportées dans des colonnes préparées ad hoc. Ces agents n'auront donc à l'avenir qu'un seul cahier, d'un volume moindre de moitié qu'autrefois, à transporter lorsqu'ils iront en recouvrement dans les communes de leur perception. Les instituteurs auront toujours quatre rôles à remplir, mais, l'ancien libellé de chaque article étant supprimé, leur travail se trouve considérablement réduit.

Des modèles de rôles ont été préparés pour les cas suivants :

1° Perception de la rétribution par le receveur municipal sur les enfants de la commune, siége de l'école ou des communes régulièrement réunies à cette commune;

2° Perception de la rétribution par l'instituteur sur les enfants des communes voisines non réunies;

3° Perception de la rétribution par l'instituteur autorisé à cet effet.

Des avertissements aux parents ont été prévus pour les mêmes cas.

Décompte de la rétribution en fin d'année.

L'ancien modèle de décompte exigeait des percepteurs l'inscription nominative de tous les enfants qui avaient fréquenté l'école dans le courant de l'année, avec le montant des rétributions payées par eux en regard de leurs noms. Cette récapitulation individuelle est aujourd'hui inutile : le registre matricule, tel qu'il est établi, donnant, avec cette liste, le total des produits, un contrôle rigoureux peut s'exercer sans ce détail minutieux; le montant du produit par trimestre suffit.

A la suite de ce décompte que dresse le percepteur se trouve la liquidation du traitement de l'instituteur faite par le maire. Vous remarquerez que dans le cadre destiné aux ressources j'ai porté le *produit brut* de la rétribution scolaire. C'est en effet le produit porté sur les rôles, et non le *produit net* que les subventions sont appelées à compléter ; la somme à porter à l'article *rétribution scolaire* (produit brut) devra donc être égale au total des articles *rétribution scolaire* (produit net) *et cotes à mettre à la charge des communes*. J'appelle particulièrement votre attention sur ce point essentiel pour l'exacte exécution de l'article 29 du décret du 7 octobre 1850.

Journal à souche.

Ce registre doit être rigoureusement tenu par les instituteurs qui font eux-mêmes leurs recettes. Il diffère peu de l'ancien modèle.

Registre d'abonnement.

Ce modèle est nouveau. Il est devenu nécessaire depuis que le système de l'abonnement s'est généralisé. La forme en est des plus simples et la mise en usage par les instituteurs en sera facile. J'ai seulement à vous faire observer qu'il n'a été dressé que pour des abonnements finissant au 31 décembre. Toute autre échéance ne pourrait être admise sans laisser un vaste champ à la confusion. Tout parent qui ne se sera pas abonné au commencement de l'année et qui ne présentera son enfant à l'école qu'en avril ou en mai, par exemple, aura à choisir entre le payement de l'abonnement entier pour l'année ou le payement de la rétribution par mois.

Telles sont, Monsieur le Préfet, les courtes explications dont j'ai voulu faire accompagner l'envoi des nouveaux modèles; elles suffiront, je l'espère, pour en rendre facile et complète la mise en pratique.

Recevez, etc.

Le Ministre de l'instruction publique et des cultes,
Signé ROULAND.

DÉCRET IMPÉRIAL

CONCERNANT LES INSTITUTEURS PRIMAIRES SUPPLÉANTS.

(29 décembre 1860-25 janvier 1861.)

NAPOLÉON, etc.,—Sur le rapport de notre Ministre secrétaire d'État au département de l'instruction publique et des
cultes; — Vu la loi du 15 mars 1850; — Vu le décret du
7 octobre 1850; — Vu l'article 4 du décret du 9 mars 1852;
— Vu l'article 8 de la loi du 14 juin 1854, — Avons décrété
ce qui suit:

ART. 1er. A partir du 1er janvier 1861, il ne sera plus
nommé d'instituteurs primaires suppléants. — Les instituteurs suppléants actuellement en exercice pourront être,
sur l'avis des inspecteurs d'académie, nommés immédiatement instituteurs communaux, et ils jouiront, en conséquence, du traitement minimum de six cents francs, déterminé par l'article 38 de la loi du 15 mars 1850.

2. Les articles 1, 2, 3 et 4 de notre décret du 31 décembre 1853 sont et demeurent rapportés.

3. Notre ministre secrétaire d'État au département
de l'instruction publique et des cultes (M. Rouland) est
chargé, etc.

INSTRUCTION INTERPRÉTATIVE DU DÉCRET DU 29 DÉCEMBRE 1860,
QUI SUPPRIME LES INSTITUTEURS SUPPLÉANTS.

(20 janvier 1861).

Monsieur le Préfet, vous connaissez le décret du 29 décembre
1860 qui supprime, à partir du 1er janvier 1861, le stage imposé aux
instituteurs primaires depuis 1853. Désormais, il ne sera plus
nommé d'instituteurs suppléants. Ce décret est un nouveau gage
de la sollicitude de l'Empereur pour les laborieuses fonctions de
l'enseignement primaire; et, s'il ne réalise pas encore tout le bien
que Sa Majesté voudrait faire aux instituteurs, il témoigne suffisamment de sa pensée et de ses intentions.

Conformément au vœu de la loi de 1850, il n'y aura plus
d'instituteurs suppléants à la tête des écoles communales. C'est

là l'intention formelle du décret. Pourtant il a fallu faire la part de certaines exceptions temporaires, dont vous serez juge, et qui, appliquées avec mesure et équité, devront avoir pour effet d'encourager au bien les instituteurs qu'elles pourront atteindre, en même temps qu'elles seront comme la récompense de ceux qui auront mérité immédiatement un titre définitif.

Je veux parler, Monsieur le Préfet, de la faculté que vous laisse le décret de ne pas conférer, dès à présent, ce titre à tous les instituteurs suppléants. Mais vous voudrez bien vous rappeler que cette faculté doit être prise dans son sens le plus restreint, afin que le bienfait profite au plus grand nombre, s'il ne profite pas à tous aujourd'hui. Vous devrez en exclure ceux-là seulement dont l'administration serait mécontente, et qui auraient à racheter leurs torts par de meilleurs services. Pour ces instituteurs, la mesure serait ajournée, mais pendant un temps déterminé, afin qu'il dépende d'eux de la mériter, et même d'en avancer l'application.

Il importe donc, Monsieur le Préfet, que M. l'inspecteur d'académie attaché à votre département, avant de vous adresser ses propositions, soit bien pénétré de l'esprit du décret qui veut que tous les instituteurs suppléants, aujourd'hui en exercice, soient nommés instituteurs titulaires avec jouissance des avantages attachés à ce titre, et qui n'admet une restriction que comme moyen de stimuler le zèle de ceux dont la conduite ou les services laisseraient à désirer.

Vous voudrez bien donner des instructions dans ce sens à M. l'inspecteur d'académie, et lui remettre, en même temps, un des deux exemplaires que je joins à cette circulaire du décret du 29 Décembre 1860.

Recevez, etc.

Le Ministre de l'instruction publique et des cultes,

ROULAND

INSPECTEURS PRIMAIRES.

NOUVELLE CLASSIFICATION DES INSPECTEURS PRIMAIRES. — FONDATION DES BIBLIOTHÈQUES COMMUNALES.

(Décret du 25 juillet 1861.)

RAPPORT A L'EMPEREUR.

Sire,

Votre Majesté a bien voulu approuver les mesures d'ordre à l'aide desquelles j'ai pu, depuis deux ans, imprimer à la comptabilité des écoles primaires une organisation meilleure. Le nombre toujours croissant des élèves qui fréquentent ces établissements, l'élévation correspondante du chiffre de la rétribution scolaire, la suppression de certains abus, m'ont permis de réaliser d'importantes économies dont les écoles et les maîtres qui les dirigent ont également profité. C'est ainsi qu'il m'a déjà été possible d'allouer, sans imposer à l'Etat aucun nouveau sacrifice, des secours plus considérables aux communes pour leurs constructions, et de proposer à Votre Majesté, en supprimant les instituteurs suppléants, d'établir partout le minimum de traitement de 600 francs.

Je suis heureux, cette année encore, de répondre aux bienveillantes intentions de Votre Majesté, en lui soumettant plusieurs résolutions destinées à améliorer des situations dignes de sa sollicitude, ou à pourvoir à des besoins reconnus.

Le décret du 20 août 1858, qui a réduit de cinq à trois le

nombre des classes des inspecteurs primaires, a supprimé
par le fait les traitements de 1,200 à 1,400 fr., et porté à
1,600, 2,000 et 2,400 fr. le traitement des classes actuelles.
Il ne me fut pas possible, alors, de modifier la répartition
du personnel des fonctionnaires; la première classe conti-
nua donc à compter 31 inspecteurs la seconde 62, et la
troisième s'éleva nécessairement au chiffre énorme de 191.
Cette distribution inégale présentait le grave inconvénient
de rendre les promotions très-rares et de maintenir indéfiniment dans la même position des hommes que leur zèle et
la durée de leurs services désignaient à mon plus sérieux
intérêt. Mais la loi de recettes et de dépenses de l'exercice
1862 vient de mettre à ma disposition une somme de
60,400 fr., qui est prélevée, en réalité, sur les excédants
produits par une sage administration, et qui ne constitue
point une augmentation des charges du Trésor public. Je
m'empresse donc de proposer à Votre Majesté, pour les
inspecteurs primaires, une classification définitive qui compléterait la mesure réparatrice prise il y a trois ans.

Ces fonctionnaires seraient désormais répartis de la manière suivante :

1re classe.	95.
2e classe.	95.
3e classe.	94.

Il suffit de comparer ces chiffres à ceux que j'indiquais
plus haut pour apprécier les conséquences de la nouvelle
répartition. La seconde classe est tout entière promue à la
première, et la moitié des inspecteurs de la troisième passe
dans la seconde. Le plus grand nombre des situations se
trouve immédiatement amélioré, et, pour l'avenir, les chances d'avancement s'accroissent dans une notable proportion.

Je ne répondrais pas entièrement aux intentions de Votre
Majesté si je négligeais de signaler à sa sollicitude les institutrices primaires. La modicité de leur traitement annuel,
qui, pour beaucoup d'entre elles, n'atteint pas 300 francs,
nécessite annuellement des allocations de secours qui res-

semblent à des aumônes; leur chiffre, en effet, varie de
25 à 50 francs. J'ai le bonheur de pouvoir proposer à Votre
Majesté de disposer en faveur des institutrices primaires
d'une somme de 60,000 francs qui leur serait distribuée à
titre d'indemnités extraordinaires pour l'année 1861.

Les anciens instituteurs que l'âge ou les fatigues de l'enseignement ont contraints à se retirer trouvent très-rare-
ment dans leurs ressources personnelles des moyens d'existence suffisants; il n'en est, en effet, qu'un très-petit nombre
qui aient droit à une pension. Après une longue carrière,
laborieusement remplie, ces maîtres se voient trop souvent
dans une position précaire, et Votre Majesté m'autoriseral
j'ose l'espérer, à répartir entre eux un secours exceptionne,
de 50,000 francs.

Je m'empresse d'appeler également l'intérêt de Votre Majesté sur la création des bibliothèques destinées aux instituteurs et à leurs élèves. On songe sérieusement depuis
quelque temps à l'institution de bibliothèques communales;
mais cette grande et utile mesure, dont le succès est si désirable, peut encore rencontrer des obstacles ou des ajour-
nements à cause de son étendue, de ses dépenses et de son
organisation assez compliquée. J'ai donc cru, pour ce qui
me concerne, agir sagement en me bornant, quant à présent, à la fondation d'une bibliothèque dite *Bibliothèque des
campagnes*, et spécialement consacrée aux instituteurs.
L'œuvre est commencée, et plusieurs volumes ont déjà paru.
Ils ont pour but de répandre, dans nos communes rurales,
les notions les plus essentielles de la géographie, de l'histoire, de l'agriculture pratique et de l'hygiène; ils tendent
aussi à faire connaître sous leur vrai jour les événements du
pays, et à populariser en France le dévouement et les services de la Dynastie Impériale.

Je ferai continuer avec le plus grand soin ces publica-
tions si bien accueillies dans les écoles rurales. Pour assurer l'existence, la conservation et l'accroissement de nos
modestes collections, on a soin, désormais, de comprendre
dans la concession des secours accordés pour la construction de maisons d'école la somme nécessaire à l'achat d'un
corps de bibliothèque. Mais, afin d'imprimer à cette utile

entreprise un rapide développement, il serait très-avantageux de distribuer, dès à présent, aux communes un certain nombre de livres spécialement destinés à l'éducation morale, intellectuelle et pratique des classes laborieuses, et choisis parmi les meilleurs ouvrages de ce genre. J'ose espérer que Votre Majesté daignera m'autoriser à disposer, pour cette acquisition, d'une somme de 50,000 fr.

Ces diverses dépenses, qu'il m'a été permis, je le répète, de prélever sur les ressources du budget ordinaire de mon département, seront un nouveau bienfait ajouté à tous ceux que l'instruction primaire doit déjà à Votre Majesté.

Je suis, avec le plus profond respect,

Sire,

De Votre Majesté,
Le très-humble, très-obéissant
et très-fidèle serviteur,

*Le ministre de l'instruction publique
et des cultes,*

ROULAND.

Approuvé :

NAPOLÉON.

APPENDICE.

INSTRUCTIONS RELATIVES A L'EXEMPTION DU SERVICE MILITAIRE ET A L'ENGAGEMENT DÉCENNAL.

Avant d'exposer les dispositions de la législation en vertu desquelles les instituteurs sont exemptés du service militaire, et les conditions qu'ils ont à remplir pour jouir du bénéfice de la dispense, nous donnons un extrait de la loi du 21 mars 1832 sur le recrutement militaire, qui indique les obligations auxquelles ils sont soumis comme tous les citoyens, et les droits dont ils sont également appelés à jouir dans certains cas.

EXTRAIT DE LA LOI DU 21 MARS 1832 SUR LE RECRUTEMENT MILITAIRE.

Art. 5. — Le contingent assigné à chaque canton sera fourni par un tirage au sort entre les jeunes Français qui auront leur domicile légal dans le canton, et qui auront atteint l'âge de vingt ans révolus dans le courant de l'année précédente.

Art. 6. — Seront considérés comme légalement domiciliés dans le canton :

1º Les jeunes gens, même émancipés, engagés, établis au dehors, expatriés, absents ou détenus, si d'ailleurs leurs père, mère ou tuteur ont leur domicile dans une des communes du canton, ou s'ils sont fils d'un père expatrié qui avait son dernier domicile dans une desdites communes ;

2º Les jeunes gens mariés dont le père, ou la mère à défaut de père, sont domiciliés dans le canton, à moins qu'ils ne justifient de leur domicile réel dans un autre canton ;

3º Les jeunes gens mariés et domiciliés dans le canton, alors même que leur père ou mère n'y serait pas domicilié ;

4º Les jeunes gens nés et résidant dans le canton qui n'auraient ni leur père, ni leur mère, ni tuteur ;

5º Les jeunes gens résidant dans le canton qui ne seraient dans aucun des cas précédents, et qui ne justifieraient pas de leur inscription dans un autre canton.

Art. 7. — Seront, d'après la notoriété publique, considérés

comme ayant l'âge requis pour le tirage, les jeunes gens qui ne pourront produire, ou n'auront pas produit avant le tirage, un extrait des registres de l'état civil, constatant un âge différent, ou qui, à défaut de registres, ne pourront prouver ou n'auront pas prouvé leur âge, conformément à l'article 46 du Code civil.

Ils suivront la chance du numéro qu'ils auront obtenu.

Art. 8. — Les tableaux de recensement des jeunes gens du canton soumis au tirage d'après les règles précédentes seront dressés par les maires :

1° Sur la déclaration à laquelle seront tenus les jeunes gens, leurs parents ou tuteurs ;

2° D'office, *d'après les registres de l'état civil et tous autres* documents ou renseignements.

Art. 9. — Si, dans l'un des tableaux de recensement des années précédentes, des jeunes gens ont été omis, ils seront inscrits sur le tableau de l'année qui suivra celle où l'omission aura été découverte, à moins qu'ils n'aient trente ans accomplis.

Art. 11. — Le sous-préfet inscrira, en tête de la liste du tirage, les noms des jeunes gens qui se trouveront dans les cas prévus par le second paragraphe de l'article 38 ci-après.

Les premiers numéros leur seront attribués de droit : ces numéros seront, en conséquence, extraits de l'urne avant l'opération du tirage.

Art. 13. — Seront exemptés et remplacés, dans l'ordre des numéros subséquents, les jeunes gens que leur numéro désignera pour faire partie du contingent, et qui se trouveront dans un des cas suivants, savoir :

1° Ceux qui n'auront pas la taille d'un mètre cinquante-six centimètres ;

2° Ceux que leurs infirmités rendront impropres au service ;

3° L'aîné d'orphelins de père et de mère ;

4° Le fils unique ou l'aîné des fils, ou, à défaut de fils ou de gendre, le petit-fils unique ou l'aîné des petits-fils d'une femme actuellement veuve, ou d'un père aveugle ou entré dans sa soixante et dixième année.

Dans les cas prévus par les paragraphes ci-dessus notés, 3° et 4°, le frère puîné jouira de l'exemption si le frère aîné est aveugle ou atteint de toute autre infirmité incurable qui le rende impotent ;

5° Le plus âgé de deux frères appelés à faire partie du même tirage, et désignés tous deux par le sort, si le plus jeune est reconnu propre au service ;

6° Celui dont un frère sera sous les drapeaux à tout autre titre que pour remplacement ;

7° Celui dont un frère sera mort en activité de service, ou

aura été réformé, ou admis à la retraite pour blessure reçue dans un service commandé, ou infirmités contractées dans les armées de terre ou de mer.

L'exemption accordée conformément aux nᵒˢ 6 et 7 ci-dessus sera appliquée dans la famille autant de fois que les mêmes droits s'y reproduiront.

Seront comptées néanmoins en déduction desdites exemptions les exemptions déjà accordées aux frères vivants, en vertu du présent article, à tout autre titre que pour infirmité.

Le jeune homme omis qui ne se sera pas présenté, par lui ou ses ayants cause, pour concourir au tirage de la classe à laquelle il appartenait ne pourra réclamer le bénéfice des exemptions indiquées par les nᵒˢ 3, 4, 5, 6 et 7 du présent article, si les causes de ces exemptions ne sont survenues que postérieurement à la clôture des listes du contingent de sa classe.

Art. 14. — Seront considérés comme ayant satisfait à l'appel et comptés numériquement en déduction du contingent à former, les jeunes gens désignés par leur numéro pour faire partie dudit contingent qui se trouveront dans l'un des cas suivants :

1ᵒ Ceux qui seraient déjà liés au service, dans les armées de terre ou de mer, en vertu d'un engagement volontaire, d'un brevet ou d'une commission, sous la condition qu'ils seront, dans tous les cas, tenus d'accomplir le temps de service prescrit par la présente loi ;

2ᵒ Les jeunes marins portés sur les registres matricules de l'inscription maritime, conformément aux règles prescrites par les articles 1, 2, 3, 4 et 5 de la loi du 25 octobre 1795 (3 brumaire an IV), et les charpentiers de navire, perceurs, voiliers et calfats immatriculés, conformément à l'article 44 de ladite loi ;

3ᵒ Les élèves de l'Ecole polytechnique, à condition qu'ils passeront, soit dans ladite école, soit dans les services publics, un temps égal à celui fixé par la présente loi pour le service militaire ;

4ᵒ Ceux qui, étant membres de l'instruction publique, auraient contracté, avant l'époque déterminée pour le tirage au sort, et devant le conseil de l'Université, l'engagement de se vouer à la carrière de l'enseignement (1).

La même disposition est applicable aux élèves de l'Ecole normale centrale de Paris, à ceux de l'Ecole dite *de jeunes de langue*, et aux professeurs des institutions royales des sourds-muets.

5ᵒ Les élèves des grands séminaires, régulièrement autorisés à continuer leurs études ecclésiastiques ; les jeunes gens autorisés

_____

(1) Les dispositions de ce paragraphe ont été modifiées depuis par l'article 79 de la loi du 15 mars 1850.

à continuer leurs études pour se vouer au ministère dans les autres cultes salariés par l'Etat, sous la condition, pour les premiers, que, s'ils ne sont pas entrés dans les ordres majeurs à vingt-cinq ans accomplis, et pour les seconds, que s'ils n'ont pas reçu la consécration dans l'année qui suivra celle où ils auraient pu la recevoir, ils seront tenus d'accomplir le temps de service prescrit par la présente loi ;

6° Les jeunes gens qui auront remporté les grands prix de l'Institut ou de l'Université.

Les jeunes gens désignés par leur numéro pour faire partie du contingent cantonal, et qui en auront été déduits conditionnellement en exécution des n°s 1, 3, 4 et 5 du présent article, lorsqu'ils cesseront de suivre la carrière en vue de laquelle ils auront été comptés en déduction du contingent, seront tenus d'en faire la déclaration au maire de leur commune dans l'année où ils auront cessé leurs services, fonctions ou études, et de retirer expédition de leur déclaration

Faute par eux de faire cette déclaration et de la soumettre au visa du préfet du département dans le délai d'un mois, ils seront passibles des peines prononcées par le premier paragraphe de l'article 38 de la présente loi.

Ils seront rétablis dans le contingent de leurs classes sans déduction du temps écoulé depuis la cessation desdits services, fonctions ou études, jusqu'au moment de la déclaration.

Art. 30 — La durée du service des jeunes soldats appelés sera de sept ans, qui compteront du 1er janvier de l'année où ils auront été inscrits sur les registres matricules des corps de l'armée.

Le 31 décembre de chaque année, en temps de paix, les soldats qui auront achevé leur temps de service recevront leur congé définitif.

Ils le recevront, en temps de guerre, immédiatement après l'arrivée au corps du contingent destiné à les remplacer.

Art. 38. — Toutes fraudes ou manœuvres par suite desquelles un jeune homme aura été omis sur les tableaux de recensement seront déférées aux tribunaux ordinaires et punies d'un emprisonnement d'un mois à un an.

Le jeune homme omis, s'il a été condamné, comme auteur ou complice desdites fraudes ou manœuvres, sera, à l'expiration de sa peine, inscrit sur la liste du tirage, ainsi que le prescrit l'article 11.

Art. 39. — Tout jeune soldat qui aura reçu un ordre de route et ne sera point arrivé à sa destination au jour fixé par cet ordre, sera, après un mois de délai, et hors le cas de force majeure, puni, comme insoumis, d'un emprisonnement qui ne pourra être moindre d'un mois ni excéder une année.

L'insoumis sera jugé par le conseil de guerre de la division militaire dans laquelle il aura été arrêté.

Le temps pendant lequel le jeune soldat aura été insoumis ne comptera pas en déduction des sept années de service exigées.

Art. 41. — Les jeunes gens appelés à faire partie du contingent de leur classe qui seront prévenus de s'être rendus impropres au service militaire, soit temporairement, soit d'une manière permanente, dans le but de se soustraire aux obligations imposées par la présente loi, seront déférés aux tribunaux par les conseils de révision, et, s'ils sont reconnus coupables, ils seront punis d'un emprisonnement d'un mois à un an.

Seront également déférés aux tribunaux, et punis de la même peine, les jeunes soldats qui, dans l'intervalle de la clôture du contingent de leur canton à leur mise en activité, se seront rendus coupables du même délit.

À l'expiration de leur peine, les uns et les autres seront à la disposition du Ministre de la guerre pour le temps que doit à l'État la classe dont ils font partie.

La peine portée au présent article sera prononcée contre les complices.

Art. 42. — Ne comptera pas, pour les années de service exigées par la présente loi, le temps passé dans l'état de détention en vertu d'un jugement.

Art. 43. — Toute substitution, tout remplacement effectué, soit en contravention des dispositions de la présente loi, soit au moyen de pièces fausses ou de manœuvres frauduleuses, sera déféré aux tribunaux, et, sur le jugement qui prononcerait la nullité de l'acte de substitution ou de remplacement, l'appelé sera tenu de rejoindre son corps ou de fournir un remplaçant dans le délai d'un mois à dater de la notification de ce jugement.

Quiconque aura sciemment concouru à la substitution ou au remplacement frauduleux, comme auteur ou complice, sera puni d'un emprisonnement de trois mois à deux ans, sans préjudice de peines plus graves en cas de faux.

Les conditions de la dispense du service militaire dont les instituteurs sont appelés à jouir comme membres de l'instruction publique, conformément au 4e paragraphe de l'article 14 de la loi précédente, ont été déterminées depuis par l'article 79 de la loi du 15 mars 1850, ainsi conçu :

« Art. 79. — Les instituteurs adjoints des écoles publiques, les jeunes gens qui se préparent à l'enseignement primaire public dans les écoles désignées à cet effet, les membres ou novices des associations religieuses vouées à l'enseignement et autorisées par la loi ou reconnues comme établissements d'utilité publique, les élèves de l'Ecole normale supérieure, les maîtres d'étude, régents et professeurs des colléges et lycées sont dispensés du service militaire s'ils ont, avant l'époque fixée pour le tirage, contracté devant le recteur l'engagement de se vouer pendant dix ans à l'enseignement public et s'ils réalisent cet engagement. »

La loi du 21 mars 1832 n'avait pas fixé la durée de l'engagement, et le dispensé universitaire, lorsqu'il abandonnait la carrière de l'enseignement avant la libération de sa classe, n'était tenu d'accomplir que le temps de service qui restait à faire à cette classe au moment même de sa renonciation. L'article 79 de la loi du 15 mars 1850 fixe, au contraire, à dix ans la durée de l'engagement, et ne dispense du service militaire qu'à la condition expresse que l'engagement sera réalisé intégralement.

En conséquence, celui qui, après avoir obtenu la dispense comme s'étant voué à l'enseignement public, cessera de suivre cette carrière, pour quelque cause que ce soit, avant d'avoir rempli en totalité son engagement décennal, sera déchu de tout droit à la dispense, et sera tenu, à partir de la cessation de ses études ou fonctions, d'accomplir, sans déduction aucune, les sept années de service exigées par la loi sur le recrutement. C'est ce qui a été spécialement réglé par trois circulaires du Ministre de la guerre, des 24 janvier 1851, 16 novembre 1853 et 23 novembre 1857. L'obligation d'accomplir en entier les dix années de l'engagement décennal a été également rappelée par M. le Ministre de l'instruction publique dans une circulaire aux recteurs du 14 octobre 1857, où se lit le passage suivant :

« Il importe de rappeler aux uns et aux autres les conséquences qu'entraîne pour eux tout manquement aux conditions du contrat qui les lie envers l'Université. Les termes de l'article 79 étant absolus, et l'engagement, pour donner lieu à dispense, devant être réalisé en entier, si cette condition n'est pas remplie, l'obligation du service militaire reparaît d'une manière non moins absolue. Ainsi, le dispensé universitaire qui abandonne l'enseignement public avant l'expiration des dix ans devra passer sous les drapeaux, non point le temps nécessaire pour compléter la période décennale, mais bien la totalité des sept années exigées par la loi sur le recrutement. Se fût-il retiré dans la dernière année de son engagement, il ne lui sera tenu aucun compte du temps qu'il aura consacré à des fonctions scolaires, et sa position sera, à tous égards, celle du jeune homme qui vient de tirer au sort et qui est appelé, par son numéro, à servir dans l'armée. (circ. 14 octobre 1857.) »

Il résulte, comme conséquence de l'obligation de l'accomplissement intégral de l'engagement décennal, que les instituteurs qui ont encouru la peine de la révocation doivent être mis à la disposition de l'autorité militaire pour être dirigés sur un corps, s'il y a lieu, ainsi que cela est prescrit par une circulaire spéciale du 27 janvier 1854.

Les conditions à remplir par les instituteurs primaires et la nature de l'engagement à contracter ont été, du reste, déterminées dans les instructions suivantes, adressées par le Ministre de l'instruction publique aux recteurs, le 18 décembre 1850 :

« Monsieur le Recteur, l'article 79 de la loi du 15 mars 1850 vous a conféré une attribution toute nouvelle qu'il importe de définir avec précision, et dont l'exercice doit être entouré de quelques précautions de nature à couvrir votre responsabilité.

« C'est désormais devant vous que les jeunes gens qui voudront être dispensés du service militaire devront contracter l'engagement de se vouer pendant dix ans à l'enseignement public. Vous remarquerez que la loi a fait l'énumération complète des différentes catégories de jeunes gens qu'elle a entendu dispenser du service militaire à la condition d'un engagement de dix ans dans l'enseignement public. Vous remarquerez que la loi a fait l'énumération complète des différentes catégories de jeunes gens qu'elle a entendu dispenser du service militaire à la condition d'un engagement de dix ans dans l'enseignement public. Il n'est permis ni d'étendre ni de restreindre cette énumération.

« Vous aurez donc à vérifier d'abord si le jeune homme qui se présente devant vous pour contracter un engagement décennal appartient à une des catégories légales, c'est-à-dire s'il est instituteur adjoint d'une école publique ; — s'il se prépare à l'enseignement primaire public dans une école désignée à cet effet ; s'il est membre ou novice d'une association religieuse vouée à l'enseignement et autorisée par la loi ou reconnue comme établissement d'utilité publique, — s'il est élève de l'École normale supérieure ; — s'il est maître d'études, régent ou professeur d'un collége ou d'un lycée.

« Pour qu'un instituteur adjoint soit légalement revêtu de ce titre, il faut : 1° s'il est laïc, qu'il ait été nommé par l'instituteur communal et agréé par le recteur ; s'il appartient à une association religieuse, qu'il ait été nommé par le supérieur de ladite association (§ 3 de l'art. 34) ; 2° qu'il touche un traitement, soit de la commune, soit par toute autre voie certainement connue.

« Les élèves-maîtres ne peuvent se prévaloir de cette qualité

que s'ils appartiennent à une école normale primaire départementale, ou à un établissement d'instruction primaire désigné
par le conseil académique. (§ 1er de l'art. 35.)

« Vous n'admettrez à contracter l'engagement décennal que
les membres des associations religieuses autorisées par la loi ou
reconnues comme établissement d'utilité publique. Vous aurez
donc à vérifier si ces associations ont, en effet, le caractère que
la loi leur attribue, et si elles se renferment dans les conditions
de leurs statuts.

« Les élèves de l'Ecole normale supérieure, les maîtres d'é-
tudes, régents et professeurs des colléges et lycées produiront
l'arrêté ministériel qui leur aura conféré ces diverses qualités.

« Les uns et les autres prouveront, par des certificats émanés
de leurs chefs ou supérieurs, et dûment légalisés, qu'ils se trouvent réellement dans la position prévue par la loi, au moment
où ils demandent à contracter l'engagement décennal.

« Cet engagement devra être, à peine de nullité, rédigé sur
papier timbré, et conformément à la formule ci-jointe; il portera la mention expresse de l'autorisation des parents ou tuteurs ;
les signatures en seront légalisées. Il ne pourra être contracté
qu'avant l'époque du tirage. (Art. 79 de la loi.)

« L'engagement décennal n'ayant de valeur légale que s'il a été
contracté devant vous, vous aurez à délivrer aux requérants un
acte d'acceptation dont ils devront justifier devant le conseil de
révision de leur département, pour obtenir la dispense du service
militaire. L'acte d'acceptation contiendra la mention des pièces
produites à l'appui, lesquelles resteront déposées dans les archives de l'Académie, pour servir à toutes vérifications ultérieures, les nom, prénoms, date, lieu de naissance, qualité du dispensé; il sera rédigé conformément à la formule ci-jointe.

« Immédiatement après l'époque fixée pour le tirage, alors
qu'aucun engagement décennal ne peut plus être accepté, vous
m'adresserez l'état nominatif des jeunes gens qui auront contracté devant vous ledit engagement. Cet état dressé en deux
tableaux distincts, l'un pour l'enseignement primaire, l'autre
pour l'enseignement secondaire, contiendra les noms, prénoms,
date, lieu de naissance, qualités des dispensés.

« Chaque année, dans la première quinzaine de juillet, le
préfet du département, auquel j'adresse des instructions à cet
effet, vous transmettra la liste des dispensés de votre ressort.
Vous vérifierez avec le plus grand soin s'ils continuent à remplir
les conditions de leur engagement, et vous ferez connaître au
préfet ceux qui l'auraient rompu avant l'expiration des dix années, la loi (art. 79) déclarant, en termes formels, qu'ils ne sont
définitivement libérés du service militaire que s'ils réalisent
l'engagement décennal.

« Je vous invite de la manière la plus instante à vous conformer exactement aux indications contenues dans la présente circulaire. Les conseils de révision ont pour devoir de n'admettre, qu'après les plus scrupuleuses investigations, les dispenses du service militaire, et si l'acte d'acceptation de l'engagement décennal contracté entre vos mains, en vue du service de l'instruction publique, présentait quelques irrégularités ou n'était pas rédigé dans la forme prescrite, les dispensés, malgré leur évidente bonne foi, pourraient être exposés à être envoyés sous les drapeaux. »

Depuis la loi du 14 juin 1854 qui a transféré aux préfets la plus grande partie des attributions relatives à l'instruction primaire qui appartenaient aux recteurs en vertu de la loi de 1850, le droit de recevoir les engagements décennaux a été maintenu à ces derniers par le passage suivant de l'instruction générale du 31 octobre 1854 sur les attributions des recteurs :

« Quant aux engagements décennaux que les élèves des écoles normales ou les instituteurs communaux doivent contracter envers l'instruction publique, et en vertu desquels ils sont dispensés du service militaire, ils seront reçus par vous, en exécution de l'article 79 de la loi du 15 mars 1850, et d'après les règles prescrites par les instructions subséquentes. Cette attribution appartient naturellement au délégué spécial du Ministre de l'instruction publique; elle ne pourrait d'ailleurs être exercée par MM. les préfets, qui, en leur qualité de présidents des conseils de révision, sont appelés à statuer sur la validité de ces actes. »

Modèle d'engagement décennal.

JE, soussigné (1)
né à   département d
le   (2)
atteint par la loi du 21 mars 1832 sur le recrutement de l'armée et compris dans la classe de   déclare contracter devant M. le recteur de l'Académie d   conformément à l'article 79 de la loi du 15 mars 1850, l'engagement de me vouer pendant dix ans à l'enseignement public.

Fait à   le

(1) Nom et prénoms.
(2) Indiquer la qualité du dispensé : s'il est instituteur-adjoint, la commune où il réside, la date de la décision du préfet ou de la nomination du supérieur, et l'indication du traitement qu'il reçoit; — s'il est élève-maître, dans quelle école il accomplit son stage, ou à quelle école normale il appartient;— s'il est membre ou novice d'une congrégation religieuse, de quelle congrégation il fait partie, et depuis quelle époque.

CONSENTEMENT DES PARENTS OU TUTEURS.

JE, soussigné (1)
demeurant à   département d
autorise par les présentes M. (2)
mon (3)   à contracter devant le M. recteur de
l'Académie d   conformément à l'article 79 de la loi du 15 mars 1850, l'engagement de se
vouer pendant dix ans à l'enseignement public.

Fait à   le
    Vu pour la légalisation des signatures ci-dessus.

Il est à remarquer que les instituteurs communaux ainsi que les
instituteurs suppléants créés postérieurement par le décret du
31 décembre 1853, ne paraissent pas compris dans le nombre des
personnes appelées à jouir de la dispense du service militaire,
en vertu de l'article 79 de la loi du 15 mars 1850; mais ce n'est
qu'une omission apparente. En effet, nul ne pouvant être nommé instituteur communal ou suppléant avant vingt et un ans, et
l'engagement décennal devant être contracté avant l'époque fixée
pour le tirage, il en résulte que, sauf des cas bien rares, cet engagement doit être signé avant qu'on ait atteint sa vingt et unième
année, et par conséquent avant qu'on ait pu être nommé instituteur communal. Il est bien entendu, d'ailleurs, que ceux qui
seraient nommés instituteurs communaux ou suppléants dans le
court intervalle qui pourrait s'écouler entre l'époque où ils auraient atteint leur vingt et unième annnée et l'époque fixée pour
le tirage, sont aptes à contracter l'engagement décennal aussi
bien que les instituteurs adjoints ou les élèves-maîtres des écoles
normales.

Par application également de l'article 79 précité et du paragraphe 4 de l'article 14 de la loi sur le recrutement, les instituteurs dirigeant une école publique à titre provisoire avant leur
vingt et unième année, sont appelés, comme membres de l'instruction publique, à contracter l'engagement décennal. Il suffit,
en effet, pour jouir du bénéfice de la dispense, de remplir des
fonctions publiques dans l'enseignement à un titre quelconque.
L'arrêté officiel, qui confère à un jeune instituteur la direction
d'une école publique, lui donne par là même caractère pour
contracter l'engagement.

La qualité de membre de l'instruction publique étant nécessaire pour jouir de la dispense du service militaire, les institu-

(1) Nom et prénoms.
(2) Nom, prénoms, qualité, résidence.
(3) Fils ou pupille.

teurs primaires libres ne sont pas appelés à profiter du bénéfice du paragraphe 4 de l'article 14 de la loi sur le recrutement, parce qu'ils n'appartiennent pas à l'instruction publique. C'est ce qui a été décidé par un arrêt de la cour de cassation du 12 juin 1847.

Quant aux élèves des écoles normales appelés à contracter l'engagement décennal, il importe qu'ils ne confondent pas cet engagement avec celui qu'ils doivent contracter à leur entrée dans l'établissement, d'après l'article 16 du décret du 24 mars 1851. (Voir p. 156.) Cette double obligation a été rappelée dans une circulaire spéciale aux recteurs du 3 octobre 1853, dans les termes suivants :

« Malgré les recommandations qui ont été adressées à cet égard, il est arrivé plusieurs fois que des élèves-maîtres d'écoles normales primaires, se méprenant sur la valeur de l'engagement souscrit par eux à leur entrée dans l'établissement, ont négligé de contracter l'engagement prescrit par l'article 79 précité, avant l'époque fixée officiellement pour le tirage au sort de la classe dont ils faisaient partie. Cette erreur a eu pour eux les plus fâcheuses conséquences, attendu que, faute de s'être conformés à la loi, et quelque intéressante que fût leur position, ils se sont trouvés de fait remis à la disposition de l'autorité militaire, et qu'ils ont ainsi perdu tout le fruit de leurs études.

« Je ne saurais trop insister auprès de vous, Monsieur le Recteur, sur l'absolue nécessité de prévenir, chaque année, les élèves des écoles normales que l'engagement qu'ils contractent, lors de leur admission, ne suffit pas pour leur donner le droit à la dispense ; que cet acte n'a d'autre effet que de les lier envers l'Université, et qu'il est indispensable qu'ils souscrivent, dans l'année qui précède le tirage au sort, un engagement spécial, lequel seul peut les soustraire aux obligations résultant de la loi sur le recrutement de l'armée. »

Par une circulaire du 11 août 1858, le Ministre, a décidé que le bénéfice de la dispense du service militaire continuerait à être étendu aux instituteurs chargés de la direction des cours spéciaux d'enseignement primaire dans les lycées et collèges, lors même que ces instituteurs n'étant pas pourvus du brevet de capacité complet exigé par l'arrêté du 16 mars 1856, qui a organisé ces cours, ne pourraient pas être nommés à titre définitif.

Les instituteurs communaux dispensés du service militaire en vertu d'un engagement décennal, ne pouvant jouir du bénéfice de la dispense qu'autant qu'ils remplissent les conditions de leur engagement, les préfets, d'après une circulaire du 18 avril 1851, doivent adresser aux recteurs, dans le mois de juillet de chaque année, la liste des instituteurs dispensés. Les recteurs examinent la situation de ces dispensés, et font connaître ceux qui ne rempliraient plus les conditions de leur engagement.

Le 31 décembre de chaque année, en temps de paix, les soldats qui ont achevé leur temps de service de sept ans reçoivent leur congé définitif. Ce congé de libération était accordé autrefois aux instituteurs dispensés en vertu d'un engagement décennal, à l'expiration des sept années de service de la classe à laquelle ils appartenaient. Mais il a été décidé que ce congé ne leur serait adressé, à l'avenir, qu'après l'accomplissement des dix années de service dans l'enseignement public, et qu'il ne leur serait délivré que sur la production d'un certificat attestant l'entière réalisation de leur engagement. En conséquence, le Ministre de l'instruction publique a prescrit aux recteurs, par une circulaire du 24 novembre 1857, de délivrer chaque année, après vérification, aux instituteurs de leur ressort dont l'engagement décennal aura expiré, un certificat délivré dans la forme suivante :

Modèle de certificat d'accomplissement de l'engagement décennal.

Le Recteur de l'Académie d
Vu l'article 79 de la loi du 15 mars 1850 sur l'enseignement :
Atteste que M.
né à   le
exerçant les fonctions d   à
dispensé du service militaire en vertu de l'engagement décennal contracté par lui, le   à
engagement régulièrement accepté le   suivant,
a rempli sans interruption, pendant dix ans à compter de l'acceptation dudit engagement, les fonctions d'enseignement public auxquelles il a été appelé.
Fait à   le

« J'ajoute, dit le Ministre, afin d'éviter tout prétexte à un malentendu, que l'attestation rectorale devra être délivrée d'office à chacun des maîtres ayant réalisé leur engagement, soit que ces maîtres abandonnent l'enseignement public, soit qu'ils continuent à suivre cette carrière.

« Les pièces à l'appui des demandes en acceptation d'engagement étant déposées, chaque année, aux archives de l'Académie, suivant les prescriptions de la circulaire du 18 décembre 1850, il vous sera facile d'établir la preuve de la libération des membres de l'enseignement public qui se mettent en instance auprès de vous à l'effet d'obtenir ledit certificat. » (*Circ. 24 novembre* 1857.)

22

Une circulaire du Ministre de la guerre, du 26 juillet 1854, établit que les dispensés ne peuvent, pas plus que les militaires en congé illimité, se marier sans en faire la demande au général de brigade ou à l'officier supérieur commandant le département, attendu qu'ils sont, jusqu'à leur libération, susceptibles d'être appelés sous les drapeaux, dans le cas où ils renonceraient aux fonctions en vue desquelles ils sont affranchis conditionnellement de leurs obligations militaires. En conséquence, les pièces à produire par les instituteurs pour obtenir l'autorisation de se marier avant d'avoir accompli leur engagement, sont les suivantes :

1° Certificat du préfet, constatant leur position sous le rapport du recrutement;

2° Certificat du maire de la commune, constatant qu'ils ont les ressources nécessaires pour se faire remplacer;

3° L'engagement de se faire remplacer, souscrit par eux sur papier timbré et consenti par les pères et mères des futurs;

4° Un certificat de bonnes vie et mœurs de chacun des futurs, et avis du maire sur la convenance du mariage.

L'attestation doit être donnée par le maire de la commune où résident les parents qui s'engagent à payer les frais d'exonération de leur fils ou gendre.

L'avis sur la convenance du mariage peut être donné par le maire de la commune qu'habite le futur, ou par celui de la commune habitée par le futur ou par tous les deux.

Nous devons, toutefois, faire connaître que le Ministre de l'instruction publique réclame depuis lors contre cette décision du Ministre de la guerre, et que la question n'a pas encore été résolue définitivement. Jusqu'à décision contraire, les instituteurs devront se conformer aux instructions précédentes.

Quoique dispensés en vertu d'un engagement régulièrement contracté, les instituteurs doivent, dans leur intérêt, se présenter devant les conseils de révision pour s'y faire visiter, attendu que les dispensés peuvent, en cas de cessation de leurs fonctions, être appelés sous les drapeaux, tandis que l'exemption accordée pour cause physique est absolue et définitive.

Les droits à la dispense doivent être justifiés au moment où le conseil de révision statue sur les jeunes gens qui sont dans le cas d'être appelés à faire partie du contingent cantonal; toute demande de dispense faite ultérieurement est inadmissible.

Quant aux instituteurs qui renoncent à leurs fonctions, il résulte des dispositions de la loi, qu'ils doivent:

1° Dans l'année où ils ont cessé leurs service, fonctions ou études, en faire la déclaration au maire de leur commune;

2° Retirer une expédition de cette déclaration;

3° La soumettre au visa du préfet du département dans lequel ils ont concouru au tirage.

Faute d'avoir fait cette déclaration dans le temps prescrit, ils seraient justiciables des tribunaux.

Enfin, pour compléter ce qui a rapport à l'engagement décennal, nous ajouterons que les instituteurs dispensés du service militaire en vertu de cet engagement, ne peuvent, pas plus que ceux qui se sont fait remplacer ou exonérer, conférer à leur frère plus jeune l'exemption du service militaire, comme c'est le cas pour les militaires sous les drapeaux.

Nous dirons aussi que le Ministre a rappelé à différentes reprises que le temps passé dans les écoles normales pour y faire ses études ne compte pas dans les dix années de l'engagement décennal.

EXTRAIT DE LA LOI SUR LES PENSIONS CIVILES.

(Loi du 9 juin 1853.)

TITRE II.

CONDITIONS DU DROIT A PENSION POUR LES FONCTIONNAIRES QUI ENTRERONT EN EXERCICE A PARTIR DU 1er JANVIER 1854 (1).

Art. 3. — Les fonctionnaires et employés directement rétribués par l'Etat, et nommés à partir du 1er janvier 1854, ont droit à pension, conformément aux dispositions de la présente loi, et supportent indistinctement, sans pouvoir les répéter dans aucun cas, les retenues ci-après :

1o Une retenue de 5 p. 0/0 sur les sommes payées à titre de traitement fixe ou éventuel, de préciput, de supplément de traitement, de remises proportionnelles, de salaires, ou constituant, à tout autre titre, un émolument personnel ;

2o Une retenue du douzième des mêmes rétributions lors de la première nomination ou dans le cas de réintégration, et du douzième de toute augmentation ultérieure ;

3o Les retenues pour cause de congés et d'absences, ou par mesure disciplinaire.

Art. 4. — Les fonctionnaires de l'enseignement, rétribués, en tout ou en partie, sur les fonds départementaux ou communaux, ou sur le prix des pensions payées par les élèves des lycées nationaux, ont droit à pension, conformément aux dispositions de la présente loi, et supportent, sur leur traitement et leurs diffé-

(1) Les dispositions de ce titre sont également applicables aux fonctionnaires de l'enseignement public nommés avant 1854, sauf en ce qui concerne la liquidation de la pension qui est réglée d'après les dispositions du titre III.

rentes rétributions, la retenue déterminée par l'article **3** (1).

Art. 5. — *Le* droit à la pension de retraite est acquis, par ancienneté, à soixante ans d'âge, et après trente ans accomplis de services.

Il suffit de cinquante-cinq ans d'âge et de vingt-cinq ans de services pour les fonctionnaires qui ont passé quinze ans dans la partie active (2)...

Est dispensé de la condition d'âge, établie aux deux premiers paragraphes du présent article, le titulaire qui est reconnu par le Ministre hors d'état de continuer ses fonctions.

Art. 6. — La pension est basée sur la moyenne des traitements et émoluments de toute nature soumis à retenues, dont l'ayant droit a joui pendant les six dernières années d'exercice...

Art. 7. — La pension est réglée, pour chaque année de services civils, à un soixantième du traitement moyen...

En aucun cas, elle ne peut excéder ni les trois quarts du traitement moyen, ni les maximum déterminés au tableau annexé à la présente loi sous le n° 3 (3).

Art. 8. — Les services dans les armées de terre et de mer concourent avec les services civils pour établir le droit à pen-

(1) D'après cet article qui concerne spécialement les instituteurs publics, puisqu'ils sont payés sur les fonds communaux, la retenue doit porter sur toutes les sommes qui servent à former leur traitement, savoir : traitement fixe, supplément fourni par l'Etat ou le département, rétribution scolaire, allocation supplémentaire accordée conformément à l'article 5 du décret du 31 décembre 1853. Mais elle ne porte pas sur les sommes que l'instituteur peut recevoir pour ses services étrangers à l'école, tels que ceux de secrétaire de la mairie, de clerc paroissial, etc.

Un décret du 5 janvier 1851, antérieur à la loi sur les pensions civiles, et rendu par suite du changement apporté au traitement des instituteurs par la loi de 1850, avait déjà établi qu'à partir de 1851, la retenue porterait sur la totalité du traitement des instituteurs. Ce décret a contribué à élever, de 1851 à 1854, les sommes versées à leur profit à la Caisse d'épargne.

D'après une circulaire du 18 juin 1858, et d'après la loi du 14 juin 1859, la retenue sur le traitement des institutrices porte également aujourd'hui sur la rétribution scolaire, aussi bien que sur le traitement fixe.

Deux circulaires des 13 et 18 avril 1854, adressées la première aux préfets, la deuxième aux recteurs, ont au contraire établi que, d'après une décision prise de concert avec le Ministre des finances, « la loi sur les pensions civiles n'était point applicable aux instituteurs et institutrices primaires appartenant à des corporations religieuses. »

(2) Les emplois du service actif sont ceux des douanes, des contributions indirectes et tabacs, des postes et des forêts de l'Etat et de la couronne.

(3) D'après ce tableau, tous les fonctionnaires de l'enseignement sont compris, avec les magistrats de l'ordre judiciaire et les ingénieurs des ponts et chaussées et des mines, dans la 2e section, dont le maximum est fixé aux deux tiers du traitement moyen, sans pouvoir dépasser 6,000 fr.

Ce maximum est précisément atteint à soixante ans d'âge par les personnes qui sont entrées en fonctions à vingt ans, ou avant leur vingtième année.

sion et seront comptés pour leur durée effective, pourvu toutefois que la durée des services civils soit au moins de douze ans dans la partie sédentaire, ou de dix ans dans la partie active.

Si les services militaires de terre ou de mer ont été déjà rémunérés par une pension, ils n'entrent pas dans le calcul de la liquidation. S'ils n'ont pas été rémunérés par une pension, la liquidation est opérée d'après le minimum attribué au grade par les tarifs annexés aux lois des 11 et 18 avril 1831.

Art. 10, § 4. — A l'égard des agents extérieurs du département des affaires étrangères et des fonctionnaires de l'enseignement, le temps d'inactivité durant lequel ils ont été assujettis à la retenue est compté comme service effectif; mais il ne peut être admis dans la liquidation pour plus de cinq ans.

Art. 11. — Peuvent exceptionnellement obtenir pension, quels que soient leur âge et la durée de leur activité :

1º Les fonctionnaires et employés qui auront été mis hors d'état de continuer leur service, soit par suite d'un acte de dévouement, dans un intérêt public, ou en exposant leurs jours pour sauver la vie d'un de leurs concitoyens, soit par suite de lutte ou combat soutenu dans l'exercice de leurs fonctions;

2º Ceux qu'un accident grave, résultant notoirement de l'exercice de leurs fonctions, met dans l'impossibilité de les continuer.

Peuvent également obtenir pension, s'ils comptent cinquante ans d'âge et vingt ans de services dans la partie sédentaire, cu quarante-cinq ans d'âge et quinze ans de services dans la partie active, ceux que des infirmités graves, résultant de l'exercice de leurs fonctions, mettent dans l'impossibilité de les continuer, ou dont l'emploi aura été supprimé.

Art. 12. — Dans les cas prévus par le § Ier de l'article précédent, la pension est de la moitié du dernier traitement, sans pouvoir excéder les maximum déterminés au tableau nº 3.

Dans le cas prévu par le § 2, la pension est liquidée, suivant que l'ayant droit appartient à la partie sédentaire ou à la partie active, à raison d'un soixantième ou d'un cinquantième du dernier traitement pour chaque année de services civils; elle ne peut être inférieure au sixième dudit traitement.

Dans les cas prévus par les deux derniers paragraphes de l'article précédent, la pension est également liquidée à raison d'un soixantième ou d'un cinquantième du traitement moyen pour chaque année de services civils.

Art. 13. — A droit à pension la veuve du fonctionnaire qui a obtenu une pension de retraite en vertu de la présente loi, ou qui a accompli la durée de services exigés par l'article 5, pourvu que le mariage ait été contracté six ans avant la cessation des fonctions du mari.

La pension de la veuve est du tiers de celle que le mari avait

obtenue ou à laquelle il aurait eu droit. Elle ne peut être inférieure à 100 francs, sans, toutefois, excéder celle que le mari
aurait obtenue ou pu obtenir.

Le droit à pension n'existe pas pour la veuve dans le cas de
séparation de corps prononcée sur la demande du mari.

Art. 14. — Ont droit à pension :

1° La veuve du fonctionnaire ou employé qui, dans l'exercice
ou à l'occasion de ses fonctions, a perdu la vie dans un naufrage
ou dans un des cas spécifiés au § 1° de l'article 11, soit immédiatement, soit par suite de l'événement;

2° La veuve dont le mari aura perdu la vie par un des acci-
dents prévus au § 2 de l'article 11, ou par suite de cet accident.

Dans le premier cas, la pension est des deux tiers de celle
que le mari aurait obtenue ou pu obtenir par l'application de
l'article 12 (premier paragraphe).

Dans le second cas, la pension est du tiers de celle que le
mari aurait obtenue ou pu obtenir en vertu dudit article (2° paragraphe).

Dans les cas spécifiés au présent article, il suffit que le mariage ait été contracté antérieurement à l'événement qui a
amené la mort ou la mise à la retraite du mari.

Art. 15. — Dans le cas où un employé, ayant servi alterna-
tivement dans la partie active et dans la partie sédentaire, dé-
cède avant d'avoir accompli les trente années de services exigées pour constituer le droit à pension de sa veuve, un cinquième de son temps de services dans la partie active est ajouté
fictivement en sus du service effectif pour compléter les trente
années nécessaires. La liquidation ne s'opère, néanmoins, que
sur la durée effective des services.

Art. 16. — L'orphelin ou les orphelins mineurs d'un fonctionnaire ou employé ayant obtenu sa pension ou ayant accompli
la durée de services exigée par l'article 5 de la présente loi, ou
ayant perdu la vie dans un des cas prévus par les §§ 1° et 2° de
l'article 14, ont droit à un secours annuel, lorsque la mère est dé-
cédée, ou inhabile à recueillir la pension, ou déchue de ses droits.

Ce secours est, quel que soit le nombre des enfants, égal à la
pension que la mère aurait obtenue ou pu obtenir, conformément aux articles 13, 14 et 15. Il est partagé entre eux par
égales portions et payé jusqu'à ce que le plus jeune des enfants
ait atteint l'âge de vingt et un ans accomplis, la part de ceux qui
décéderaient ou celle des majeurs faisant retour aux mineurs.

S'il existe une veuve ou plusieurs orphelins mineurs provenant d'un mariage antérieur du fonctionnaire, il est prélevé sur
la pension de la veuve, et sauf réversibilité en sa faveur, un
quart au profit de l'orphelin du premier lit, s'il n'en existe qu'un
en âge de minorité, et la moitié s'il en existe plusieurs.

TITRE III.

DISPOSITIONS TRANSITOIRES APPLICABLES AUX FONCTIONNAIRES ET EMPLOYÉS EN EXERCICE AU 1er JANVIER 1854.

Art. 18. — Les fonctionnaires et employés en exercice au 1er janvier 1854 sont soumis aux retenues déterminées par l'article 3, et sont retraités d'après les règles ci-après :

Ceux qui étaient tributaires de caisses de retraite supprimées et ceux qui obtenaient pension sur fonds généraux sont liquidés dans les proportions et aux conditions réglées par la présente loi pour leurs services postérieurs au 1er janvier 1854, et, pour les services antérieurs, conformément, soit aux règlements spéciaux, soit aux loi et décret des 22 août 1790 et 13 septembre 1806, qui régissaient respectivement leur situation, sans que les maximum déterminés par la présente loi puissent être dépassés...

Les fonctionnaires et employés qui, antérieurement, ne subissaient pas de retenues et n'étaient pas placés sous le régime des loi et décret des 22 août 1790 et 13 septembre 1806, sont admis à faire valoir la totalité de leurs services admissibles pour constituer leur droit à pension ; toutefois, cette pension n'est liquidée que pour le temps pendant lequel ces fonctionnaires auront subi la retenue, et n'est réglée qu'à raison d'un cent-vingtième du traitement moyen par chaque année de services civils; mais le montant de la pension ainsi fixée est alors augmenté d'un trentième pour chacune des années liquidées ; cette base exceptionnelle cesse lorsque le titulaire se trouve dans les conditions voulues par l'article 5 (1).

TITRE IV.

DISPOSITIONS D'ORDRE ET DE COMPTABILITÉ.

Art. 19. — Aucune pension n'est liquidée qu'autant que le fonctionnaire aura été préalablement admis à faire valoir ses droits à la retraite par le Ministre au département duquel il ressortit.

(1) Le dernier paragraphe de l'article 18 est spécialement applicable aux instituteurs, qui, avant 1854, ne subissaient pas la retenue au profit d'une caisse de retraites. La retenue qui était faite sur leur traitement était en effet versée dans les Caisses d'épargne des instituteurs où les fonds qui en provenaient étaient simplement déposés pour leur être rendus, avec les intérêts accumulés, à l'expiration de leurs fonctions. On trouvera plus loin, page 435, ce qui concerne la liquidation des Caisses d'épargne.

On trouvera également plus loin, page 434, un exemple des calculs d'après lesquels s'opère la liquidation des pensions pour tous les instituteurs qui étaient en fonctions avant 1854.

Art. 22. — Toute demande de pension est adressée au Ministre du département auquel appartient le fonctionnaire. Cette demande doit, à peine de déchéance, être présentée avec les pièces à l'appui dans le délai de cinq ans, à partir de la promulgation de la présente loi, pour les droits ouverts antérieurement, et, pour les droits qui s'ouvriront postérieurement, à partir, savoir : pour le titulaire, du jour où il aura été admis à faire valoir ses droits à la retraite, ou du jour de la cessation de ses fonctions, s'il a été autorisé à les continuer, après cette admission, et, pour la veuve, du jour du décès du fonctionnaire.

Les demandes de secours annuels pour les orphelins doivent être présentées dans le même délai, à partir de la promulgation de la présente loi ou du jour du décès de leur père ou de celui de leur mère.

Art. 23. — Les pensions sont liquidées d'après la durée des services, en négligeant sur le résultat final du décompte les fractions de mois et de franc.

Les services civils ne sont comptés que de la date du premier traitement d'activité et à partir de l'âge de vingt ans accomplis. Le temps de surnumérariat n'est compté dans aucun cas (1).

Art. 25. — La jouissance de la pension commence du jour de la cessation du traitement, ou du lendemain du décès du fonctionnaire ; celle du secours annuel, du lendemain du décès du fonctionnaire ou du décès de la veuve.

Il ne peut, en aucun cas, y avoir lieu au rappel de plus de trois années d'arrérages antérieurs à la date de l'insertion au *Bulletin des Lois* du décret de concession.

Art. 26. — Les pensions sont incessibles. Aucune saisie ou retenue ne peut être opérée du vivant du pensionnaire que jusqu'à concurrence d'un cinquième pour débet envers l'État, ou pour des créances privilégiées, aux termes de l'article 2101 du Code Napoléon, et d'un tiers dans les circonstances prévues par les articles 203, 205, 206, 207 et 214 du même Code.

Art. 27. — Tout fonctionnaire ou employé démissionnaire, destitué, révoqué d'emploi, perd ses droits à la pension. S'il est remis en activité, son premier service lui est compté.

Celui qui est constitué en déficit pour détournement de de-

(1) Les instituteurs adjoints subissent, comme tous les fonctionnaires publics, une retenue à partir de leur entrée en fonctions ; il en est de même des instituteurs provisoires ; mais pour tous, en vertu de l'article 23, le temps de service ne commence qu'après l'âge de vingt ans.

On ne doit pas oublier que pour avoir droit à la pension il faut toucher un traitement sur les fonds publics. Un instituteur adjoint qui n'aurait pas été nommé dans les formes prescrites par l'article 34 de la loi du 15 mars 1850, et dont le traitement serait payé par l'instituteur, ne pourrait pas compter parmi ses années de services celles qu'il aurait passées dans cette situation.

niers ou de matières, ou convaincu de malversations, perd ses droits à la pension, lors même qu'elle aurait été liquidée ou inscrite.

La même disposition est applicable au fonctionnaire convaincu de s'être démis de son emploi à prix d'argent, et à celui qui aura été condamné à une peine afflictive ou infamante. Dans ce dernier cas, s'il y a réhabilitation, les droits à la pension seront rétablis.

TITRE V.

DISPOSITIONS APPLICABLES AUX PENSIONS DE TOUTE NATURE.

Art. 30. — Les pensions et secours annuels sont payés par trimestre; ils sont rayés des livres du Trésor après trois ans de non-réclamation, sans que leur rétablissement donne lieu à aucun rappel d'arrérages antérieurs à la réclamation.

La même déchéance est applicable aux héritiers ou ayants cause des pensionnaires qui n'auront pas produit la justification de leurs droits dans les trois ans qui suivront la date du décès de leur auteur.

EXTRAIT DU DÉCRET PORTANT RÈGLEMENT D'ADMINISTRATION PUBLIQUE POUR L'EXÉCUTION DE LA LOI DU 9 JUIN 1853.

(9 novembre 1853.)

TITRE II.

PERCEPTION DES RETENUES.

Art. 10. — Les retenues acquises au Trésor sur le traitement des instituteurs communaux, quelle que soit l'origine des rétributions dont ce traitement se compose, sont prélevées par le receveur municipal lors du payement, lequel a lieu sur la production de mandats délivrés par le maire, et indiquant le montant brut des rétributions, les retenues à exercer et le net à payer.

Lorsque l'instituteur est autorisé à percevoir lui-même la rétribution scolaire, conformément au deuxième paragraphe de l'article 41 de la loi du 15 mars 1850, il remet le vingtième de cette rétribution au receveur municipal qui le verse, avec les autres retenues acquises au Trésor, dans la caisse du receveur des finances.

A l'appui des versements effectués, le receveur municipal produit des copies des mandats de payement, et, en outre, lorsque la rétribution scolaire a été perçue par l'instituteur, une copie du rôle de la rétribution.

Art. 11.—Indépendamment des pièces mentionnées à l'article précédent, le receveur municipal adresse tous les trois mois au receveur des finances, pour être transmis au sous-préfet, un bordereau récapitulatif des sommes recouvrées dans le cours du trimestre, pour traitement de l'instituteur, et des retenues dont elles ont été frappées au profit du Trésor.

Le sous-préfet, après avoir, de concert avec l'inspecteur des écoles primaires, opéré le rapprochement de l'état des mutations du personnel avec les bordereaux remis par le receveur des finances, arrête et transmet au préfet, en double expédition, un tableau général des traitements et rétributions de toute nature afférents aux instituteurs communaux de l'arrondissement, et des retenues qui ont été exercées sur ces traitements et rétributions pendant le trimestre écoulé.

Ce tableau est vérifié par le préfet, qui en adresse une expédition, visée de lui, au Ministre de l'instruction publique et des cultes.

Art. 12. — Tous les trois mois, le Ministre de l'instruction publique fait parvenir au Ministre des finances un état récapitulatif, par catégorie de fonctionnaires, des retenues acquises au Trésor pour tous les services de l'instruction publique.

Cet état indique le total brut des traitements qui ont été payés, et le montant des retenues qui ont dû être précomptées par les payeurs, ou versées dans les caisses des receveurs des finances.

En ce qui concerne les instituteurs communaux, cette production n'a lieu que tous les six mois. L'état est dressé par arrondissement.

Art. 16. — Les fonctionnaires et employés ne peuvent obtenir, chaque année, un congé ou une autorisaton d'absence de plus de quinze jours sans subir une retenue. Toutefois, un congé d'un mois sans retenue peut être accordé à ceux qui n'ont joui d'aucun congé et d'aucune autorisation d'absence pendant trois années consécutives.

Pour les congés de moins de trois mois, la retenue est de la moitié au moins et des deux tiers au plus du traitement.

Après trois mois de congé consécutifs ou non, dans la même année, l'intégralité du traitement est retenue, et le temps excédant les trois mois n'est pas compté comme service effectif pour la pension de retraite.

Si, pendant l'absence de l'employé, il y a lieu de pourvoir à des frais d'intérim, le montant en sera précompté jusqu'à due concurrence, sur la retenue qu'il doit subir.

La durée du congé, avec retenue de la moitié au moins et des deux tiers au plus du traitement, peut être portée à quatre mois pour les fonctionnaires et employés exerçant hors de

France, mais en Europe ou en Algérie, et à six mois pour ceux qui sont attachés au service colonial ou aux services diplomatique et consulaire hors d'Europe.

Sont affranchies de toute retenue les absences ayant pour cause l'accomplissement d'un des devoirs imposés par la loi.

En cas d'absence pour cause de maladie dûment constatée, le fonctionnaire ou l'employé peut être autorisé à conserver l'intégralité de son traitement pendant un temps qui ne peut excéder trois mois. Pendant les trois mois suivants, il peut obtenir un congé avec la retenue de la moitié au moins et des deux tiers au plus du traitement.

Si la maladie est déterminée par l'une des causes exceptionnelles prévues aux premier et deuxième paragraphes de l'article 11 de la loi du 9 juin 1853, le fonctionnaire peut conserver l'intégralité de son traitement jusqu'à son rétablissement ou jusqu'à sa mise à la retraite.

Art. 17. — Le fonctionnaire ou l'employé qui s'est absenté ou qui a dépassé la durée de ses vacances ou de son congé sans autorisation, peut être privé de son traitement pendant un temps double de celui de son absence irrégulière.

Une retenue qui ne peut excéder deux mois de traitement peut être infligée par mesure disciplinaire, dans le cas d'inconduite, de négligence ou de manquement au service.

Art. 21. — Sont affranchies des retenues prescrites par l'article 3 de la loi du 9 juin 1853 les sommes payées à titre d'indemnité pour frais de représentation et de stations navales, de gratifications éventuelles, de salaires de travail extraordinaire, d'indemnités pour missions extraordinaires, d'indemnités de perte, de frais de voyage, d'abonnements et d'allocations pour frais de bureau, de régie, de table et de loyer, de supplément de traitement colonial et de remboursement de dépenses (1).

Art. 22. — Pour les fonctionnaires et employés qui sont rétribués par des remises et des salaires variables, la retenue du premier douzième des augmentations s'exerce en se reportant au dernier prélèvement subi par le titulaire, soit à titre de premier mois de traitement, soit à titre de premier douzième d'augmentation, et la différence existant entre la moyenne du traitement frappé de la dernière retenue et celle des émoluments afférents

(1) Les indemnités de logement accordées aux instituteurs qui ne sont pas logés par la commune ne sont pas passibles de la retenue. Il en est de même des gratifications ou secours éventuels qui peuvent leur être accordés sur les fonds du département ou de l'Etat.

Sont également exemptes de retenue, en vertu du même article, les sommes allouées aux inspecteurs de l'instruction primaire pour frais de tournées et les indemnités qui leur sont accordées presque partout sur les fonds départementaux.

au nouvel emploi constitue l'augmentation passible de la **retenue**
du premier douzième (1).

Art. 25. — Le fonctionnaire démissionnaire, révoqué ou destitué, s'il est réadmis dans un emploi assujetti à la retenue, **subit**
de nouveau la retenue du premier mois de son traitement et
celle du premier douzième des augmentations ultérieures.

Celui qui, par mesure disciplinaire ou par mutation volontaire
d'emploi, est descendu à un traitement inférieur, subit la retenue du premier douzième des augmentations ultérieures.

Le fonctionnaire placé dans la situation indiquée par le dernier paragraphe de l'article 10 de la loi du 9 juin 1853 est
assujetti à la retenue sur son traitement d'inactivité; mais il ne
subit pas la retenue du premier douzième lorsqu'il est rappelé à
un emploi actif.

Art. 27. — A l'égard des agents extérieurs du département
des affaires étrangères et des fonctionnaires de l'enseignement
qui sont admis à la retraite dans la position d'inactivité prévue
par le quatrième paragraphe de l'article 10 de la loi du 9 juin
1853, le traitement moyen s'établit sur les six années de services
qu'ils ont rendus, comme titulaires d'emploi, avant leur mise en
inactivité.

TITRE III.

JUSTIFICATION DU DROIT A PENSION, MODE DE LIQUIDATION.

Art. 29. — L'admission du fonctionnaire à faire valoir ses
droits à la retraite est prononcée par l'autorité qui, aux termes
des règlements, a qualité pour prononcer sa révocation.

Art. 30. — Lorsque l'admission à la retraite a lieu avant l'accomplissement de la condition déjà imposée par l'article 5 de la
loi du 9 juin 1853, cette admission est prononcée dans les formes
suivantes :

Si l'impossibilité d'être maintenu en activité résulte pour le
fonctionnaire d'un état d'invalidité morale inappréciable pour
les hommes de l'art, sa situation est constatée par un rapport
de ses supérieurs dans l'ordre hiérarchique.

Si l'incapacité de servir est le résultat de l'invalidité physique
du fonctionnaire, l'acte prononçant son admission à la retraite
doit être appuyé, indépendamment des justifications ci-dessus
spécifiées, d'un certificat des médecins qui lui ont donné leurs
soins et d'une attestation d'un médecin désigné par l'administration et assermenté, qui déclare que le fonctionnaire est hors
d'état de continuer utilement l'exercice de son emploi.

Art. 31. — Le fonctionnaire admis à la retraite doit produire,

(1) Voir, en ce qui concerne la retenue du douzième pour les instituteurs
communaux, le § 24 de l'Instruction du 24 décembre 1853, page 431.

DÉCRET DU 9 NOVEMBRE 1853. 397

Indépendamment de son acte de naissance et d'une déclaration de domicile :

1° Pour la justification des services civils:

Un extrait dûment certifié des registres et sommiers de l'administration ou du ministère auquel il a appartenu, énonçant ses nom et prénoms, sa qualité, la date et le lieu de sa naissance, la date de son entrée dans l'emploi avec traitement, la série de ses grades et services, l'époque et les motifs de leur cessation, et le montant du traitement dont il a joui pendant chacune des six dernières années de son activité.

Art. 32. — Les veuves prétendant à pension fournissent, indépendamment des pièces que leur mari aurait été tenu de produire :

1° Leur acte de naissance;

2° L'acte de décès de l'employé ou du pensionnaire;

3° L'acte de célébration du mariage;

4° Un certificat de non-séparation de corps, et, si le mariage est antérieur à la loi du 8 mai 1816, un certificat de non-divorce ;

5° Dans le cas où il y aurait eu séparation de corps, la veuve doit justifier que cette séparation a été prononcée sur sa demande.

Les orphelins prétendant à pension fournissent, indépendamment des pièces que leur père aurait été tenu de produire :

1° Leur acte de naissance;

2° L'acte de décès de leur père;

3° L'acte de célébration de mariage de leur père et mère;

4° Une expédition ou un extrait de l'acte de tutelle;

5° En cas de prédécès de la mère, son acte de décès.

En cas de séparation de corps, expédition du jugement qui a prononcé la séparation, ou un certificat du greffier du tribunal qui a rendu le jugement;

En cas de second mariage, acte de célébration;

Les veuves ou orphelins prétendant à pension produisent le brevet délivré à leur mari ou père, lorsqu'il est décédé en jouissance de pension, ou une déclaration constatant la perte de ce titre.

Art. 34. — Les enfants orphelins des fonctionnaires décédés pensionnaires ne peuvent obtenir des secours à titre de réversion qu'autant que le mariage dont ils sont issus a précédé la mise à la retraite de leur père.

23

EXTRAIT DE L'INSTRUCTION AUX RECTEURS POUR L'EXÉCUTION DE LA LOI SUR LES PENSIONS CIVILES.

(24 décembre 1853.)

IV. — INSTRUCTION PRIMAIRE.

Le grand nombre des fonctionnaires de l'instruction primaire et la diversité de leurs allocations apportent dans cette partie du service une complication qui rend d'autant plus nécessaire la scrupuleuse exécution des dispositions qui vont suivre.

Les inspecteurs des écoles primaires, les fonctionnaires des écoles normales primaires et les instituteurs communaux composent cet immense personnel.

§ 21. — *Inspecteurs de l'instruction primaire et fonctionnaires des écoles normales primaires.*

Les traitements des inspecteurs étant directement acquittés sur les fonds généraux, la perception des retenues sera faite par le payeur au moyen de mandats délivrés pour le brut, et auxquels seront joints des états émargés contenant tous les renseignements nécessaires pour la formation des décomptes de retenues.

Les retenues seront perçues d'après les mêmes règles pour les fonctionnaires des écoles normales primaires. Leurs traitements sont acquittés par les payeurs sur des ressources spéciales, il n'y a donc là aucune difficulté, et pour les autres, les états de traitement devront être conformes aux dispositions du modèle. Les mutations doivent y être soigneusement indiquées.

§ 22. — *Instituteurs primaires.*

Jusqu'ici, les instituteurs n'avaient pas droit à la pension et ne subissaient aucune retenue au profit des caisses de retraite. Les retenues qu'ils supportaient étaient versées dans une caisse d'épargne et restaient leur propriété privée. A partir du 1er janvier 1854, les instituteurs seront soumis, pour les différentes allocations qu'ils touchent, aux mêmes retenues que les autres fonctionnaires de l'instruction publique, et le montant en sera versé dans les caisses du Trésor.

Les retenues à leur imposer sont celles :

Du premier douzième de traitement;

Du premier douzième d'augmentation ;

Du vingtième.

Les règles d'après lesquelles ces retenues seront liquidées et perçues découlent des principes déjà exposés, et sont analogues aux dispositions prescrites pour les autres services.

Dans certaines communes, l'instituteur ne reçoit qu'un traitement fixe; ailleurs, il joint au traitement fixe le produit de la rétribution scolaire. Dans les localités les plus pauvres, les émoluments sont complétés au minimum de 600 fr. par la commune, par le département ou par l'Etat. Mais, sauf le cas où l'instituteur est autorisé à percevoir lui-même la rétribution des élèves, toutes les sommes affectées à son traitement sont centralisées entre les mains du receveur municipal et acquittées par lui.

C'était donc à ces comptables que devait être imposée l'obligation de précompter les retenues au moment du payement, et d'en verser le produit dans les caisses de l'Etat... (Voir, page 425, l'article 10 du décret du 9 novembre 1853.)

Le maire mandate pour le brut toutes les sommes revenant à l'instituteur, quelle qu'en soit l'origine. Les mandats mentionnent, en outre, les diverses retenues et le net à payer.

Le receveur municipal précompte, au moment du payement, les diverses retenues acquises au Trésor sur les sommes revenant à l'instituteur; il en demeure responsable.

§ 23. — *Instituteurs rétribués par un traitement fixe seul.*

Lorsque l'instituteur ne reçoit qu'un traitement fixe, la liquidation des retenues du premier douzième de traitement ou d'augmentation s'opère, suivant la règle générale, en précomptant le premier douzième brut échu du traitement ou de l'augmentation. La retenue du vingtième est effectuée après ce prélèvement.

§ 24. — *Instituteurs rétribués par un traitement fixe et par la rétribution scolaire.*

Si, comme il arrive dans la plupart des cas, les émoluments de l'instituteur sont formés de plusieurs éléments en partie variables, savoir : du traitement fixe alloué par la commune, du produit de la rétribution scolaire, ou même d'une allocation complémentaire; la retenue du vingtième continue à être exercée après les deux autres retenues sur toutes les sommes payées à l'instituteur.

La retenue du premier mois de traitement est liquidée d'après les émoluments de l'emploi pour l'année qui a précédé l'installation du nouvel instituteur; elle est égale au douzième de ces émoluments et elle est opérée lors des premiers payements faits par le receveur municipal.

La retenue du premier douzième d'augmentation frappe nécessairement toutes les augmentations qui peuvent avoir lieu sur le traitement fixe alloué par la commune, puisqu'elles constituent pour l'instituteur un véritable avancement au sens propre de la loi et du règlement d'administration publique; mais elle n'est due, en ce qui concerne la rétribution scolaire, que si l'instituteur est appelé à un nouvel emploi. Tant qu'il dirige la même école, il n'y a pas à se préoccuper de l'élévation accidentelle que peuvent offrir les rétributions payées par les élèves. C'est la conséquence des principes qui ont été posés plus haut pour les traitements éventuels des membres de l'instruction secondaire ou supérieure.

Mais lorsque l'instituteur change de résidence, ou lorsque dans la même commune il passe d'une école à une autre, il est passible de la retenue du douzième de l'augmentation qui peut avoir lieu sur l'ensemble de ses émoluments, quelle qu'en soit l'origine. Cette retenue sera calculée, comme celle du premier mois, d'après le traitement de l'emploi pour l'année précédente, comparé au traitement sur lequel l'instituteur aura subi la dernière retenue à titre de premier douzième d'augmentation ou du premier mois de traitement. Elle sera portée avant celle du vingtième, sur le premier mandat délivré par le maire, lequel en contiendra le décompte.

§ 25. — *Instituteurs autorisés à percevoir la rétribution scolaire.*

Il n'y a pas lieu de s'écarter des dispositions qui précèdent lorsque l'instituteur perçoit lui-même la rétribution scolaire. L'article 10 du règlement qui établit que, dans ce cas même, la retenue est exigible, ne doit pas être entendu dans un sens restrictif ; il permet d'adopter pour la perception le mode qui sera jugé le plus simple. En conséquence, le vingtième à retenir sur le montant des rétributions recouvrées par l'instituteur sera mentionné dans les mandats à la suite des autres retenues, pour être prélevé par le receveur municipal lors du payement du traitement fixe alloué par la commune.

§ 26. — *Institutrices.*

En appelant les instituteurs au bénéfice de la pension, le législateur n'a pas entendu refuser cet avantage aux institutrices communales qui sont comprises évidemment parmi « les fonctionnaires de l'enseignement, rétribués en tout ou en partie sur les fonds départementaux ou communaux. » (Art. 4 de la loi du 9 juin 1853.)

Les règles posées dans la présente instruction s'appliquent donc aux institutrices, sous cette réserve que les émoluments fixes qu'elles reçoivent de la commune sont seuls astreints à la retenue, parce qu'ils serviront seuls de base à la liquidation de leur pension. En effet, la loi du 15 mars 1850 et les règlements qui ont suivi n'ont pas étendu aux institutrices les dispositions relatives au traitement des instituteurs, spécialement en ce qui concerne la rétribution scolaire. Cette rétribution, perçue par

l'institutrice elle-même, ne figure à aucun titre parmi les revenus communaux ; elle constitue pour l'institutrice une recette
essentiellement privée dont il ne peut être tenu compte dans la
liquidation ni des retenues ni des pensions (1).

V. — DISPOSITIONS TRANSITOIRES ET PARTICULIÈRES.

Il n'a pas été question dans la présente instruction des retenues pour cause de congé ; lorsqu'elles devront être exercées,
je me réserve de les faire liquider. Quant aux retenues pour
cause d'absence et par mesure disciplinaire, mentionnées dans
l'art. 17 du règlement d'administration publique du 9 novembre,
cet article porte que ses dispositions ne seront point applicables
aux membres du corps enseignant qui restent soumis aux
art. 33 de la loi du 15 mars 1850 et 9 du décret du 9 mars
1852. Toutefois, sous le titre de membres du corps enseignant,
on ne saurait comprendre toutes les personnes sans exception
attachées aux établissements d'instruction publique, ni surtout
les agents inférieurs, qui se trouvent évidemment placés sous
l'empire de la loi commune. Dans les cas déterminés par le règlement, leurs traitements pourront être frappés de retenues
disciplinaires au profit du Trésor.

Les dispositions de la circulaire précédente ont été rappelées
aux préfets dans une circulaire du 24 août 1858, qui indique la
marche à suivre et fixe les délais qui ne doivent pas être dépassés par eux pour l'envoi des bordereaux et des états relatifs
au service des retenues sur les traitements des instituteurs et
des institutrices primaires.

Les règles relatives à la comptabilité et à la liquidation des
pensions ont été également tracées dans une circulaire du 19 janvier 1852 et dans un arrêté du 29 novembre 1853. Mais les dispositions de cette circulaire et de cet arrêté ne concernent que
les règles à suivre par l'administration centrale.

La liquidation de la pension de retraite n'a lieu, conformément
à l'article 7 de la loi du 9 juin 1853, que pour les fonctionnaires
qui subissaient, avant 1854, une retenue au profit de la caisse
des pensions, et non pour les instituteurs dont les retenues
étaient versées, non pas dans une caisse des pensions pour y
servir à leur constituer plus tard une pension de retraite, mais
dans les caisses d'épargne, pour leur être rendues en capital et

(1) La restriction contenue dans ce dernier paragraphe n'existe plus depuis
la loi du 14 juin qui a étendu aux institutrices les dispositions relatives au
recouvrement de la rétribution scolaire.

intérêts à l'expiration de leurs fonctions. Cette liquidation ne se fera, pour les instituteurs, d'après l'article indiqué, qu'à partir de l'année 1884. Jusqu'à cette époque, la liquidation de la pension de ceux qui auront atteint leur soixantième année et accompli les trente ans de services exigés par la loi se fera d'après les bases posées dans l'article 18.

Ces bases étant un peu compliquées et n'ayant pas toujours été bien comprises nous allons présenter un exemple des calculs à faire pour connaître le taux de la pension auquel aura droit un instituteur ou une institutrice qui aura atteint au moins ses soixante ans d'âge et ses trente ans de services à une époque quelconque avant 1884.

Pour tous les fonctionnaires, la retraite étant calculée sur le traitement moyen dont on a joui pendant les six dernières années, il faut, pour établir ce traitement moyen, faire la somme des traitements pendant les six années et en prendre le sixième.

Supposons un instituteur ayant eu, durant ces six années, d'abord un traitement de 600 fr. pendant un an, puis 650 fr. pendant deux ans, 700 fr. pendant deux autres années, et enfin 750 dans la dernière, le total serait de 4,050 fr., dont le sixième ou le traitement moyen est 675 fr.

Supposons maintenant que cet instituteur prenne sa retraite au 31 décembre 1865. Comme il n'aura subi la retenue au profit de la caisse des pensions qu'à partir du 1er janvier 1854, sa pension, d'après le dernier paragraphe de l'article 18 de la loi sur les pensions civiles, ne sera liquidée que pour les années écoulées depuis le 1er janvier 1854, c'est-à-dire pour douze années, et à raison d'un cent-vingtième par année. Voici les éléments du calcul.

Le traitement moyen étant de 675 fr., le cent-vingtième de ce traitement est 5 fr. 62 c., qui, multipliés par le nombre d'années, c'est-à-dire par 12, donnent.............. 67 fr. 44 c.; mais à cette somme il faut ajouter les 12/30es.
Le 30e de 67 fr. 44 c. est 2 fr. 24 c., qui, multipliés par 12, donnent............................... 26   88
lesquels ajoutés aux 67 fr. 44 c. trouvés précédemment, font un total de......................... 94 fr. 32 c., montant de la pension.

On calculera de la même manière pour un instituteur, une institutrice ou une directrice de salle d'asile, qui prendra sa retraite à une époque quelconque avant 1884.

CAISSES DES RETRAITES POUR LA VIEILLESSE ET LIQUIDATION DES ANCIENNES CAISSES D'ÉPARGNE.

L'article 39 de la loi du 15 mars 1850 portait qu'une caisse de retraites serait substituée par un règlement d'administration publique aux caisses d'épargne des instituteurs. La loi du 9 juin 1853 sur les pensions civiles ayant compris ceux-ci, avec tous les fonctionnaires publics, au nombre des personnes admises à jouir d'une pension de retraite, le règlement précité est devenu inutile. En conséquence, les caisses d'épargne des instituteurs ont été supprimées par le décret suivant du 29 décembre 1853.

« Art. 1er. — A partir du 1er janvier 1854, les caisses d'épargne et de prévoyance des instituteurs communaux créées par l'article 14 de la loi du 28 juin 1833 cesseront de recevoir les retenues du vingtième opérées sur le traitement des instituteurs.

« Elles continueront néanmoins jusqu'au 31 août prochain à faire recette des retenues arriérées afférentes à l'exercice 1853.

« Art. 2. — Un règlement d'administration publique déterminera ultérieurement les mesures à prendre relativement à la liquidation de ces caisses d'épargne et de prévoyance. »

Conformément à l'article précédent, a été rendu le 8 août 1855 un décret dont la teneur suit, portant liquidation des caisses d'épargne des instituteurs communaux et autorisant ceux-ci à opter pour le maintien des fonds à en provenir dans la caisse des dépôts et consignations, ou pour le transfert de ces fonds à la caisse des retraites pour la vieillesse.

DÉCRET RELATIF A LA LIQUIDATION DES CAISSES D'ÉPARGNE DES INSTITUTEURS COMMUNAUX (1).

(8 août 1855).

Art. 1er. — A partir de la promulgation du présent décret, les comptes individuels des instituteurs communaux dans les caisses d'épargne départementales seront clos et arrêtés, en capital et intérêts, au 30 juin 1855, par les commissions de surveillance desdites caisses.

Le relevé en double expédition de ces comptes individuels

_____

(1) Un décret du 10 décembre 1856 a étendu les dispositions de celui du 8 août 1855, aux institutrices primaires et aux directrices des salles d'asile de la ville de Paris, pour lesquelles des caisses d'épargne spéciales avaient été établies par ordonnances des 28 février 1842 et 9 août 1846.

sera transmis par le préfet au receveur général, préposé de la caisse des dépôts et consignations.

Le compte de chaque ayant droit lui sera notifié par l'inspecteur des écoles de l'arrondissement.

Art. 2. — Les instituteurs qui ont des fonds placés dans les caisses d'épargne et de prévoyance seront admis à les transférer à la caisse des retraites de la vieillesse avec ou sans aliénation de capital. Ils pourront aussi, s'ils le préfèrent, demander que leurs fonds soient déposés à la caisse des dépôts et consignations, selon ce qui sera réglé ci-après.

La déclaration des instituteurs pour l'emploi de leurs fonds devra être faite dans le délai d'un mois à partir du jour de la notification de leur compte.

Art. 3. — Dans le cas de versement à la caisse des retraites pour la vieillesse, l'intéressé souscrira une déclaration dont la formule lui sera remise à cet effet, et qui devra comprendre les énonciations exigées par les lois des 18 juin 1850 et 28 mai 1853 et par le décret réglementaire du 18 août 1853. Il y joindra les pièces requises par lesdites lois et règlements, et renverra le tout à l'inspecteur des écoles de son arrondissement.

Art. 4. — L'inspecteur vérifiera les documents produits; il y joindra ses observations, et les adressera au préfet avec l'état des instituteurs nominatifs intéressés. Le préfet transmettra le tout à la caisse des dépôts et consignations, par l'intermédiaire du receveur général.

Art. 5. — Faute par les intéressés d'avoir fait l'une des déclarations prescrites par l'article 2, les sommes leur appartenant seront tranférées d'office à la caisse des retraites pour la vieillesse, capital réservé, avec jouissance de la pension viagère à l'âge de 55 ans, ou à l'année d'âge accomplie qui suivra, après 55 ans, l'expiration du délai prescrit par l'article 6 de la loi du 28 mai 1853.

L'état des instituteurs à qui cette disposition sera devenue applicable sera également dressé par l'inspecteur et transmis au préfet.

La délivrance des livrets et la liquidation des rentes viagères afférentes à ces versements d'office seront suspendues jusqu'à la production des déclarations et des pièces exigées des déposants par les lois et règlements de la caisse des retraites.

Art. 6. — Si les instituteurs demandent que leurs fonds soient déposés à la caisse des dépôts et consignations, ils souscriront une déclaration de versement dont la formule leur sera remise, et qui fera connaître leurs nom, prénoms et domicile. Cette pièce sera par eux renvoyée à l'inspecteur des écoles de l'arrondissement, qui la transmettra au préfet, avec l'état nominatif des instituteurs qui auront fait la déclaration.

Art. 7. — Les fonds seront centralisés à la caisse des dépôts et consignations et seront l'objet d'un compte spécial sous le titre : *Dépôt des anciennes caisses d'épargne des instituteurs communaux.*

Les intérêts, réglés conformément à l'ordonnance ci-dessus visée du 13 février 1838, continueront d'être capitalisés tous les six mois.

Art. 8. — La caisse des dépôts et consignations liquidera les remboursements à opérer, sur l'avis donné par les préfets que l'instituteur n'exerce plus ses fonctions par suite de retraite, démission ou révocation, ou sur la production des pièces établissant son décès et les titres des ayants droit.

Les certificats de propriété à produire dans ce dernier cas doivent être délivrés dans les formes et suivant les règles prescrites par la loi du 28 floréal an VII.

Les instructions que nécessitait l'exécution du décret précédent ont été transmises aux préfets dans deux circulaires des 8 septembre et 19 décembre 1855. Ces instructions traçaient aux instituteurs la marche à suivre et les formalités à remplir selon qu'ils opteraient pour le maintien de leurs fonds à la caisse des dépôts et consignations, ou pour le transfert à la caisse des retraites pour la vieillesse ; elles seraient aujourd'hui sans objet, la liquidation des caisses d'épargne ayant dû être opérée partout dans l'année 1855.

Mais, plus tard, un grand nombre d'instituteurs qui, mal éclairés sur leurs véritables intérêts, avaient opté pour le maintien de leurs fonds à la caisse des dépôts et consignations, exprimèrent le regret de ne pouvoir plus profiter de la faveur, accordée par le décret du 8 août 1855, de demander le transfert de ces fonds à la caisse des retraites pour la vieillesse. Pour satisfaire à leur désir, le Gouvernement s'empressa de rendre, le 29 août 1857, le décret suivant qui prolonge indéfiniment la faculté de demander ce transfert.

DÉCRET RELATIF AU TRANSFERT A LA CAISSE DES RETRAITES POUR LA VIEILLESSE DES FONDS PROVENANT DES ANCIENNES CAISSES D'ÉPARGNE.

(29 août 1857.)

Art. 1er. — Les instituteurs communaux qui, en vertu du décret du 8 août 1855, ont opté pour le maintien, à la caisse des dépôts et consignations, des fonds qu'ils avaient déposés dans leurs anciennes caisses d'épargne, sont **auto-risés** à faire transporter ces fonds de la caisse des **dépôts et consignations** à la caisse des retraites pour la vieillesse.

Art. 2. — Les dispositions du présent décret sont applicables aux institutrices primaires et aux surveillantes des salles d'asile de la ville de Paris.

Les règles à suivre par les instituteurs qui voudront profiter de la faculté laissée ouverte par le décret précédent et demander le transfert de leurs fonds ont été tracées dans la circulaire suivante adressée aux préfets, le 8 décembre 1858.

« Monsieur le Préfet, conformément aux dispositions prescrites par le décret du 8 août 1855, relatif à la liquidation des caisses d'épargne spéciales des instituteurs communaux, les instituteurs qui avaient des fonds placés dans ces caisses ont été admis à les transférer, dans le délai d'un mois, à la caisse des retraites pour la vieillesse ou à la caisse des dépôts et consignations.

« Ce délai était insuffisant pour se décider dans une option si importante; aussi a-t-il été prolongé indéfiniment par le décret du 29 août 1857, qui a ouvert aux instituteurs la faculté de demander, à toute époque, le transport de leur avoir, du compte de dépôts à la caisse des consignations, au compte de la caisse des retraites pour la vieillesse.

« Un certain nombre d'instituteurs qui avaient opté pour le placement de leurs fonds à la caisse des dépôts ont donc demandé à revenir sur leur option, et j'ai été consulté sur la marche à suivre pour faire transporter au compte de la caisse des retraites pour la vieillesse ces sommes, placées à la caisse des dépôts et consignations, sous le titre : *Anciennes caisses d'épargne des instituteurs communaux.*

« L'instituteur qui voudra faire opérer ce transfert devra faire connaître son intention au directeur général de la caisse des dépôts et consignations par lettre sur *papier libre* et *non affranchie*, et joindre à l'appui de sa demande :

« 1° Une expédition dûment légalisée de son acte de naissance, délivrée sur *papier libre* et *sans frais* (1), et, en cas de mariage, de celui de sa femme, la somme transférée devant profiter par moitié à chaque conjoint, à moins que l'instituteur ne soit séparé de corps ou de biens, soit judiciairement, soit con-

---

(1) L'utilité des caisses de retraites pour toutes les personnes peu fortunées a décidé le législateur à exempter de tous frais de timbre et d'enregistrement les pièces à produire par les déposants, comme actes de naissance ou de mariage, certificats, actes de notoriété, etc. Pour obtenir ainsi ces pièces, il suffit d'indiquer qu'elles sont exclusivement destinées à la caisse des retraites.

tractuellement, ou qu'il ait été autorisé par le juge de paix à verser à son profit exclusif;

« 2º Une déclaration de transport de fonds.

« Lorsque l'instituteur aura rempli ces formalités, on lui transmettra, par les soins du receveur des finances de son arrondissement ou du maire de sa commune, un livret établi par le caissier de la direction générale des dépôts et consignations, et dans lequel seront constatés le versement fait à la caisse des retraites et la rente viagère correspondante.

« Vous voudrez bien, Monsieur le Préfet, porter ces dispositions à la connaissance des instituteurs communaux de votre département, et leur faire comprendre en même temps que le versement de leurs épargnes à la caisse des retraites pour la vieillesse est, pour la plupart, le mode de liquidation le plus avantageux. Cette caisse leur présente, en effet, la supériorité de ses tarifs calculés à 4 1/2 p. 0/0 et le bénéfice résultant de la mortalité. »

La caisse des retraites pour la vieillesse est certainement, avec les caisses d'épargne, l'une des plus précieuses institutions que la société ait pu imaginer pour venir en aide aux classes pauvres ou peu fortunées et pour leur assurer dans la vieillesse une existence à l'abri du besoin. A ce titre, les instituteurs sont autant que personne appelés à profiter des avantages offerts par cette institution et à les faire apprécier des populations. Ces avantages reposent sur le principe de la capitalisation des intérêts combinés avec les lois de la mortalité. La caisse des retraites fournit aux hommes prévoyants le moyen de s'assurer, à l'aide des plus faibles épargnes, une pension suffisante pour protéger leurs vieux jours contre le dénûment. Cette caisse, constituant un service de l'Etat, est à l'abri des chances auxquelles sont soumis les autres modes de placement. La pension que les instituteurs peuvent s'assurer ainsi est d'ailleurs indépendante de la pension de retraite à laquelle leur donne droit aujourd'hui la retenue opérée sur leur traitement. Voici, en conséquence, une analyse de l'organisation de cette caisse et des moyens de participer aux avantages en vue desquels elle a été créée.

Désirée depuis longtemps par tout ce qu'il y a d'hommes intelligents dans les classes pauvres ou parmi les personnes qui s'occupent d'améliorations sociales, la caisse des retraites a été constituée par une loi du 18 juin 1850, modifiée et complétée successivement par deux lois du 28 mai 1853 et du 7 juillet 1856, et par le règlement d'administration du 18 août 1853.

Elle a pour objet d'assurer aux déposants, jusqu'à leur mort, une rente dont le maximum pour chacun a été élevé à 750 francs par la loi de 1856. Deux époques pourraient ainsi se constituer une rente de 1,500 francs pour le temps où ils vivent ensemble.

Les versements effectués par des déposants *mariés et non séparés de biens* profitent nécessairement par moitié à chacun des deux conjoints. Un déposant ne peut pas priver son conjoint du bénéfice de cette division des versements; il ne peut même y renoncer pour son propre compte. Cependant, si l'un des époux a déjà atteint le maximum légal de la rente viagère, les versements ultérieurs peuvent profiter exclusivement à l'autre.

Les déposants peuvent à volonté fixer l'ouverture de la pension depuis l'âge de 50 ans jusqu'à celui de 65. Pour des versements montant à la même somme, le taux de la pension est naturellement d'autant plus élevé que l'on fixe l'ouverture de la pension à une époque plus tardive entre 50 et 65 ans.

Les versements peuvent se faire soit avec *abandon* ou *aliénation* du capital, soit avec *réserve* de ce capital, c'est-à-dire à charge de remboursement aux héritiers lors du décès du titulaire de la rente. Il est à peine besoin d'ajouter aussi que les versements à capital *aliéné* procurent pour des versements égaux une rente beaucoup plus élevée que les versements à capital *réservé*.

A l'époque fixée pour l'entrée en jouissance de la rente, le déposant qui a réservé le capital peut en faire l'abandon en tout ou en partie, à l'effet d'obtenir une augmentation de rente, sans qu'en aucun cas la rente puisse excéder 750 fr., ni qu'il y ait lieu au remboursement anticipé d'une partie du capital déposé. Cette faculté est précieuse pour les déposants qui, après avoir réservé le capital en faveur de leurs héritiers, viendraient à perdre ceux-ci, et n'auraient plus les mêmes raisons pour faire cette réserve.

De même, le déposant, qui a fixé son entrée en jouissance à un âge compris entre 50 et 65 ans, peut, dans le trimestre qui précède l'époque fixée pour l'ouverture de la rente, reporter son entrée en jouissance à une époque plus éloignée. Cette disposition est encore précieuse pour les déposants, qui peuvent par précaution fixer l'entrée en jouissance à 50 ans ou à une année rapprochée de cet âge, et qui, plus tard, si leur santé leur permet de continuer leurs travaux, peuvent différer l'ouverture de la pension, afin de se constituer une rente plus élevée.

Les versements peuvent se faire par somme de 5 fr. au moins et sans fraction de franc pour une personne seule, et par sommes de 10 fr. au moins pour deux conjoints.

Ces versements peuvent se faire de différentes manières :

1° En un seul versement;

2° Par versements annuels et égaux opérés depuis l'âge de 3 ans jusqu'à 65;

3° Par le versement d'une somme quelconque à différentes époques.

Cependant les versements inscrits au compte d'une même personne ne peuvent excéder 2,000 fr. dans le cours d'une année.

Afin de mettre les instituteurs en état d'apprécier les avantages qu'ils peuvent retirer du versement à la caisse des retraites de leurs fonds provenant des caisses d'épargne, voici un tableau indiquant de cinq ans en cinq ans la rente viagère produite par chaque franc versé, selon l'âge fixé pour l'ouverture de la pension et selon qu'on fait abandon ou réserve du capital.

Rente viagère produite par chaque franc versé.

AGE A L'ÉPOQUE du versement.	CAPITAL ALIÉNÉ, AVEC JOUISSANCE DE LA RENTE à				CAPITAL RÉSERVÉ, AVEC JOUISSANCE DE LA RENTE à			
	50 ans.	55 ans.	60 ans.	65 ans.	50 ans.	55 ans.	60 ans.	65 ans.
	fr. c.	fr. c.	fr. c.	fr. c.	fr. c.	fr. c.	fr. c.	fr. c.
20 ans.....	» 43 32	» 66 32	1 06 92	1 86 11	» 32 82	» 50 25	» 81 01	1 41 01
25 ans.....	» 32 97	» 50 48	» 81 39	1 41 66	» 24 37	» 37 51	» 60 16	1 04 71
30 ans.....	» 25 03	» 38 32	» 61 78	1 07 51	» 17 95	» 27 48	» 44 31	» 77 12
35 ans.....	» 18 94	» 29 »	» 46 76	» 81 39	» 13 08	» 20 02	» 32 29	» 56 20
40 ans.....	» 14 36	» 21 98	» 35 44	» 61 68	» 09 39	» 14 38	» 23 19	» 40 37
45 ans.....	» 10 88	» 16 66	» 26 85	» 46 74	» 06 60	» 10 11	» 16 29	» 28 37
50 ans.....	» 08 13	» 12 45	» 20 08	» 34 95	» 04 49	» 06 88	» 11 09	» 19 30
55 ans.....	»	» 09 02	» 14 55	» 25 33	»	» 04 50	» 07 25	» 12 62
60 ans.....	»	»	» 10 25	» 17 85	»	»	» 04 50	» 07 84
65 ans.....	»	»	»	» 12 19	»	»	»	» 04 51

Pour faire usage de ce tableau, il suffit de multiplier les nombres portés dans chaque colonne par la somme qu'on veut verser. Quant aux années intermédiaires non comprises dans le tableau, on trouverait par approximation le montant de la rente qui correspond à une époque quelconque du versement ou de l'ouverture de la pension.

Il est bien entendu que les instituteurs peuvent ajouter au montant de leurs fonds provenant des caisses d'épargne, toutes les sommes dont ils pourraient disposer, de même qu'il est de leur intérêt d'accroître par des versements successifs, le montant de la rente ainsi obtenue, en déposant à la caisse des retraites le fruit de leurs économies.

La caisse des retraites n'offre pas seulement aux instituteurs, comme à toutes les personnes peu fortunées, un moyen de mettre leur vieillesse à l'abri du besoin ; elle est encore pour les parents un moyen d'assurer des ressources à leurs enfants. La loi donne en effet la faculté de faire des versements au profit des autres, et afin de diminuer la quotité des sommes à verser pour leur assurer une pension quelconque, elle permet de commencer les versements à partir de l'âge de trois ans. Un père prévoyant peut ainsi, en commençant les versements annuels dès les premières années de la naissance de ses enfants, être certain qu'ils seront toujours à l'abri du besoin dans leur vieillesse. Il va sans dire que les versements annuels commencés par les parents ou par un bienfaiteur quelconque, peuvent être continués ensuite par la personne au profit de qui ils ont été faits, dès qu'elle est en âge ou en position de le faire elle-même.

Le tableau suivant, dans lequel est indiqué le montant de la rente viagère produite par le versement annuel de 10 francs, d'abord à partir de la troisième année, puis ensuite de 10 en 10 ans, montrera les immenses avantages que la caisse des retraites assure à la prévoyance.

Rente viagère produite par le versement annuel de 10 francs.

AGE L'ÉPOQUE du versement.	CAPITAL ALIÉNÉ, AVEC JOUISSANCE DE LA RENTE à				CAPITAL RÉSERVÉ, AVEC JOUISSANCE DE LA RENTE à			
	50 ans.	55 ans.	60 ans.	65 ans.	50 ans.	55 ans.	60 ans.	65 ans.
	fr. c.	fr. c.	fr. c.	fr. c.	fr. c.	fr. c.	fr. c.	fr. c.
3 ans.....	189 35	295 37	482 57	847 67	143 20	222 15	361 19	631 88
10 ans.....	123 82	195 05	320 83	566 16	91 84	143 52	234 43	411 25
20 ans.....	65 35	105 55	176 55	315 02	46 14	73 57	121 65	214 94
30 ans.....	31 05	53 04	91 89	167 68	20 67	34 58	58 80	105 56
40 ans.....	11 31	22 83	43 18	82 90	6 96	13 59	24 96	46 65
50 ans.....	»	5 51	15 25	34 28	»	2 93	7 76	16 73
60 ans.....	»	»	»	7 73	»	»	»	3 20

On trouverait de même par approximation le montant de la rente qu'il est possible d'obtenir à l'aide de versements annuels commençant à partir d'une des années intermédiaires non comprises dans le tableau

LOI

RELATIVE A LA CAISSE DES RETRAITES POUR LA VIEILLESSE.

(12 juin 1861.)

Art. 1er. — Les versements à la Caisse de retraites ou rentes viagères pour la vieillesse, instituée par la loi du 18 juin 1850, doivent être de cinq francs au moins et sans fraction de franc.

Art. 2. — L'intérêt composé du capital, dont il est tenu compte dans les tarifs d'après lesquels est fixé le montant de la rente viagère à servir, en conformité de l'article 3 de la susdite loi, est calculé à 4 1/2 p. 100.

Art. 3. — Les étrangers sont admis à faire des versements à la Caisse des retraites pour la vieillesse, aux mêmes conditions que les nationaux.

Art. 4. — Le maximum de la rente viagère que la Caisse des retraites est autorisée à faire inscrire sur la même tête est fixé à 1,000 francs.

Art. 5. — Les sommes versées dans une année au compte de la *même personne* ne peuvent excéder 3,000 francs.

Les versements effectués soit en vertu de décisions judiciaires, soit par les administrations publiques, par les sociétés de secours mutuels ou par les sociétés anonymes au profit de leurs employés, agents ou ouvriers, ne sont pas soumis à cette limite.

Art. 6. — L'entrée en jouissance de la pension est fixée au choix du déposant, à partir de chaque année d'âge accomplie de cinquante à soixante-cinq ans.

Les tarifs sont calculés jusqu'à ce dernier âge.

Les rentes viagères au profit des personnes âgées de plus de soixante-cinq ans sont liquidées suivant les tarifs déterminés pour cet âge.

Art. 7. — Le déposant qui a stipulé le remboursement, à son décès, du capital versé peut, à toute époque, faire abandon de tout ou partie de ce capital, à l'effet d'obtenir une augmentation de rente, sans qu'en aucun cas le montant total puisse excéder 1,000 francs.

Le donateur qui a stipulé le retour du capital, soit à son profit, soit au profit des ayants droit du donataire, peut également, à toute époque, faire l'abandon du capital, soit pour augmenter la

des retraites avec les tarifs et les calculs d'année en année pour tous les âges, dans l'ouvrage suivant : *Guide du déposant à la Caisse des retraites pour la vieillesse*, par M. Beauvisage. — Paris, Paul Dupont. — Prix : 50 centimes.

rente du donataire, soit pour se constituer à lui-même une rente si la réserve avait été stipulée à son profit.

Art. 8. — L'ayant droit à une rente viagère qui a fixé son entrée en jouissance à un âge inférieur à soixante-cinq ans, peut, dans let rimestre qui précède l'ouverture de la rente, reporter sa jouissance à une autre année d'âge accomplie, sans que, en aucun cas, la rente augmentée d'après les tarifs en vigueur puisse excéder 1,000 francs, ni qu'il y ait lieu au remboursement d'une partie du capital déposé.

Art. 9. — Au décès du titulaire de la rente, avant ou après l'époque d'entrée en jouissance, le capital déposé est remboursé sans intérêt aux ayants droit, si la réserve a été faite au moment du dépôt, ou s'il n'a pas été fait usage de la faculté accordée par l'article 7 qui précède.

Les certificats de propriété destinés aux retraits de fonds versés dans la Caisse de retraites de la vieillesse doivent être délivrés dans les formes et suivant les règles prescrites par la loi du 28 floréal an VII.

Art. 10. Le capital réservé reste acquis à la Caisse de retraites, en cas de déshérence ou par l'effet de la prescription, s'il n'a pas été réclamé dans les trente années qui auront suivi le décès du titulaire de la rente.

Art. 11. — Est remboursée, sans intérêt, par la Caisse, toute somme versée irrégulièrement par suite de fausse déclaration sur les noms, qualités civiles et âges des déposants, ou par défaut d'autorisation.

Sont également remboursées, sans intérêt, les sommes qui, lors de la liquidation définitive, seraient insuffisantes pour produire une rente viagère de 5 francs, ou qui dépasseraient, soit la somme de 3,000 francs par année, soit le capital nécessaire pour constituer une rente de 1,000 francs.

Art. 12. — Toutes les recettes disponibles provenant soit des versements des déposants, soit des intérêts perçus par la Caisse, sont successivement, et dans les huit jours au plus tard, employées en achat de rentes sur l'Etat.

Ces rentes sont inscrites au nom de la Caisse des retraites.

Art. 13. — Tous les trois mois, la Caisse des dépôts et consignations fait inscrire sur le grand-livre de la dette publique les rentes viagères liquidées pendant le trimestre au nom des ayants droit. Elle fait transférer, aux mêmes époques. au nom de la Caisse d'amortissement, par un prélèvement sur le compte de la Caisse des retraites, la quotité de rentes sur l'Etat nécessaire pour produire, au cours moyen des achats opérés pendant le trimestre, un capital équivalent à la valeur, d'après le tarif, des rentes viagères à inscrire.

Art. 14. — Les rentes ainsi trans érées à la Caisse d'amortissement sont annulées.

Art. 15. — La commission supérieure chargée, conformément à l'article 13 de la loi du 18 juin 1850, de l'examen des questions relatives à la Caisse des retraites, est composée de quinze membres, nommés pour trois ans, par décret impérial, sur la proposition des ministres des finances et de l'agriculture, du commerce et des travaux publics. Elle présente chaque année à l'Empereur un rapport sur la situation morale et matérielle de la Caisse des retraites, lequel est communiqué au Corps législatif.

Art. 16. — Sont abrogées les lois des 28 mai 1853 et 7 juillet 1856, ainsi que toutes autres dispositions qui seraient contraires à la présente loi.

SECOURS AUX ANCIENS INSTITUTEURS ET AUX ANCIENNES INSTITUTRICES PRIMAIRES.

Des fonds sont mis à la disposition des préfets, par les conseils généraux, dans le plus grand nombre des départements, pour venir en aide aux anciens instituteurs et aux anciennes institutrices à qui leur âge ne permet plus de remplir leurs fonctions, et qui se trouvent sans moyens suffisants d'existence. De semblables secours sont également accordés par M. le Ministre sur les fonds de l'État, mis chaque année à sa disposition en faveur des instituteurs et des institutrices des différents départements. Les règles relatives à l'obtention de ces secours ont été tracées dans la circulaire suivante du 15 février 1855 :

« Monsieur le Préfet, un grand nombre de demandes de secours, formées individuellement par d'anciens instituteurs et d'anciennes institutrices primaires, me sont adressées journellement. Il ne m'est pas possible de statuer sur ces demandes avant que vous m'ayez communiqué les informations propres à les faire apprécier.

« Pour éviter à l'avenir les retards qui résultent nécessairement de ces renvois de pièces, je vous prie, Monsieur le Préfet, de faire connaître à tous les anciens instituteurs et anciennes institutrices de votre département, qui croiraient pouvoir prétendre à des secours, qu'ils doivent m'adresser leurs demandes par votre intermédiaire. Vous leurs ferez comprendre qu'il est de leur intérêt de ne pas m'envoyer ces demandes directement, puisque je n'y donnerai suite en aucun cas, et que le seul moyen pour eux d'obtenir une réponse est de s'adresser au préfet du département.

« Vous aurez soin de recueillir, au sujet des demandes que je vous ai transmises et pour toutes celles qui vous parviendraient par la suite, des renseignements précis concernant l'âge, les services, la position et les infirmités des pétitionnaires; vous ferez mention, sur l'état que vous dresserez à ce sujet, des circonstances particulières qui vous paraîtraient dignes d'attention. Vous voudrez bien m'adresser les propositions que vous pourriez avoir à me faire dans le courant du mois de mars prochain. Un travail collectif de répartition des secours à accorder aux anciens instituteurs et aux anciennes institutrices sera fait tous les ans, au commencement du mois de janvier, et j'examinerai, à cette époque, toutes les propositions que vous m'aurez transmises.

« Vous ne perdrez pas de vue, Monsieur le Préfet, que les instituteurs en exercice n'ont point droit à des secours proprement dits. Cette règle ne peut souffrir d'exception que dans des cas très-rares, qu'il vous appartiendra de juger, et alors vous devrez me faire une proposition spéciale. Les secours ne sont donc destinés qu'aux anciens instituteurs et aux anciennes institutrices.

« Je vous recommande de vous montrer sévère dans l'appréciations des demandes, et de ne comprendre dans vos proposition collectives que celles qui, en raison des services rendus et de la position actuelle de leurs auteurs, paraîtraient vraiment dignes d'être prises en considération. »

Toutes les demandes de secours, tant sur les fonds départementaux que sur ceux de l'État, doivent être visées par l'autorité locale, et adressées à M. le Préfet du département dans les premiers jours de janvier au plus tard. Elles doivent indiquer : 1° les nom, qualité et domicile du pétitionnaire; 2° son état civil; 3° le nombre d'enfants à sa charge; 4° ses années de service, son âge, et enfin des renseignements sur sa position.

FIN.

TABLE DES MATIÈRES.

24

Retenues sur les traitements, 387 — Retenues du vingtième, 387, 399. — Retenue du premier douzième d'augmentation, 388, 399. — Retenues pour congés ou maladies, 394.

Rétribution scolaire, 23, 24, 115. — Mode de recouvrement, 63, 285, 290, 296, 329. — Rôle annuel de la rétribution scolaire, 115. — Remplacement du rôle annuel par un rôle trimestriel 65. — R daction des rôles. 29. — Perception par l'ins t u 115, 18. — Rétr b ti s ai e a s les écoles . — Nouveaux m de scolaire dans les écoles com nales de garçons et

Salles d'asile, publiques ou lib , . — Caractère e l n stitution, 101. — Rapport à l'Empereur. 172. — Rapports a i l pératrice, 188 et 197 — Décret organique du 24 mars 1855, 172 — Admission des enfants, 179, 188. — Surveillance et inspection, 179, 200. — Conditions d'aptitude aux fonctions de directrice et de sous-directrice, 182. — Nomination des directrices des salles d'asile *publiques*, 183 : — des sous-directrices, 184. — Traitement des directrices et sous-directrices, 187. — Enseignement et exercices dans les salles d'asile, 172, 192, 196. — Local et mobilier, 194, 210, 250. — Salles d'asile modèles, 176, 204, 207. — Conditions à remplir pour les salles d'asile modèles, 209. — Cours pratique, 177. — Déléguées générales et spéciales pour l'inspection des salles d'asile, 181. — Comité central de patronage, 170. — Comités locaux de patronage, 173, 180, 202. — Ouverture des salles d'asile libres, 183. — Droit d'opposition appartenant à l'inspecteur d'Académie, 183. — Commissions d'examen, 184, 203. — Certificat d'aptitude à la direction des asiles, 182, 184. — Certificat de stage, 184, 186. — Instructions aux préfets, 200, 316.

Secours aux communes pour maisons d'école, 257, 261.

Secours aux anciens instituteurs, aux institutrices et aux directrices de salles d'asile, 413.

Secrétaires d'Académies. Voir *Académies*.

Secrétaires de mairie. Autorisation du conseil départemental nécessaire aux instituteurs publics pour remplir ces fonctions, 281.

Service militaire (dispense du), 374. — Loi du 21 mars 1832 sur le recrutement militaire, 374. — Dispositions de la loi du 15 mars 1850, 378. — Personnes appelées à profiter de la dispense, 380, 387. — Conditions à remplir, 383. — Avantages pour les dispensés de se présenter devant les conseils de révision, 386. — Le dispensé n'exempte pas son frère puîné, 387.

Sexes (Réunion des) dans les écoles, 28, 216, 275.

Sœurs. Voir *Communautés religieuses*.

Stage (Certificats de) pouvant tenir lieu de brevet, 27. — Délivrance des certificats, 122. — Certificat de stage pouvant tenir

FIN DE LA TABLE DES MATIÈRES.

Paris, Imp. de Paul Dupont,
rue de Grenelle-Saint-Honoré, nº 45.

BIBLIOTHÈQUE MUNICIPALE

RECOMMANDÉE

Par Son Exc. le Ministre de l'Intérieur

A L'USAGE

DE MM. LES INSTITUTEURS SECRÉTAIRES DE MAIRIE.

1º **Traité de l'organisation communale et des élections municipales,** par M. de SAINTE-HERMINE, député au Corps législatif............................ 3 fr.

2º **Traité des actes de l'état civil,** suivi d'un formulaire et d'un appendice, par M. Lucien ROY...... 3 fr.

3º **Traité pratique de l'administration financière des communes,** par M. Lucien ROY........ 3 fr. 50

4º **Manuel de police judiciaire et municipale,** par M. Ch. BERRIAT-DE-SAINT-PRIX.................. 4 fr.

5º **Recrutement, tirage au sort et révision,** par M. DE BOYER DE SAINTE-SUZANNE................. 4 fr.

6º **Dictionnaire de la voirie des villes, bourgs et villages,** par M. ROUSSET, archiviste........... 4 fr.

7º **Des sections de communes, de la gestion de leurs biens,** etc., par M. L. AUCOC, maître des requêtes... 4 fr.

8º **Traité de l'organisation et de la comptabilité des fabriques**............................... 3 fr.

9º **Manuel de législation et d'administration de l'instruction primaire,** par M. J.-J. RAPET, inspecteur de l'instruction primaire à Paris.......... 2 fr. 50

10º **Manuel de correspondance administrative, commerciale et familière,** avec modèles de pétitions, mémoires, réclamations et actes sous seing privé, par M. A. BESCHERELLE.................... ..... 2 fr. 25

Prix de la collection complète brochée et renfermée dans un étui.. .... **30** fr. ⎱ *Franco.*

Prix de la collection complète cartonnée. **33** ⎰

CHACUN DE CES VOLUMES SE VEND SÉPARÉMENT AU PRIX INDIQUÉ CI-DESSUS.

Ajouter à ce prix 50 centimes par volume pour les recevoir cartonnés.

AVIS. -- MM. les Maires sont prévenus que, dans le cas où ils n'auraient en ce moment aucune somme disponible pour l'acquisition d'un ou de plusieurs de ces ouvrages, ils peuvent néanmoins en faire la demande, et n'en acquitter le montant qu'après le règlement du budget additionnel de 1862.

Paris.—Imp. Paul Dupont, rue de Grenelle-Saint-Honoré, 45.

www.ingramcontent.com/pod-product-compliance
Lightning Source LLC
Chambersburg PA
CBHW060949220326
41599CB00023B/3651